沥青路面施工技术与工艺全解

Complete technology illustration of asphalt pavement construction

李爱国　著

戴经梁　审

人民交通出版社股份有限公司

China Communications Press Co.,Ltd.

内 容 提 要

本书针对我国沥青路面施工现状，全面系统地总结了沥青路面透层、封层、黏层、沥青稳定碎石以及AC类沥青混合料的施工技术与工艺，并对SMA、OGFC、橡胶沥青混合料、水泥混凝土桥面沥青铺装、隧道复合式沥青路面、机场沥青道面以及双层沥青路面摊铺技术与工艺难点进行了详细阐述。

本书可供公路与城市道路工程建设、设计、施工、监理、科研、试验、检测等单位的工程技术人员学习使用，也可作为高等院校有关专业师生参考用书。

图书在版编目（CIP）数据

沥青路面施工技术与工艺全解 / 李爱国著. — 北京：
人民交通出版社股份有限公司, 2014.10
ISBN 978-7-114-11770-1

Ⅰ.①沥… Ⅱ.①李… Ⅲ.①沥青路面—路面施工—图解 Ⅳ.①U416.217–64

中国版本图书馆CIP数据核字（2014）第231173号

书　名：	沥青路面施工技术与工艺全解
著 作 者：	李爱国
责任编辑：	丁润铎　刘　倩　尤晓晖
出版发行：	人民交通出版社股份有限公司
地　址：	（100011）北京市朝阳区安定门外外馆斜街3号
网　址：	http://www.chinasybook.com
销售电话：	（010）64981400，59757915
总 经 销：	人民交通出版社股份有限公司发行部
印　刷：	北京交通印务有限公司
开　本：	880×1230　1/16
印　张：	23.25
字　数：	640千
版　次：	2014年10月　第1版
印　次：	2022年6月　第4次印刷
书　号：	ISBN 978-7-114-11770-1
定　价：	120.00元

（有印刷、装订质量问题的图书由本公司负责调换）

序

沥青路面具有良好的抗滑性和降噪性，同时具有行车舒适、施工进度快、维修方便等优点，因此我国高速公路绝大多数采用沥青路面。沥青路面施工过程是一个庞大复杂的系统工程，施工质量直接影响到路面使用寿命，只有将人员素质、机械设备、材料性能、工艺控制、管理水平等因素合理匹配，才能铺筑出优良的沥青路面。

近年来，伴随着我国沥青路面新材料、新工艺、新设备的不断涌现，沥青路面的施工规模和复杂程度也不断加大。对于沥青路面施工技术发生的新变化，公路建设者不仅在逐渐完善传统的施工工艺，而且开始探索新的标准化施工工艺。在此背景下，非常有必要针对沥青路面施工技术和工艺存在的不足，以全解的方式撰写一部专著，以引导从业者做到规范施工与管理。本书结合近年来沥青路面施工技术与工艺的标准化过程，为沥青路面施工与管理人员提供了全面、科学的解决思路与解决方案。

本书中提出的一些工艺和做法，已在工程建设中得到实践和验证，有效地解决了我国沥青路面施工难题。比如，在SMA路面施工中对其关键技术与病害原因进行总结分析，提出了施工强制性规定和处治技术；在排水性沥青路面施工中，提出并实施的黏层油"双层洒布法"新工艺，大大地提高层间黏结能力；提出的"刻槽法"工艺解决了国内外同类工程的施工难题；在桥面沥青铺装层施工中将AC-5沥青砂应用于桥面封水黏结层，取得了很好的工程效果；沥青路面双层摊铺、碾压工艺与横向施工缝的设置技术等在我国科技文献资料中也是首次出现。

另外，本书还针对碎石材料加工、机制砂材料加工、路面钻芯取样和回填以及水泥混凝土桥面施工提出了标准化工艺。对这些工艺的总结和研究，必将推动我国高速公路沥青路面标准化施工的进程。

施工工艺图解和施工难点解析为本书的两大特点。本书在内容和形式上均有别于目前已出版的其他沥青路面施工技术类图书，使人一目了然，具有极大的可读性和操作性。

李爱国同志长期从事高速公路沥青路面施工、管理与科研工作，该书记录和再现了他在该领域二十四年的心血与积累，值得尊敬与钦佩。

郝培文

2014年10月

前　言

2005年以来，随着《公路沥青路面施工技术规范》（JTG F40—2004）的颁布实施，我国沥青路面施工技术迈入到一个全新时期。在这之后的近十年里，许多新结构、新材料、新工艺，如SMA路面、OGFC排水性沥青路面、橡胶沥青路面等在高速公路上得到广泛应用，不仅加快了工程建设进度，而且提高了路面行车安全性、舒适性，重要的是提高了沥青路面使用寿命。

众所周知，沥青路面的结构设计是路面工程的灵魂，而各种原材料采购与加工、施工配合比设计与优化、工艺工序管理、质量控制则是关键保证。一些刚刚通车不久就封闭维修的工程实例说明，要按期建成一条高速公路并不困难，而要建成一条经久耐用、品质优良的高速公路则需要经过各方艰辛的努力。为了全面总结我国高速公路沥青路面施工过程的经验与教训，结合交通运输部全面推行的"五化"（发展理念人本化、项目管理专业化、工程施工标准化、管理手段信息化、日常管理精细化）管理要求，作者通过总结我国沥青路面施工、管理和发展过程中的经验教训，对沥青透层、封层、黏层以及ATB、AC、SMA、OGFC、橡胶沥青路面施工技术与工艺、工序加以解释说明，并针对施工难点和病害防治提出了具体技术措施，为我国今后类似工程建设和路面养护提供借鉴。

本书共十五章，第一章介绍了我国高速公路沥青路面结构设计状况，列举了高速公路沥青路面施工中存在的问题，提出了强化施工项目管理的基本措施与要求。

第二章至第四章介绍了透层、封层、黏层的施工工艺，特别介绍了采用橡胶沥青碎石封层、AC-5沥青砂作为水泥混凝土桥面封层的应用情况。

第五章至第九章介绍了ATB、AC、SMA、OGFC、橡胶沥青路面施工技术，特别是对SMA、OGFC施工技术的介绍是本书的重点之一。

第十章介绍了水泥混凝土桥面沥青铺装层施工技术。本章全面系统地分析了水泥混凝土桥面沥青铺装层产生病害的原因，提出了预防与处治关键技术。首次提出的水泥混凝土桥面沥青铺装层施工标准工艺工序，也是本书的重点之一。

第十一章介绍了隧道复合式沥青路面施工技术；第十二章介绍了机场沥青混合料道面施工技术。

第十三章介绍了沥青路面双层摊铺碾压施工技术，在国内专著中首次系统地介绍双层摊铺碾压施工技术。

第十四章和第十五章介绍了沥青路面高程控制技术、平整度控制技术，以及沥青路面附属工程施工技术与质量控制。

本书附录共八项，包括部分高速公路沥青路面原材料信息、主要技术指标以及路面施工配合比信息、路面工程检测结果等。为了解近年来沥青路面工程造价情况，附录还列举了部分高速公路沥青路面的合同价格；对部分特殊结构类型沥青混合料试验的检测方法也进行了列举，对高速公路沥青路面沥青膜脱落成因、高速公路沥青路面常见石料的性质进行了介绍。

本书由李爱国撰写，由长安大学戴经梁教授审定。本书的撰写得到了郝培文、陈华鑫、伍石生、郭平、李喆、宁军、高小华、朱宏祥、周波、陈磊、郭兆立、张根生、马庆伟等人的大力支持，在此谨向相关人员表示衷心地感谢。

由于笔者水平有限，真诚地欢迎广大读者批评指正（联系方式：lag315@163.com），以便更好地修订与完善。

作者
2014年10月

目　　录

第一章 概　　述

第一节　沥青路面结构发展综述

一、高速公路路面结构分类

我国高速公路路面结构分为三大类：半刚性基层沥青路面（设计使用期一般为15年）、水泥混凝土路面（设计使用期一般为30年）和复合式路面。在我国建成通车的高速公路中，半刚性基层沥青路面占主导地位，约占75%的比例。

沥青路面结构实体图（全景）见图1-1，沥青路面结构实体图（细部）见图1-2。

图1-1　沥青路面结构实体图（全景）

图1-2　沥青路面结构实体图（细部）

二、半刚性基层沥青路面结构层功能划分

根据我国高速公路沥青路面设计理论体系和工程建设与道路运营实际，半刚性基层沥青路面结构层功能划分如下。

1. 上面层

上面层主要起抗磨耗、抗滑、抵抗高温变形和低温开裂作用，兼顾改善行车舒适性等综合功能。对于SMA上面层，主要起到抗车辙作用；对于OGFC排水性上面层，主要是以路面内部排水来提高雨天行车安全性。SMA-13上面层芯样见图1-3。

图1-3　SMA-13上面层芯样

2. 中面层

中面层主要功能是抵抗永久变形（抗车辙），同时起到抵抗水损坏的作用。AC-20中面层芯样见图1-4。

3. 下面层

受车辆行车荷载作用,下面层承受的弯拉应力最大,因此其主要功能是抵抗剪切变形,防止和吸收基层的反射裂缝。ATB-30下面层芯样见图1-5。

图1-4　AC-20中面层芯样

图1-5　ATB-30下面层芯样

4. 黏层

黏层是为提高沥青层之间、沥青层与水泥混凝土路面之间的黏结性能而洒布的沥青薄层。其主要功能是提高层间黏结能力,使路面各结构层形成整体强度,以抵抗路面剪切变形。

5. 下封层

为封闭表面空隙、防止水分侵入而设置的沥青与碎石薄层,铺筑在沥青面层之下、基层表面的称为下封层。下封层主要功能是封水,防止和吸收基层的反射裂缝。

6. 透层

为使沥青面层与半刚性基层结合良好,在基层上喷洒液体石油沥青、乳化沥青、煤沥青而形成的透入基层表面一定深度的薄层称为透层。其主要功能是将喷洒的液体渗透到非沥青材料基层中,促成不同介质相互黏结。渗透是形式,而黏结是目的。如图1-6所示,沥青面层与下封层、透层、基层的结合良好。

7. 基层、底基层

半刚性基层是路面的主要承重层,半刚性底基层是路面的辅助承重层,这两个结构层为半刚性路面提供了所需的全部承载能力。半刚性基层、底基层芯样见图1-7。

图1-6　沥青面层与下封层、透层、基层结合良好

图1-7　基层、底基层芯样

三、我国早期沥青路面结构组合

20世纪90年代初,我国刚开始建设高速公路的时候,沥青路面设计与施工技术基础差、经验少,尽管当时也引进了国外的一些技术和管理经验,如京津塘高速公路邀请澳大利亚专家,西安至三原一

级公路邀请日本专家指导，但初期很多经验都是依据低、中级路面的经验，由于规范、标准和试验检测设备等不适应高速公路的发展，给我国前期修建的路面带来了一些先天性的不足。

1993年以前我国铺筑的沥青路面，在执行《公路沥青路面施工技术规范》(JTJ 032—94)的过程中，上面层大多采用了密实型沥青混凝土，如LH-20Ⅰ等结构；中面层采用了空隙率较大的Ⅱ型沥青混凝土，如LH-25、LH-30等；下面层通常采用空隙率较大的Ⅱ型沥青混凝土（相当于国外的沥青碎石），如AM-25、AM-30等。

Ⅰ型沥青混凝土的优点是空隙率小、透水性小，缺点是表面粗糙度小，抗滑性能差。例如用LH-20Ⅰ铺筑的上面层，刚建成时其表面构造深度（TD）仅为0.25mm，而规范要求不小于0.55mm。Ⅱ型沥青混凝土的优点是TD较大，表面粗糙度大，空隙率大，透水性大，但内部空隙又构不成排水的通道，自由水进入较快，而蒸发较慢，结构层内部存水，容易导致水损坏。

针对Ⅰ型、Ⅱ型沥青混凝土的优缺点，从1993年以后修建的部分高速公路，采用了我国自行研究的多碎石沥青混凝土结构，即SAC-13和SAC-16结构。SAC-16实际上是对AC-16Ⅰ或AC-16Ⅱ的矿料级配作适当调整，使其既具有AC-16Ⅰ密实、透水性小的特点，又具有AC-16Ⅱ表面构造深度大的特点。SAC-16不但是密实型抗滑表层，而且具有良好的抵抗永久变形的能力。1997年12月建成通车的福建省第一条高速公路——泉州至厦门高速公路，就采用了SAC-16结构作为上面层，使用情况良好，见图1-8。

图1-8　1997年12月建成通车的福建省第一条高速公路——泉州至厦门高速公路

1. 部分省份高速公路结构

（1）福建省部分高速公路结构

福建省部分高速公路结构见表1-1。

福建省部分高速公路结构　表1-1

名　称	通车时间（年）	结　构　层					
		上面层	中面层	下面层	黏结层	基层	底基层
福泉高速公路	1998	4cmAK-16A	5cmAC-20Ⅱ	7cmAC-25Ⅱ	1cm下封层	36cm 5%水泥稳定碎石	20cm 3%水泥稳定碎石
泉漳高速公路	2002	4cmAK-16A	5cmAC-20Ⅱ	7cmAC-25Ⅱ	1cm下封层	36cm 5%水泥稳定碎石	20cm 3%水泥稳定碎石
三福高速公路	2004	4cmAK-16A	5cmAC-20Ⅱ	7cmAC-25Ⅱ	1cm下封层	36cm 5%水泥稳定碎石	20cm 3%水泥稳定碎石

（2）浙江省部分高速公路结构

浙江省部分高速公路结构见表1-2。

浙江省部分高速公路结构　表1-2

名　称	通车时间（年）	结　构　层					
		上面层	中面层	下面层	黏结层	基层	底基层
上三高速公路嵊州段	2000	4cmAC-13Ⅰ	5cmAC-20Ⅰ	7cmAC-25Ⅰ	封层	28cm 5%水泥稳定碎石	20cm 3.5%水泥稳定碎石
杭金衢高速公路	2001	4cmAK-13A	5cmAC-20Ⅰ	6cmAC-25Ⅰ	封层	32cm 二灰砂砾	20cm 二灰砂砾
杭宁高速公路	2002	4cmAC-13Ⅰ	5cmAC-20Ⅰ	7cmAC-25Ⅰ	封层	32cm 5%水泥稳定碎石	18cm 3.5%水泥稳定碎石

（3）广东省部分高速公路结构

广东省部分高速公路结构见表1-3。

广东省部分高速公路结构　　　　　　表1-3

名　称	通车时间（年）	结　构　层					
		上面层	中面层	下面层	黏结层	基层	底基层
广深高速公路	1995	4cm中粒式沥青混凝土	8cm粗粒式沥青混凝土	10cm沥青碎石	10cm沥青碎石	20cm级配碎石	20cm级配碎石
南广高速公路	2004	4cmSMA-13	5cmAC-20	6cmAC-20	10cmATPB-30	22cm级配碎石	18cm水泥稳定碎石

（4）江苏省部分高速公路结构

江苏省部分高速公路结构见表1-4。

江苏省部分高速公路结构　　　　　　表1-4

名　称	通车时间（年）	结　构　层					
		上面层	中面层	下面层	黏结层	基层	底基层
沪宁高速公路	1996	4cmAC-16B	6cmAC-25Ⅰ	6cmAC-25Ⅱ	10cmATPB-30	20cm二灰碎石	40cm二灰土、石灰土
南京机场高速公路	1997	4.5cmAC-16B	6cmAC-25Ⅰ	6cmAC-25Ⅱ	—	34cm石灰、粉煤灰碎石	20cm石灰、粉煤灰土

（5）四川省部分高速公路结构

四川省部分高速公路结构见表1-5。

四川省部分高速公路结构　　　　　　表1-5

名　称	通车时间（年）	结　构　层		
		上面层	中面层	下面层
成都—绵阳—广元高速公路	1996	4cm中粒式普通沥青混凝土	6cm中粒式普通沥青混凝土	6cm粗粒式普通沥青混凝土
成都—南充—广安—邻水高速公路	2004	4cmAK-16玄武岩SBS改性沥青	5cmAC-20石灰岩普通沥青	6cmAC-25石灰岩普通沥青

（6）云南省部分高速公路结构

云南省部分高速公路结构见表1-6。

云南省部分高速公路结构　　　　　　表1-6

名　称	通车时间（年）	结　构　层			沥　青　品　种
		上面层	中面层	下面层	
楚雄至大理高速公路	1998	3cmAK-13	4cmAC-20	5cmAC-25	全线普通沥青
昆明至玉溪高速公路	2000	3cmAK-13	4cmAC-20	5cmAC-25	全线普通沥青
玉溪至元江高速公路	2001	3cmAK-13	4cmAC-20	5cmAC-25	全线普通沥青
大理至保山高速公路	2002	4cmAK-13	5cmAC-20	6cmAC-30	上下面层普通沥青，中面层硅藻土改性沥青
元江至磨黑高速公路	2003	4cmAK-16	5cmAC-25	6cmAC-30	上面层硅藻土改性沥青，中下面层普通沥青
昆明至楚雄高速公路	2005	4cmAK-13	6cmAC-25	6cmAC-25	全线普通沥青
思茅至小勐养高速公路	2006	4cmSMA-16	5cmAC-20	6cmAC-25	上中面层SBS改性沥青，下面层普通沥青

（7）贵州省部分高速公路结构

贵州省部分高速公路结构见表1-7。

贵州省部分高速公路结构　　　　　　　　　　表1-7

名　　称	通车时间（年）	结　构　层		
		上 面 层	中 面 层	下 面 层
贵阳清镇安顺高速公路	2003	4cmAC-13G 玄武岩SBS改性沥青	5cmAC-20 石灰岩艾索90号沥青	6cmAC-25 石灰岩艾索90号沥青
贵阳遵义崇溪河高速公路	2005	4cmAC-16 重交沥青	5cmAC-20 重交沥青	6cmAC-25 重交沥青

2. 部分省份高速公路隧道路面结构

我国部分省份高速公路结构见表1-8。

我国部分省份高速公路隧道路面结构　　　　　　　　表1-8

隧道名称	隧道长度（m）	路面结构	设计速度（km/h）
四川华蓥山隧道	5700	21cm水泥混凝土	80
云南九顶山遂道	3190	22cm水泥混凝土	80
贵州凉风垭隧道	4190	23cm水泥混凝土	80
渝合高速尖山子隧道	4025	10cm阻燃沥青混凝土	80
陕西秦岭终南山公路隧道	18020	23cm水泥混凝土	80
陕西省境内部分高速公路隧道	3000以内	4cmAC-13上面层 6cmAC-20下面层 23cm水泥混凝土	80

3. 部分路面工程总体结构组合实例

以济南至广州国家高速公路江西鹰潭至瑞金段沥青路面结构设计为例，沥青路面总体设计情况如下。

1）主线结构

（1）干燥路基（总厚81cm），见表1-9。

干燥路基段结构　　　　　　　　　　　　　表1-9

上 面 层	中 面 层	下 面 层	封 层	基 层	底 基 层
4cm厚细粒式改性沥青混凝土（AC-13C粗型密级配）	6cm厚中粒式改性沥青混凝土（AC-20C粗型密级配）	8cm厚粗粒式沥青混凝土（AC-25C粗型密级配） 8cm厚粗粒式沥青稳定碎石（ATB-25密级配）	0.8cm厚改性沥青单层表处（不计厚度）	35cm厚水泥稳定碎石（7d抗压强度2～3MPa）	20cm厚级配碎石

（2）中湿路基（总厚83cm），见表1-10。

中湿路基段结构　　　　　　　　　　　　表1-10

上 面 层	中 面 层	下 面 层	封 层	基 层	底 基 层
4cm厚细粒式改性沥青混凝土（AC-13C粗型密级配）	6cm厚中粒式改性沥青混凝土（AC-20C粗型密级配）	8cm厚粗粒式沥青混凝土（AC-25C粗型密级配） 8cm厚粗粒式沥青稳定碎石（ATB-25密级配）	0.8cm厚改性沥青单层表处（不计厚度）	37cm厚水泥稳定碎石（7d抗压强度2～3MPa）	20cm厚级配碎石

（3）弱风化岩石路基（总厚71cm），见表1-11。

弱风化岩石路基段结构　　　　　　　　　　　　　表1-11

上 面 层	中 面 层	下 面 层	封 层	基 层	底 基 层
4cm厚细粒式改性沥青混凝土（AC-13C粗型密级配）	6cm厚中粒式改性沥青混凝土（AC-20C粗型密级配）	8cm厚粗粒式沥青混凝土（AC-25C粗型密级配） 8cm厚粗粒式沥青稳定碎石（ATB-25密级配）	0.8cm厚改性沥青单层表处（不计厚度）	30cm厚水泥稳定碎石（7d抗压强度2~3MPa）	15cm厚级配碎石

注：土路肩采用10cm厚C25混凝土进行硬化，下铺10cm厚的级配碎石与填土；中基层之上、下封层之下设透层，各沥青层之间设黏层；主线硬路肩、路缘带、中央分隔带开口路面结构与主线行车道相同。

2）隧道结构

（1）无仰拱隧道（总厚71cm），见表1-12。

无仰拱隧道结构　　　　　　　　　　　　　　表1-12

上 面 层	中 面 层	基 层	底 基 层
4cm厚细粒式改性沥青混凝土（AC-13C粗型密级配）	6cm厚中粒式改性沥青混凝土（AC-20C粗型密级配）	26cm厚水泥混凝土+20cm厚素混凝土整平层（C20）	15cm厚级配碎石

（2）有仰拱隧道（总厚51cm），见表1-13。

有仰拱隧道结构　　　　　　　　　　　　　　表1-13

上 面 层	下 面 层	基 层	底 基 层
4cm厚细粒式改性沥青混凝土（AC-13C粗型密级配）	6cm厚中粒式改性沥青混凝土（AC-20C粗型密级配）	26cm厚水泥混凝土	15cm厚级配碎石

注：沥青上面层所用的应为掺有复合改性剂的阻燃改性沥青。

（3）隧道外接线（总厚76cm），见表1-14。

隧道外接线结构　　　　　　　　　　　　　　表1-14

上 面 层	下 面 层	基 层	底 基 层
4cm厚细粒式改性沥青混凝土（AC-13C粗型密级配）	6cm厚中粒式改性沥青混凝土（AC-20C粗型密级配）	26cm厚水泥混凝土20cm厚水泥稳定碎石	20cm厚级配碎石

（4）车行横洞与人行横洞，见表1-15。

车行横洞与人行横洞结构　　　　　　　　　　表1-15

位 置	面 层	基 层	总 厚 度
车行横洞	20cm厚水泥混凝土	15cm厚素混凝土（C20）	35cm
人行横洞	15cm厚水泥混凝土	15cm厚素混凝土（C20）	30cm

3）被交道路面结构

（1）汽车通道（总厚50cm），见表1-16。

汽车通道结构　　　　　　　　　　　　　　　表1-16

上 面 层	下 面 层	基 层
20cm厚水泥混凝土	15cm厚水泥稳定碎石	15cm厚级配碎石

（2）人行通道（总厚35cm），见表1-17。

人 行 通 道 结 构   表1-17

上 面 层	基 层
15cm厚水泥混凝土	20cm厚水泥稳定碎石

（3）二级路接（改）线工程

①水泥路面（总厚69cm），见表1-18。

水 泥 路 面 结 构   表1-18

上 面 层	下 面 层	基 层	底 基 层
24cm厚水泥混凝土	10cm厚开级配水泥稳定碎石	15cm厚水泥稳定碎石	20cm厚级配碎石

② 沥青路面（总厚66cm），见表1-19。

沥 青 路 面 结 构   表1-19

上 面 层	中 面 层	下 面 层	基 层	底 基 层
4cm厚细粒式改性沥青混凝土（AC-13C粗型密级配）	5cm厚中粒式改性沥青混凝土（AC-20C粗型密级配）	7cm厚沥青混凝土（AC-25C粗型密级配）	20cm厚水泥稳定碎石（7d抗压强度3～4MPa）	30cm厚级配碎石

注：汽车通道原则上两侧各接100m水泥混凝土路；人行通道根据实地调查情况考虑衔接路的结构与长度。

4）服务区匝道路面结构

（1）服务区匝道进出口位置（总厚68cm），见表1-20。

服务区匝道进出口位置结构   表1-20

上 面 层	中 面 层	下 面 层	基 层	底 基 层
4cm厚AC-13C粗型密级配沥青混凝土	6cm厚AC-20C粗型密级配沥青混凝土	8cm厚AC-25C粗型密级配沥青混凝土	20cm厚水泥稳定碎石（7d抗压强度3～4MPa）	30cm厚级配碎石

（2）服务区车道（总厚64cm），见表1-21。

服务区车道结构   表1-21

面 层		封 层	基 层	底 基 层
面 层	下 面 层			
24cm厚水泥混凝土	10cm厚多孔隙水泥稳定碎石（7d抗压强度3～4MPa）	0.8cm厚改性沥青单层表处	15cm厚水泥稳定碎石（7d抗压强度3～4MPa）	15cm厚级配碎石

5）互通立交匝道、连接线及收费广场路面结构

（1）互通立交匝道（总厚68cm），见表1-22。

互通式立交匝道结构   表1-22

上 面 层	中 面 层	下 面 层	封 层	基 层	底 基 层
4cm厚AC-13C粗型密级配沥青混凝土	6cm厚AC-20C粗型密级配沥青混凝土	8cm厚AC-25C粗型密级配沥青混凝土	0.8cm厚改性沥青单层表处	20cm厚水泥稳定碎石（7d抗压强度3～4MPa）	30cm厚级配碎石

（2）收费站广场（总厚72cm），见表1-23。

收费站广场结构   表1-23

面 层		封 层	基 层	底 基 层
上 面 层	下 面 层			
28cm厚水泥混凝土	14cm厚多孔隙水泥稳定碎石（7d抗压强度3～4MPa）	0.8cm厚改性沥青单层表处	15cm厚水泥稳定碎石（7d抗压强度3～4MPa）	15cm厚级配碎石

（3）连接线水泥路面（总厚69cm），见表1-24。

水泥路面结构 表1-24

面 层		封 层	基 层	底 基 层
上 面 层	下 面 层			
24cm厚水泥混凝土	10cm厚多孔隙水泥稳定碎石（7d抗压强度3~4MPa）	0.8cm厚改性沥青单层表处	15cm厚水泥稳定碎石（7d抗压强度3~4MPa）	20cm厚级配碎石

6）桥面铺装

桥面铺装结构见表1-25。

桥面铺装结构 表1-25

上 面 层	下 面 层	总 厚
4cm厚AC-13C粗型密级配沥青混凝土	6cm厚AC-20C粗型密级配沥青混凝土	10cm

四、我国近年来的沥青路面结构组合

1.沥青路面结构设计变化

为了适应新的要求，交通运输部在原《公路沥青路面施工技术规范》(JTJ 032—94)的基础上，合并了《公路改性沥青路面施工技术规范》(JTJ 036—98)及《公路沥青玛蹄脂碎石路面技术指南》(SHC F40-01—2002)的相关内容，并针对主要技术问题开展了科学研究与试验验证工作，充分吸收了各专题的研究成果，经广泛征求意见后进行整合修订，于2004年9月4日发布了《公路沥青路面施工技术规范》(JTG F40—2004)，并从2005年1月1日起实施。

新规范提出了新的道路沥青标准和沥青路面的气候分区，提出了按照当地气候条件及交通情况(公路等级)选择沥青标号的方法，强调了预防沥青路面早期病害的相关措施。在"路用材料"部分，该规范全面修订了道路石油沥青、乳化沥青技术要求，局部修订了集料技术要求；针对改性沥青和SMA方面的一些特殊要求进行了补充完善。在"配合比设计"方面，该规范明确了三个层次矿料级配范围的意义，修订提出了规范矿料级配范围，调整工程级配范围的原则；完善了沥青混合料配合比设计方法，调整了马歇尔试验配合比设计方法及设计指标、标准，修订了确定最佳沥青用量的方法，统一了空隙率等体积指标的计算方法；修订并补充了沥青混合料配合比设计检验方法和技术要求，增加了渗水性检验指标；调整了不同粒径混合料适宜的压实层厚度，不同层位的沥青混合料种类、规格，明确施工期间需要对设计结构、材料进行审查和监督。在"施工工艺"部分，该规范主要修订了对拌和厂的要求，提出了过程控制、总量检验的方法，增加了提高平整度的措施，强调了摊铺宽度限制和加强轮胎压路机压实等内容；强调了冬季施工及雨季施工的问题；修改了透层、黏层、封层的内容，并增补了有关稀浆封层、微表处等新型结构的内容；修订了施工质量检验指标、频度、方法，增补了密水性(渗水系数)要求，强调压实度检验主要是工艺控制；修订了桥面铺装的厚度、混合料类型以及施工工艺。

《公路沥青路面施工技术规范》（JTG F40—2004）规定，热拌沥青混合料(HMA)种类按集料公称最大粒径、矿料级配、空隙率划分，分类见表1-26。

2005年以来，随着我国新的沥青路面设计规范、施工技术规范的发布实施，沥青路面结构设计相应发生了变化。

热拌沥青混合料种类表　　　　　　　　表1-26

| 混合料类型 | 密 级 配 | | 开 级 配 | | 半开级配 | 公称最大粒径(mm) | 最大粒径(mm) |
| | 连续级配 | 间断级配 | 间断级配 | | 沥青稳定碎石 | | |
	沥青混凝土	沥青稳定碎石	沥青玛蹄脂碎石	排水式沥青磨耗层	排水式沥青碎石基层			
特粗式	—	ATB-40	—	—	ATPB-40	—	37.5	53.0
粗粒式	—	ATB-30	—	—	ATPB-30		31.5	37.5
	AC-25	ATB-25	—	—	ATPB-25		26.5	31.5
中粒式	AC-20	—	SMA-20			AM-20	19.0	26.5
	AC-16	—	SMA-16	OGFC-16	—	AM-16	16.0	19.0
细粒式	AC-13	—	SMA-13	OGFC-13	—	AM-13	13.2	16.0
	AC-10	—	SMA-10	OGFC-10	—	AM-10	9.5	13.2
砂粒式	AC-5	—	—	—	—	AM-5	4.75	9.5
设计空隙率（%）	3~5	3~6	3~4	>18	>18	6~12		

（1）层次的变化

沥青路面的层次由过去的两层式（上面层、下面层或联结层），全部变为三层式（上、中、下面层），同时增加了同步碎石下封层等。

（2）厚度的变化

随着经济的快速发展，随着长寿命沥青路面理念的提出，沥青面层厚度由常规的"4cm+8cm"，逐渐变化为"4cm+5cm+6cm"、"5cm+7cm+10cm"、"4cm+6cm+12cm"、"4cm+7cm+12cm"、"5cm +7cm+12cm"等。

（3）类型的变化

由传统较为单一的AC结构，变为以AC 、SMA为基本结构，兼顾OGFC、橡胶沥青路面，结构设计更趋安全、降噪、环保舒适。

（4）宽度的变化

由传统较为单一的4车道，变为4车道、6车道为主，兼顾8车道路面，通行能力和安全性、舒适性大大提高。

高速公路沥青路面结构示意见图1-9。

图1-9　沥青路面结构示意图

2. 部分省份沥青路面结构组合现状

自《公路沥青路面施工技术规范》(JTG F40—2004)实施至今，我国部分省份沥青路面结构组合现状如下。

1）路面主线与桥面铺装结构

（1）三层全部采用AC结构

沥青路面上、中、下三层全部采用AC结构的较为常见，如某高速公路路面结构设计见表1-27。

某高速公路路面结构   表1-27

序号	结构层	结构类型	路基段厚度（mm）	桥面铺装厚度（mm）	路面主要材料
1	上面层	AC-16	40	40	SBS改性沥青
2	黏层	SBR改性乳化沥青	—		SBR改性乳化沥青
3	中面层	AC-20	60	60	SBS改性沥青
4	黏层	SBR改性乳化沥青	—		SBR改性乳化沥青
5	下面层	AC-25	80	—	70号基质沥青
6	下封层	SBS改性热沥青同步碎石	10~15	5~10	SBS改性热沥青
7	基层	5%水泥稳定碎石	400	—	水泥
8	底基层	4%水泥稳定碎石	200	—	水泥
9		总厚度	780	100	

（2）上、中面层采用AC结构，下面层采用ATB结构

某高速公路路面结构见表1-28。

某高速公路路面结构   表1-28

序号	结构层	结构类型	路基段厚度（mm）	桥面铺装厚度（mm）	路面主要材料
1	上面层	AC-13	40	40	SBS改性沥青
2	黏层	SBR改性乳化沥青	—		SBR改性乳化沥青
3	中面层	AC-20	60	60	SBS改性沥青
4	黏层	SBR改性乳化沥青	—		SBR改性乳化沥青
5	下面层	ATB-30	120	—	70号基质沥青
6	封层	SBS改性热沥青同步碎石	10~15	5~10	SBS改性热沥青
7	基层	水泥稳定碎石	400	—	水泥、碎石
8	底基层	二灰稳定碎石	200	—	石灰、粉煤灰、碎石
9		总厚度	820	100	

为了节约投资，该高速公路ATB结构层的硬路肩位置采用了水泥稳定碎石混合料，见图1-10。

图1-10 ATB结构层的硬路肩采用了水泥稳定碎石混合料

（3）上面层采用SMA结构

某高速公路上面层采用SMA结构，见表1-29。

某高速公路路面结构与材料   表1-29

序号	层　次	结 构 类 型	厚度（mm）		沥　青	主要材料
1	上面层	SMA-16	50		SBS改性沥青	角闪片麻岩
2	黏层	SBR改性乳化沥青	—		SBR改性乳化沥青	—
3	中面层	AC-25C	70		SBS改性沥青	石灰石
4	黏层	SBR改性乳化沥青	—		SBR改性乳化沥青	—
5	下面层	ATB-30	100		A-70号沥青	石灰石
6	封层	—	10~15		SBS改性沥青	石灰石
7	透层	—	—		高渗透乳化沥青	—
8	基层	二灰碎石	上行	420		石灰、粉煤灰
			下行	440		
9	底基层	二灰土	200			石灰
10	总厚度		840（860）			

某高速公路改扩建项目路面结构见表1-30。

某高速公路改扩建项目路面结构   表1-30

序号	层　次	结 构 类 型	厚度（mm）	路面主要材料
1	上面层	SMA-13	40	SBS改性沥青
2	黏层	SBR改性乳化沥青	—	SBR改性乳化沥青
3	中面层	AC-20	60	SBS改性沥青
4	黏层	SBR改性乳化沥青	—	SBR改性乳化沥青
5	下面层	ATB-30	120	70号基质沥青
6	封层	SBS改性热沥青同步碎石	10~15	SBS改性热沥青
7	透层	—	—	煤油稀释90号基质沥青
8	基层	水泥稳定碎石	420	水泥
9	底基层	水泥稳定碎石	210	
10	总厚度		850	

（4）上面层采用OGFC结构

以西安咸阳国际机场专用高速公路为例，其上面层采用OGFC结构，见表1-31。

西安咸阳国际机场专用高速公路路面结构   表1-31

序号	层　次	主线路基结构层（mm）	主线桥面铺装层结构层（mm）
1	上面层	50mm排水性路面（OGFC-13）	50mm排水性路面（OGFC-13）添加0.1%聚酯纤维
2	防水黏结层	SBS改性乳化沥青	SBS改性乳化沥青
3	中面层	60mmAC-20	60mmAC-20添加0.2%聚酯纤维
4	黏层	SBR改性乳化沥青	桥面抛丸打毛，撒布橡胶沥青碎石
5	下面层	120mmATB-30	—
6	封层	SBS改性热沥青同步碎石	—
7	透层	煤油稀释沥青	—
8	基层	400mm二灰碎石	—
9	底基层	200mm二灰碎石	—
10	总厚度	830	110

（5）上面层采用橡胶沥青结构

某高速公路上面层采用橡胶沥青结构见表1-32。

某高速公路路面结构   表1-32

序号	结构层	结 构 类 型	路基段厚度（mm）	桥面铺装厚度（mm）	路面主要材料
1	上面层	AR-SMA-13橡胶沥青路面	40	40	SBS改性沥青
2	黏层	SBR改性乳化沥青	—		SBR改性乳化沥青
3	中面层	AC-20	60	60	SBS改性沥青
4	黏层	SBR改性乳化沥青	—		SBR改性乳化沥青
5	下面层	ATB-30	120	—	70号基质沥青
6	下封层	SBS改性热沥青同步碎石	10~15	5~10	SBS改性热沥青
7	基层	水泥稳定碎石	400	—	水泥
8	底基层	水泥稳定碎石	200	—	水泥
9	总 厚 度		820	100	

2）隧道复合式路面结构

为了提高隧道内路面行车舒适性和安全性，一些省份高速公路建设项目除特长公路隧道外，其余全部采用沥青路面结构，见表1-33。

隧道复合式路面沥青面层结构   表1-33

序号	层 次	结 构 类 型	厚 度（mm）	路面主要材料
1	上面层	AC-13（或SMA-13）	40	SBS改性沥青
2	黏层	SBR改性乳化沥青	—	SBR改性乳化沥青
3	中面层	AC-20	60	SBS改性沥青
4	黏层	SBR改性乳化沥青	—	SBR改性乳化沥青
5	总 厚 度		100	

3）短路基复合式路面结构

短路基复合式路面结构见表1-34。

短路基复合式路面结构   表1-34

序号	层 次	结 构 类 型	厚 度（mm）	路面主要材料
1	上面层	AC-13（或SMA-13）	40	SBS改性沥青
2	黏层	SBR改性乳化沥青	—	SBR改性乳化沥青
3	中面层	AC-20	60	SBS改性沥青
4	封层	SBS改性热沥青同步碎石封层	10~15	SBS改性热沥青
5	基层	水泥混凝土	240~260	水泥、钢筋
6	底基层	贫混凝土	200	水泥
7	总 厚 度		540~575	

4）收费站广场路面

高速公路收费站广场全天候受车辆反复停车、起步荷载作用，沥青路面容易产生车辙、推移等病害，抵抗汽车尾气与油污染的能力也较差，因此，一般采用水泥混凝土路面结构，见表1-35。

收费站广场路面结构 表1-35

序号	层 次	结 构 类 型	厚 度（mm）	路面主要材料
1	面层	钢纤维混凝土	260或280	水泥、钢筋
2	滑动封层	SBS改性热沥青同步碎石封层	10~15	SBS改性沥青
3	基层	5%水泥稳定碎石	200	水泥
4	底基层	4%水泥稳定碎石	200	水泥
5		总厚度	670~685	

5）服务区、停车区路面结构

服务区、停车区路面结构见表1-36。

服务区、停车区路面结构 表1-36

序号	层 次	结 构 类 型	厚 度（mm）	路面主要材料
1	面层	水泥混凝土	280	水泥、钢筋
2	滑动封层	SBS改性热沥青同步碎石封层	10~15	SBS改性沥青
3	基层	5%水泥稳定碎石	200	水泥
4	底基层	4%水泥稳定碎石	200	水泥
5		总厚度	690~695	

6）沥青路面结构设计实例

2014年即将建成通车的河北省石家庄至磁县（冀豫界）高速公路是国家高速公路网（7918网）中的"射3"（北京—港澳）线河北段的重要组成部分，也是河北省2020年高速公路网布局规划"五纵、六横、七条线"中最主要的南北交通干线，是河北省中南部地区联系首都北京，进而沟通东北、华北和华中地区的重要高速通道。项目全长约209km，全线采用双向8车道高速公路标准建设，设计速度采用120km/h，路基宽度42m，其中，起点至西封斯互通立交段约43km为新建；西封斯互通立交至终点约166km利用现有高速公路改扩建，采用沿现有高速公路两侧加宽的改扩建方案，估算总投资约165.8亿元。该高速公路沥青路面结构层见表1-37。

河北省石家庄至磁县（冀豫界）公路改扩建项目路面结构 表1-37

序号	层 次	结 构 类 型	厚 度（mm）	路面主要材料
1	上面层	SMA-13	40	SBS改性沥青
2	中面层	AC-20	60	SBS改性沥青
3	下面层	AC-25	80	
4	上基层	ATB-25	110	
5	基层	水泥粉煤灰碎石基层	180	水泥粉煤灰碎石
6	下基层	水泥粉煤灰碎石下基层	180	水泥粉煤灰碎石
7	底基层	水泥粉煤灰碎石底基层	200	水泥粉煤灰碎石
8		总厚度	850	

3. 沥青路面结构设计新理念

交通运输部公路科学研究院科技创新成果认为，在水泥混凝土路面和半刚性基层之间，加铺一层3cm厚的沥青混凝土，刚柔并举，水泥混凝土路面的许多病害便可迎刃而解。其作用有：

（1）光滑、密实的沥青混凝土，可以让来自表面的水顺利排出路外，同时，水泥混凝土路面与半刚性基层的粗糙接触变成均匀接触。

（2）水泥混凝土路面在热胀冷缩时会产生变形和位移，如果位移得不到释放，产生的巨大的应力会对路面产生破坏。相对于半刚性基层，沥青层与水泥混凝土路面之间的摩擦阻力较小，会有相对充分的空间让水泥混凝土路面释放位移，保护水泥混凝土路面不受破坏。

（3）雨水从水泥混凝土路面进入后，由于车辆荷载反复作用，对基层不断冲刷形成唧浆，部分基层松散或被掏空，水泥混凝土路面受力不均匀导致断裂，而密实的沥青层抗水损坏的能力比半刚性基层好，使得基层得到保护，从而延长了水泥混凝土路面的使用寿命。

第二节　沥青路面施工常见问题

近年来，随着我国沥青路面的快速发展，加之不断引进和应用国际上出现的新技术，就目前而言，我国沥青路面的施工技术已趋近成熟；但在有些项目的施工与管理中还是出现一些问题，造成沥青路面施工质量不高，甚至存在一些质量隐患，影响了沥青路面的耐久性。

一、材料控制常见问题

1. 加工环节存在的问题

一般而言，采石场在生产过程中必须彻底清除覆盖层及泥土夹层。生产碎石用的原石不得含有土块、杂物，集料成品不得堆放在泥土地上。但是，一些石料加工企业在碎石加工环节还存在诸多问题，如石料场场地未硬化或者未修建隔料墙、料场除尘差、母岩质量差、软石含量大、粗细集料离析等。

加工环节存在的问题详见图1-11～图1-19。

图1-11　石料场仓地坪未硬化

图1-12　不同规格碎石仓之间未修建隔料墙，存在混料现象

图1-13　碎石生产除尘不到位严重污染环境

图1-14　母岩中风化与水锈石含量高

图1-15 母岩风化和水锈严重，加工成型的碎石材料发黄

图1-16 碎石中的软弱颗粒被雨水淋化

图1-17 运料车辆从黏层油上行驶，将铺筑在路面中的
软弱颗粒拉拔带起

图1-18 运料车辆将铺筑在路面中的软弱颗粒
拉拔带起（细部）

图1-19 机制砂离析（上下离析）

2. 碎石存储环节存在的问题

碎石存储环节存在的问题主要有：粗细集料混堆、碎石材料串仓、已进场的碎石被扬尘二次污染等，见图1-20~图1-23。

图1-20 粗集料中混堆了细集料

图1-21 碎石材料串仓

图1-22 进场的粉煤灰堆放位置不合理、未覆盖，
造成环境和碎石污染

图1-23 已进场的碎石被扬尘二次污染

二、设备配备存在的问题

1. 主要设备的性能满足不了施工质量要求

1）拌和楼存在的问题

（1）级配不准确：造成混合料配合比控制离散性大。

（2）拌和不均匀：造成花白料、淌油。

（3）混合料温度失控：或造成低温不易碾压，或造成高温沥青老化。

（4）不能连续拌和：拌和产量不适应摊铺的需要，影响压实度和平整度。

2）摊铺机存在的问题

（1）产生拖痕：熨平板不平整或加热不到位。

（2）产生搓板：振动夯锤频率不匹配，工作参数确定不合理，形成搓板。

（3）产生离析：螺旋叶片大小与安装方向、高度等不合理。

（4）设备漏油：混合料松散，形成坑槽。

3）压路机存在的问题

（1）前进后退换向时产生推移、拥包。

（2）洒水不均匀：混合料温度损失不一致，影响压实质量。

（3）设备漏油：混合料松散，形成坑槽。

2. 设备数量满足不了施工要求

（1）运输车辆数量不足，导致拌和楼停机等待车辆、摊铺机停机待料。

（2）摊铺机数量不足，未能实现并机作业而产生了纵向冷接缝，见图1-24。

（3）由于压路机数量不足，不能在高温下紧跟摊铺机碾压，见图1-25、图1-26。

图1-24 未采用并机作业而产生纵向冷接缝

图1-25 压路机数量少，未做到紧跟、碾压

三、配合比控制存在的问题

1. 配合比设计不合理

为了追求较高的抗车辙指标，或者追求较小渗水系数指标，在混合料配合比设计时，级配曲线出现极端化。

2. 混合料拌和时人为改变级配

比较严重的是拌和站料仓有什么料或什么料便宜，就让装载机多上这种料，人为地改变了级配。

还有施工现场的管理人员仅凭目测就判断配合比的合理性，在未进行试验检测的情况下，主观臆断直接发号施令，要求拌和站操作人员调整级配。

图1-26 轮胎压路机数量不足，碾压不及时

四、施工现场存在的问题

1. 黏层、封层施工存在的问题

（1）下承层清扫不彻底，导致黏层油被汽车轮胎粘走，见图1-27。

（2）黏层油洒布量过大，极易引起结构层泛油，见图1-28。

图1-27 下承层清扫不彻底导致黏层油被汽车轮胎粘走

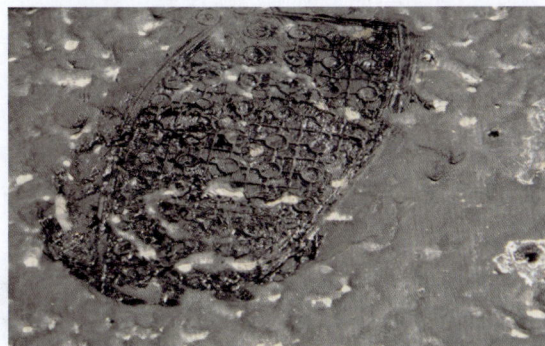

图1-28 黏层油洒布量过大极易引起泛油

（3）碎石封层脱落，见图1-29；碎石封层撒布不均匀，见图1-30。

图1-29　桥面碎石封层脱落

图1-30　碎石封层撒布不均匀

2. 混合料拌和存在的问题

混合料拌和环节最常见的问题是冷料仓的碎石材料混仓，影响级配的准确控制，见图1-31。

图1-31　冷料仓碎石材料混仓

3. 混合料摊铺存在的问题

混合料摊铺环节存在的主要问题有：

（1）由于熨平板加热不到位，导致混合料表面拉毛和离析，见图1-32。

（2）运输车辆与摊铺机配合差，导致混合料洒落在履带下方，见图1-33。

（3）前后两台摊铺机的间距太长，纵向结合不好，见图1-34、图1-35。

图1-32　熨平板加热不到位，导致混合料表面拉毛和离析

图1-33　运输车辆与摊铺机配合差，导致混合料洒落在履带下方

图1-34　前后两台摊铺机的间距太长，影响结合部压实度

图1-35　前后两台摊铺机的间距太长，形成温度离析

（4）因人工修补导致平整度差，见图1-36。

（5）摊铺机拼接宽度不足，人工摊铺面积太大，影响施工质量，见图1-37。

（6）在已初压的混合料表面补料会影响平整度，见图1-38。

图1-36　人工修补导致平整度差

图1-37　摊铺机拼接宽度不合理，人工摊铺面积大

4. 混合料碾压存在的问题

（1）压路机进出作业面的位置不正确，导致混合料边部塌边，见图1-39。

（2）压路机操作不精细，轮胎压路机复压超过了初压段落，见图1-40。

（3）处理离析时，人工撒补的混合料被压路机碾碎。

（4）为了防止轮胎压路机黏轮，而涂抹了大量的柴油。

（5）双钢轮压路机的驱动轮朝向错误，引起混合料碾压推移。

（6）双钢轮压路机原地振动造成混合料局部下凹。

（7）过量喷水或形成柱状喷水，造成混合料局部瞬时剧烈降温。

图1-38　在已初压的混合料上撒补料，影响平整度

图1-39 压路机进出作业面的位置不正确，导致边部塌边

图1-40 轮胎压路机复压超过了初压段落

五、沥青路面污染严重

施工污染对沥青路面的耐久性和外观影响极大，最主要的影响包括：①影响结构层层间黏结；②需要洒布黏层油，加大了工程建设成本，浪费资源；③影响使用效果，特别是对于OGFC排水性沥青路面而言，污染是致命的结构破坏，必须杜绝；④影响美观。

1）污染形式与原因

污染形式主要有：土污染、油污染、水泥混凝土及砂浆污染、沥青或沥青混合料抛洒污染等。污染产生的主要原因有以下几个方面。

（1）施工"断点"造成的污染

单项工程进度严重失衡，因路基桥涵施工"断点"造成了沥青路面污染，见图1-41。

（2）施工安排和现场管理不到位而造成的污染

由于施工安排和现场管理不到位而造成的污染，见图1-42~图1-52。

图1-41 单项工程进度严重失衡，因路基"断点"造成路面污染

图1-42 施工基层前时未将桥面泥土清理干净

图1-43 中面层已铺筑但硬路肩未回填、钢板立柱未施工，后期必将污染路面

图1-44 平交道口未采取措施，沥青路面被严重污染

图1-45 同步碎石封层被严重污染

图1-46 成型的桥面被严重污染

图1-47 绿化不及时，回填土容易污染沥青路面

图1-48 防止路面污染的彩条布形同虚设

图1-49 沥青路面在泥土环境中施工

图1-50 沥青路面被水泥砂浆污染

2）沥青路面污染预防措施

沥青路面的污染难以彻底清理，几乎无法恢复（如OGFC排水性沥青路面）且耗时、耗材、费力，因此施工中必须把污染问题当作质量问题严加管理。

沥青路面施工中污染有时不可避免，但只要加强管理，科学组织施工，大部分可以避免或减少污染。主要预防措施如下。

（1）确定合理的建设工期，避免赶工。

（2）科学合理地安排单项工程的交叉作业，按

图1-51 沥青路面被油污染

照工序和污染程度分级安排，对于污染严重的工程先组织施工。沥青路面施工前，应充分考虑中央分隔带填土施工、绿化、排水、部分交通安全、机电等工程的施工。

图1-52　运输车辆洒落的沥青附着在路表面

（3）各参建单位都要树立质量意识，精心施工，避免污染。

（4）强化现场管理，主要措施包括路口硬化；车辆进出路面冲洗轮胎；雨天不施工、车辆不上路；选择机况良好的设备（压路机、运输车、交通工程的打桩机、柴油发电机等），确保不漏油；设备下方设置彩条布；加强沥青拌和厂管理，特别是桶装沥青的管理，避免运输车辆将沥青带入路面；运输车辆在混合料装料时，不得超过车厢高度，装料前必须检查挂钩，防止运输过程中挂钩脱落，导致混合料抛洒；加强巡查，严罚重处等。

在桥面施工同步碎石封层时，应对桥面护栏进行覆盖，以防沥青污染，见图1-53。

从封层施工直到沥青下面层铺筑期间，全过程都要采取防止扬尘的措施，见图1-54、图1-55。

图1-53　对桥面护栏进行覆盖，防止沥青污染

图1-54　在卸料车前安排专人清除碎石封层表面灰尘

图1-55　在作业面洒水，防止扬尘污染封层

黏层油洒布前要对立柱进行保护，见图1-56。

ATB-30施工采取的防污染措施，见图1-57。

安装在沥青拌和站出口的车辆轮胎冲洗设备，见图1-58。

图1-56 洒布黏层油前，对立柱进行保护

图1-57 ATB-30施工采取的防污染措施（铺设土工布供施工人员使用）

图1-58 安装在沥青拌和站出口的车辆轮胎冲洗设备

附属工程施工中对沥青路面的污染，应及时清理，见图1-59。

伸缩缝施工必须采取保护措施，防止污染和破坏路面，见图1-60。

图1-59 附属工程施工中对沥青路面的污染，应及时清理

图1-60 伸缩缝施工必须采取保护措施，防止污染和破坏路面

护栏喷漆必须采取防污染措施，见图1-61。

用于临时交通封闭的隔离墩下，必须支垫土工布，防止污染和破坏沥青路面，见图1-62。

对施工污染应及时清洗，见图1-63。

六、施工组织管理存在问题

（1）为赶工期在夜间和低温环境下施工，见图1-64、图1-65。

（2）工序安排不合理，钢板护栏安装过早，不利于沥青混合料摊铺与碾压以及沥青砂拦水带的施工，见图1-66、图1-67。

（3）沥青拌和站现场管理杂乱，见图1-68；桶装沥青码放不规范，见图1-69。

图1-61　护栏喷漆必须采取防污染措施

图1-62　用于临时交通封闭的隔离墩下，必须支垫土工布，防止污染和破坏沥青路面

图1-63　对施工污染及时清洗

图1-64　夜间施工中压路机重压或漏压

图1-65　工期安排不合理，在低气温下仍旧进行沥青混合料施工

图1-66 钢板护栏安装过早，不利于沥青混合料摊铺与碾压

图1-67 沥青砂拦水带施工完成后再进行钢板护栏施工

图1-68 沥青拌和站现场管理混乱

图1-69 桶装沥青码放不规范

第三节　沥青路面施工前期组织

按照我国高速公路建设管理模式，沥青路面施工单位中标进场后，必须组建项目经理部，并进行项目经理部建设、拌和场站的建设、工地试验室的建设和料场建设，同时开展各类技术准备工作，在具备了这些基本条件后，方能进行沥青路面的施工。

一、项目经理部与驻地建设

1. 项目经理部机构建设

（1）施工组织机构要求

要铺筑一条优质的沥青路面，必须要有一支组织严密、技术过硬、团结拼搏的施工队伍。施工组织机构，一般为施工企业组建的项目经理部。经理部应内设办公室、财务、工程、机械、质安、环保等部门。经理部代表施工企业履行与建设单位签订的施工合同规定的所有权利与义务。

（2）机构设置的原则和要求

①项目经理部人员配备根据投标时的承诺，配置主要负责人、部室负责人及其他人员；在基本配备的基础上，再根据工程规模、工程进展阶段，实行调配。

②根据人员管理培训要求，应建立考核、培训、培养机制，促进在岗工作人员的技术业务素养提高的同时，加强企业文化建设、加强思想文化引导、加强廉政建设、加强团队的意识建设，努力创造"建精品、树形象、保安全"的氛围，带动建设工作全面开展。

③根据项目建设规模，投标承诺，参考交通运输部有关规定，结合自身的特点配置人员，以满足现场施工需要。

（3）人员配备

沥青路面施工的很多环节取决于施工经验，因此人的因素至关重要。在材料采备、设备组合、配合比设计、施工工艺、现场管理等环节，具有施工经验的主要施工技术和管理人员必须占一定比例。以高速公路建设为例，一个沥青路面施工合同段的主要施工管理人员配备见表1-38。

沥青路面主要施工管理人员配备表 表1-38

序号	岗 位		职 责 与 分 工	数量（名）	备注
1	项目经理		施工项目全面管理	1	
2	项目副经理		分管部门工作	2~3	
3	项目总工		技术质量总负责	1	
4	工程部长		协助总工程师负责技术与施工管理	1	
5	材料部长		各种原材料的采备	1	
6	机械部长		负责施工机械设备的保障、维修与调配	1	
7	质安部长		负责施工期间质量、安全检查管理	1	
8	协调部长		负责临时用地与对外协调关系	1	
9	财务部长		负责资金保障、工程成本、效益评估	1	
10	办公室主任		项目部行政事务、宣传、后勤保障	1	
11	试验室主任		原材料、配合比、工程实体质量检测	1	
12	后场	拌和站负责人	具体负责混合料生产与质量、安全控制	1	
		车队负责人	具体负责混合料运输环节的管理	1	
13	前场	现场值班经理	负责混合料拌和、运输、摊铺、碾压的总体组织协调	1	
		现场技术主管	现场准备、摊铺、碾压、质量控制	1~2	
		测量工程师	路面高程、坐标测量	2~4	
		现场技术员	协助技术主管	3~6	
		温度测量员	混合料到场、摊铺、碾压温度检测	2~4	
		摊铺管理	具体负责摊铺阶段混合料高程、宽度、厚度、平整度、外观等	1	
		碾压管理	负责碾压温度、速度、遍数、外观等	2	
		平整度与接缝处理	跟机进行平整度与接缝检测、修复	3	
		安全管理员	施工现场安全监督与管理	2	
		交通管制员	封闭、开放交通	4	
14	操作	拌和楼操作员	混合料生产	2~4	每台楼
		汽车驾驶员	混合料运输	2	每台车
		摊铺机驾驶员	混合料摊铺	2	每台机
		压路机驾驶员	混合料碾压	2	每台机
		熟练的辅助工人	配合机械施工，现场修复缺陷	若干	每班组

所有参与建设的施工管理人员，必须熟悉工程基本情况、设计要求、技术要点、工艺要求、质量标准等。经理部应定期召开各类会议，制订施工计划、施工方案；内部实行各类考核，特别是质检体

系的建立与质量考核，激励施工管理人员积极完成各阶段的施工任务。

2. 项目经理部选址要求

（1）项目经理部应按照就近设置的原则进行选址。要求设在工地附近，也可设在沥青拌和站，但应设置在拌和楼的上风口地段，便于施工管理。

（2）车辆进出方便、周围社会环境较好。

（3）占地面积满足办公、会议、员工生活等要求。项目经理部驻地示例见图1-70。

3. 建设标准

（1）机构设置应科学、合理、实用、高效。

（2）办公生活环境应干净、卫生，布置规划整齐、合理。

（3）规章制度和图表的内容、制作标准应符合要求。

项目经理部会议室示例见图1-71。

图1-70 项目经理部驻地示例

图1-71 项目经理部会议室示例

4. 文明工地建设要求

各类标志、标牌、彩门以及办公、生活设施、施工便道等严格按照建设项目的要求设置，达到文明工地验收标准。文明工地建设应进行全面规划，并经有关方面审核同意后方可实施。

5. 环境保护与安全设施要求

施工期必须做好扬尘和噪声污染防治工作，加强场地环境管理，定期对施工现场进行清理、洒水降尘；按环卫部门要求积极推行清洁生产，提高固体废物综合利用率，及时处置生活垃圾；在项目经理部驻地设置消防安全设施。

二、沥青拌和站建设

沥青拌和站建设前，应进行临建总体规划方案设计，经评审与批复后再进行施工图设计，并组织施工。

1. 沥青拌和站选址要求

（1）拌和站用地面积

计算沥青拌和站用地面积时应充分考虑以下影响因素。

①沥青拌和楼及其附属设备安装的占地面积；

②各类材料按使用总量的60%~80%的储备数量且分规格堆放所需的面积；

③改性沥青现场加工、乳化沥青现场加工或存储所需的面积；

④碎石二次水洗设备及存储场地的面积；

⑤机制砂和矿粉加工场地的面积；

⑥发电机房、机修、仓库、办公（含工地试验室）、生活用房面积；

⑦厂区道路、机井等占用面积；

⑧进场机械设备、运输车辆、公务车辆的停放区域；

⑨废弃材料临时堆放和填埋场地；

⑩其他用地面积。

总体要求：对临时征地、场地硬化做到一次性考虑到位。对于平原区高速公路，当合同段工程量较大时，2套4000型沥青拌和站临时用地不得低于180亩；在山区高速公路建设中，可因地形、地貌情况分开筹建拌和站，并酌情减少临时用地面积。

（2）拌和站选址

选址前应与建设单位、监理单位沟通。拌和站选址原则是：位置尽量适中、运输进出方便、利于环保、避免环境干扰。

2. 沥青拌和站总体规划要求

（1）总体平面规划设计

根据各类拌和站用地面积，要进行总体平面布置设计，包括拌和设备位置、料场位置（各种规格地材料仓划分、沥青材料的堆放位置等），改性沥青、乳化沥青等材料现场加工场地、油库、机修车间，过磅房，生活、办公用房、工地试验室等，厂区道路等。

对于需要在拌和场内完成的作业内容，如SBS改性沥青的现场加工、橡胶沥青现场加工、碎石材料水洗、机制砂矿粉加工等，则需要详细计算设备占地面积、材料存储面积、场区道路等，做到布局合理，使用方便。

建设前必须对"两个所有"（所有项目、所有用途）全面考虑，总体工作应按照"先进行规划设计、后进行平面设计、再进行施工图设计"的顺序进行。施工过程中，监理单位应全程进行质量监督，按照合同规定进行计量支付。

总体平面规划示例见图1-72。

图1-72 总体平面规划示例图

（2）总体排水设计

要求沥青拌和站做到"无扬尘、无泥泞、材料无污染"。场内道路、场地排水畅通，生产、生活污水应处理后排放。

（3）沥青拌和站场地硬化及其他要求

①拌和站堆料场与厂区便道要求，采用20~30cm厚水泥稳定碎石材料作为基层，并用15~20cm厚C25水泥混凝土面层全部硬化。

②材料存储要求。储料仓应采用钢筋混凝土墙进行分隔。不同材料必须分类堆放，严禁混堆和混装，细集料应搭棚堆放。对进场的粗细集料、矿粉、消石灰粉、纤维等，必须采取防潮措施。材料分隔墙尺寸不得低于3m，厚度不得小于50cm。

风雨棚立柱高度不得低于12m（以便挖掘机转运材料），跨距不得小于30m（具体以料仓存储量要求而定），应顺风向而搭设，防止大风破坏。标准化的风雨棚和材料分隔墙见图1-73~图1-75。

图1-73 标准化的储料仓风雨棚

图1-74 粗、细集料料仓大棚

图1-75 标准化材料分隔墙

③围墙。围墙采用24cm砖墙或铁艺墙，高度不小于2.5m。砖墙墙顶砌筑成坡状，墙面要求粉刷成白色或乳黄色，并有内容规范的质量安全标语。

④沥青拌和站大门及门前道路。大门的宽度、高度等应满足使用需要。门前道路应按照厂区道路标准硬化。

沥青拌和站围墙见图1-76，沥青拌和站大门示例见图1-77。

图1-76 沥青拌和站围墙

图1-77 沥青拌和站大门示例

三、工地试验室建设

工地试验室应严格按照交通运输部工程质量监督局编写的《公路工程工地试验室标准化指南》进行建设。

施工单位进场后，应及时提交《工地试验室建设规划方案》，经监理单位审批后组织建设。在施工自检、监理验收合格后，由施工单位向省厅质量监督站申请验收，合格后方可进行各类试验检测工作。

1. 总体要求

（1）筹建原则：沥青试验室必须建在沥青混合料拌和站，以便及时进行原材料及混合料检测。

图1-78 标准化的工地试验室

（2）筹建标准：仪器设备、试验人员、各试验检测室的面积、设备布局等按照相关要求进行。

（3）验收标准：质量监督部门按照《公路工程项目工地试验检测机构临时资质管理暂行办法》和《公路工程工地试验室标准化指南》进行验收。标准化的工地试验室见图1-78。

2. 试验室主要人员配备

试验室人员组成与专业技术水平、技术职称的比例要协调。每个工地试验室设试验工程师、试验员总数不能低于本项目工程施工试验检测对试验人员的要求。

3. 试验室主要仪器配备

（1）试验室主要仪器配备，必须满足招标文件和实际工程的需要。施工单位工地试验室主要仪器设备与试验检测项目，见表1-39。

施工单位工地试验室主要仪器设备及试验的项目   表1-39

结构层	试 验 项 目	主要仪器设备
底基层与基层	集料试验：筛分、压碎值*、含泥量、针片状含量、密度	50~100t压力机（1台）
		路面材料强度仪（1台）
	水泥常规性能检测	集料筛（1套）
	重型击实试验	振动成型机（1台）
	水泥稳定土（碎石）配合比设计	滴定装置（1台）
	压实度试验	集料压碎值试验仪*
	水泥稳定土（碎石）7d无侧限抗压强度	灌砂筒（1套）
	含水率试验	标准养护（箱）室（1个）
		恒温干燥箱（2台）
		经纬仪、水准仪（各1台）

结构层	试 验 项 目	主要仪器设备
沥青面层	沥青三大指标试验	沥青针入度、延度、软化点仪（各1套）
	集料试验：筛分、压碎值、含泥量、针片状含量、密度、黏附性	沥青抽提仪（1台）
		大、小马歇尔试验仪（各1套）
	沥青混合料试验：抽提试验、马歇尔试验	沥青混合料搅拌机
	压实度试验	路面取芯机［100mm用于中上面层，150mm用于下面层及（底）基层］
	弯沉测量	贝克曼梁（2套）
	路面厚度、平整度、摩擦系数、构造深度、渗水系数	平整度仪、摆式仪、车辙仪（各1台）
		恒温水浴1台
	沥青混合料配合比设计	浸水天平1台
	温度控制与检测	空调每室1台，温度计2台

（2）工地试验室质量保证体系示例，见图1-79。

（3）沥青混合料部分试验仪器，见图1-80~图1-82。

（4）其他试验仪器。

以HZ—20型沥青路面取芯钻孔机为例，其技术参数如下。

①最大钻孔取芯直径：ϕ200mm；

②最大钻孔取芯深度：700mm（可配加长杆30cm/根）；

③钻孔方向：垂直向下；

④进给方式：手动、自动；

⑤主轴转速：800~1200 r/min；

⑥钻头形式：人造金刚石薄壁钻头；

⑦配套动力：本田汽油发动机；

⑧功率：3.3~6.5kW，转速：3600r/min；

⑨外形尺寸（长×宽×高）：1080mm×780mm×1300mm；

⑩质量：150kg。

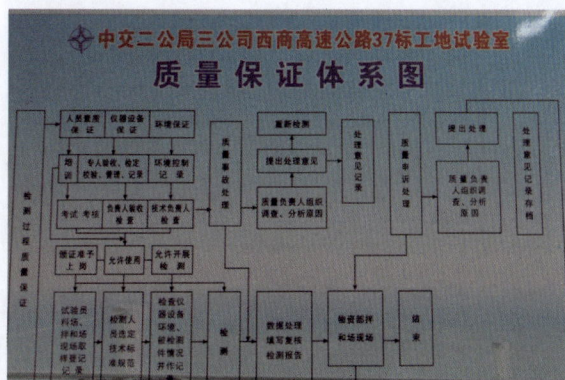

图1-79 工地试验室质量保证体系示例

图1-80 沥青混合料室内拌和机

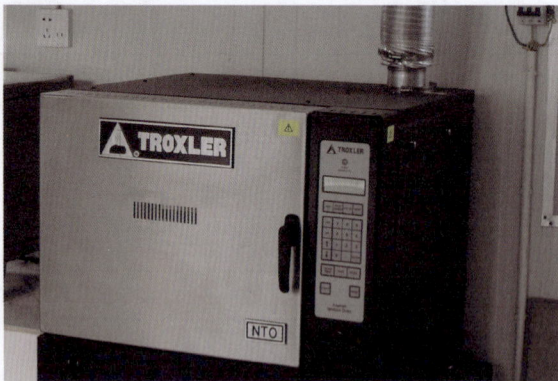

图1-81　沥青混合料抽提试验用燃烧炉

图1-82　沥青混合料车辙试验成型机

4. 试验仪器的检定

所有的试验仪器在使用前，必须进行检定。试验仪器检定证书示例见图1-83。

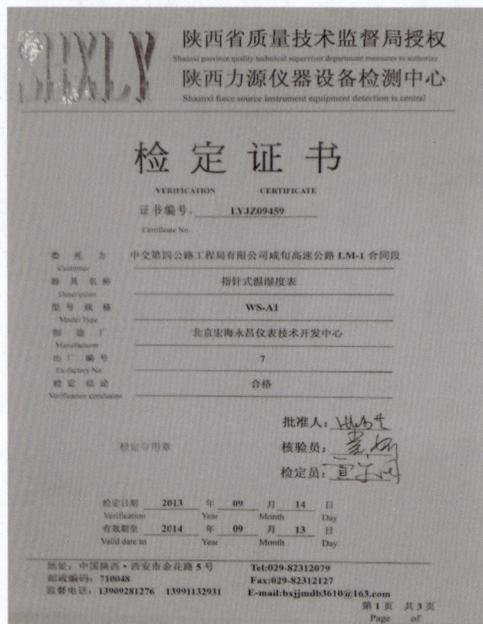

图1-83　试验仪器检定证书示例

5. 材料留样

各类材料留样见图1-84，混合料生产记录见图1-85，建立完整的试验检测台账见图1-86。

图1-84　原材料存留样品

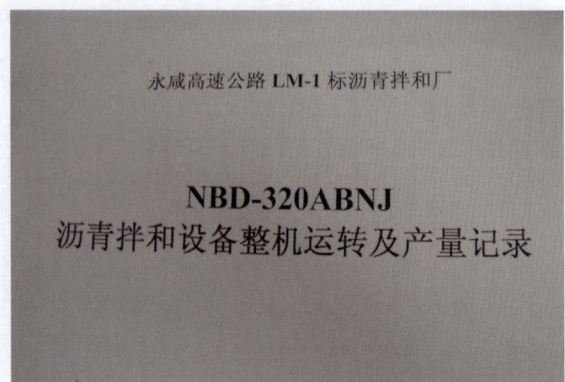

图1-85　建立沥青混合料生产记录台账

图1-86 建立完整的试验检测台账

四、前期技术准备要求

1. 基本工作

（1）编制本合同段实施性施工组织设计。

施工组织设计内容包括：施工组织机构、施工总体进度计划表、质量目标、工期目标（包括总工期、节点工期）、安全目标、保证措施（质量体系与保证措施、工期保证措施、人员安排与保证措施、安全生产保证措施、环境保护、水土保持、施工后期的场地恢复措施、支付保障措施）等。

（2）编制详细的试验工作计划（包括原材料调查与取样计划、试验检测计划、标准试验计划）。

（3）计算各结构层材料用量，并逐月编制分解计划。

（4）做好导线、水准测量的一切准备工作。

（5）组织技术人员认真审核施工检测和试验检测表格，提交书面反馈意见。

（6）复核施工图纸，提交复核报告。

（7）联系完成办理公文所需的相关工作。

2. 三阶段配合比设计与验证工作

在各个沥青结构层施工前，首先必须进行混合料配合比设计。进行沥青混合料三阶段配合比设计时，为了实现同一个建设项目路面质量偏差小、建设品质一致，配合比设计的组织工作应做到"六个统一"：统一组织、统一理论、统一方法、统一材料、统一试验人员、统一分析数据。

目标配合比设计完成后，应提交内部会议初审，之后进行配合比试拌验证；经试验路试拌试铺二次验证并由专家会评审后，后方可用于大面积施工。

第四节 施工项目建设管理

按照交通运输部"五化"管理的总体要求，我国高速公路的沥青路面项目管理，应注重抓好以下几个方面，以全面提升施工管理水平。

一、合理安排路面工程招标时间

针对以往有些建设项目中路面施工招标时间不合理，导致路面施工单位进场晚、任务重、施工过程中仓促应战，最终导致路面施工质量不高的现象，建设单位必须合理安排招标路面工程招标时间。可以把建设项目的路基、桥隧、绿化工程与路面、交通安全设施、机电、房建、沥青供货等分两批招标，在第一批工程总量进展到三分之一时便立即组织路面工程施工招标。这种做法的优点是路面施工单位可以早进场、早筹备，因而相应的材料采备、技术准备、设计优化等工作可以从容展开，为路面大面积施工、确保工程质量奠定坚实的基础。

二、强化路面材料精细化管理

1. 碎石加工场地要求

（1）办理开采手续

①到国土资源部门办理相关手续，如矿界批复、储量核查审批报告、初步开采利用方案批复等；

②到环境保护、水土保持等部门办理相关手续；

③根据已批复的初步开采利用方案，进行安全生产预评价；

④根据已批准的相关手续，由国土资源管理部门颁发《采矿许可证》；

⑤根据已颁发的《采矿许可证》进行开采设计方案及安全设计审查；

⑥根据已批准的安全专篇设计审查报告，企业申请开工建设，安监部门根据相关的法律法规及企业的准备情况进行批复；

⑦企业建设完毕，申请竣工验收；

⑧根据竣工验收的批复意见及《非煤矿山企业安全生产许可证实施办法》的相关规定，申请办理《安全生产许可证》；

⑨根据已颁发的《安全生产许可证》及安监部门的相关规定，进行生产经营。

（2）场地面积与硬化要求

在条件允许的情况下，石料加工场地面积不小于200亩。各类料仓、进出场道路必须硬化。

图1-87 碎石加工设备

2. 碎石加工设备要求

（1）碎石生产线全套设备基本要求

碎石生产线全套设备主要由振动喂料机、颚式破碎机、反击式破碎机、整型机、振动筛、皮带输送机、集中电控等设备组成。设计产量一般不小于300~500t/h。根据不同加工需要，可配备圆锥式破碎机、除尘设备等。碎石生产线全套设备，应能进行硬质玄武岩、闪长岩等多种原料的破碎作业。碎石加工设备见图1-87。

（2）碎石生产线性能要求

碎石生产线自动化程度要求高，除了对设备的开机停机及日常维护之外，其余不应由人工操作。其生产效率高，运行成本低，产量大，收益高，成品碎石粒度均匀、粒形好，粉尘含量低。

破碎筛分联合设备在工艺流程设计中，要求有严谨的空间交叉布局，占地面积小，同时配有先进的电控操作系统，确保生产流程出料通畅，运行可靠，操作方便，高效节能。

3. 路面材料精细化管理要求

（1）碎石加工采用干法除尘或循环水洗，降低粉尘含量，确保碎石表面清洁，提高与沥青的黏附性。

（2）石料生产厂家振动筛与沥青拌和楼振动筛筛孔应尽量一致。

（3）驻碎石加工厂试验检测人员和监理人员应加强源头监管；驻地监理应每天对碎石筛分进行检查，严格控制碎石材料规格和单粒级级配。

（4）有针对性地提高原材料技术指标，如压碎值、磨耗值、针片状含量等。

（5）石料、矿粉集中加工，实行盲样评审，优中选优。

（6）各类材料按照不同粒径分开进场，分类搭棚堆放，避免混料，以利于施工时精准掺配。

（7）基质沥青、改性沥青集中招标，并对改性沥青加工厂或现场加工的规模等进行强制要求。

（8）纤维材料的品牌通过室内外试验，选用性价比较高的材料。

（9）混合料每天拌和前，对原材料天然含水率进行实测，确保混合料质量。

4.碎石材料标准化生产工艺工序

以最大粒径19mm的沥青路面用碎石为例，其生产标准化工艺工序见图1-88~图1-96。

图1-88 工序1——采用机械挖掘或松动爆破
方式开采母岩

图1-89 工序2——专用设备将大块母岩破碎成
小于80cm的片石

图1-90 工序3——大型颚式破碎机将片石加工
成10~15cm的碎石

图1-91 工序4——小型颚式破碎机将10~15cm的
碎石加工成3~5cm的碎石

图1-92 工序5——反击破将3~5cm的碎石加工成1~3cm的碎石

图1-93 工序6——将1~3cm碎石在振动筛上筛分，大于2cm
的碎石返回反击破再次加工

图1-94　工序7——对小于2cm的碎石进行整型

图1-95　工序8——对整型后的碎石进行水洗和筛分

图1-96　工序9——分仓堆放成品碎石（19~9.5cm、9.5~4.75cm）

5. 机制砂标准化生产工艺工序

长期以来，一些机制砂生产厂家为了追求最大利润和生产进度，采用碎石材料的下脚料（石屑）加工机制砂，造成机制砂级配差，粉尘含量（甚至可称为含泥量）大，严重影响了沥青路面的内在质量，易形成路面早期病害。为此，对机制砂的生产监督管理必须严格，最好、最直接的办法就是采用现场加工法，在采取了有效的环保措施后，将机制砂加工场建在沥青拌和站适当位置，不但使得原材料、设备以及加工工艺便于监督，成型产品也方便检测。

图1-97~图1-101反映了机制砂从碎石原材料到加工成型并储存的全过程。

图1-97　加工设备尽可能地安装在沥青拌和站

图1-98　原材料采用10~20mm石灰岩碎石

三、对主要机械设备强制性要求

沥青路面施工设备，主要包括拌和、运输、摊铺、碾压以及辅助设备等。性能良好的施工设备，是提高工作效率，保证工程质量的根本保证。因此，沥青路面施工前必须进行设备选型、标定调试、配套组合等工作。

图1-99　成品机制砂由输送带转场

图1-100　机制砂被输送至临时储料仓

为了解决部分工程建设市场以往出现的"一流单位中标、二流单位进场、三流队伍干活"的顽疾，从设备管理方面，应进行强制性要求，即在路面施工招标文件中，根据工程规模、工程特点、工期与质量要求，对工程项目的机械设备提出强制性要求。

（1）编制《沥青路面主要施工机械设备强制性要求》，要求投标人予以响应。

特别是当沥青拌和楼数量不足时，有些施工单位为了追求进度，无原则地大量缩短混合料的拌和时间，造成混合料拌和不均匀，或黏附性差，给路面耐久性带来了致命的隐患。

图1-101　将成品机制砂转运至大棚存储仓内

（2）对大型设备进行进场前考察。施工设备进场前，由管理单位邀请机械设备方面的专家，对施工单位投标书中的设备进行实地考察。考察主要针对沥青拌和楼、橡胶沥青加工设备、改性沥青加工设备等。

（3）同一标段的沥青拌和设备要求型号、性能一致，有条件时应安装沥青混合料拌和质量监控器，实时监控混合料的拌和质量。

图1-102　同一标段进场2台4000型拌和楼

同一标段进场2台4000型拌和楼见图1-102。

（4）同一作业面的沥青摊铺设备要求型号、性能一致，全部安装速度显示仪，实时监控摊铺速度。

（5）同一作业面的压实设备，型号、性能一致，全部安装速度显示仪，实时监控碾压速度。

（6）施工过程中的设备转场，必须采用平板车运输，以防破坏成型路面，见图1-103。

（7）强化设备维修保养与管理。施工设备机库见图1-104。

图1-103　设备转场必须采用平板车运输，以防破坏成型路面

图1-104　施工设备机库

四、对沥青混合料配合比与施工工艺组织评审

对于特殊类型的沥青混合料（如SMA、OGFC、橡胶沥青混合料等），在目标配合比、生产配合比设计完成后，根据施工配合比先在拌和场内进行小批量试拌与试铺，观测混合料的外观，检测混合料技术指标等，当各项指标经过验证合格后，再进行试验段铺设。试验段施工总结完成后，组织专家对配合比、施工工艺等进行评审，确定出最佳配合比与施工工艺后，再大面积铺筑。

五、对混合料生产配合比进行动态监控

多年以来，沥青混合料拌和质量一直采用传统的抽提法进行质量检测。按照施工技术规范要求，一般混合料的检测频率为每天上午、下午各1次，通过抽提试验，分析判断混合料的矿料级配、油石比是否满足要求。这一方法沿用了几十年，但传统的抽提检测方法主要存在以下问题。

（1）混合料样品的代表性不强。国内目前对于沥青混合料生产质量的检测，完全依靠离散抽样检查的数据。以4000型沥青拌和楼为例，若每天生产12h，则至少会生产沥青混合料3000t，监理及施工单位每天通常取2~3个试样，即4000g左右，即约为百万分之一，样本量太小，抽检试样的真实性、可靠性及代表性受工作人员人为因素影响很大。

（2）取样误差。混合料取样误差较大。

（3）试验误差。在抽提试验中存在试验误差问题。

（4）时间性不强。正常情况下取样15min，抽提45min，矿料筛分、数据分析一般需要至少2h。按每小时280t生产能力计算，这一时间内至少有500t的混合料已经拌和并运至工地现场。

（5）给质量意识差的从业者提供了私自改变级配的可能。由于不同原材料存在不同的费用，在每盘混合料质量不变的前提下，用价格便宜的材料取代价格较高的材料，比如使用4.75mm以下的细集料替代粗集料等，又比如人为地降低油石比等。当试验人员抽检取样时，操作人员立即按批复的配合比生产混合料，待取样结束后，操作人员又立即为所欲为。而这些无视质量的做法往往无法检测；由于质量检测的时间差、滞后性、不同步性，导致混合料质量漏检。

针对传统检测方法存在的弊端，目前市场上开发设计了可安装在沥青拌和楼上的"沥青混合料生产质量监控器"，可以逐盘在线监控混合料拌和质量。这种仪器的主要功能如下。

（1）实时监控功能：对生产的每盘沥青混合料的各档集料、粉料、沥青的质量和混合料温度等有关参数进行实时地监控。

（2）实时记录功能：对生产过程中混合料的温度波动、矿料和沥青的计量波动及手动补料等现象实时记录。

（3）远程在线监控功能：数据处理中心实时接收动态质量监控系统采集传输回的数据，利用专门的快速处理软件完成实时在线处理及分析回馈。获得监控授权的部门可利用计算机实现对生产质量的远程实时在线监控。

目前，我国部分省份的高速公路建设项目安装了沥青混合料动态质量监控系统，实施的效果如下。

（1）监控手段现代化。只要拌和楼生产，打开计算机即可了解混合料拌和质量状况。

（2）质量监控全覆盖。克服了抽提试验"以点代面"的弊端，实现在线监控，每盘混合料都在监控范围。

（3）数据传送网络化。管理者不需要奔波于各施工现场采集数据，通过网络即可下载最新数据。

（4）创立了沥青混合料生产与质量检测同步进行的方法，改变了过去沥青混合料事后取样、"以点代面"的传统检测方法。

这种做法从根本上杜绝了当前施工过程中存在的试验数据造假的问题，使得高速公路沥青路面质量大幅提高。安装在沥青拌和楼操作室的"沥青混合料生产质量监控器"（俗称"黑匣子"），见图1-105。

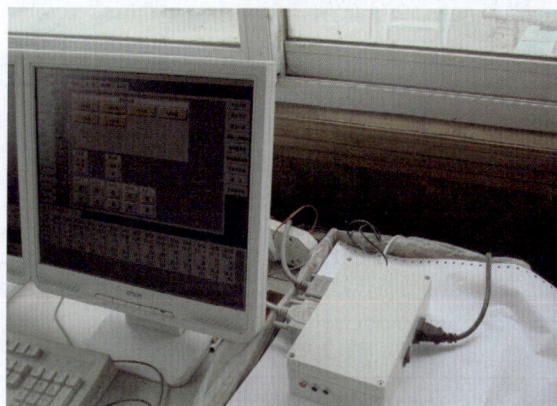

图1-105 沥青混合料生产质量监控器

以某高速公路项目的5000型沥青拌和楼为例，安装了监控仪器，并对设备进行了精心调试，其超差率可控制在1%左右，最大的变异系数仅为0.002，各种材料计量准确，级配稳定。统计数据见表1-40。

沥青混合料拌和质量监控数据分析表　　　　　　　　　　　　表1-40

材料	集料1	集料2	集料3	集料4	集料5	集料6	集料7	粉料1	粉料2	粉料3	添加济1	油石比1
1周平均值	0	16.028	25.021	20.999	7.016	26.936	0	4	0	0	0	4.41
1周超差率	0	0	0.21	0.518	0.21	1.318	0	0	0	0	0	1.162
1周标准差	0	0.008	0.014	0.018	0.012	0.024	0	0.003	0	0	0	0.003
1周变异系数	0	0	0	0.001	0.002	0.001	0	0.001	0	0	0	0

六、建立项目技术咨询与服务机制

建设单位选择1~2家技术咨询单位，对项目的关键技术、质量控制环节，从理论基础、指标确定、材料优选、设备组合、配合比设计、施工工艺、质量监控、成品（实体）检测，全方位、全覆盖进行技术咨询与服务。

技术咨询单位服务于业主，为业主决策提供及时、真实、可靠的理论与数据，服务施工一线。技术咨询单位的主要职责如下。

（1）编制路面施工细则。以设计文件和招标文件和质量工作意见为基础，结合项目具体实际，编制路面工程施工细则，召开评审会（技术难度大的项目邀请国内相关专家，需确定指标），评审通过后，进行下发、培训。

（2）负责试验仪器的比选、配合比设计。对基质沥青、改性沥青等各类原材料的技术指标、配合比设计、关键工艺进行确定，指导施工、监理单位完成配合比设计。

（3）深入工地一线解决施工过程中的各类技术难题。

七、实行首件工程认可制

对于重要的单项工程、重要工序、关键施工环节，均采用"首件工程认可制"。首件工程结束后，承包人应编制首件工程总结报告。其内容包括施工技术方案、施工工艺、质量保证措施、缺陷分析及采取的整改措施、检测数据、主要施工管理人员和质量责任人等。首件工程总结报告经批准后，方可进行批量生产或大面积施工。

以某高速公路路面工程为例，确定的"首件工程"的具体范围见表1-41。

某高速公路路面工程"首件工程"一览表　　　　　　　　　　　　　　　表1-41

项次	"首件工程"名称	"首件工程"数量	项次	"首件工程"名称	"首件工程"数量
1	二灰土底基层	半幅200m(分不同设计厚度)	10	SBS改性沥青同步碎石封层	半幅200~500m
2	水泥稳定碎石底基层	半幅200m(分不同设计厚度)	11	橡胶沥青同步碎石封层	半幅200~500m
3	二灰碎石基层	半幅200m(分不同设计厚度)	12	AC-20SBS改性沥青中面层	半幅200~500m
4	水泥稳定碎石基层	半幅200m(分不同设计厚度)	13	橡胶沥青上面层	半幅200~500m
5	桥面混凝土凿毛	半幅桥面的一联	14	构件预制	不同尺寸构件各50块
6	基层表面清理	200~500m半幅基层顶面	15	路缘石及路肩集水槽安装	200m构件安装
7	沥青同步碎石封层	半幅200~500m基层顶面或桥面	16	路肩免烧砖铺砌	200m路肩铺砌
8	ATB-30沥青碎石基层	半幅200~500m	17	桥面排水盲沟	200m
9	黏层撒布	半幅200~500m	18	水泥混凝土路面	200m²

八、沥青路面钻芯取样实行标准化管理

对沥青路面进行钻芯取样，检查其厚度、压实度、空隙率等指标是质量控制的重要手段。但如果这些环节管理不到位，就容易产生质量隐患，因此必须实行标准化管理。

1. 沥青路面钻芯取样中存在的问题

沥青路面钻芯取样中存在的问题主要有：取芯位置未避开行车轮迹带，钻芯取样时污染路面，芯样回填被遗漏，芯样回填不密实，采用水泥混凝土回填等现象，具体见图1-106~图1-111。

图1-106　取芯位置未避开行车轮迹带

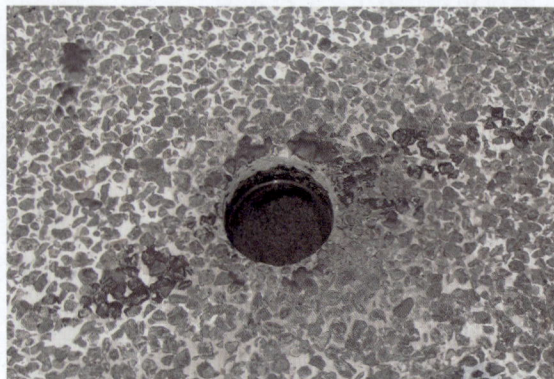

图1-107　芯样钻取时污染了SMA路面

图1-108 芯样回填被遗漏，运营期间被砂石料填充

图1-109 施工期间回填不密实

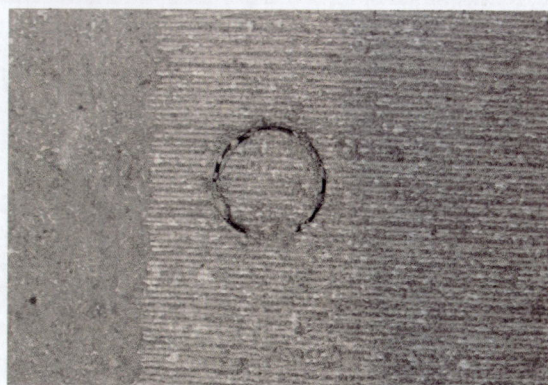

图1-110 采用了原芯样直接回填

2. 钻芯取样与回填要求

（1）每一结构层施工成型后，在允许的时间内及时组织取芯。

（2）为减少钻芯取样对路面的破坏，施工单位、监理单位和业主单位三方共同进行，其试验检测数据共用。

（3）选取钻芯位置时，应减少对路面的破坏及对行车安全的危害。一般应选择在标线位置、硬路肩位置，不得已的情况下选择在车道中部，禁止选择在车轮带位置。

图1-111 采用水泥混凝土回填，因而周壁产生收缩裂缝

（4）本层路面取芯时应将下一层芯样连带取出，首先采用钢尺测量本层以及总体厚度，之后选取部分芯样进行层间黏结质量检测，最后选取部分芯样采用切割机切割后，进行本层面层芯样压实度的检测。

（5）路面取芯时，应减少取芯时产生的浆液对沥青路面的污染；取芯结束后，应对取芯部位周围的沥青路面进行冲洗。

（6）对于取出芯样待其晾干后，应立即采用记号笔对于所属面层、桩号、施工日期、取样日期进行标记。

（7）及时组织人员对取芯孔进行回填处理。回填时必须将内部清理干净，必要时进行喷打烘烤确保干燥。回填材料必须与结构层材料相同，特别是SMA、OGFC排水性沥青混合料结构更应严格执行。

钻芯取样与回填的标准化过程包括：钻芯、拔取、刮除、冲洗、测量、标记、回填、封水，详见图1-112~图1-119。

图1-112　钻芯

图1-113　拔取

图1-114　刮除

图1-115　冲洗

图1-116　测量

图1-117　标记

图1-118 回填

图1-119 封水

3. 芯样留样管理

（1）钻取的芯样应根据需要，由施工单位和中心试验室保管，存放在路面芯样存放室。

（2）对于完成检测后的芯样重新进行标记，建立路面取芯台账，记录芯样所属面层、桩号、施工日期、取芯日期以及检测结果等。

施工过程中钻取的芯样可作为交工验收的实体资料，见图1-120。

九、铺筑高品质长寿命沥青路面的基本条件

要想铺筑高品质、长寿命的沥青路面，必须具备以下基本条件。

1. 优秀的专业队伍

从项目经理部的组建、到专业化的施工队伍的

图1-120 钻取的芯样在交工验收时可作为实体资料

选择，必须做到体制合理，高效运转，施工与管理人员分工明确、经验丰富。

2. 优质的原材料

各类材料技术质量指标不仅要满足规范的要求，部分关键指标（如SMA路面碎石的压碎值指标等），应尽可能的提高。在材料管理方面，应做到不污染、不混仓，规范堆放，见图1-121、图1-122。

图1-121 用吊车堆码碎石材料示意图

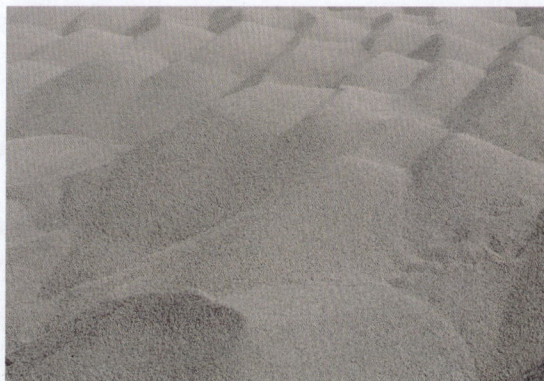

图1-122 碎石材料规范存储

3. 良好的设备

性能优、工况好、精度高、计量准的施工设备是路面质量控制的关键。

4. 合理的工程级配

具体项目的工程级配范围应在规范的范围内进行紧缩、优化，严控关键筛孔的通过率。

5. 先进的施工工艺

针对传统工艺中存在的问题（如机制砂、碎石加工工艺的改进，混合料碾压工艺优化等），积极引进新设备、新技术、新材料，推行先进的工艺。

6. 精细的现场管理

沥青路面施工"三分技术、七分管理"。施工中每一个细节，都需要管理人员先明确标准，再进行指导检查。

沥青路面施工与管理细节见图1-123~图1-133。

图1-123　4台摊铺机并机作业

图1-124　中央分隔带开口位置的铺筑（开口部位先施工，主线后紧跟施工）

图1-125　专人紧跟摊铺机修整边部线形

图1-126　SMA混合料碾压

图1-127　作业时间应"日出而作，日落而息"

图1-128 工序安排应做到"机在料上压、人在画中游"

图1-129 桥面沥青铺装层铺筑效果

图1-130 成型的隧道内沥青路面

图1-131 成型的SMA路面

图1-132 沥青路面上的ETC车道

图1-133 沥青路面上的中分带绿化

第二章　透层施工

　　我国高速公路的沥青路面大多数铺筑在半刚性基层上，由于沥青混合料与半刚性基层混合料的组成材料属性不同，因此必须在二者之间设置起连接功能的介质层，目前应用最为广泛的做法就是在半刚性基层上喷洒透层油。近年来，我国透层油的主要材料为煤油稀释沥青和高渗透乳化沥青等。

　　在半刚性基层上洒布透层油的目的是通过透层油的渗透而增加沥青混合料与半刚性基层的层间黏结。因此，透层油必须具有渗透和黏结作用。透层油层间黏结性能试验与实体效果见图2-1。

图2-1　透层油层间黏结性能试验与实体效果

第一节　材　　料

一、煤油稀释沥青透层油

1. 材料组成与配比

　　煤油稀释沥青透层油的黏度，应通过调节煤油掺量并经试验确定，一般情况下，煤油与沥青按照5：5的比例掺配。煤油稀释沥青的主要技术指标见表2-1。

煤油稀释沥青透层油主要技术指标　　　　　　　　　　　　　表2-1

试　验　项　目		AL（S）		试验方法
		−1	−2	
黏度	$C_{25,5}$（s）	<20	—	T 0621
	$C_{60,5}$（s）	—	5~15	
	闪点（TOC法）（℃）	>70	>70	T 0633
蒸馏后残留物	浮漂度（5℃）	<20	>20	T 0631
	针入度（25℃，100g，5s）（0.1mm）	—	—	T 0604
	延度（15cm/min，5℃）（cm）	—	—	T 0605

续上表

试 验 项 目		AL（S）		试验方法
		-1	-2	
蒸馏体积	225℃前（%）	—	—	T 0632
	315℃前（%）	—	—	
	360℃前（%）	<40	<35	
含水率（%）		≤2.0	≤2.0	T 0612

2. 材料特点

煤油稀释沥青材料有以下特点：①气味大，气味刺鼻。②污染大，对人体有危害，环境有污染。③挥发难，残留在液体沥青中的煤油不易挥发，特别是在低气温条件下，挥发较慢。④渗透能力一般为3~5mm。

3. 存在问题

采用煤油稀释沥青作为透层油主要存在以下问题：

（1）渗透到基层表面的主要是煤油，其次才是沥青；

（2）煤油挥发不够彻底；

（3）对基层的水化反应有影响，从而影响基层强度；

（4）煤油稀释沥青透层，因煤油挥发而浪费了资源。

二、高渗透乳化沥青透层油

1. 材料

高渗透乳化沥青透层油的主要技术指标见表2-2。

高渗透乳化沥青透层油技术要求 表2-2

试 验 项 目		单 位	技 术 要 求	试 验 方 法
破乳速度			慢裂	T 0658
粒子电荷			+/-	T 0653
筛上残留物(1.18mm筛)		%	≯0.1	T 0652
黏度	恩格拉黏度计E_{25}		1~6	T 0622
	道路标准黏度计$C_{25.3}$	s	8~20	T 0621
蒸发残留物	残留物含量	%	≮50	T 0651
	软化点	℃	≥45	T 0607
	针入度(25℃)	0.1mm	50~300	T 0604
	延度(15℃)	cm	≮40	T 0605
与粗集料的黏附性，裹附面积			≮2/3	T 0654
常温储存稳定性	1d	%	≯1	T 0655
	5d	%	≯5	

2. 材料特点

高渗透乳化沥青材料特点：

（1）气味小：没有刺鼻的气味。

（2）污染小：对人体危害和对环境的污染较小。

（3）渗透快：渗透快且渗透能力较强，一般在5mm以上。

高渗透乳化沥青透层油的主要成分是乳化沥青，其中含有非溶剂类渗透剂和固化剂，解决了公路建设中煤油稀释沥青污染大、浪费煤油资源多，以及渗透性能差的问题。

第二节 施工准备

一、基层表面准备

工程实践表明，半刚性基层沥青路面的裂缝大多来自半刚性基层的反射，因此，在半刚性基层的施工过程中应有针对性地从材料组成与级配设计、施工工艺、养生等方面采取措施，预防反射裂缝的发生。

1. 混合料拌和运输摊铺与碾压

半刚性基层混合料的拌和与运输见图2-2，摊铺采用并机作业见图2-3。混合料应采用大吨位的振动压路机碾压，以保证压实度满足要求。

图2-2 半刚性基层混合料的拌和与运输

图2-3 半刚性基层混合料并机摊铺

2. 养生要求

在混合料碾压成型后，采用透水土工布全覆盖保湿养生，减少半刚性基层反射裂缝的产生。

半刚性基层全覆盖（含边角部位）养生见图2-4。

采用专用的养生袋（袋内应装软质材料如机制砂、石屑，严禁装大粒径碎石、泥土）固定土工布见图2-5。

基层养生时，洒水车应均匀喷洒，见图2-6。

养生交通管制与结束后现场取芯检查强度见图2-7、图2-8。

图2-4 半刚性基层全覆盖（含边角部位）养生

图2-5 采用专用的养生袋固定土工布

图2-6 基层养生时，洒水车应均匀喷洒

图2-7 养生区的交通管制

图2-8 养生结束后现场取芯检查强度

基层养生结束，在透层施工前应进行以下准备工作：

（1）对基层表面用打毛机械或钢丝刷将局部"镜面"进行凿毛处理，尽量使半刚性基层表面粗集料部分外露。

（2）全覆盖、无盲点检查基层的离析、松散等病害，对发现的质量缺陷必须彻底处理，见图2-9、图2-10。

图2-9 因基层表面强度不足而松散

图2-10 因基层表面离析而松散

（3）用空压机等将基层表面彻底清扫干净，不能存留浮尘。

（4）基层交验合格后，且表面干燥时洒布透层油。

（5）在洒布透层油前，必须遮挡路缘石及人工构造物，避免污染。

在洒布透层油前，基层表面的准备过程见图2-11~图2-15。

图2-11　用强力清扫车打磨基层"镜面"

图2-12　打磨后的基层表面

图2-13　专业化的基层清扫队伍

图2-14　用空压机吹干净表面浮尘

二、喷洒设备准备

透层油喷洒前，需要做好以下准备工作：

（1）在洒布透层油之前，应预热并疏通油嘴，保证透层油洒布的均匀性。

（2）调整喷头的角度与高度，确保喷洒均匀，喷洒量满足要求。

这一环节的关键是调整好喷嘴的喷射角，使各相邻喷嘴的喷雾扇在其下角能有少量重叠（一般洒布管喷嘴交角为25°～30°，洒布管离地面25cm左右）。在洒布过程应保持喷射压力的稳定。分幅洒布时，横向重叠量为10～15cm，见图2-16。

图2-15　清扫后的基层表面

三、专业施工队伍准备

透层施工应由专业化的施工队伍承担，以高速公路一个作业面为例，施工人员配备见表2-3。

图2-16 每幅搭接一个喷嘴宽度（如图左侧，约15cm宽的搭接带）

透层施工人员配备 表2-3

序　号	岗　位	数　量	职　责
1	现场负责人	1	负责全面管理
2	技术负责人	1	施工进度、质量、安全
3	机械操作手	4	负责机械的安全操作
4	清扫人员	20	配合机械工作，负责作业面清扫
5	试验检测员	2	主要负责洒布量检测

第三节　施工机械和检测仪器

一、主要施工机械

1. 透层施工主要机械

以高速公路一个作业面为例，透层施工主要机械见表2-4。

透层机械设备配套表 表2-4

序　号	设备名称	规　格	单　位	数　量
1	沥青洒布车	智能型	台	2
2	小型铣刨机	1m宽	台	2
3	强力清扫车		台	2
4	道路清扫车		台	2
5	水车	8~10t	台	2
6	空气压缩机	10m³以上	台	2
7	森林灭火器		台	4
8	沥青储存罐	50t	个	2
9	工具车		台	1

2. 智能型沥青洒布车主要性能特点

智能型沥青洒布车由汽车底盘、沥青罐体、沥青泵送及喷洒系统、导热油加热系统、液压系统、燃烧系统、控制系统、气动系统、操作平台构成。智能型沥青洒布车应具有以下主要性能特点：

（1）可洒布重交沥青、乳化沥青、改性沥青和改性乳化沥青等；

（2）沥青洒布量：0.3~3kg/m²；

（3）洒布宽度可自由调节，每个喷嘴可单独控制，最大喷洒宽度达6m；

（4）沥青洒布均匀，独特的喷嘴设计可进行三重叠喷洒；

（5）洒布精度高，喷洒过程由计算机适时全程控制，喷洒量不受车速变化影响；

（6）安全、可靠的导热油全自动加热系统；

（7）导热油对沥青泵和喷嘴实施全方位保温，喷洒结束后，沥青泵和喷嘴不需用柴油清洗。用高压空气吹扫或用全方位的导热油循环保温，确保管道和喷嘴畅通无阻；

（8）控制系统采用模块化设计，故障率低，维修快捷、简便；

（9）整机控制程序和驱动装置设有备用系统，确保主控出现故障时，启动备用系统，仍可实施自动喷洒；

（10）各种洒布要求可在驾驶室完成；

（11）灵活的手持喷枪，可对边角部位补洒沥青；

（12）优良的保温性能，平均降温≤1~2℃/h；

（13）方便的装卸功能，除从罐口加注沥青外，热沥青可自行吸入泵出，亦可对外部沥青进行泵送转移。

智能型沥青洒布车见图2-17。

图2-17 智能型沥青洒布车

3. 设备标定

沥青洒布车使用前，应对其计量系统、行走系统、温度控制系统进行标定。

4. 提高沥青洒布车生产率

沥青洒布车用于洒布沥青的时间很短，而大部分时间都用于运输，这样不但影响了洒布车的利用率，同时也影响洒布工作的进行，增加了非生产辅助时间。为了更好地组织施工，减少洒布车的用量，在规模较大的建设项目中，可采用大型沥青保温罐进行储存，减少沥青的运输距离，提高洒布车的生产率。当沥青洒布车全车宽洒布时会大大提高作业效率。

二、质量检测仪器

透层施工的主要质量检测仪器见表2-5。

透层主要质量检测仪器表   表2-5

序　号	仪器、设备名称	单　位	数　量
1	大取样盘	个	3
2	直尺或卷尺	把	1
3	取芯机	台	1
4	电子天平	台	1

第四节　施 工 工 艺

一、施工工艺

透层油施工工艺较为简单，主要包括基层清扫、透层油喷洒、后期管护等，施工工艺见图2-18。

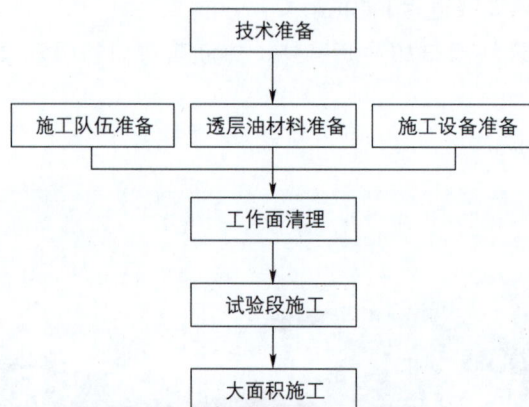

```
          ┌──────────┐
          │ 技术准备 │
          └──────────┘
               │
   ┌───────────┼───────────┐
┌──────────┐┌──────────────┐┌──────────────┐
│施工队伍准备││ 透层油材料准备 ││ 施工设备准备 │
└──────────┘└──────────────┘└──────────────┘
               │
          ┌──────────┐
          │ 工作面清理 │
          └──────────┘
               │
          ┌──────────┐
          │ 试验段施工 │
          └──────────┘
               │
          ┌──────────┐
          │ 大面积施工 │
          └──────────┘
```

图2-18　透层施工工艺流程图

透层油喷洒前先在起始断面铺彩条布，开始喷洒透层油后，洒布车应匀速行驶。图2-19～图2-22反映了透层油施工的全部过程。

图2-19　喷洒前先在起始断面铺彩条布，起步后
　　　　洒布车应匀速行驶

图2-20　透层油匀速洒布

图2-21　透层油洒布

图2-22　透层油喷洒效果

二、施工质量控制要点与注意事项

（1）透层施工前应将基层表面清扫干净。

（2）气温低于10℃或大风、即将降雨时不得喷洒透层油。

（3）透层油应采用沥青洒布车喷洒，并选择适宜的喷嘴、洒布速度和洒布量，且保持稳定。

（4）喷洒透层油前，必须对桥涵结构物进行覆盖，避免污染。

（5）透层油的用量应根据下卧层的表面粗糙程度通过试洒确定。用量不得过大，否则流到边坡、农田，造成污染。

（6）为了确保煤油或水分完全挥发，距下一道工序的间隔时间一般不小于36h；对于高渗透乳化沥青，间隔时间不小于24h。

（7）喷洒透层油后严禁车辆、行人通行，避免与其他工序交叉干扰，以杜绝施工和运输污染，从而影响与封层的黏结。

第五节　施工难点解析

透层施工看似简单，但在实际施工中，还会产生下列问题：

（1）透层油部分指标不合格

存在的主要问题是，透层油原材料检测时，其"残留分含量"指标达不到要求的50%以上，或者是"常温储存稳定性"指标差，在运输和存储过程中产生沉淀、离析。

（2）在成品透层油中掺水

成品的透层油应该乌黑发亮，带有黏性，喷洒在基层上既渗透又黏结；但有些施工单位为了节省费用，在进场经检验属于合格的透层油中添加大量的水进行稀释，这样就降低了材料应有的品质，见图2-23。

（3）喷洒设备性能差

未采用智能型洒布车，或者洒布车使用不合理，喷头高度调整不合理，或者重叠宽度不够，喷头清理不彻底，喷洒后产生"空白带"。

（4）工序间隔时间不够

透层油喷洒后，特别是煤油稀释沥青透层，必须间隔在36h以上，让煤油和水分充分挥发。

（5）由于交通管制不严格，成型的透层油表面被车辆碾压磨损，影响层间黏结。

图2-23　封层作业面的透层（图右侧）表面发白

第六节　施工质量检测

透层施工应按表2-6对透层油原材料进行检测；施工过程中，应按表2-7对透层施工质量进行检测。检测现场见图2-24、图2-25。

原材料质量检测频度　　　　　　　　　　　　　　　　　　　　表2-6

序号	项　　目	检 验 方 法	检 测 频 度
1	黏度	T 0621	确定料源、异常时、首次进场后进行全套检测，施工中每工作班检测黏度、蒸发残留物1次
2	蒸发残留物	T 0631、T 0604、T 0605	
3	蒸馏体积	T 0632	
4	含水率	T 0612	

施工过程中质量检测要求　　　　　　　　　　　　　　　　　　表2-7

序号	项　　目	质量或允许偏差	检测频度	检验方法
1	洒布量（kg/m²）	0.4~0.6	1次/每作业段	用纸板称量
2	洒布均匀性	均匀一致	随时	目测
3	距下一道工序施工间隔时间（h）	≥36或≥24	1次	用手表
4	渗透深度（mm）	≥5	1次/每作业段	钻芯，尺量

图2-24 将采样盘提前放在洒布作业面上收集样品

图2-25 称量、计算洒布量

第三章 封层施工

我国高速公路沥青路面下封层常见的类型大致有三种。第一种为SBS改性沥青同步碎石封层，第二种为橡胶沥青碎石封层。这两类封层在封水、层间结合、防止反射裂缝等方面作用明显。第三种为AC-5沥青砂下封层。多年工程实践表明，这些封层的实际使用效果都能满足设计和工程需求。

三种下封层各具优缺点，见表3-1。

三种下封层的优缺点比较   表3-1

封层类型 项 目	SBS改性沥青同步碎石封层	橡胶沥青碎石封层	AC-5沥青砂下封层
材料组成	SBS改性沥青、碎石	橡胶沥青、碎石	SBS改性沥青、细集料、矿粉、聚酯纤维（必要时）
主要施工设备	同步碎石封层车、压路机	非同步撒布时：橡胶沥青洒布车、碎石撒布车、压路机	拌和楼、运输车、摊铺机、压路机
施工工艺	简单	较复杂	简单（机拌、机铺）
施工难度	小	大	小（与热沥青混合料施工工艺一致）
应用范围	主要应用在基层顶面、水泥混凝土桥面顶面	最好应用在水泥混凝土桥面顶面，也可用于基层顶面	最好应用在水泥混凝土桥面顶面，也可用于基层顶面
优点	封水黏结效果较好	封水黏结效果较好	封水黏结效果极好
缺点	夏季高温施工时，容易粘轮；冬季低温施工时，沥青变脆，碎石易脱落。碎石撒布均匀性不易控制	橡胶沥青加工难、温度要求高、洒布难，碎石撒布均匀性不易控制	需要拌和、摊铺，碾压，工序较多，对桥面系平整度要求较高

第一节   SBS改性沥青同步碎石封层施工

一、原材料及质量控制

SBS改性沥青同步碎石封层的材料由SBS改性沥青和单粒级碎石组成。

1. 改性沥青

沥青采用SBS改性沥青，SBS（Ⅰ-C）改性沥青技术指标及要求见表3-2。

SBS（Ⅰ-C）改性沥青技术指标及要求   表3-2

项 目	规范值	建议值	试验方法
针入度（25℃，5s，100g）（0.1mm）	60~80		T 0604—2011
针入度指数PI	≥-0.4		T 0604—2011
延度（5cm/min，5℃）（cm）	≥30	≥35	T 0605—2011
软化点（环球法）（℃）	≥55	≥70	T 0606—2011
运动黏度135℃（Pa·s）	≤3.0	1.8~3	T0625—2011

续上表

项 目		规范值	建议值	试验方法
闪点（COC）　　（℃）		≥230		T 0611—2011
溶解度（三氯乙烯）　　（%）		≥99		T 0607—2011
与集料的黏附性（级）		5级		T 0616—1993
离析，软化点差　　（℃）		≤2.5		T 0661—2011
弹性恢复25℃（%）		≥65	≥80	T 0662—2000
储存稳定性离析，48h软化点差		≤2.5		T 0661—2011
旋转薄膜加热试验（163℃，75min）	质量损失　　（%）	±1.0		T 0609—2011
	针入度比（25℃）（%）	≥60	≥65	T 0609、T0604
	延度（5℃）（cm）	≥20	25	T 0609、T0605

2. 碎石

碎石应干净、干燥，且经过沥青拌和楼烘干、振动、过筛、吸尘处理，见图3-1。

图3-1　经过拌和楼烘干、筛分、除尘后的粗集料

碎石粒径选用应合理，路基段一般采用粒径为9.5~19mm的石灰岩石料，桥面上一般采用粒径为9.5~13.2mm的石灰岩碎石。

粒径太大如9.5~26.5mm，将会影响沥青结构层厚度与高程，甚至影响层间黏结、压实度，容易形成空隙等；但粒径太小如4.75~9.5mm，则容易被履带式摊铺机或转场的钢轮压路机碾碎，形成粉末，施工时机械容易粘轮，从而失去了封层应有的作用。

不同规格的碎石封层对比见图3-2、图3-3。

图3-2　路基段9.5-19mm碎石封层

图3-3　桥面段9.5-13.2mm碎石封层

二、施工准备

改性沥青碎石封层施工的准备工作及要求如下：

（1）透层油的渗透时间应符合要求。

（2）若透层表面有灰尘等，应用空压机吹干净，并保持干燥。

（3）沥青、碎石、配套机具应准备就绪。

（4）施工区的结构物应加以保护，以免溅上沥青受到污染。

（5）硬化进出作业面的便道与道口，以防运输车辆污染作业面。

三、施工人员、机械和检测仪器

1. 封层施工的主要人员

同步碎石封层施工人员配备应满足表3-3要求。

同步碎石封层施工人员配备　表3-3

序 号	岗 位	数 量	职 责
1	现场负责人	1	负责全面管理
2	技术负责人	1	施工进度、质量、安全
3	机械操作手	4	负责机械的安全操作
4	清扫人员	20	配合机械工作，负责作业面清扫
5	试验检测员	2	主要负责洒布量检测

2. 封层施工的主要机械

封层施工的主要机械见表3-4。同步碎石封层车见图3-4。

封层机械设备配套表（1个工作面）　表3-4

序 号	设备名称	功率或型号	单 位	数 量
1	沥青拌和楼	4000型及以上	台	1
2	同步碎石封层车	10t及以上智能型	台	2
3	轮胎压路机	26t以上	台	2
4	沥青运输车	25t以上	台	1
5	空压机	10m³以上	台	2
6	装载机	ZL50	台	1
7	小型铣刨机		台	2

图3-4 同步碎石封层车

3. 封层施工的主要质量检测设备

SBS改性沥青同步碎石封层施工的主要质量检测设备见表3-5。

封层施工主要质量检测设备表　　　　　　　　　　　　　　表3-5

序　号	检 测 项 目	仪器、设备名称	单　　位	数　　量
1	厚度、黏结性	取芯机	台	1
2	厚度	卷尺或直尺	把	1

四、施工工艺

（1）使用经过标定好的同步碎石封层车向基层表面均匀喷洒热SBS改性沥青。为保证雾状喷洒而形成均匀、等厚度的沥青膜，必须保持沥青在 170~180℃的温度范围内，且喷嘴高度适宜。

（2）在喷洒SBS改性沥青同时，应同时均匀撒布碎石，局部采用人工辅助方法（用扫把），碎石不能重叠。

（3）同步碎石封层车应以适宜的作业速度匀速行驶，在此条件下碎石和沥青的撒（洒）布量必须匹配。

（4）用26t轮胎压路机紧跟碾压1~2遍，压路机不得洒水、随意制动或掉头。严禁采用钢轮压路机碾压，见图3-5。

（5）碾压完毕后，禁止行人和车辆进入，以防止快速行车造成封层破坏。

（6）对纵向接缝，应在先施工的一侧暂留10~15cm宽度不撒布碎石，待另一侧封层施工时再撒布。

（7）对横向接缝，应在接缝处放置与洒布宽度同宽的铁皮，长度为50cm，待洒布车通过后应立即将其清理干净。

同步碎石封层洒布、碾压及现场检验封层黏结情况见图3-6~图3-8。

图3-5　严禁采用钢轮压路机碾压

图3-6　同步碎石封层施工

图3-7　同步碎石封层碾压

图3-8　现场随机检验封层黏结效果

SBS改性沥青同步碎石封层的施工工艺见图3-9。

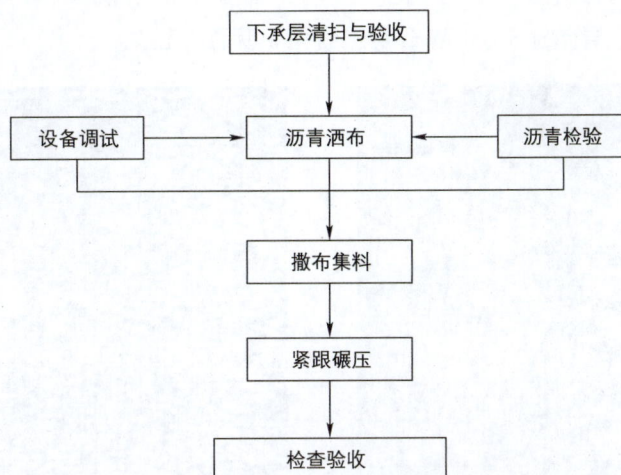

图3-9　SBS改性沥青同步碎石封层施工工艺图

五、质量检测方法及标准

（1）施工时要严格控制SBS改性沥青用量，一般应在1.5~1.8kg/m^2。碎石的撒布量应该以不黏轮为准，一般不大于10kg/m^2，覆盖率为70%~80%。改性沥青的洒布量和碎石的撒布量通过试验段确定。

SBS改性沥青同步碎石封层标准表面见图3-10。

（2）试验路完成后可进行一次制动试验，采用后轴载重50kN的车以60km/h的速度紧急制动，观察轮迹表面沥青膜是否破损。

（3）试验路施工结束1d后可进行钻芯，观察SBS改性沥青在基层表面的黏结程度；但这种方法的操作性不强，最好是在下面层施工结束后进行整体性检验，见图3-11。

图3-10　SBS改性沥青同步碎石封层标准表面

图3-11　下面层、封层、透层黏结情况检测

六、施工难点与质量控制

1. 基层强度与透层油对封层的影响

封层施工前，应再次对基层强度（薄弱点）、透层油外观进行检查验收，防止留下质量隐患。

检查重点是：基层清扫必须彻底干净，透层油洒布前必须保持干燥，透层油洒布后的间隔时间必须满足要求。

由于基层松散，封层无法成型，见图3-12。

基层顶面未清扫干净，导致SBS同步碎石封层脱落，见图3-13。

图3-12 由于基层松散，封层无法成型

图3-13 基层顶面未清扫干净，导致SBS同步碎石封层脱落

2. 施工质量控制偏差大

SBS改性沥青同步碎石封层在夏季高温施工时，容易黏轮；冬季低温施工时，由于沥青变脆，在封层上行车后碎石易脱落。

（1）改性沥青、碎石的洒（撒）布量必须经过计算和试验路施工确定，洒（撒）布量偏差应控制在允许范围。

（2）在施工过程中严格控制沥青与碎石洒（撒）布均匀性。

碎石洒布量太少，易造成碎石覆盖率不足，容易引起黏轮和泛油，见图3-14。

碎石撒布量太多，易造成碎石重叠，形成松散层，见图3-15。

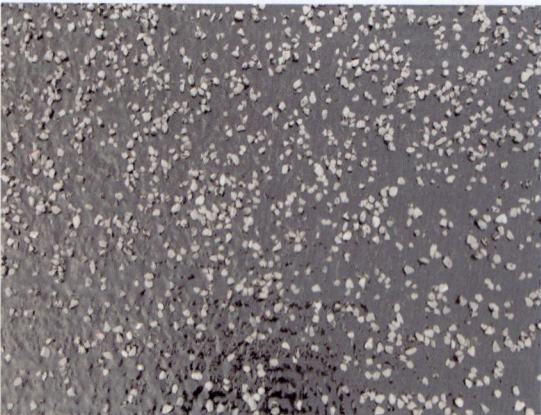

图3-14 碎石覆盖率不足，容易引起黏轮和泛油

图3-15 碎石撒布重叠，形成松散层

采取的补救措施，如人工清理碎石重叠层，碎石封层返工见图3-16。

（3）加强施工过程质量控制与检查。

施工路段必须进行交通管制，避免与其他工序交叉干扰。

碾压时，压路机轮胎上附着的碎石应及时清理，见图3-17。

质量检测要坚持"回头望"，对黏附在封层表面的沥青团必须彻底清理干净，见图3-18。

图3-16　碎石封层返工

图3-17　压路机轮胎上附着的碎石应紧跟及时清理

图3-18　沥青黏成团，附着在封层表面，形成隐患

第二节　橡胶沥青碎石封层施工

橡胶沥青碎石封层的优点是层间黏结力大，封水和防止反射裂缝的能力强。由于橡胶沥青本身的黏度大，橡胶沥青加工的工艺复杂，因而较SBS改性沥青同步碎石封层施工难度大。

橡胶沥青碎石封层标准表面见图3-19。

图3-19　橡胶沥青碎石封层标准表面

一、原材料质量控制

1. 基质沥青

生产橡胶沥青的基质沥青宜采用A-70号或A-90号道路石油沥青。A-70号基质沥青技术指标见表3-6。

A-70号道路石油沥青技术指标　　　　　　　　　　　　　　　表3-6

项　目		单　位	技术指标	试验方法
针入度（25℃，5s，100g）		0.1mm	60～80	T 0604
针入度指数PI，不小于			−1.5～+1.0	T 0604
10℃延度，不小于		（cm）	20	T 0605
15℃延度，不小于		（cm）	100	T 0605
软化点（环球法），不小于		（℃）	46	T 0606
动力黏度60℃，不小于		（Pa·s）	180	T 0620
含蜡量（蒸馏法），不大于		%	2.2	T 0615
闪点，不小于		（℃）	260	T 0611
溶解度（三氯乙烯），不小于		（%）	99.5	T 0607
密度（15℃）		g/cm³	实测记录	T 0603
旋转薄膜加热试验（163℃，75min）	质量变化	（%）	±0.8	T 0609
	残留针入度比（25℃），不小于	（%）	61	T 0604
	残留延度（10℃），不小于	（cm）	6	T 0605

2. 橡胶粉

橡胶粉颗粒规格、化学成分和杂质含量应符合要求。橡胶粉筛分应采用干筛法（添加部分滑石粉）进行试验。用于橡胶沥青碎石封层的橡胶沥青，可采用20目橡胶粉加工，掺量为20%。橡胶粉密度应为1.15g/cm³±0.05g/cm³，可以含有橡胶粉质量3%的碳酸钙，以防止胶粉颗粒相互黏结。

橡胶粉出厂应提供橡胶粉质量保证书。质保书应说明橡胶粉规格、加工方式、采用废旧轮胎类型（废旧轮胎应采用大汽车轮胎）、橡胶粉的储存方式等。

橡胶粉筛分规格（美国亚利桑那州橡胶沥青规范）见表3-7。橡胶粉物理、化学技术指标应符合要求。

橡胶粉筛分规格　　　　　　　　　　　　　　　　表3-7

筛孔尺寸	通过率（%）	筛孔尺寸	通过率（%）
2.00mm	100	300μm	0～45
1.18mm	70～100	75μm	0～5
600μm	25～100		

橡胶粉应存储在干燥、通风、无电源的专用仓库内，仓库应远离居住区200m以上，重点做好防水、防火等工作。

橡胶粉的生产流程见图3-20。20目橡胶粉见图3-21，40目橡胶粉见图3-22。

3. 碎石

碎石采用石质坚硬、清洁、不含风化颗粒的石灰岩质碎石。在桥面施工时，采用9.5～13.2mm的碎石。其中对碎石规格控制如下：13.2mm通过率≥98%，9.5mm通过率≤3%，0.075mm通过率≤0.3%。集料技术质量要求见表3-8。

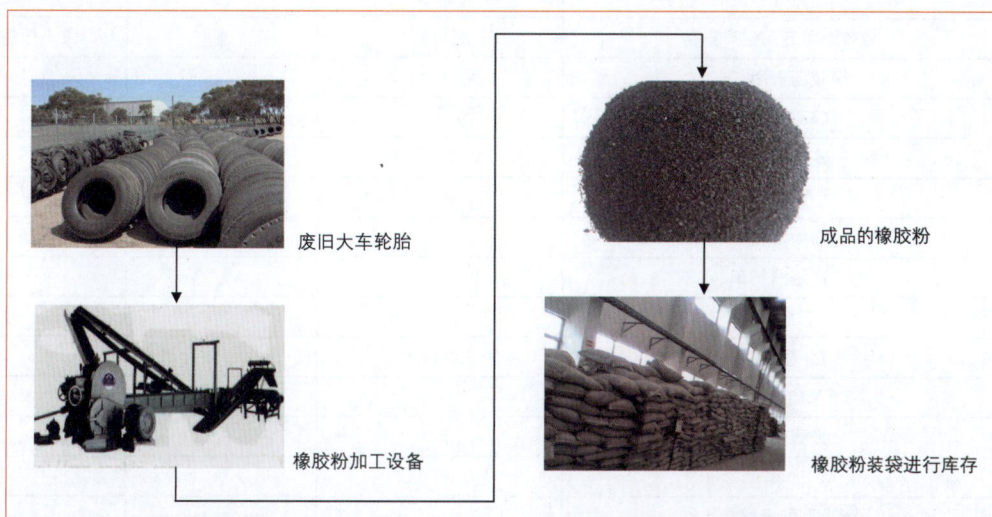

图3-20 橡胶粉的生产流程图

图3-21 20目橡胶粉

图3-22 40目橡胶粉

碎石封层用集料技术质量要求 表3-8

序号	指 标	规范值	试验方法	序号	指 标	规范值	试验方法
1	集料压碎值（%）	≤28	T 0316	5	针片状含量（%）	≤18	T 0312
2	坚固性（%）	≤12	T 0314	6	与沥青的黏附性（级）	≥4	T 0616
3	洛杉矶磨耗损失（%）	≤30	T 0317	7	软石含量（%）	≤5	T 0320
4	集料吸水率（%）	≤3.0	T 0304				

二、施工准备

1. 原材料准备

基质沥青、橡胶粉、碎石等原材料全部进场，检验合格。

2. 机械准备

（1）橡胶沥青碎石封层施工主要机械

橡胶沥青碎石封层施工主要机械见表3-9。

橡胶沥青碎石封层主要机械设备配套表　　　　　　　　　　　表3-9

序　号	设 备 名 称	规　格	单　位	数　量
1	沥青拌和楼	4000型及以上	台	1
2	橡胶沥青专用生产设备	间歇式	套	1（根据需要）
3	橡胶沥青洒布车	智能型	台	2
4	碎石撒布车		台	2
5	轮胎压路机	26t	台	2
6	小型铣刨机	1m宽	台	2
7	强力清扫车		台	2
8	道路清扫车		台	2
9	水车	8~10t	台	2
10	空气压缩机	10m³以上	台	2
11	森林灭火器		台	4
12	沥青储存罐	50t	个	2
13	工具车		台	1
14	小型配套机具		台	台

（2）橡胶沥青专用生产设备

橡胶沥青加工设备分为两种类型：一种是间歇式加工设备，另一种是连续式加工设备。

间歇式加工设备是指根据反应罐的大小和工程实际需要，分批次加工橡胶沥青。一般以10~15t作为一个批次，加工好的橡胶沥青输送到运输车辆中，再生产下一批次的橡胶沥青。间歇式加工设备适合安装在沥青拌和场。间歇式加工设备工作流程见图3-23。

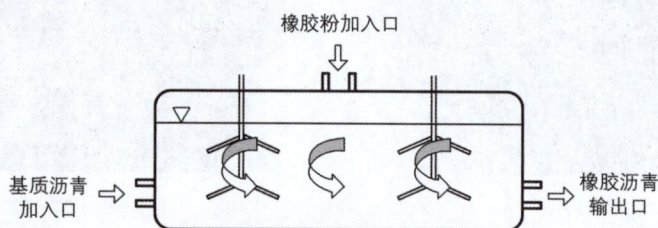

图3-23　间歇式加工设备工作流程

连续式加工设备是将橡胶粉与基质沥青连续不断地输送到一个高速搅拌的剪切罐中，然后经过短时间（1min左右）的预搅拌或初搅拌，使橡胶粉均匀分散到沥青中，然后再输送到反应罐中。在反应罐中，橡胶沥青按照一个固定的循环路线和流动速度，经过搅拌、反应，最终生产出成品橡胶沥青，如此循环不断。连续式加工设备自动化程度高，设备紧凑，应配备一个带有加热、搅拌功能的专用存储罐，用于橡胶沥青短时间的存储。连续式加工设备工作流程见图3-24。

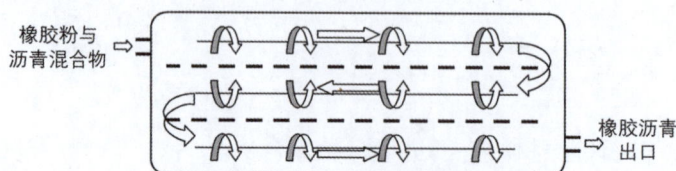

图3-24　连续式加工设备工作流程

橡胶沥青专用生产设备包括：胶粉称量系统、高效搅拌机构、沥青快速升温和沥青温控装置。设备安装完成后，应进行称量系统及温控系统标定，并经调试保证能满足施工需要。

橡胶沥青生产设备应由熟练人员操作，采用间歇式生产方式生产，以保证橡胶屑按设计比例投放准确。操作人员必须控制好导热油温度，以保证橡胶沥青的反应温度在生产工艺要求的温度范围内。生产单位对每批成品橡胶沥青应及时进行各项指标的自检。

橡胶沥青的质量取决于加工温度、发育温度、搅拌情况和发育时间等因素。温度是工艺控制的关键。橡胶沥青储存罐应有加温和保温措施。橡胶沥青生产设备和储存罐一般应有加热装置，用来加热基质沥青或者橡胶沥青。此外，由于基质沥青加热的温度较高，设备必须配有自动灭火保护装置。

橡胶沥青在45~60min的反应之后，如果4h之内不使用，应停止加热，允许其自由冷却，但是在使用前需要再加热到规定的温度。橡胶沥青冷却后再加热到使用温度称为一个加热循环。橡胶沥青允许两个加热循环，并经检测达到黏度要求。

3. 下承层准备

橡胶沥青碎石封层施工前应进行以下准备工作：

（1）下承层应经过认真清理，表面洁净、干燥、无浮尘。下承层为桥面时，应对浮浆进行处理，保证桥面无浮浆且表面纹理粗糙。

（2）对施工路段前后进行封闭，并设置道路施工警示及标志牌。

（3）对周围的人工构造物用塑料布进行覆盖，防止被污染。

4. 人员准备

施工前需对施工的技术人员、管理人员及辅助工人进行培训。

三、橡胶沥青生产

1. 橡胶沥青主要技术指标

由于我国现行的《沥青路面施工技术规范》（JTG F40—2004）中没有橡胶沥青的技术指标要求，在工程实践中只能参考我国现行改性沥青产品的技术标准和美国亚利桑那州和加州橡胶沥青技术标准。

2. 橡胶沥青生产工艺和控制参数

在大量室内试验的基础上，制定橡胶沥青生产工艺和控制参数：

（1）采用20目橡胶粉，掺量为20%；

（2）基质沥青快速加热温度190~218℃；

（3）橡胶沥青发育时间45~60min；

（4）橡胶沥青在190~200℃时储存时间控制在2.5h之内；

（5）橡胶沥青190℃黏度大于或等于2.5Pa·s。

橡胶沥青生产见图3-25、图3-26，橡胶沥青成品罐见图3-27。

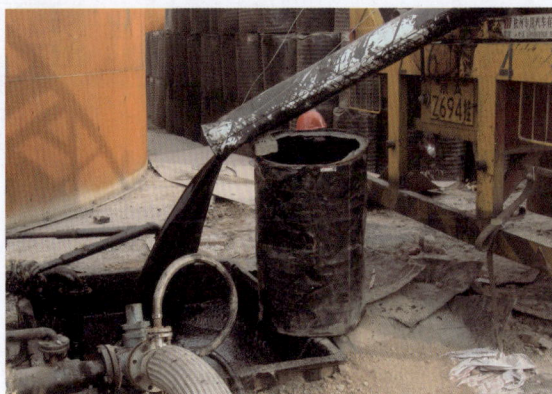

图3-25 将加热好的基质沥青导入沥青罐

橡胶沥青生产工艺流程见图3-28，成品橡胶沥青见图3-29。

四、橡胶沥青碎石封层施工

1. 橡胶沥青洒布

橡胶沥青洒布前，应封闭施工路段交通，彻底清扫下承层，同时要对洒布车进行认真调试标定。

橡胶沥青洒布量按2.2~2.4kg/m²控制。起步和终止位置应铺油毛毡，以准确进行横向衔接，洒布车经过后应及时取走油毛毡。纵向衔接应与已洒布部分重叠10cm左右，撒铺碎石前禁止任何车辆、行人通过橡胶沥青层。

橡胶沥青喷洒见图3-30、图3-31。

图3-26　橡胶沥青生产

图3-27　橡胶沥青成品罐

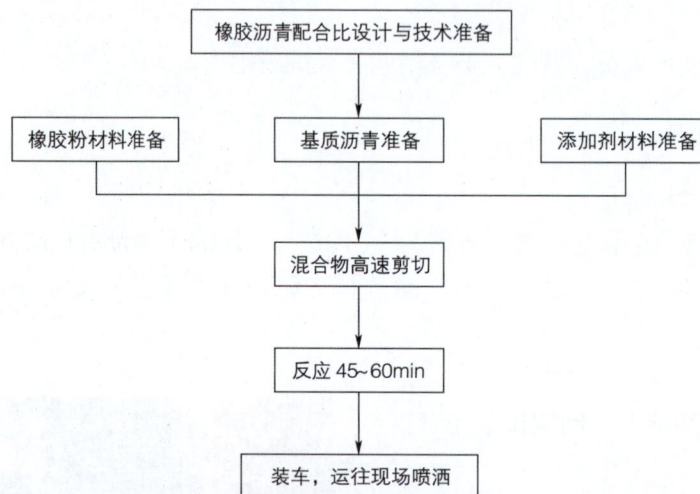

图3-28　橡胶沥青生产流程图

图3-29　成品橡胶沥青

图3-30　橡胶沥青喷洒（全景）

2. 碎石加热、过筛、除尘及温度控制

碎石需经沥青拌和楼加热到150~160℃，并经过筛、除尘，撒布温度不低于130℃。碎石粉尘过大现象如图3-32所示。

图3-31 橡胶沥青必须高温喷洒（近照）

图3-32 碎石粉尘过大现象

3. 碎石撒布

（1）调试和标定

撒布前要对撒布车进行认真调试和标定。

（2）时间间隔与撒布量

橡胶沥青洒布后，碎石撒布车应立即紧跟其后撒布碎石。碎石撒布要均匀，具体撒布量为15kg/m²±1kg/m²，覆盖率85%以上；对于局部碎石撒铺量不足的地方，应人工补足。碎石材料撒布（倒撒）见图3-33。

图3-33 倒撒碎石材料

4. 封层碾压

碎石撒布后，轮胎压路机应立即紧跟碾压，碾压速度2~2.5km/h，碾压过程中压路机不得随意制动或掉头，碾压必须在10~20min内完成。碾压完成直至封层冷却至常温后，清扫车清扫收集浮石，彻底封闭交通。

橡胶沥青碎石封层碾压见图3-34、图3-35。

图3-34 碎石撒布与碾压工艺组合

图3-35 紧跟碾压

5. 横向接缝处理

对于横向接缝，应在接缝处放置长度与洒布宽度同宽的油毛毡，宽度为50cm，待洒布后将其取走，以保证横向接缝垂直。

6.碎石表面洒布黏层油

在沥青混合料施工前，在封层的碎石表面喷洒少许黏层油。黏层油洒布量宜控制在0.2kg/m²左右。

由图3-36可见，在橡胶沥青碎石封层表面洒布了0.2kg/m²黏层油，提高了层间黏结能力。

图3-36　橡胶沥青碎石封层表面洒布黏层油后的状况

五、橡胶沥青质量检测

1.现场主要检测仪器

橡胶沥青现场主要检测仪器见表3-10。

橡胶沥青现场检测仪器　　　　　　　　　　　　　　　　　　　　表3-10

序号	检测仪器	数量	序号	检测仪器	数量
1	橡胶沥青室内模拟生产设备	1套	5	回弹恢复	1台
2	HAAKE黏度计或RION黏度计	1台	6	胶粉筛	1套
3	锥入度仪	1台	7	烘箱	1台
4	软化点仪（环球法）	1台			

2.检测项目与频度

（1）橡胶沥青生产过程中质量检验的项目和频率见表3-11。

橡胶沥青生产过程的质量控制与检验频率　　　　　　　　　　　　表3-11

检测项目	检验项目与频率
橡胶粉化学成分	每批1次
橡胶粉级配与物理特性	每车或每18t1次
橡胶沥青Haake黏度	在制作过程中，每5t检测1次
锥入度（25℃,150g,5s），（0.1mm）	2次/d
软化点（环球法），（℃）	
弹性恢复（25℃），（%）	

（2）对于其他技术指标，不仅施工单位要进行自检，而且业主应委托有资质的专业检测机构或中心试验室进行随机抽检。

六、橡胶沥青碎石封层质量检测

1. 施工过程检测项目

施工过程检测项目包括：橡胶沥青主要指标、橡胶沥青洒布量、集料撒布量、制动试验、外观检查等。

2. 检验方法及检验标准

检验方法及检验标准见表3-12。

橡胶沥青碎石封层施工阶段的质量检查标准　　　　　　　表3-12

项　目	检 查 频 率	质量要求或允许误差	试 验 方 法
橡胶沥青洒布量	每半天1次	符合设计要求	单位面积橡胶沥青的质量
集料撒布量	每半天1次	在规定范围内	集料总量与撒布面积计算
制动试验	仅试铺段做制动试验	沥青层不破裂	常温后用BZZ-60标准汽车以50km/h车速紧急制动
外观检查	随时全面检查	外观均匀一致、无漏洒，用硬物刮开观察，与基层表面牢固黏结，不起皮，无油包和基层外露等现象

3. 橡胶沥青洒布量和碎石撒布量控制

（1）橡胶沥青洒布量控制

试洒布沥青时，在标准尺寸矩形容器内置沥青油毡，称其质量并置于洒布车前5~10m，待洒布车经过容器后立即取出再称其质量，以此计算实际洒布量，再结合沥青洒布车电脑调节装置直到符合设计洒布量为止。

（2）碎石撒布量控制

试撒布碎石时，取一标准尺寸矩形容器称其质量并置于撒布车前已洒布沥青路面的路段最尾处，待撒布车经过容器后立即取出再称其质量，以此计算实际撒布量，然后通过调节装置直至调到设计撒布量为止。

七、施工难点与措施

1. 橡胶沥青的加工

橡胶沥青的加工主要是控制橡胶粉的掺量、加工温度控制等。加工现场主要是控制黏度指标。黏度指标不合格则意味着橡胶沥青质量不合格。

2. 橡胶沥青洒布

橡胶沥青对洒布温度要求极高，从橡胶沥青装车到洒布，在运输过程的保温尤为重要；当温度不满足要求时，会造成堵塞喷嘴、洒布不均匀等现象。

3. 重叠碎石回收处理

采用专用设备吸附回收多余的碎石，避免产生碎石重叠现象，见图3-37。清理后的封层表面见图3-38。

图3-37　专用设备吸附回收多余的碎石，避免碎石重叠

图3-38　清理后的封层表面

4. 缺陷修补

橡胶沥青与碎石漏洒（撒）部位的修补工作应在清扫完成后进行。出现的缺陷采用热橡胶沥青和热碎石进行精心修补，压路机补压，见图3-39、图3-40。

图3-39　碎石撒布缺陷

图3-40　对缺陷及时进行人工修复

第三节　AC-5沥青砂封层施工

近年来，高速公路桥面沥青铺装层破坏现象较为普遍，而桥面防水效果已成为影响桥面铺装使用寿命的重要因素之一。为了解决桥面铺装层耐久性问题，一些建设项目进行了铺装层结构设计论证，采用厚度为10~15mm的添加0.1%的聚酯纤维AC-5沥青砂作为桥面封层。AC-5沥青砂采用拌和楼拌和、摊铺机摊铺、钢轮与轮胎压路机组合碾压施工。

一、材料组成

用于生产AC-5沥青砂混合料的材料由SBS改性沥青和0~4.75mm的石屑以及矿粉组成，必要时添加一定掺量的聚酯纤维。

二、配合比设计

（1）配合比设计技术要求

AC-5沥青砂混合料马歇尔试验配合比设计的具体技术要求见表3-13。

AC-5沥青砂马歇尔试验配合比设计技术要求 表3-13

序号	试验指标	单位	项目建议值
1	击实次数（双面）	次	75
2	试件尺寸	mm	$\phi 101.6 \times 63.5$
3	空隙率	%	1~3

（2）配合比设计

AC-5沥青砂混合料配合比设计应按照设计程序进行。一般情况下，生产配合比试验分别采用6.2%、6.5%、6.8%三种油石比成型马歇尔试件。马歇尔试件成型条件：矿料加热温度180~195℃，沥青加热温度130~155℃，混合料拌和温度160~175℃，试件击实温度150~165℃，双面各击实次数75次，根据各体积指标最终确定最佳油石比。

三、施工工艺

AC-5沥青砂混合料采用拌和楼拌和、摊铺机摊铺、双钢轮与轮胎压路机紧跟碾压的工艺进行。

（1）沥青混合料的拌和。沥青拌和楼在使用前，应对每个计量系统、温度控制与显示系统等预先标定，确保设备性能良好。拌和设备要配备具有二次除尘功能的装置，热料仓具有外加剂添加口。沥青混合料应拌和均匀，无花白料现象。

（2）沥青混合料的运输。采用25t及以上的自卸车运料。

（3）沥青混合料的摊铺。先在经监理工程师验收合格的桥面浮浆处理作业面上喷洒黏层油，待黏层油充分破乳，并经验收后方可铺筑AC-5沥青砂混合料。

沥青砂施工前，应在经验收合格的桥面浮浆处理作业面上喷洒黏层油，见图3-41。这道工序十分重要，直接决定了沥青砂与水泥桥面的黏结状况。

采用两台摊铺机组成梯队联合并机摊铺。两台摊铺机前后的距离一般为3~5m，前后两台摊铺机中间重叠5~10cm。AC-5沥青砂混合料摊铺必须均匀、缓慢、连续不断地进行。

（4）混合料的压实。沥青砂混合料摊铺后立即进行压实作业。压实原则为"紧跟、慢压"，否则容易造成层间分离，要保证沥青砂与桥面的充分结合。

由于沥青砂封层厚度相对过薄，沥青混合料温度散失较快，施工时压路机应紧跟摊铺机，钢轮压路机静压2遍，轮胎压路机复压2遍即可。AC-5沥青砂摊铺碾压见图3-42。

图3-41 沥青砂施工前，在桥面浮浆处理作业面上喷洒黏层油

图3-42 AC-5沥青砂摊铺碾压

四、沥青砂封层施工特点

沥青砂主要由细集料组成，空隙率小，因而防水性能好。沥青砂不宜过厚，太厚则由于沥青砂的强度过低导致路面结构层的整体强度降低；同时也不能太薄，否则对下承层桥面铺装的平整度要求过高，在摊铺过程中容易出现裸露点，增大人工辅助工作量，且不利于碾压成型，无法形成有效的防水层。

图3-43　平整、密实不渗水的AC-5沥青砂表面

实践表明，当桥面平整度最大间隙小于5mm、沥青砂封层厚度大于10mm时，可有效保证沥青砂封层的平均厚度，起到局部平整度找平和降低人工辅助工作量且易于碾压成型等作用，从而形成较好的封水层。根据现场施工情况来看，当厚度为10~15mm时，沥青砂具有提高平整度和易于碾压成型的功能。AC-5沥青砂表面见图3-43。

五、施工难点与注意事项

（1）结构物表面清洁程度决定了沥青砂与结构物表面的黏结程度。在沥青砂施工前对结构物表面进行凿毛处理，保持结构物表面粗糙、清洁和干燥。结构物表面可采用人工辅助空压机或森林灭火器进行清理。

（2）在已凿毛并清理干净的桥面上洒布黏层油，一方面可以有效地提高桥面的防水性能，另一方面可以提高桥面和沥青砂的黏结。

（3）由于桥面封层采用摊铺机进行摊铺作业，因此对桥面平整度有一定要求。结构物表面平整度最大间隙应小于5mm。

（4）在碾压过程中要重视轮胎压路机复压的过程，一方面利用轮胎压路机的揉搓挤密作用让沥青砂与桥面凿毛面充分契合，提高黏结性；另一方面，由于沥青砂与桥面的充分黏结，可以提高桥面的防水性能及面层的整体黏结强度。

（5）施工过程及结束时必须进行交通管制，碾压成型24h后或表面温度低于50℃后，方可开放交通，或进行下一道工序。

六、沥青砂在桥面铺装层中的应用

2009年西安咸阳机场专用高速公路桥面OGFC-13铺装层施工时，部分桥面铺装采用"铣刨+清理+SBR黏层油+AC-5沥青砂+SBR改性乳化沥青黏层油+AC-20下面层+双层SBS改性乳化沥青黏层油+OGFC-13上面层"结构。通车至今已近5年，桥面铺装黏结牢固，无推移、拥包、车辙等病害发生，见图3-44。

2011年西安至商州高速公路桥面SMA-13铺装层施工时，在长大纵坡段的单幅25处共6.8km的桥面铺装采用"铣刨+清理+SBR改性乳化沥青黏层油+AC-5

图3-44　西安咸阳国际机场专用高速公路渭河特大桥部分桥面采用AC-5沥青砂作为封层

沥青砂+SBR黏层油+AC-20下面层+SBR改性乳化沥青黏层油+SMA-13上面层"结构。通车两年多，桥面铺装黏结牢固，无推移、拥包、车辙等病害发生，见图3-45、图3-46。

图3-45　采用AC-5沥青砂作为封层的桥面运营2年，平整、密实、无病害（表面情况）

图3-46　采用AC-5沥青砂作为封层的桥面运营2年，平整、密实、无病害（行车情况）

另外，陕西十天高速公路、西商高速公路等建设项目，在部分隧道的复合式路面施工中，采用1.5cm厚AC-5沥青砂替代SBS同步碎石封层，通车多年效果良好。

七、AC-5沥青砂施工质量检测

1. 原材料检测

对于细集料和改性沥青的质量应按照施工技术规范规定的检查项目和频率进行检测。

2. 混合料配合比检测

主要是检测矿料级配和油石比，必要时进行混合料路用性能检测。

3. 现场检测

沥青砂施工过程中主要检测混合料施工温度，控制摊铺厚度、摊铺速度和碾压遍数。

对于施工成型后的沥青砂，主要是检测平整度和渗水系数等指标。

为了检验沥青砂的自身强度以及与水泥混凝土桥面的黏结性能，在试验路铺筑完成后的第二天，可采用重型货车在沥青砂上进行制动、掉头等试验。一般情况下，沥青砂可以承受上述破坏性试验。如果沥青砂出现了脱落、位移等现象，应该在水泥混凝土桥面浮浆凿毛、粉尘处理和黏层油洒布等方面查找原因，以便在大面积施工中加以改进，确保沥青砂封层起到调平、封水、黏结的作用。

第四章 黏层施工

在沥青路面施工中，受各种环境和施工因素制约，沥青路面上、中、下三个层次分层连续施工的可能性较小。由于施工工序的不连续，加之其他附属工程的交叉施工，必然增加了沥青路面被污染的概率，而黏层油在提高沥青路面层黏结能力方面，始终发挥着重要作用。

第一节 材 料

我国沥青路面常用的黏层油以SBR改性乳化沥青为主，但有的高速公路建设项目也采用SBS改性乳化沥青作为黏层油。

一、SBR改性乳化沥青

采用SBR改性乳化沥青作为黏层油时，其技术指标应满足表4-1的要求。

SBR改性乳化沥青试验项目及技术指标　　　　　　　　　　表4-1

试 验 项 目		指标要求	试验方法
破乳速度		快裂或中裂	T 0658
粒子电荷		阳离子（+）	T 0653
恩格拉黏度（25℃）		1~10	T 0622
筛上剩余量（1.18mm）（%）		≤0.1	T 0652
蒸发残留物含量（%）		≥50	T 0651
与矿料的黏附性，裹覆面积		≥2/3	T 0654
储存稳定性（24h）（%）		≤1.0	T 0655
蒸发残留物性质	针入度（25℃）（0.1mm）	>40	T 0604
	软化点（℃）	>50	T 0606
	延度（5℃）（cm）	>20	T 0605
	溶解度（三氯乙烯）	≥97.5	T 0607
	黏韧性	≥5	T 0605

二、SBS改性乳化沥青

采用SBS改性乳化沥青作为黏层油时，其技术指标应满足表4-2的要求。

SBS改性乳化沥青试验项目及技术指标　　　　　　　　表4-2

试 验 项 目		单位	指标要求	试验方法
破乳速度			快裂或中裂	T 0658
粒子电荷			阳离子（＋）	T 0653
筛上剩余量(1.18mm)　不大于		%	0.08	T 0652
黏度	塞波特黏度试验50℃	S	20~100	T 0623
	恩格拉黏度（50℃）		5.6~28	T 0622
蒸馏残留物性能试验	含量　　　不小于	%	60	T 0651
	针入度（25℃,100g,5s）	0.1mm	50~150	T 0604
	软化点　　不小于	℃	55	T 0606
	延度（10℃）不小于	cm	40	T 0605
	溶解度（三氯乙烯）不小于	%	97.5	T 0607
	弹性恢复%（10℃）不小于	%	60	T 0662
储存稳定性	1d　不大于	%	1	T 0655

注：SBS改性乳化沥青进行蒸馏试验时，必须达到最高温度204℃±5℃并保持15min。

第二节　施 工 准 备

一、技术准备

黏层油施工前应组织相关技术和管理人员制订详细的施工方案,并按照规范要求和工程试验成果,确定黏层油洒布量。

二、现场准备

（1）当沥青中、下面层受到污染时，应进行彻底清扫。
（2）喷洒区附近的结构物应加以保护，以免受到污染。
（3）在洒布黏层油之前，应预热并疏通油嘴，保证透层油洒布的均匀性。
（4）成立专业作业队分别承担路面清扫和黏层油施工任务。
路面下承层清扫过程见图4-1。当下承层清扫不彻底时会造成黏层脱落，见图4-2。

图4-1　采用大功率空压机吹净表面

图4-2 下承层清扫不彻底，造成黏层脱落

三、设备要求

1. 黏层施工的主要机械设备

黏层施工的主要机械设备见表4-3。

黏层施工的主要机械设备　　　　　　　　　　　　　　　　表4-3

序号	设备名称	规格型号	单位	数量
1	沥青洒布车	智能型	台	2
2	强力清扫车		台	2
3	道路清扫车		台	2
4	水车	8~10t	台	2
5	空气压缩机	10m³以上	台	2
6	森林灭火器		台	4
7	沥青储存罐	50t	个	2
8	工具车		台	1

强力清扫机特点是采用滚式钢刷，配置有强力吹扫功能，不仅可清除顽固泥块、浮浆，还可彻底清除浮尘。经清扫后的路面干净、清洁，沥青洒布后黏附性更高，黏结效果更好。

2. 沥青洒布车安全操作规程

沥青洒布车安全操作需要注意以下事项：

（1）禁止在点燃喷火器时给机械加注燃料及润滑油料。

（2）在沥青罐的抽吸口和顶上的加注孔未盖封时，禁止点燃喷燃器。

（3）点燃加热喷燃器时，应事先打开罐上的烟囱盖。

（4）对罐内沥青进行循环加热时，罐内沥青的液面必须高过U形火管的高度（即淹没全部火管）。

（5）在洒布过程中禁止使用喷燃器。

（6）点燃手提式喷燃器时，输油管的开关先要部分打开，然后逐渐全部打开，并禁止接近易燃品。

（7）用于喷燃器的压缩空气的压力应限制在0.3~0.4MPa以下。

（8）喷燃器熄火后，应关闭燃油箱的进气开关，并卸除箱内的剩余压力。

（9）在满载行驶时要避免紧急制动。

四、施工放样

根据设计的洒布宽度，对路面两侧边线进行施工放样；根据宽度与洒布量，计算出所用的原材料数量。

五、下承层离析处理

对下承层进行全面检查，凡局部离析、透水明显的，喷洒一层黏层油，洒布量为0.2kg/m²。

第三节　黏层油双层洒布工艺

长期以来，在我国沥青路面施工中，黏层油一直采用单层洒布法进行施工，其效果也能够保证施工质量。但在一些工程项目中发现，当洒布量为0.6kg/m²，采用常规的单层洒布法施工后，洒布效果差（图4-3）存在黏层油与下承层黏结不牢固的现象（图4-4）。同时，沥青混合料运输车在SBS改性乳化沥青上黏轮明显，摊铺机有打滑现象。

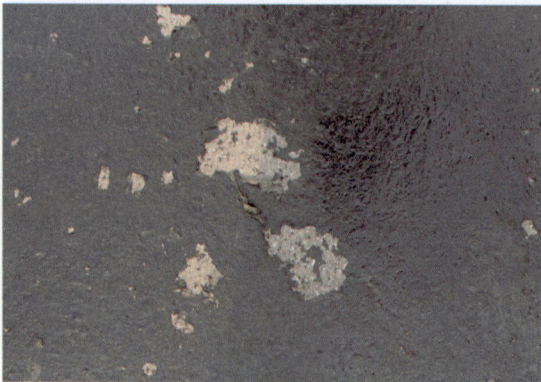

图4-3　黏层油单层洒布效果差

图4-4　单层洒布后黏层油与中面层黏结不牢固

鉴于上述原因，为了更好地解决层间黏结问题，可采用双层洒布工艺，基本工艺如下。

一、洒布参数确定

洒布车行驶速度为15km/h，发动机转速为1100转/min，泵的转速为200转/min，喷嘴高度为距地面约25cm，见图4-5。

二、洒布要求

喷洒时沿路线纵向匀速喷洒乳化沥青，应先洒布靠近中央分隔带的一个车道，依次由内向外，逐车道喷洒。

喷洒黏层油要做到洒布均匀，起步、终止、纵向和横向搭接处采取铁皮遮挡，避免沥青喷量过多。相邻车道原则不重叠或少重叠，局部喷洒过量时立即用干净拖把吸油并清除，对于漏洒的地方应用人工均匀补洒。

三、破乳时间要求

为了充分破乳，必须提前12h以上洒布黏层油，见图4-6。为防止黏层沥青发生脱落、黏轮现象，应在此期间封闭交通，禁止任何车辆行驶。

图4-5　洒布车作业（喷嘴高度为距地面约25cm）

图4-6　提前12h洒布黏层油

四、双层洒布工艺

将洒布量0.6kg/m²均分按双层洒布后，可保证SBS改性乳化沥青与下承层黏结牢固。双层洒布法施工见图4-7，SBS改性乳化沥青黏结效果见图4-8。

图4-7　双层洒布法施工

图4-8　SBS改性乳化沥青黏结效果

雨天观察SBS封水黏结层的施工效果见图4-9。双层洒布后的黏层油表面及其与中面层黏结情况见图4-10、图4-11。

图4-9　雨天观察SBS封水黏结层的施工效果

图4-10　双层洒布后的黏层油表面乌黑发亮

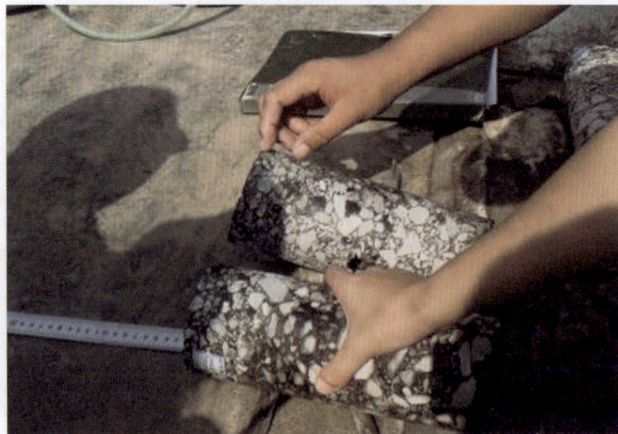

图4-11　采用双层洒布工艺，结构层层间黏结牢固

五、双层洒布效果检验

SBS改性乳化沥青黏层采用0.3kg/m²+0.3kg/m²双层洒布法施工后，对其洒布效果进行了试验检测。

（1）洒布量检验

采用纸板法进行检测，每个施工段检测3次。

（2）渗水试验

黏层油洒布12h后应进行渗水试验。SBS改性乳化沥青在0.3kg/m²+0.3kg/m²洒布量下应完全不透水。

第四节　环境保护措施与交通管制

黏层油施工必须做好环境保护与交通管制工作。主要包括以下内容：

（1）材料生产时，应在厂内设立排污设施，以避免水源污染。

（2）洒布前，用塑料薄膜覆盖周围的桥涵护栏、路缘石等人工构造物及树木、花草，同时洒布车喷嘴外侧采用安装厚橡胶板制作的挡板，防止喷洒时污染桥涵护栏、路缘石等人工构造物及树木、花草，见图4-12、图4-13。

（3）施工区必须进行交通管制，避免与其他工序交叉干扰，以杜绝施工和运输污染。

图4-12　用塑料薄膜覆盖路缘石，防止沥青飞溅

图4-13　为防止沥青飞溅，在洒布车边部喷头位置加设铁皮挡板

第五节　施工难点解析

黏层施工经常遇到的问题如下。

（1）黏层油部分指标不合格或施工前在成品黏层油中掺水

某些施工单位为了节省费用，在经检验属于合格的黏层油中添加大量的水予以稀释，降低了材料应有的品质。

（2）喷洒设备性能差

未采用智能型洒布车，或者洒布车使用不合理，喷头高度调整不合理，或者重叠宽度不够，喷头清理不彻底，喷洒不均匀。

（3）下承层清理、清扫不彻底，黏结效果差。

（4）由于交通管制不严格，车辆行驶在成型的黏层油表面，降低了黏性，影响层间黏结。

第六节　施工质量检测

SBS改性乳化沥青黏层原材料质量的检测项目及频度见表4-4，施工过程中检测项目与检验方法见表4-5。黏层性能检测要求见表4-6。

SBS改性乳化沥青质量的检测项目及频度　　　　　表4-4

项　目	检验方法	检测频度
破乳速度	T 0658	确定料源、异常时、首次进场后进行全套检测，施工中每工作班检测蒸发残留物1次
粒子电荷	T 0653	
恩格拉黏度（25℃）或赛波特黏度（50℃）	T 0622	
筛上剩余量（1.18mm）（%）	T 0652	
蒸发残留物含量（%）及性能	T 0651	

施工过程中检测项目与检验方法　　　　　表4-5

检测项目	质量或允许偏差	检测频度	检验方法
洒布量（kg/m²）	0.3kg/m²/层	1次/每作业段	用纸板称量
洒布均匀性	均匀一致	随时	目测
破乳时间（h）	快裂	1次/d	用手表

SBS改性乳化沥青黏层性能检测要求　　　　　表4-6

项　目	技术要求	检测频度	检验方法
黏结性能试验（常温下）	≥0.3MPa	试验段施工中检测	拉拔仪
剪切性能试验（60℃条件下）	≥0.16MPa		JC 408—1991
防水性能试验	不透水		渗水仪

第五章 ATB沥青混合料施工

相对于SMA、OGFC等特殊混合料而言，ATB结构层的材料采备相对容易、施工设备无特殊要求。尽管ATB施工存在混合料摊铺易离析、平整度控制难度大、不易碾压等困难，但是它具有良好的抗疲劳性能。ATB作为下面层多采用ATB-25、ATB-30结构,也有部分项目采用ATB-40结构。ATB-30沥青混合料标准化施工现场见图5-1。

图5-1 ATB-30混合料标准化施工现场

第一节 材 料

以ATB-30为例，其混合料组成材料主要有粗细集料、沥青和矿粉。技术要求如下。

一、粗集料要求

（1）集料规格划分与单粒径级配范围

ATB-30的粗集料、细集料及填料一般分为5种规格，见表5-1。单粒径级配范围见表5-2、表5-3。

ATB-30集料规格划分及筛孔尺寸 表5-1

集料规格	A料	B料	C料	D料	E料（机制砂）	矿粉
规格（mm）	19~37.5	9.5~19	4.75~9.5	2.36~4.75	2.36以下	<0.075

ATB-30粗集料单粒径级配范围 表5-2

筛孔 规格	37.5	31.5	26.5	19	16	13.2	9.5	4.75	2.36	0.6
19~37.5mm	100	85~95		0~15	0~5					
9.5~19mm			100	90~100			0~15	0~5		
4.75~9.5mm						100.0	90~100	0~15	0~5	

ATB-30细集料单粒径级配范围   表5-3

筛孔	9.5	4.75	2.36	1.18	0.6	0.3	0.15	0.075
2.36~4.75mm	100.0	90~100	0~15		0~3			
0~2.36mm		100	80~100	50~80	25~60	8~45	0~25	0~12

（2）筛孔要求

碎石料场轧石机的筛孔应和拌和设备的筛孔相匹配，以减少进场碎石材料的浪费，同时保证沥青混合料拌和质量。

（3）控制针片状和软石含量

碎石材料的加工必须严格控制针片状和软石含量等。

（4）碎石材料防离析堆放要求

进场的碎石应堆成平台，高度不宜超过2m，防止粗集料离析，见图5-2、图5-3。

图5-2　进场后的碎石材料分层堆放

图5-3　使用前堆成平台防止粗集料离析

（5）粗集料技术质量要求

ATB-30下面层用粗集料技术质量要求见表5-4。

ATB-30下面层用粗集料技术质量要求   表5-4

指　　标	规　范　值	建　议　值	试　验　方　法
表观相对密度	≥2.5		T 0304
集料压碎值（%）	≤28	≤24	T 0316
坚固性（%）	≤12		T 0314
洛杉矶磨耗损失（%）	≤30		T 0317
集料吸水率（%）	≤3.0		T 0304
针片状含量（%）	≤18	≤15	
其中粒径大于9.5mm（%）	≤15	≤12	T 0312
其中粒径小于9.5mm（%）	≤20	≤18	
含2个或多个破裂面的颗粒（%）	>80	100	T 0346
与沥青的黏附性（级）	≥3	≥4	T 0616
水洗法<0.075mm颗粒含量（%）	≤1	≤1	T 0310
软石含量（%）	≤5	≤3	T 0320

二、细集料与填料

1.细集料

采用的机制砂应洁净、干燥，且有颗粒级配，同时要求与沥青有良好的黏附能力。细集料堆放时必须采取搭棚严密覆盖，防止雨淋、结团。

细集料试验项目及技术指标见表5-5。

细集料试验项目及技术指标　　　　　　　　　　　　　　　　表5-5

项　　目	单　位	规　范　值	试 验 方 法
坚固性（＞0.3mm部分）	%	≤12	T 0340
视密度	t/m³	≥2.5	T 0328
砂当量	%	≥60	T 0334
亚甲蓝值	g/kg	≤25	T 0349
棱角性（流动时间）	s	≥30	T 0345

2. 填料

填料必须采用石灰岩或岩浆岩中的强基性岩石等憎水性集料经磨细得到的矿粉，原集料中不得含有泥土等杂质。矿粉必须干燥、洁净，能自由地从矿粉仓流出。填料的质量技术要求应满足规范要求。

三、沥青

用于ATB混合料生产的基质沥青，应根据项目所在地的自然、地理、气候环境的特点，及下面层功能性要求选择沥青标号。

1. 沥青脱桶设备功能要求

（1）环保性能好：封闭式结构，无污染。

（2）节约能源：利用导热油加热桶装沥青。

（3）沥青不粘桶壁：沥青脱桶干净,不应造成沥青浪费和环境污染。

（4）自动清渣：应具有内部自动排渣、外部清渣功能。

（5）适应性强：适用进口、国产各种桶型，且沥青桶变形也不会影响生产。

（6）脱水性能好：利用大排量沥青泵进行内循环、搅动，水蒸气溢出，被引风机吸走排入大气，实现负压脱水。

（7）安全可靠：采用进口自动点火燃烧器，可根据油温实现自动控制。

（8）搬迁方便：整机采用大部件组装，搬迁方便，组装快捷。

2. 液态沥青运输与存储

液态沥青专用车辆运输见图5-4，沥青存储罐见图5-5。

图5-4　沥青材料专用运输车

图5-5　4000型及以上的沥青拌和楼必须配备
足够数量的沥青存储罐

第二节　设　备

一、主要设备配置

ATB混合料施工的主要设备配套见表5-6。

ATB混合料施工主要设备配套表　　　　　　　　　　表5-6

工序		机械设备名称	规格、产地、型号	单位	数量（根据车道）
拌和		沥青拌和楼	4000型及以上	台	1~2
运输		自卸汽车	25t以上	台	满足需要
摊铺		摊铺机	ABG525、8820、戴纳派克或同性能设备	台	根据车道定
		沥青混合料转运车	轮胎式、与摊铺机、运输车辆配套使用	台	3
碾压	初压	双钢轮振动压路机	12t双钢轮振动压路机	台	2
	复压	轮胎压路机	30t及以上	台	3
	终压	双钢轮振动压路机	12t双钢轮振动压路机	台	2

二、拌和设备

混合料采用间歇式拌和楼生产，每盘的拌和能力不小于4 000kg，且拌和质量稳定，一般具有6个冷料仓、6个热料仓。

在拌和楼上必须配备计算机监控设备，在拌和过程中能逐盘采集并打印各个传感器测定的材料用量和沥青混合料拌和量、拌和温度等各种参数，以监控沥青混合料的拌和质量。

三、摊铺、碾压设备

ATB混合料施工应采用大功率履带式摊铺机，且应配套沥青混合料转运车，防止混合料表面、竖向离析以及温度离析。

同时，ATB施工应采用大功率的双钢轮振动压路机和大吨位的轮胎式压路机。压路机的数量应与摊铺机配套使用，同时还应有备用的压路机。

轮胎式压路机见图5-6。设备铭牌与编号见图5-7。ATB混合料运输、摊铺设备组合见图5-8。

图5-6　轮胎式压路机

图5-7　设备铭牌与编号

图5-8 ATB混合料运输、摊铺设备组合

第三节 配合比设计

《公路沥青路面施工技术规范》（JTG F40—2004）对于ATB-30的级配范围较宽。在工程实践中，为了严格控制混合料级配，使其路用性能满足规范要求，根据建设项目大量室内试验结果和试验路段施工总结，建议采用的工程级配见表5-7。

ATB-30混合料矿料工程级配范围 表5-7

筛孔（mm）	37.5	31.5	26.5	19	16	13.2	9.5	4.75	2.36	1.18	0.6	0.3	0.15	0.075
建议通过率（%）	100	92~100	82~92	63~75	57~69	49~59	39~49	25~33	15~23	10~16	7~13	5~9	4~8	4~6
规范通过率（%）	100	90~100	70~90	53~72	44~66	39~60	31~51	20~40	15~32	10~25	8~18	5~14	3~10	2~6

一、配合比设计原则

（1）矿料级配在施工技术规范和工程级配要求的范围内，通过调整粗细集料、填料的不同用量，优化混合料各方面性能。

（2）充分考虑混合料的离析、渗水、压实等问题。

二、矿料级配设计

ATB沥青混合料配合比设计包括目标配合比设计、生产配合比设计、生产配合比验证三个阶段，通过配合比设计，确定沥青混合料所用的材料品种、矿料级配和最佳沥青用量。配合比设计的各个阶段都必须进行马歇尔试验。

1. 目标配合比设计

目标配合比设计内容包括：一是根据规范要求的矿料级配范围，对工程实际使用的各种矿质材料进行计算，确定符合级配要求的各矿质材料用量比例；二是进行马歇尔试验，依据各项马歇尔指标（包括路用性能指标），确定矿料级配和最佳沥青用量，由此提供拌和楼冷料仓的上料比例和沥青用量。具体步骤为：

（1）对各种矿料进行筛分（并按不同规格、不同粒级分别存放），分别测定其毛体积相对密度、表观相对密度、真实密度。

（2）测定沥青相对密度。

（3）根据筛分结果，按照规范要求进行矿料组成设计，确定各种矿料用量比例。

（4）拟订5种不同的沥青用量（级差0.5%）进行马歇尔试验，试件配料要求按不同规格、逐级进行称量配制，每种沥青用量的试件为4个；测定试件的毛体积相对密度，确定理论最大相对密度，计算其他体积指标。

（5）根据马歇尔试验结果确定最佳沥青用量和矿料级配，如果有部分马歇尔指标不合格，则应重新调整矿料级配、重新设计；用最佳沥青用量制件，做浸水马歇尔试验、车辙检验，不合格的则应重新调整矿料级配、重新设计。

ATB-30沥青稳定碎石混合料马歇尔试验配合比设计技术要求见表5-8。ATB-30沥青混合料性能检验指标见表5-9。

ATB-30沥青混合料马歇尔试验技术要求　　　　　　　　　　　表5-8

试 验 指 标		单 位	规 范 值	建 议 值
击实次数（双面）		次	112	
试件尺寸		mm	Φ152.4×95.3	
空隙率		%	3~6	（OAC对应下的）4~5
稳定度MS，不小于		kN	15	
流值FI		mm	实测	
矿料间隙率VMA（%），不小于	设计空隙率（%）		相应于以下公称最大粒径（mm）的最小VMA及VFA技术要求（%）	
			37.5	
	4		11.5	
	5		12.5	
	6		13.5	
沥青饱和度VFA			55~70	

ATB-30沥青混合料性能检验指标　　　　　　　　　　　表5-9

性能检验项目		规 范 值	建 议 值	试 验 方 法
60℃车辙试验动稳定度（次/mm）		≥1000	≥1500	T 0719
水稳定性	浸水马歇尔试验残留稳定度（%）	≥80	≥85	T 0709
	冻融劈裂试验残留强度比（%）	≥75	≥75	T 0729
渗水系数（ml/min）		不要求	不要求	

注：车辙试验采用10cm厚度的车辙板。

2. 生产配合比设计

以目标配合比设计的级配曲线作为指导，对二次筛分后的矿料重新进行矿料比例设计，确定各热料仓的用料比例和生产配比的最佳沥青用量，供拌和楼控制室使用。具体步骤为：

（1）对热料仓各种规格矿料进行筛分（并按不同规格、不同粒级分别存放），分别测定其毛体积相对密度和表观相对密度（矿粉和沥青采用目标配合比设计时的测定值）。

（2）根据各种矿料筛分结果，按照规范要求进行矿料组成设计，其级配曲线力求接近目标配合比设计曲线，确定各热料仓用量比例。

（3）取目标配比最佳沥青用量及±0.3%三个沥青用量进行马歇尔试验，在试验室内拌和制作试件，配料时要求按不同规格、逐级进行称量配制。

（4）根据马歇尔试验结果确定生产配合比的最佳沥青用量和矿料级配，如果有部分马歇尔指标不能符合规范要求的话则应重新调整级配、重新设计。

（5）如最佳沥青用量与目标配合比最佳沥青用量相差较大，则需用生产配合比确定的最佳沥青用量制件，进行浸水马歇尔试验和车辙试验。

3. 生产配合比验证

采用生产配合比由拌和楼进行试拌，铺筑试验路，用规定的方法在拌和楼上取样制作马歇尔试件，并在试验路上钻取芯样进行马歇尔试验，检验其各项指标，由此确定生产用的标准配合比。该配合比将作为生产控制的依据和质量检验的标准。如有指标不符合规范要求，则应重新进行一、二阶段配合比设计。经审定的生产标准配合比在施工过程中不得随意变更。 ATB-30型沥青碎石热料仓用振动筛筛孔一般为：40mm、22mm、11mm、7mm、4mm。施工单位可按4000型拌和楼（具备6个料仓）实际情况配置，要求各热料仓供料大致均衡。

4. 配合比设计实例

以某高速公路ATB-30下面层混合料生产配合比设计为例，其矿料合成级配见表5-10，合成级配曲线见图5-9。

ATB-30下面层混合料矿料合成级配（%）　　　　　　表5-10

矿料规格（mm） 比例（%）		37.5	31.5	26.5	19	16	13.2	9.5	4.75	2.36	1.18	0.6	0.3	0.15	0.075
5号仓	22~40	100.0	88.9	63.8	2.7	0.5	0.5	0.5	0.5	0.5	0.5	0.5	0.5	0.5	0.5
4号仓	11~22			100.0	93.6	66.8	39.7	2.5	2.4	0.6	0.4	0.4	0.4	0.4	0.4
3号仓	7~11						100.0	91.7	5.6	1.2	0.6	0.6	0.6	0.6	0.6
2号仓	4~7								100.0	32.8	0.8	0.8	0.8	0.8	0.8
1号仓	0~4								100.0	99.1	73.7	44.9	24.4	12.5	8.5	4.8
矿粉													100	96.5	89.5
矿料规格（mm） 比例（%）		37.5	31.5	26.5	19	16	13.2	9.5	4.75	2.36	1.18	0.6	0.3	0.15	0.075
5号仓	32	32.0	28.4	20.4	0.9	0.2	0.2	0.2	0.2	0.2	0.2	0.2	0.2	0.2	0.2
4号仓	22.5			22.5	21.1	15.0	8.9	0.6	0.5	0.1	0.1	0.1	0.1	0.1	0.1
3号仓	11						11.0	10.1	0.6	0.1	0.1	0.1	0.1	0.1	0.1
2号仓	9.5							9.5	3.1	0.1	0.1	0.1	0.1	0.1	0.1
1号仓	21								20.8	15.5	9.4	5.1	2.6	1.8	1.0
矿粉	4												4.0	3.9	3.6
生产配比		100	96.4	88.4	67.5	60.7	54.6	45.4	29.2	20.0	13.9	9.6	7.1	6.2	5.1
目标配比		100	98.6	88.8	71.0	66.3	59.1	48.7	29.6	21.5	15.2	11.2	8.6	6.9	5.5
级配上限		100	100	90	72	66	59	49	33	23	16	13	9	8	6
级配中值		100	96	86	67.5	61.5	54.0	44.0	29.0	19.0	13.0	10.0	7.0	6.0	5.0
级配下限		100	92	82	63	57	49	39	25	15	10	7	5	4	4

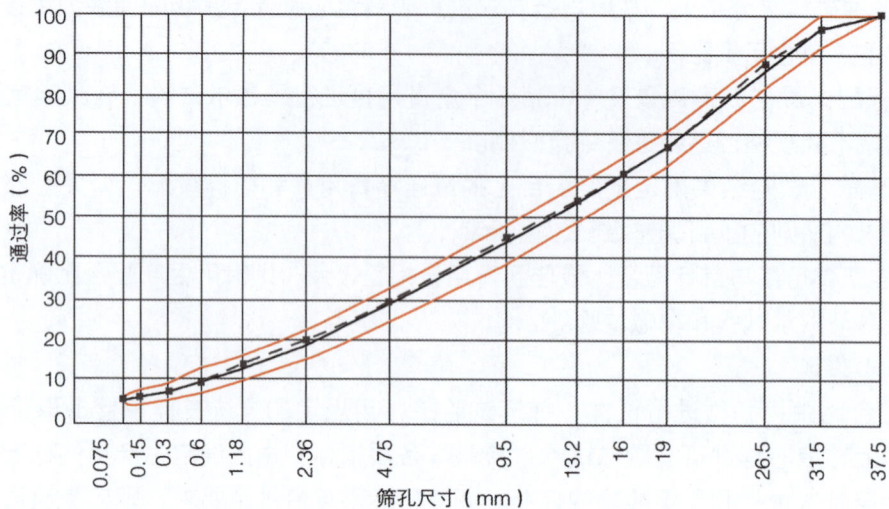

图5-9　ATB-30下面层生产配合比合成级配曲线图

第四节　施　工　工　艺

ATB-30混合料从结构性质上讲应该不会产生离析，但由于粗集料粒径较大（ATB-30最大粒径37.5mm），在沥青混合料拌和、运输、摊铺过程中容易产生离析。另外在铺筑过程中，需要由多套设备组合才能完成，这些因素的叠加，造成了混合料较难施工。ATB沥青混合料卸料、转运、摊铺与碾压组合示意见图5-10。

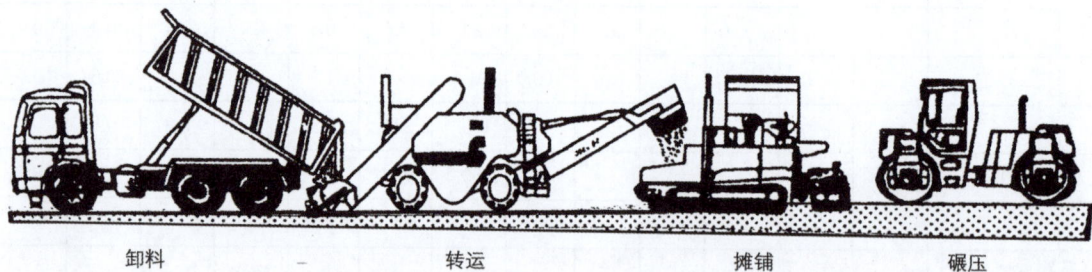

卸料　　　　　　　　转运　　　　　　　　摊铺　　　　　　碾压

图5-10　沥青混合料卸料、转运、摊铺与碾压组合示意图

一、混合料拌和

1. 沥青混合料拌和流程

ATB混合料采用间歇式沥青拌和楼生产，沥青混合料的拌和流程示意见图5-11。

2. 混合料拌和

ATB混合料拌和要求如下：

（1）为防止集料离析，对拌和站内的粗、细集料堆必须二次推平后（高度为2m左右），用装载机全断面取料。

（2）对冷料仓进行调试，尽量做到与热料仓匹配，减少待料和溢料现象，以提高生产效率。

（3）ATB碎石粒径大，容易产生离析，在沥青混合料拌和楼上安装混合料拌和质量监控设备，对混合料配合比进行实时监控，逐盘打印，实行混合料拌和质量在线监控。

（4）为减少热储料仓混合料离析，有条件时可在储料仓顶部安装一个分批式漏斗，用来把由传送设备的混合料临时存储起来；当漏斗满时，漏斗门就会打开，混合料一次下落到热储料仓中，混合料均匀地分散到各个方向，以最大限度地控制离析。

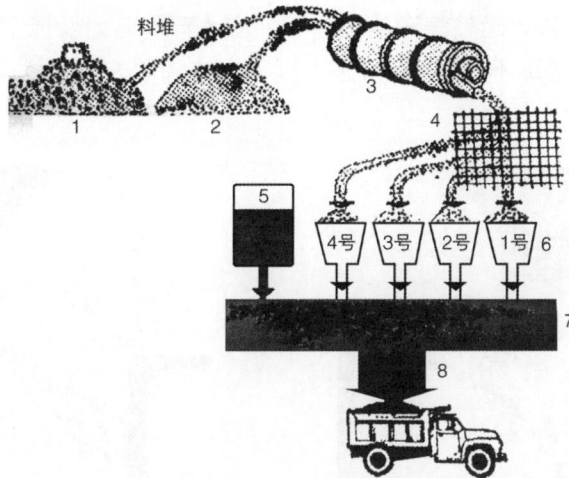

图5-11 沥青混合料拌和流程示意图

1-粗集料；2-细集料；3-烘干；4-筛分；5-供给沥青；6-1号、2号、3号、4号料斗；7-沥青与矿料的计量与拌和；8-成品混合料

（5）为减少沥青混合料在摊铺过程中的离析，混合料拌和过程中的沥青加热温度、集料加热温度、混合料出场温度宜选择规范温度范围的中值偏上的温度。

（6）拌锅内沥青混合料的数量应适中。以4000型拌和楼为例，常规的做法是每盘混合料的质量为4000kg，拌和锅内混合料过满则影响拌和质量，如出现拌和不均匀、产生花白料等；拌和锅内混合料过少则影响产量和质量（如温度控制、油石比控制等），见图5-12、图5-13。

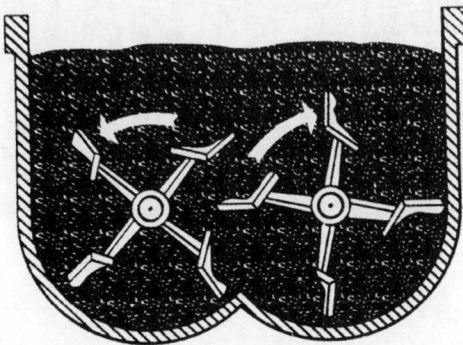

图5-12 拌和锅内混合料过满

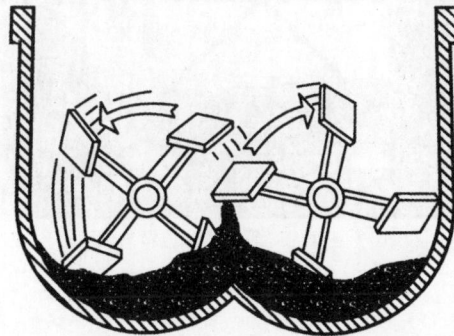

图5-13 拌和锅内混合料过少

二、混合料运输

ATB混合料运输环节要求如下：

（1）必须维护好便道，提高运输车辆的速度，缩短运输时间。

（2）对运输车辆进行改装。采用岩棉材料对运输车车厢前后、左右和车底保温，车厢上部采用棉被覆盖，出场前逐车检测温度。

（3）运输车辆应统一车型，并做到专车专用。

（4）在车厢四周涂抹食用油与水的混合液，防止沥青混合料粘连箱体。严禁采用柴油与水混合液涂抹箱体。

（5）采用自卸式运输车装料时，车辆应前后移动，分多次（3次或3次以上）装料，按"品字形"装料，接近平装；避免"塔形"装料，以减少混合料离析，见图5-14~图5-16。

（6）出厂前用篷布对混合料进行覆盖保温。

（7）为保证施工的连续性，运输汽车的运输能力应比拌和能力及摊铺能力有所富余，开始摊铺时排在施工现场等候卸料的运输车不少于4辆，施工过程中摊铺前方一般安排3~5台运输车等候卸料，见图5-17。

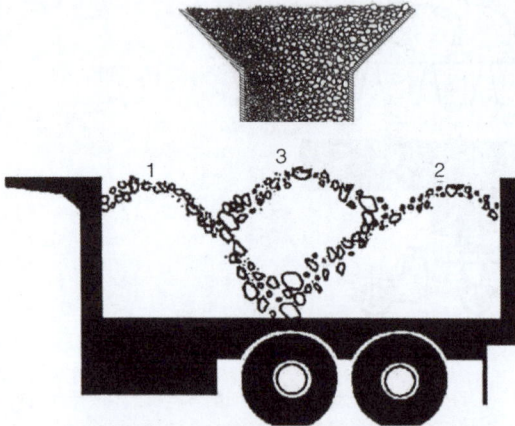

图5-14　正确的"品字形"接料方法

图5-15　不正确的"塔形"接料方法

图5-16　正确的"品字形"接料方法

图5-17　运输车等候卸料

三、混合料摊铺

ATB混合料摊铺注意事项如下：

（1）每个作业面根据路面铺筑宽度选用2~3台摊铺机联合摊铺。摊铺机品牌、型号以及性能参数必须一致，见图5-18。

（2）正确使用沥青混合料转运车。

为防止或减少混合料离析，每台摊铺机应配备一台带自加热和搅拌功能的转运车。运输车辆将混合料倒在沥青混合料转运车料斗内并充分拌和后再输入摊铺机的受料斗。沥青混合料转运车工作时要求与摊铺

图5-18　同一断面采用同一品牌、同一型号的摊铺机

机同步，供料时摆动大臂。沥青转运车与摊铺机配合见图5-19。

（3）摊铺机螺旋布料器挡板高度不合理，就会产生竖向离析（粗集料滚落在底层），见图5-20。

（4）摊铺过程中应尽量减少摊铺机料斗收放次数，以减少料斗两侧大粒径混合料离析。

（5）ATB-30混合料应缓慢、均匀、连续不间断地摊铺。摊铺速度一般控制在1.5~1.8m/min。

（6）沥青混合料摊铺过程中在随时检查其宽度、厚度、平整度、路拱及温度同时，并应随时检查离析情况，当产生离析时应及时分析原因并进行调整。

图5-19 沥青转运车与摊铺机配合

图5-20 摊铺机螺旋布料器挡板高度不合理，产生了竖向离析

四、混合料压实

ATB混合料压实要求如下：

（1）对于单向2车道的路面，应采用4台性能良好的双钢轮振动压路机和3台30t轮胎压路机碾压。

（2）采用大吨位压路机碾压，应控制好碾压温度并紧跟碾压，见图5-21。

（3）在不安装路缘石的路段，为保证ATB边部压实，必须支立钢模板，见图5-22。

（4）并机作业时，先碾压中间结合部，见图5-23。

（5）为减少表面花白现象，取消钢轮压路机收面工艺，采用轮胎压路机碾压收面，见图5-24。

图5-21 紧跟摊铺机及时碾压

图5-22 ATB的边部支挡

图5-23 并机作业时，先碾压中间结合部

图5-24 采用轮胎压路机终压

五、施工温度要求与检测

ATB混合料在摊铺和碾压环节，由于沥青混合料转运车在二次倒运混合料的过程中，势必造成混合料温度下降，加之混合料摊铺厚度较大，为了确保ATB混合料的压实度，在施工中必须严格控制混合料温度。ATB混合料施工温度控制见表5-11。

ATB混合料施工温度控制 表5-11

沥青标号	沥青加热温度（℃）	集料温度 间歇式拌和楼	沥青混合料出厂温度	混合料储存温度	混合料废弃温度
A-70	155~165	比沥青加热温度高10~30℃	145~165℃	储存过程温度降低不超过10℃	高于195℃

图5-25~图5-28反映了沥青混合料温度检测的全过程。

图5-25 设立在拌和站计量秤位置的温度检测台

图5-26 检测混合料到场温度

图5-27 检测混合料摊铺温度

图5-28 检测混合料碾压温度

第五节 施工难点解析

标准的ATB-30表面应该是粗细集料分布均匀、表面平整密实，无离析现象，见图5-29。密实的ATB混合料剖面见图5-30。

图5-29 标准的ATB-30表面

图5-30 密实的ATB混合料剖面

ATB混合料施工难点为：由于同步碎石封层中的改性沥青黏轮，导致破坏同步碎石封层、混合料离析、压实困难、平整度差和表面发白、发红等。

一、沥青黏轮而破坏同步碎石封层

碎石封层时常被运输车辆或沥青混合料转运车的轮胎黏住（图5-31），为防止转运车黏轮而破坏封层，需在轮胎上喷洒食用油混合液，见图5-32、图5-33。

二、混合料离析

ATB混合料离析的主要表现形式有：纵向离析、窝状离析、带状离析、竖向离析和温度离析等。

（1）粗、细集料表面产生带状离析

图5-31 运输车辆或转运车的轮胎黏起碎石封层

图5-32 向转运车轮胎涂抹食用油，防止黏轮发生

图5-33 涂抹了食用油的转运车没有破坏封层

粗、细集料表面离析是ATB-30施工中最常见的质量问题之一，见图5-34、图5-35。

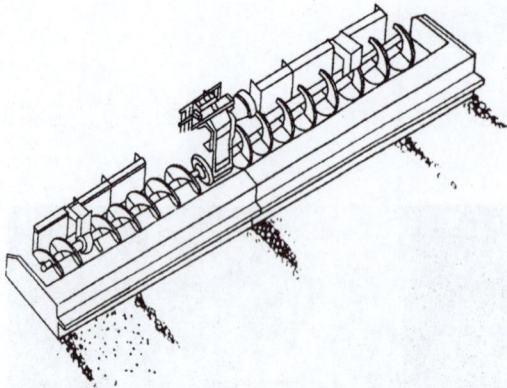

图5-34　摊铺机容易出现离析部位示意图

图5-35　粗、细集料形成"带状离析"

（2）粗、细集料表面蜂窝状离析

粗、细集料表面蜂窝状离析见图5-36。

原因分析：①混合料拌和不均匀，级配偏差；②装车时产生离析；③卸料时产生离析；④摊铺过程中频繁合龙料斗产生离析；⑤摊铺机拼接、叶片的高度不合理产生离析。

解决离析的办法为：①优化生产配合比；②装载机上冷料时保证合理装铲；③运输车合理装料；④正确合理使用沥青混合料转运车；⑤调整摊铺机的工作参数；⑥加强现场控制等。

（3）混合料竖向离析

为了解决竖向离析问题，应在摊铺机螺旋挡块上安装橡胶挡板，防止竖向离析，见图5-37、图5-38。

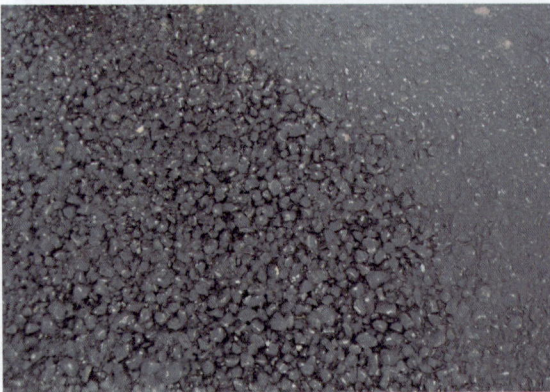

图5-36　由于局部"窝状离析"，雨水下渗至基层内部

图5-37　安装橡胶挡板，防止竖向离析

图5-38　双侧全断面安装防止竖向离析的橡胶挡板

（4）混合料温度离析

在ATB施工中还存在温度离析，因此，在ATB混合料运输过程中，要求运输车辆加盖三层棉被进行全覆盖保温，在摊铺环节采用沥青混合料转运车对混合料进行二次搅拌，在碾压环节配置足够的压路

机紧跟慢压，尽量减少施工过程中混合料的温度损失。

三、混合料较难碾压密实

1. 碾压不密实

从图5-39中的ATB-30钻芯取样结果可见，混合料碾压不密实。

混合料碾压不密实的原因分析：（1）混合料级配不合理；（2）摊铺厚度超厚；（3）压路机吨位偏小；（4）碾压温度较低。

确保压实度的方法为：优化级配；配置大吨位压路机，且数量满足要求；高温摊铺碾压。

图5-39　ATB-30碾压不密实

2. 碾压不规范

从图5-40可见压路机距离摊铺面太远，ATB混合料碾压不规范。主要原因如下：（1）未紧跟摊铺机碾压；（2）钢轮碾压后，轮胎压路机数量不足，无法紧跟，造成初压段温度损失，压实度、表观质量受影响。

3. 工程实体的压实度不均匀

一般情况下，大部分ATB的压实度代表值基本能满足规范要求，但有个别测点压实度稍低，位置多在靠近中央分隔带和硬路肩处，因此必须加强薄弱环节的压实，见图5-41。

图5-40　碾压不规范（压路机距离摊铺面太远，至少相差了1个碾压段）

图5-41　采用大吨位压路机碾压

四、结构层平整度较差

ATB结构层平整度较差的原因分析：（1）因厚度自身引起碾压变形大（松铺厚度大），见图5-42；（2）碾压长度太短；（3）钢丝绳张力不足；（4）钢丝绳基准架松动；（5）找平装置误差大；（6）基层平整度差；（7）桥涵构造物高程控制误差大，需要调坡，见图5-43。

对以上环节存在的问题，需要逐一采取措施，确保平整度。

五、碎石表面棱角易压碎，表面发白

从图5-44~图5-47可见，ATB-30的碎石表面有棱角压碎、表面发白的现象。

原因分析：（1）碎石压碎值指标偏大（或即将超出允许范围）、针片状值指标大；（2）碾

压温度偏低；（3）双钢轮压路机碾压遍数多；（4）表面人工补撒混合料。

图5-42 ATB虚铺厚度大，引起碾压变形大，平整度较难控制

图5-43 桥涵构造物高程控制误差大，对ATB平整度造成影响

图5-44 施工人员在混合料表面撒料

图5-45 人工撒布的大粒径碎石被压路机碾碎（全景）

图5-46 人工撒布的大粒径碎石被压路机碾碎（细部）

图5-47 碎石表面棱角压碎，表面发白

六、混合料表面发红

由图5-48、图5-49可见，沥青膜损失严重，混合料表面发红。

原因分析：（1）沥青质量问题；（2）油石比偏小；（3）轮胎压路机碾压温度高；（4）轮胎压路机碾压遍数多；（5）轮胎压路机涂抹了柴油；（6）轮胎压路机涂抹的隔离剂太多。

图5-48　轮胎上涂抹的食用油

图5-49　轮胎压路机涂抹的隔离剂太多，沥青膜损失严重，表面发红

七、横向接缝处黏结不牢固

由图5-50可见，横向接缝处黏结不牢固，容易松散。其主要原因为：（1）采用了切割机切面，表面太光滑；（2）切面清理不干净；（3）未涂抹或黏层油涂抹效果差；（4）接缝碾压不密实；（5）横向接缝处黏结不牢固，冬季降温，接缝开裂。

图5-50　横向接缝处黏结不牢固，容易松散

八、油石比偏小，混合料密水性能差

为提高ATB混合料的密水性能、抗裂性能，改善其水稳定性，沥青混合料的施工油石比应比设计油石比增加0.1个百分点。

九、混合料取样代表性差

由于ATB-30混合料粗集料粒径较大，混合料分样的准确性将直接影响混合料技术指标的评定，因此必须严格按照"四分法"对混合料取样，见图5-51～图5-54。

第一步，将混合料全部样品倾倒在分样盘上。

图5-51　将混合料全部样品倾倒在分样盘上

第二步，用长直尺将全部样品摊平。

图5-52　用长直尺将全部样品摊平

第三步，用长直尺将样品分成1/2。

图5-53　用长直尺将样品分成1/2

第四步，再用长直尺将1/2样品分成1/4。

图5-54　再用长直尺将1/2样品分成1/4

第六节　施工质量检测

ATB-30混合料试验检测项目及频率见表5-12。

ATB-30混合料试验检测项目及频率　　　　　　　　　　表5-12

项次	检　查　项　目	规定值或允许值	检查方法和频率
1	油石比	最佳油石比±0.2%	燃烧法或抽提法
2	矿料级配	符合工程级配范围要求	
3	施工温度	符合要求	插入式热电偶温度计，3点/断面/每10m
4	压实度	试验室标准密度的97%，最大理论密度的93%	按JTG F40—2004规范附录B检查，每500m双车道测1处
5	厚度	设计值的-8%	
6	平整度σ（mm）	≤1.2	平整度仪：全线每车道连续计算或σ

续上表

项次	检 查 项 目	规定值或允许值	检查方法和频率
7	中线平面偏位（mm）	±20	经纬仪：每200m测4点
8	纵断面高程（mm）	±15	水准仪：每200m测4断面
9	宽度（mm）	±20	尺量：每200m测4断面
10	横坡（%）	±0.3	水准仪：每200m测4处
11	弯沉（0.01mm）	符合设计要求	按JTG F40—2004规范附录I检查，每双车道80~100点

第六章　AC沥青混合料施工

　　AC沥青混合料路面的特点是：材料采备相对容易、施工设备无特殊要求、结构密实性好、便于压实，表面平整度好。在我国近年来已建成的高速公路中，大部分采用了AC类结构层。

　　AC类结构层用作下面层时通常采用AC-25、AC-30，用作中面层时通常采用AC-16、AC-20、AC-25，用作上面层时通常采用AC-13、AC-16。

　　AC-16上面层施工见图6-1，　AC-20切割剖面见图6-2。

图6-1　AC-16上面层施工

图6-2　AC-20切割剖面

第一节　材料与设备要求

AC混合料组成材料主要有粗、细集料、改性沥青和矿粉。其材料的技术要求如下。

一、粗集料要求

　　AC混合料所用的粗集料应洁净、干燥、表面粗糙，并有足够的强度、耐磨耗性。在生产过程中要采取除尘措施，进场后粗集料必须隔离分级呈台阶式堆放。

　　粗集料的技术质量指标应符合表6-1要求，颗粒组成的允许偏差见表6-2。

粗集料技术质量要求　　　　　　　　　　　　　　　　　　　　表6-1

指　　标	上面层		中面层		试验方法
	规范值	建议值	规范值	建议值	
集料视密度（g/cm³）	≥2.6		≥2.5		T 0304
集料压碎值（%）	≤26	≤20	≤28	≤22	T 0316
坚固性（%）	≤12		≤12		T 0314
洛杉矶磨耗损失（%）	≤28		≤30		T 0317
集料吸水率（%）	≤2.0		≤3.0		T 0304

续上表

指　标	上面层		中面层		试验方法
	规范值	建议值	规范值	建议值	
针片状含量（%）	≤15	≤10	≤18	≤15	T 0312
其中粒径大于9.5mm（%）	≤12		≤15	≤12	
其中粒径小于9.5mm（%）	≤18		≤20	≤18	
磨光值（PSV）	≥38	≥42	—	—	T 0321
含2个或多个破裂面的颗粒（%）	>90	100	>80		T 0346
与沥青的黏附性（级）	≥4	5	≥3	5	T 0616
水洗法<0.075mm颗粒含量（%）	≤1		≤1		T 0310
软石含量（%）	≤3	≤2	≤5	≤2	T 0320

颗粒组成的允许偏差　　　　　　　　　　　　　　　　　　表6-2

筛　孔　尺　寸（mm）	26.5	19.0	16.0	13.2	9.5	4.75
颗粒组成的允许偏差（%）	±10	±10	±8	±8	±5	±5

二、细集料要求

细集料试验项目及技术指标见表6-3，沥青混合料用细集料规格见表6-4。

细集料试验项目及技术指标　　　　　　　　　　　　　　表6-3

项　目	单　位	规　范　值	试　验　方　法
坚固性（>0.3mm部分）	%	≤12	T 0340
视密度	t/m³	≥2.5	T 0328
砂当量	%	≥60	T 0334
亚甲蓝值	g/kg	≤25	T 0349
棱角性（流动时间）	s	≥30	T 0345
含泥量	%	≤1	T 0345

沥青混合料用细集料规格　　　　　　　　　　　　　　表6-4

筛孔(mm)	4.75	2.36	1.18	0.6	0.3	0.15	0.075
0~2.36	100	80~100	50~80	25~60	8~45	0~25	0~10

集料规格划分及筛孔尺寸见表6-5。AC-16上面层、AC-20中面层粗集料单粒径级配范围见表6-6。

沥青面层用集料规格划分及筛孔尺寸　　　　　　　　　　表6-5

集料规格（mm）	A料	B料	C料	D料	E料（机制砂）	矿粉
AC-20中面层	19.0~26.5	9.5~19.0	4.75~9.5	2.36~4.75	2.36以下	<0.075
AC-16上面层		9.5~19.0	4.75~9.5	2.36~4.75	2.36以下	<0.075

AC-16上面层、AC-20中面层粗集料单粒径级配范围　　　表6-6

规格 / 筛孔(mm)	26.5	19	16	13.2	9.5	4.75	2.36	0.6
19~26.5	100	0~30	0~5					
9.5~19	100	90~100			0~15	0~5		
9.5~16		100	90~100	50~75	10~30	0~5		
4.75~9.5				100	90~100	0~15	0~5	
2.36~4.75					100	90~100	0~15	0~3

三、填料要求

1. 技术指标

填料必须采用石灰岩或岩浆岩中的强基性岩石等憎水性集料经磨细得到的矿粉，原集料中不得含有泥土等杂质。矿粉要求干燥、洁净、能自由地从矿粉仓流出。填料的技术要求见表6-7。

填料的技术要求　　　表6-7

项　　目		单　　位	规　范　值	试　验　方　法
表观密度		t/m³	≥2.5	T 0352
亲水系数		—	<1	T 0353
外观		—	无团粒结块	
塑性指数		%	<4	T 0354
含水率		%	≤1.0	T 0354
加热安定性		—	实测记录	T 0355
粒度范围	<0.6mm	%	100	T 0351
	<0.15mm	%	90~100	
	<0.075mm	%	75~100	

矿料掺配时采用粉胶比进行控制，中面层宜为0.8~1.4，上面层宜为1.2~1.8。关键筛孔的通过量允许偏差控制在±2%。填料要严格控制填料中0.075mm以下含量，其允许偏差为±1%。

严禁使用回收粉，回收粉应采用湿法排出，并集中存放、运输出场外。回收粉应建立回收、清理台账，以备检查。

2. 质量控制

由于矿粉对混合料的影响极大，因此应严格控制其质量：

（1）矿粉的细度。矿粉的细度应大于90%，否则，矿粉太粗就没有足够的比表面积来结合沥青，显得油石比偏大。

（2）矿粉的密度。矿粉的密度接近真密度，应比同类母岩的粗细集料的密度大；若其密度太小，则说明其中的杂质含量较多。

（3）含水率。严禁受潮、结团，否则拌和不均匀，容易形成油斑带、离析带。

（4）矿粉可以采用水泥厂粉磨生产，也可采用单独粉磨加工工艺。

（5）进场的矿粉必须经过施工单位和驻拌和厂监理的目测合格后才能泵入矿粉筒仓。检测三项指标：一是颜色，正常的颜色应该是灰白色，如果颜色为黄色，则含泥量过高，判定为不合格；如果颜色为黑色，则煤矸石含量高，判定为不合格。二是将少许矿粉放入水中搅拌后观测，如果搅拌后表面漂浮一层黑色物，则矿粉含有较多的煤矸石，判定为不合格。三是用手检查磨细度，矿粉细度应与水泥相当，比水泥稍粗，没有明显的颗粒感，见图6-3。

图6-3 质量合格的矿粉

3. 矿粉存储

袋装矿粉应建库存放，并保持库房干燥，以防雨水淋湿受潮影响生产。

四、沥青要求

1. 改性沥青的技术指标

根据项目所在地的自然、地理、气候环境的特点，及沥青面层各层的功能性要求，沥青中、上面层应采用SBS改性沥青，其技术指标应符合《公路沥青路面施工技术规范》（JTG F40—2004）的规定。

2. 改性沥青原材料检验

改性沥青加工厂商在基质沥青、改性剂、稳定剂进厂时，应及时通知驻厂监理和施工单位代表进行检查确认。驻厂监理应对改性剂、稳定剂的品牌、数量等建立进厂数量和消耗数量台账。

我国SBS改性沥青路面中常用的进口改性剂有LG牌改性剂、锦湖牌改性剂等，见图6-4、图6-5。

图6-4 LG牌改性剂

图6-5 锦湖牌改性剂

3. 改性沥青生产过程质量控制

驻厂监理和施工单位代表应对改性沥青的生产过程进行检查，并在改性设备上统一安装监控设备。对沥青加工温度、改性剂添加量、研磨时间、研磨遍数、研磨细度、改性沥青发育罐的储存温度、储存时间、储存期间是否按规定进行搅拌等进行检查，并做好检查记录。SBS改性沥青生产工艺见图6-6。

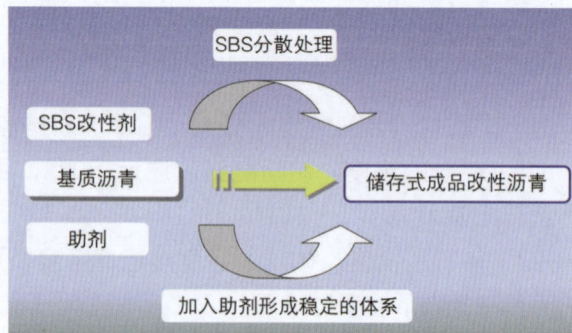

图6-6 SBS改性沥青生产工艺

4. 各类材料消耗总量核查

改性沥青生产过程中，监理工程师每天应对改性沥青加工生产总量、基质沥青、改性剂用量等进行总量核查。生产厂商应如实向监理工程师提供当日改性车间控制室材料消耗电脑打印清单，监理工程师应建立材料消耗台账。

5. 发育、储存时间与出厂

改性沥青的发育储存时间应满足相应要求，存放时间不得超过保质期。改性沥青出厂时，供应厂商向监理工程师和施工单位代表出具出厂检验报告单。驻厂监理工程师与施工单位代表应及时取样进行检验，并留样封存，见图6-7。

SBS改性沥青采用专用车辆运输见图6-8。

图6-7　封存留样

图6-8　SBS改性沥青采用专用车辆装车出厂

五、施工设备要求

AC沥青混合料的主要施工设备与ATB施工大致相同。双向8车道作业面摊铺碾压配置包括3台摊铺机和8台压路机，见图6-9。

图6-9　双向8车道的作业面

第二节　配合比设计

AC沥青混合料配合比设计与ATB沥青混合料配合比设计一样，也包括目标配合比设计、生产配合比设计、生产配合比验证三个阶段，通过配合比设计，确定沥青混合料所用的材料品种、矿料级配和最佳沥青用量。配合比设计的各个阶段都必须进行马歇尔试验。

一、目标配合比设计

（1）根据规范要求的矿料级配范围，对工程实际使用的各种矿料用量进行计算，确定符合级配要求的各矿质材料用量比例。

各沥青层集料的建议级配见表6-8。

各沥青层集料的建议级配　　　　　　　表6-8

筛孔（mm）		26.5	19	16	13.2	9.5	4.75	2.36	1.18	0.6	0.3	0.15	0.075
级配类型	AC-13			100	95~100	65~80	35~45	25~30	15~24	12~20	8~15	6~10	4~6
	AC-16		100	90~100	75~90	58~72	35~45	23~32	15~24	12~20	8~15	6~10	4~6
	AC-20	100	90~100	80~90	66~76	55~65	33~43	23~33	18~26	12~20	7~15	4~12	3~7

（2）进行马歇尔试验，根据表6-9、表6-10确定矿料级配和最佳沥青用量，由此提供拌和机冷料仓的上料比例和沥青用量。

AC-16、AC-20马歇尔技术要求　　　　　　　表6-9

试验指标		单位	规范值			建议值
击实次数（双面）		次	75			
试件尺寸		mm	$\phi 101.6 \times 63.5$			
空隙率		%	4~6			4~5
稳定度MS，不小于		kN	8			10
流值F1		mm	1.5~40			
矿料间隙率VMA（%），不小于	设计空隙率（%）	相应于以下公称最大粒径（mm）的最小VMA及VFA技术要求（%）				
		19		16		13.2
	4	13		13		13
	5	14		14		14
	6	15		15		15
沥青饱和度VFA（%）		65~75				

AC-16、AC-20沥青混合料性能检验指标　　　　　　　表6-10

性能检验项目		规范值	建议值	试验方法
车辙试验（动稳定度）（次/mm），60℃		≥2800	≥5000	T 0719
水稳定性	浸水马歇尔试验残留稳定度（%）	≥85	≥90	T 0709
	冻融劈裂试验残留强度比（%）	≥80	≥85	T 0729
低温弯曲试验破坏应变（$\mu\varepsilon$），-10℃		≥2500	≥2800	T 0715
渗水系数（ml/min）		≤120	≤100	T 0730

二、生产配合比设计

以目标配合比设计得出的级配曲线作指导，对二次筛分后的矿料重新进行配合比例设计，确定各热料仓的用料比例和生产配比的最佳沥青用量，供拌和机控制人员使用。

三、生产配合比验证

采用生产配合比由拌和机进行试拌，铺筑试验路，采用规定的方法在拌和机上取样制作马歇尔试件，并在试验路上钻取芯样进行马歇尔试验，检验其各项指标，由此确定生产用的标准配合比。该配合比将作为生产控制的依据和质量检验的标准。如有指标不符合规范要求，则应重新进行一、二阶段配合比设计。经设计确定的标准配合比在施工过程中不得随意变更。

四、配合比设计实例

以某高速公路AC-16上面层混合料目标配合比设计为例，其矿料合成级配见表6-11，合成级配曲线见图6-10。

AC-16上面层混合料矿料合成级配（%）　　　　　　　　　　　　　　　　表6-11

材料（mm）		比例（%）	筛孔尺寸（mm）										
			19	16	13.2	9.5	4.75	2.36	1.18	0.6	0.3	0.15	0.075
原材料级配	9.5~19	100	100.0	94.2	51.8	4.1	0.0	0.0	0.0	0.0	0.0	0.0	0.0
	4.75~9.5	100			100.0	94.0	2.2	0.1	0.1	0.1	0.1	0.1	0.1
	2.36~4.75	100				100.0	93.0	14.2	3.0	0.8	0.8	0.8	0.6
	0~2.36（机制砂）	100					100.0	80.8	56.3	32.1	20.6	14.6	8.4
	矿粉	100								100.0	99.4	92.2	80.4
各种矿料比例	9.5~19	32	32.0	30.1	16.6	1.3	0.0	0.0	0.0	0.0	0.0	0.0	0.0
	4.75~9.5	26.5			26.5	24.9	0.6	0.0	0.0	0.0	0.0	0.0	0.0
	2.36~4.75	7.5				7.5	7.0	1.1	0.2	0.1	0.1	0.1	0.0
	0~2.36（机制砂）	29					29.0	23.4	16.3	9.3	6.0	4.2	2.4
	矿粉	5								5.0	4.6	4.0
合成级配			100.0	98.1	84.6	67.7	41.6	29.5	21.6	14.4	11.0	8.9	6.5
规范中值			100.0	95.0	82.5	65	40	28	19.5	16	11.5	8	5.5
规范范围	上限		100	100	90	72	45	33	24	20	15	10	7
	下限		100	90	75	58	35	23	15	12	8	6	4

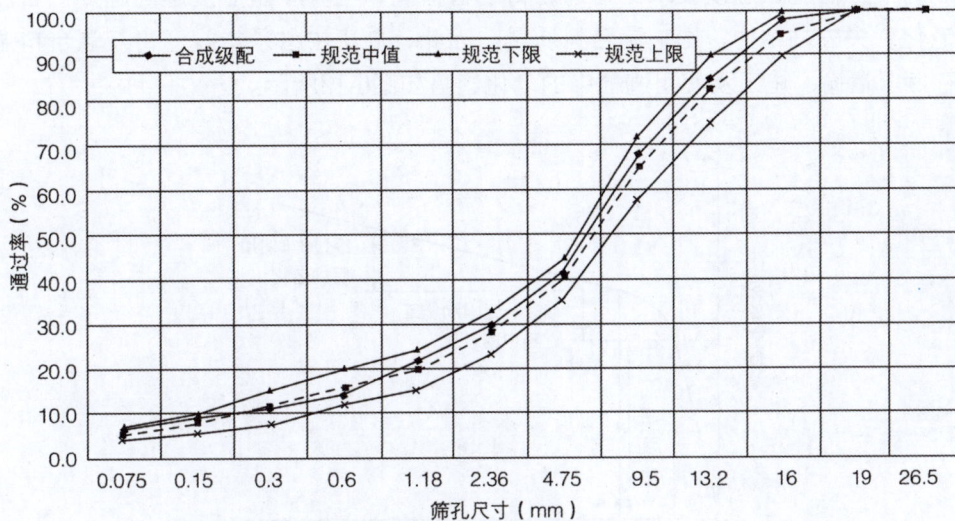

图6-10　AC-16上面层目标合成级配

<h1 style="text-align:center">第三节　施工工艺</h1>

一、施工准备

（1）封闭施工作业面。

（2）下承层的检查与清扫。对下承层的缺陷进行修复处理，清扫表面浮尘。

（3）洒布黏层油。提前12h按要求洒布量喷洒黏层油，见图6-11。

（4）调遣、安装设备。根据路面宽度，确定摊铺机的数量和各自组装宽度，同时选配压实设备。

图6-11　在下承层表面洒布SBR黏层油

二、改性沥青混合料施工温度要求

AC类改性沥青混合料施工温度要求比普通沥青混合料高，但并不是温度越高越好：若温度过高，改性沥青就会老化，失去黏结力，影响混合料质量。因此，施工中必须重视沥青及混合料温度控制。沥青在拌和、存储、运输、施工及使用过程中的老化趋势如图6-12所示。

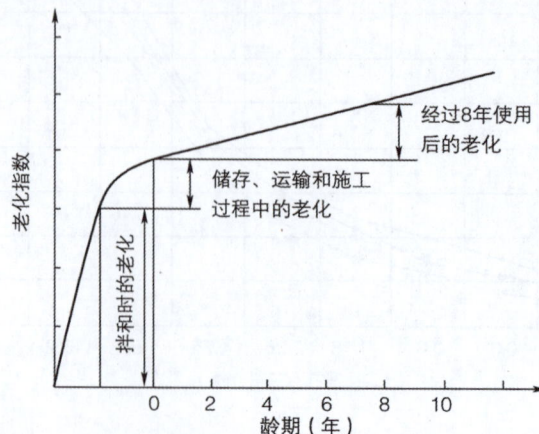

图6-12　沥青的老化趋势

AC类改性沥青混合料施工温度要求见表6-12。

SBS改性沥青混合料施工温度要求　　　　　　　　　　　　　表6-12

序　号	工　序	温　度（℃）	测量部位
1	改性沥青加热温度	不大于175	沥青加热罐
2	集料加热温度	190~220	热料提升机
3	混合料拌和温度	170~180	运料车
4	混合料出厂温度	170~185	运料车
5	混合料出厂废弃温度	≥195	运料车
6	摊铺温度	不低于160	摊铺机
7	碾压开始温度	不低于150	摊铺层内部
8	碾压终了温度	不低于90	碾压层表面
9	开放交通	不高于50	路面内部或路表面

三、混合料拌和

AC类改性沥青混合料拌和要点主要如下。

（1）SBS改性沥青混合料的拌制，要求较普通沥青混凝土温度提高10~20℃。

（2）每天开拌前应对拌和设备进行检查，特别是仪表显示数据和实际数据是否相符，例如沥青的加热温度、集料的加热温度、混合料的温度等。

（3）对于AC-20中面层混合料，其热料仓数量一般为5个。热料仓和冷料仓进料要匹配，振动筛的筛孔尺寸及安装角度，筛层数量与配合比规定的集料规格相吻合，防止待料，尽量减少溢料。每天开盘拌和时，集料应提高加热温度，干拌2~3锅废弃后再正式拌料。

（4）其拌和时间与普通沥青混合料相比要适当延长5s，采用先将集料放入搅拌器干拌5s后加入沥青，拌和5~10s后再加矿粉的方式。工地试验室的马歇尔试验每天至少要做一次（试件数量不少于6个），并对混合料的外观进行检查，看是否均匀一致，有无花白料，有无结团成块，有无沥青过热现象或粗细集料分离现象。沥青混合料的拌制时间以混合料拌和均匀，所有矿料颗料充分烘干全部裹覆沥青结合料为准。

（5）当日拌制好的混合料当日铺完，不宜在储存仓储存。

（6）严格控制沥青加热温度、集料加热温度、拌和温度、出厂温度。

（7）严禁使用回收粉。拌和机排放的粉尘应采用湿法处理，粉尘池周围经常洒水，粉尘清理应建立回收与废弃台账。

四、混合料运输

AC类改性沥青混合料运输要点：（1）冲洗轮胎，不污染作业面；（2）做到专车专用，不得混运；（3）吨位不小于25t；（4）使用前必须清洗干净，并涂刷食用油隔离剂；（5）车厢四周岩棉保温，表面加盖3层棉被；（6）装车前检查轮胎，无漏气、裂纹。

五、混合料摊铺

AC类改性沥青混合料摊铺要点：（1）摊铺设备标定；（2）拼接宽度组合；（3）统一工作参数；

（4）提前加热；（5）匀速摊铺。

采用非接触式平衡梁进行高程控制见图6-13，并机摊铺见图6-14。

图6-13　采用非接触式平衡梁进行高程控制

图6-14　并机摊铺

六、混合料碾压与接缝

AC类改性沥青混合料初压时，采用双钢轮振动压路机紧跟摊铺机静压1遍，前静后振。

复压时采用轮胎压路机和双钢轮振动压路机交替碾压，终压采用双钢轮压路机进行收面。混合料碾压见图6-15、图6-16。

AC混合料施工缝采用人工挖缝的形式进行，以便前后施工路段的紧密黏结。

图6-15　混合料碾压

图6-16　采用4台大吨位轮胎压路机进行复压

七、A-50号硬质沥青在AC-20混合料中的应用

近年来国际上使用的沥青标号有向稠的方向趋势发展，常用于中、下面层，以增强沥青路面的抗车辙能力。

硬质沥青（Hard-grade paving asphalt）是一种低标号的道路沥青，最早出现于法国，在过去的几十年里得到了广泛的应用。在我国的一些高速公路建设中，曾成功将A-50号硬质沥青应用于沥青路面中、下面层。

1. 硬质沥青技术性质

某项目的沥青采用中石化西安石化和镇海炼化分别生产的A-50号硬质沥青，为评价其路用性能，同时采用沥青路面常用的K-70号沥青与其作比较，技术性能试验结果见表6-13。

沥青技术性能试验结果　　　　　　　　　　　　　　表6-13

项　目		西石化A-50号	镇海A-50号	K-70号	规范要求A级
针入度（25℃，100g，5s）（0.1mm）		41.5	55	62	40～60
针入度指数		1.93	−0.63	−0.59	−1.5～+1.0
软化点（环球法）（℃）		64.5	51.4	51	≥49
延度（15℃，5cm/min）（cm）		>100	>100	>100	≥80
延度（10℃，5cm/min）（cm）		>100	19	>100	≥15
密度（15℃）（g/cm³）		1.030	1.040	0.986	实测记录
旋转薄膜加热试验	质量变化（%）	0.332	0.118	−0.013	≤0.8
	残留针入度比（%）	70.0	76.9	78.0	≥63
	残留延度（10℃）（cm）	4.2	8.2	14.1	≥4

从25℃针入度指标上分析，两种A-50号沥青产品小于K-70号沥青，西石化A-50号沥青已经接近规范值的下限，反映了两种A-50号沥青相对于常用道路沥青较硬的技术性质。软化点指标表明，西石化A-50号沥青远高于镇海A-50号沥青和K-70号沥青，后两者的针入度分级存在明显差异，但是软化点指标上却较为接近，说明在软化点温度范围两种不同标号的沥青具有相近的黏稠程度。

西石化A-50号沥青通过常规、减压蒸馏后的调和工艺，使10℃延度大大提升，达到我国公路沥青技术规范A级沥青的技术要求；而镇海A-50号沥青的10℃延度，虽然满足规范的要求，但已经接近建议值的下限，反映了其低温性能略有欠缺。

2. 硬质沥青AC-20混合料配合设计

为充分发挥硬质沥青混合料的高温抗变形能力，采用中面层的常用级配类型AC-20型进行了生产配合比设计工作，并进行性能试验研究。配合比设计采用马歇尔设计方法，目标配合比设计结果见表6-14。

目标配合比设计结果　　　　　　　　　　　　　　表6-14

筛孔（mm）	5号仓22~26mm	4号仓11~22mm	3号仓7~11mm	2号仓4~7mm	1号仓0~4mm	矿粉
26.5	100	100	100	100	100	100
19	3.7	95.6	100	100	100	100
16	1.9	79.2	100	100	100	100
13.2	0.7	43.6	100	100	100	100
9.5	0.6	6.9	90.8	100	100	100
4.75	0.2	0.2	0.3	34	100	100
2.36	0.2	0.2	0.3	0.8	80.8	100
1.18	0.2	0.2	0.3	0.4	52.8	100
0.6	0.2	0.2	0.3	0.4	32.9	100
0.3	0.2	0.2	0.3	0.4	18.4	100
0.15	0.2	0.2	0.3	0.4	7.8	95.2
0.075	0.2	0.2	0.3	0.4	3.6	82.1
比例（%）	6	36	15	9.5	29	4.5

根据马歇尔稳定度试验结果，并结合所适应地区气候特点论证取用，最终得出最佳油石比，分别计算得到两种硬质沥青的最佳沥青用量：西石化A-50号沥青最佳沥青用量OAC为4.3%；镇海A-50号沥青最佳沥青用量OAC为4.3%。

3. 硬质沥青混合料路用性能

针对设计级配，分别对西石化A-50号（塔河稠油炼制）和镇海A-50号（中东原油炼制）SBS改性沥青等混合料进行了60℃车辙试验，试验结果汇总于表6-15。

车辙试验结果汇总表   表6-15

沥青类型	动稳定度（次/mm）	规范要求(1-3-2区)
西石化A-50号	4746	≥800
镇海A-50号	1755	

分别对西石化A-50号（塔河稠油炼制），镇海A-50号（中东原油炼制）沥青在各自最佳沥青用量下进行了-10℃低温弯曲试验。试验结果见表6-16。

西石化A-50号与镇海A-50号两种沥青低温弯曲试验结果   表6-16

低沥青类型	最大弯拉应变(με)	规范要求
西石化A-50号（塔河稠油炼制）	2201	≥2000
镇海A-50号（中东原油炼制）	2172	

采用浸水马歇尔试验和冻融劈裂试验来检验两种沥青混合料的水稳定性能。浸水马歇尔试验结果见表6-17，冻融劈裂试验结果见表6-18。

浸水马歇尔试验结果   表6-17

沥青类型	试件高度（mm）	48h后稳定度（kN）	标准马歇尔稳定度（kN）	残留稳定度（%）	规范要求
西石化A-50号	63.9	12.05	12.675	95.1	≥80%
镇海A-50号	62.6	10.54	11.49	91.7	≥80%

冻融劈裂试验结果   表6-18

沥青类型	试件高度（mm）	未经冻融劈裂劈裂抗拉强度（MPa）	冻融劈裂后劈裂抗拉强度（MPa）	抗拉强度比（MPa）	规范要求
西石化A-50号	63.7	0.84	0.73	87.5	≥75%
中海A-50号	63.1	0.84	0.72	86.2	≥75%

西石化A-50号和镇海A-50号两种沥青混合料的残留稳定度和冻融劈裂强度比均大于规范技术标准（残留稳定度≥80%，冻融劈裂强度比≥75%）且结果相当，说明两种混合料都具有很好的水稳性，西石化A-50号沥青混合料水稳性稍好。

4. 硬质沥青混合料试验路段施工

硬质沥青结合料施工温度是沥青路面施工的重要参数，硬质沥青结合料的施工温度通过在135℃及175℃条件下测定的黏度—温度曲线确定。通过在135℃、150℃和175℃三个温度条下测两种硬质（A-50号）沥青的黏度，并绘制黏度—温度曲线图，分别得到两种硬质沥青混合料的拌和、压实工艺温度，对于A-50号硬质沥青的黏度相比于普通沥青混合料略有增大，尤其西石化A-50号沥青的黏度增大明显，A-50号沥青混合料施工温度应相应提高5℃左右。

试验段采用西石化A-50号和镇海A-50号两种硬质沥青，位于西商高速公路华胥互通立交收费站匝道处。由于硬质沥青的低温稳定性低于普通沥青，高温稳定性优于普通沥青，综合考虑将硬质沥青放在中面层。中面层面临的气候条件远不如上面层严峻，温度变化不如上面层剧烈，这样可以充分发挥其高模量的优势。因此试验路铺筑将西石化A-50号和镇海A-50号两种沥青应用于沥青路面的中面层，采用AC-20级配类型。试验段摊铺现场见图6-17。

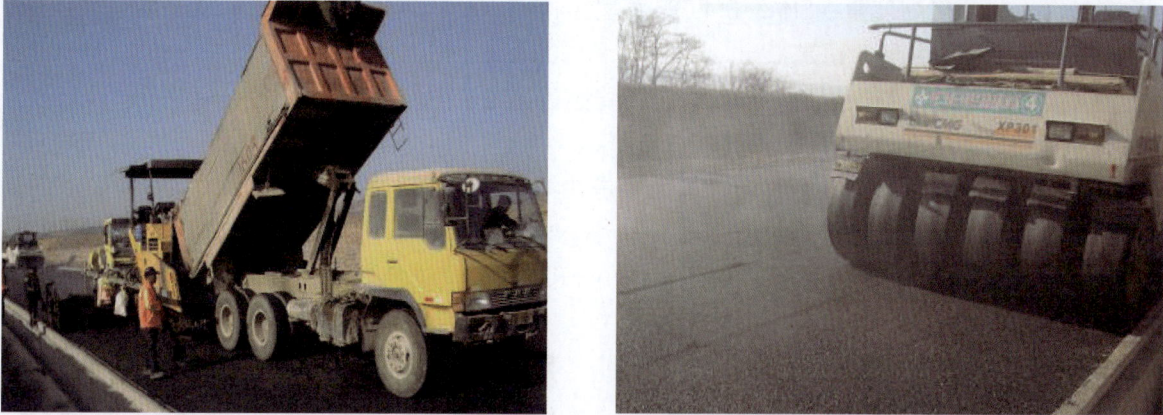

图6-17　试验段摊铺现场

在试验路段铺筑完成后进行了现场钻芯取样，试验段取芯点数为12个，选用试验室标准密度。检测结果表明，沥青混合料的压实度均符合规范要求，表明采用的施工工艺完全适合硬质沥青，温度的控制和碾压的次数都满足硬质沥青的要求。沥青路面的平整度和压实度均达到要求，该试验路施工控制良好。

5. 应用效果

（1）A-50号硬质沥青结合料体现出良好的高温稳定性能，具有较低的针入度值、较高的软化点，通过沥青生产工艺的调整，延度指标可以得到明显改善。

（2）A-50号硬质沥青能有效提高沥青混合料的高温稳定性能，是一种性能比较高的抵抗车辙的沥青材料。结合气候特点，硬质A-50号沥青适合应用于沥青路面的中、下面层。

经对工程实体实地观测，运营两年多的50号硬质沥青路段平整密实无病害，见图6-18、图6-19。

图6-18　运营两年多的50号硬质沥青路段
平整密实无病害（表面全景）

图6-19　运营两年多的50号硬质沥青路段
平整密实无病害（行车情况）

第四节　施工难点解析

尽管AC混合料属于一种常见的沥青路面结构类型，但是在施工中还有以下施工难点需要把握。

一、碎石材料质量控制不严格

近年来，一些项目高度重视SMA、OGFC等新型结构的原材料特别是碎石的加工与管理，但对AC结构的原材料不太重视，主要问题是：

(1)集料来源不一，有混杂现象，导致级配不稳定，见图6-20。

(2)中、下面层集料在施工碾压时有被压碎现象。

(3)粗、细集料粉尘颗粒含量有时超标，大多是在集料加工过程或集料储运中二次污染形成的。

(4)对于中、下面层，由于石灰岩强度相对较小，本身粉尘含量较高，加上堆放、运料期间装载机的碾压及拌和过程中集料间互相磨损，使集料中小于0.075mm颗粒含量增多。

(5)碎石单粒级级配不合格，见图6-21。

图6-20 芯样剖面

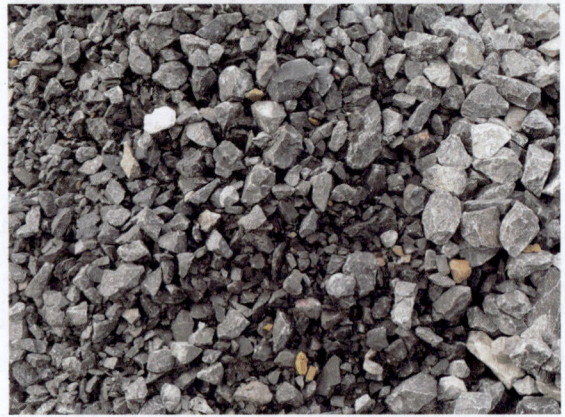

图6-21 碎石单粒级级配不合格

二、混合料局部离析

摊铺机的中缝及两台摊铺机接缝部位容易产生明显痕迹，或有渗水现象，特别是AC-20或AC-25中面层接缝部位有明显痕迹，个别路段"带状离析"较为明显。

三、混合料碾压容易推移

AC类混合料施工中经常出现的一个现象是，混合料碾压容易推移。由于推移造成混合料表面出现裂纹等，影响密实度和平整度质量。究其原因主要有：（1）混合料级配不合理；（2）碾压速度过快；（3）碾压温度过高；（4）层间处理不好，清扫、洒油质量差。

四、轮胎压路机容易产生"黏轮"现象

AC结构的改性沥青混合料在轮胎压路机碾压时，沥青和矿粉的胶结料会黏附在轮胎上，而且很难从轮胎上铲掉。若不及时清除，碾压时会在混合料表面产生凹槽，影响路面平整和均匀性。解决办法如下：

（1）经常性检查和更换压路机上的刮板或软毛刷，防止混合料黏结，见图6-22、图6-23。

（2）安排专人在轮胎表面涂抹食用油，见图6-24。当压路机碾压到一定长度后，轮胎表面与沥青混合料表面温度形成"零温差"时，就不会产生黏轮现象，见图6-25。

减少黏轮的其他措施还有：在压路机轮胎外侧安装保温装置（俗称"穿裙子"），压路机作业时，沥青混合料产生的热空气对轮胎有加热作用，且温度不易散失。

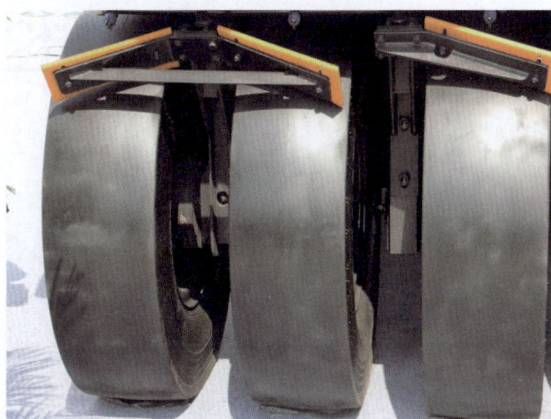

图6-22　安装轮胎压路机上的刮板,防止混合料黏结

图6-23　安装在轮胎上的两排软毛刷

图6-24　专人在轮胎表面涂抹食用油

图6-25　当压路机的轮胎与混合料"零温差"时,就不会产生黏轮现象

五、严格控制混合料拌和时间

工程实践表明,不同类型的AC沥青混合料,其干拌、湿拌时间及生产周期见表6-19。在实际施工中,应合理确定拌和参数。

AC混合料干拌、湿拌时间及生产周期　　　　　　　　　　　表6-19

结构类型		层次	最佳拌和时间		
			干拌(s)	湿拌(s)	周期(s)
AC-13		上面层	5	45	60
AC-20	不添加纤维	中面层	5	45	60
	添加0.2%聚酯纤维		15	45	70

六、混合料终压应及时

沥青混合料终压应及时,压路机不得产生轮迹,见图6-26。

七、横向接缝黏结应牢固

从图6-27可见,已经通车多年的沥青路面,其横向接缝处黏结不牢固,在冬季降温时,接缝开裂。

图6-26　混合料终压应及时，压路机不得产生轮迹

图6-27　横向接缝处黏结不牢固，冬季降温时接缝开裂

第五节　施工质量检测

AC-16上面层试验检测项目及频率见表6-20。

AC-16上面层试验检测项目及频率　　　　　　　　表6-20

项次	检查项目		规定值或允许值	检查方法和频率
1	油石比		最佳油石比±0.2%	抽提法
2	矿料级配		符合工程级配范围要求	
3	施工温度		符合要求	插入式热电偶温度计，3点/断面/每10m
4	压实度		试验室标准密度的98%，最大理论密度的94%	按JTG F40—2004规范附录B检查，每500m测1处
5	平整度σ（mm）		≤0.7	平整度仪：全线每车道连续检测
6	抗滑	横向力系数	符合设计要求	横向力系数测定车，全线连续，按质量评定标准附录K评定
		构造深度（mm）	0.8~1.2	铺砂法
7	厚度	代表值	总厚度：设计值的-5% 上面层：设计值的-10%	按规范附录检查，双车道每侧1处
		极值	总厚度：设计值的-10% 上面层：设计值的-20%	
8	中线平面偏位（mm）		±20	经纬仪：每200m测4点
9	纵断面高程（mm）		±15	水准仪：每200m测4断面
10	宽度（mm）		±20	尺量：每200m测4断面
11	横坡（%）		±0.3	水准仪：每200m测4处
12	弯沉（0.01mm）		符合设计要求	按JTG F40—2004规范附录I检测
13	渗水系数（ml/min）		≤80	渗水试验仪：每200m测1处

AC-20中面层试验检测项目及频率见表6-21。

AC-20中面层试验检测项目及频率　　　　　　　　表6-21

项次	检 查 项 目	规定值或允许值	检查方法和频率
1	油石比	最佳油石比±0.2%	燃烧法或抽提法
2	矿料级配	符合工程级配范围要求	
3	施工温度	符合要求	插入式热电偶温度计，3点/断面/每10m
4	压实度	试验室标准密度的97%，最大理论密度的94%	按JTG F40—2004规范附录B检查，每500m双车道测1处
5	厚度	设计值的-8%	
6	平整度 σ（mm）	≤0.9	平整度仪：全线每车道连续计算或 σ
7	中线平面偏位（mm）	±20	经纬仪：每200m测4点
8	纵断面高程（mm）	±15	水准仪：每200m测4断面
9	宽度（mm）	±20	尺量：每200m测4断面
10	横坡（%）	±0.3	水准仪：每200m测4处
11	弯沉（0.01mm）	符合设计要求	按JTG F40—2004规范附录I检查，每双车道80~100点
12	渗水系数（mL/min）	≤120	渗水试验仪：每200m测1处

第七章 SMA 沥青混合料施工

第一节 概　述

SMA是用由沥青结合料与少量的纤维稳定剂、细集料以及较多量的填料（矿粉）组成的沥青玛蹄脂填充于间断级配的粗集料骨架的间隙，组成一体的沥青混合料。

沥青玛蹄脂碎石混合料的构成见图7-1。

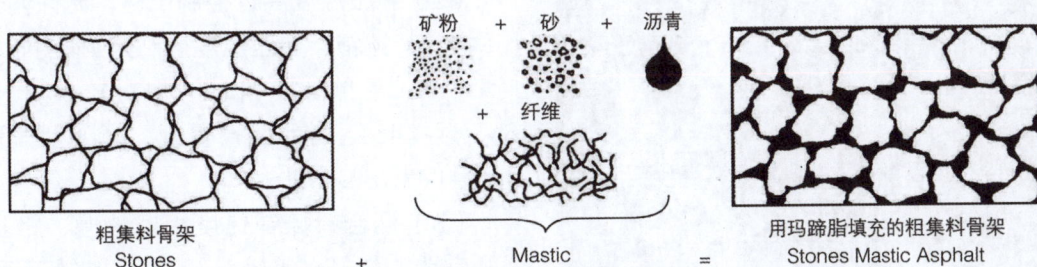

图7-1　沥青玛蹄脂碎石混合料的构成

SMA路面对于原材料、配合比设计及施工工艺、施工管理等环节要求很高，如果在任一环节疏忽，都会导致SMA路面出现病害。SMA路面标准化施工见图7-2，标准的SMA-13表面与SMA-16表面分别见图7-3、图7-4。通车运营后的SMA路面情况见图7-5。

图7-2　SMA路面标准化施工

图7-3　标准的SMA-13表面

图7-4　标准的SMA-16表面

图7-5　通车运营后的SMA-16表面

图7-6给出了AC密级配沥青混合料、SMA沥青混合料与OGFC排水性沥青混合料剖面的比较。压实后的沥青玛蹄脂碎石混合料剖面见图7-7。

a)AC密级配沥青混合料　　　　b)SMA沥青混合料　　　　c)OGFC排水性沥青混合料

图7-6　不同类型沥青混合料剖面比较

SMA路面与其他沥青路面相比，在施工方面具有以下显著特点：

（1）碎石材料技术指标与质量要求严，加工难度较大，碎石要求坚硬、洁净，形状接近立方体。

图7-7　压实后的SMA剖面

（2）工程级配范围要求严格，允许偏差较小。

（3）施工温度高，控制严格，允许偏差范围较小（拌和、摊铺、碾压温度控制范围较小）。

（4）混合料拌和时间相对较长，一般干拌18s，湿拌45s，拌和楼产量低，4000型拌和楼每小时产量仅为180~190t。

（5）混合料摊铺速度相对较慢，路基段摊铺速度宜为1.8~2.0m/min，桥面摊铺速度宜小于1.5m/min。

（6）在高温状态下，混合料施工和易性好。

（7）添加消石灰粉后，比矿粉吸油性好。

（8）摊铺机起步或在较低气温摊铺时会出现少量油斑，气温高时几乎无油斑。

（9）路表温度在60℃以上时，行走会粘带起集料颗粒。

（10）保证热接缝的处理温度，需及时在高温时嵌料碾压。

（11）混合料碾压只需钢轮振动压路机，不会产生推移。

（12）碾压遍数控制严格，少压则会渗水，多压则容易提浆糊面。

（13）表面局部小坑需由人工点播填充。

（14）不能采用轮胎压路机碾压，否则会产生泛油病害。

（15）开放交通时间较晚，夏季施工完3d后，春秋季节2d后。

SMA路面与其他沥青路面施工特点比较见表7-1。

SMA路面与其他沥青路面施工特点比较　　　　　　　　表7-1

比较项目	路面类型	SMA路面	AC路面	ATB路面	OGFC排水路面
功能划分		表面层	表面层及中面层	下面层	表面层
常用结构类型		SMA-20、16、13、10	AC-25、20、16、13	ATB-30、25	OGFC-16、13
材料组成	碎石典型岩性	玄武岩、闪长岩、辉绿岩等	石灰岩等	石灰岩等	玄武岩、闪长岩、辉绿岩等
	碎石加工	形状接近正立方体	技术质量指标满足即可	技术质量指标满足即可	接近正立方体
	细集料	必须采用机制砂	机制砂或天然砂	机制砂或天然砂	必须采用机制砂

续上表

路面类型 比较项目		SMA路面	AC路面	ATB路面	OGFC排水路面
材料组成	填料	矿粉用量大	矿粉用量小	矿粉用量小	矿粉用量小
	纤维	需要添加	不需要	不需要	视需要,可添加
	沥青	需用改性沥青	可用改性沥青	可用基质沥青	需用改性沥青
工程级配		允许偏差极小	允许偏差较小	允许偏差稍大	允许偏差极小
混合料拌和时间		长	短	很短	较长
施工温度		要求严格	满足即可	满足即可	要求严格
碾压工艺		钢轮振动碾压	钢轮振动和轮胎碾压	钢轮振动和轮胎碾压	钢轮静压
碾压特点		不推移	初压推移	初压推移	不推移
开放交通		完工3d后	完工1d后	完工1d后	完工3d后

鉴于以上特点,可以说,SMA路面几乎是所有沥青路面结构类型中(AC、AM、ATB、OGFC等)施工难度、管理难度相对最复杂的。

第二节　材料组成与质量要求

SMA混合料对其材料组成要求极为严格,无论是碎石材料规格、强度、单粒级配,还是木质素纤维的选用等,都比常规路面的技术指标要求高,可以说,完成了良好的材料采备,就可以视为SMA路面施工成功了一半。

一、沥青技术指标与质量要求

SMA应采用SBS改性沥青。根据项目所在地的自然、地理、气候环境等条件,以及沥青面层的功能性要求,用于改性的基质沥青为A-90号,SBS(I-C)改性沥青技术指标应满足要求。

SBS改性沥青的加工方式分为施工现场改性和工厂化改性两种,其优缺点比较见表7-2。

施工现场改性与工厂化改性优缺点比较　　　　　　　　表7-2

序　号	特　点	改　性　方　式	
		施工现场改性	工厂化改性
1	优点	价格成本偏低; 适合小规模生产; 随产随用	品质检验与管理容易(可先检测,后使用); 改性沥青性能优良(均匀性好); 能够长期储藏; 适合大规模生产
2	缺点	品质检验与管理难度大(不易做到先检测,后使用); 无法长期储藏; 不利于大规模生产; 改性沥青性能差(均匀性差)	价格成本稍高; 改性沥青生产时间长; 不容易长时间持续供应拌和楼; 需要远距离运输

改性沥青应存储在专用的安装有搅拌设备的沥青罐内,见图7-8~图7-10。

图7-8　改性沥青厂家的专用沥青罐

图7-9　沥青混合料拌和楼

图7-10　拌和场沥青存储罐

二、粗集料技术指标与质量要求

1. 粗集料质量要求

不同于普通沥青混凝土路面的是，SMA的粗集料要形成嵌挤结构，而形成的混合料只能采用双钢轮振动压路机碾压密实，所以粗集料应采用强度高、压碎值小的玄武岩、闪长岩、片麻岩或性能相当的岩石。

对于粒径而言，粗集料应洁净、干燥、表面粗糙、形状接近立方体，且无风化、无杂质，在生产过程中必须采取除尘措施。加工碎石的筛孔尺寸，必须与沥青拌和楼的热料仓筛孔尺寸相对应，以便最大限度地使用进场材料，做到"不溢料或少溢料"，提高生产率，保证混合料的质量。进场后粗集料必须隔离分级呈台阶式堆放，且堆料场必须硬化，各种材料应插牌标示，标示牌内容应包括材料名称、规格、用途、产地等。

粗集料的工程技术指标应符合表7-3要求。

SMA用粗集料质量要求　　　　　　　　　　　　　　表7-3

序号	指　　标	规　范　值	建　议　值
1	集料表观相对密度	≥2.6	≥2.6
2	集料压碎值（%）	≤26	≤20
3	坚固性（%）	≤12	≤12

续上表

序号	指标		规 范 值	建 议 值
4	洛杉矶磨耗损失（%）		≤28	≤28
5	集料吸水率（%）		≤2.0	≤1.5
6	针片颗粒状含量（%）	混合料	≤15	
		其中粒径大于9.5mm（%）	≤12	≤10
		其中粒径小于9.5mm（%）	≤18	≤15
7	磨光值PSV		≥42	≥42
8	与沥青的黏附性（级）		≥4	5级（改性后）
9	水洗法<0.075mm颗粒含量（%）		≤1	≤1
10	软石含量（%）		≤3	≤2

SMA用矿料规格划分及筛孔尺寸见表7-4。各规格粗集料级配范围见表7-5。

SMA用集料规格划分及筛孔尺寸（单位：mm）　　表7-4

集料规格	A料	B料	C料	D料（机制砂）	矿粉
SMA-13	16.0~9.5	9.5~4.75	4.75~2.36	2.36以下	<0.075
SMA-16	19.0~9.5	9.5~4.75	4.75~2.36	2.36以下	<0.075

SMA-16、SMA-13上面层各规格粗集料级配范围（单位：mm）　　表7-5

规格＼筛孔	19	16	13.2	9.5	4.75	2.36	0.6
19.0~9.5	100	90~100	40~60	0~15			
16~9.5		100	80~90	10~30	0~5		
9.5~4.75			100	90~100	0~15	0~5	
4.75~2.36				100	90~100	0~15	0~3

为了选取优质碎石，碎石材料应组织相关专家进行盲样评审，见图7-11。

为了增强集料与沥青的黏附性，必须采取有效的方法进行处理，如掺加抗剥落剂或消石灰粉等。

2. 粗集料水洗要求

SMA路面所用粗集料应在加工时水洗，尤其是进场后存放时间较长或受到污染时应进行清洗，水洗设备的总生产能力不小于1000m³/日。碎石水洗设备见图7-12。

图7-11　碎石材料盲样评审现场

图7-12　碎石水洗设备

（1）水洗材料范围。仅对4.75mm以上规格的碎石材料进行二次水洗。

（2）质量要求。水洗后各种规格碎石的单粒径级配仍应符合规范要求。二次水洗后的9.5~19mm或9.5~16mm以及4.75~9.5mm碎石，其含泥量均不大于1%。水洗后的成品碎石见图7-13。

（3）堆放与保管。清洗后的碎石应表面清洁，不沾粉尘，堆放在专用大棚内，不得再次污染，见图7-14。

图7-13　水洗后的成品碎石

图7-14　清洗后的碎石应堆放在专用大棚内

3. 碎石质量检查与管理

1）监理工程师不定期对轧石场进行集料加工质量控制

主要工作内容包括以下5点：

（1）控制母岩质量和杂岩含量。白色的石英岩等酸性集料、黄色的水锈岩和风化岩等劣质岩石、炭黑色的煤矸石等必须剔除，不得进入喂料口。母岩质量要求与检查见图7-15、图7-16。

图7-15　碎石加工场必须经常性检查母岩质量

图7-16　必须采用洁净无风化的岩石作为母岩材料

（2）控制含泥量。下雨天和雨后两天不得开山炸石，加工生产；开采片石必须严格剥除山皮、杂岩和泥块，严禁山皮和含泥的片石进入碎石机喂料口；碎石厂喂料平台必须用水泥混凝土硬化；碎石机必须振动喂料，排渣口处的皮带运输确保正常工作。

（3）控制粉尘含量。碎石厂必须安装除尘设备并保证其正常工作，定期检查和清空除尘管道和除尘布袋，防止发生堵塞而影响除尘效果。

（4）定期检查筛网。

（5）每天或需要时对集料单粒级级配抽检1次，发现问题后应及时更换筛网，见图7-17。

2）施工单位控制拌和场的集料质量

主要工作内容包括以下3点：

（1）拌和场的集料储存仓必须硬化，统一规划，不同料源、不同规格材料必须严格分开存放，不得混杂。同一个工程采用不同厂家的材料时，应先做到料源振动筛筛网规格一致，确保集料品种、规格相同，保证集料配制外观一致，严格控制材料的变异性。

（2）粗集料必须分层堆放，层高不超过2m，汽车紧密卸料，然后用推土机或挖掘机推平。禁止汽车从料堆顶部往下卸料，以减少集料离析。

（3）进入拌和场的每车集料，必须满足目测含泥量、杂岩（白色的石英岩等酸性集料、黄色的水锈岩和风化岩等劣质岩石、炭黑色的煤矸石等）含量、粉尘含量、材料规格合格，而后方能卸到该规格料堆。不具备上述条件的材料一律不得卸料。施工单位必须每天检测进厂集料的含泥量和单粒径级配，如果不合格，必须清除出场。

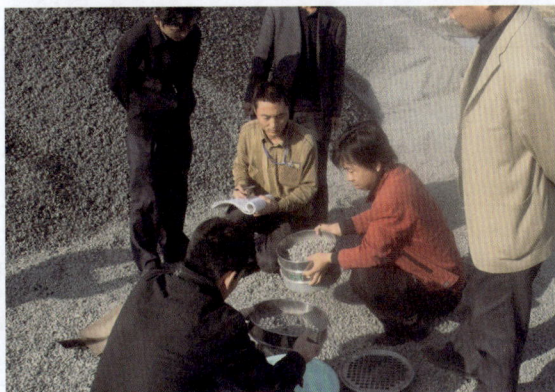

图7-17　碎石加工场现场筛分，检查碎石单粒级配

3）监理单位控制拌和场的集料质量

主要工作内容包括以下3点：

（1）驻场监理每天上、下午各巡视1次拌和场的集料质量，重点目测含泥量、杂岩含量、粉尘含量、材料规格是否合格。针对存在问题的集料，检测其含泥量、杂岩含量和单粒径级配，必要时应进行筛分，如果不合格，一律清场。

（2）当材料发生变异时，随时进行材质主要指标试验。中心试验室每半个月提供1次各拌和厂进场集料的评价报告。

（3）随机检查拌和场磅房。检查进料台账和进料渠道，特别是检查是否有未经监理批准的材料进场。

4）项目管理机构不定期抽查集料质量

项目管理机构的质检人员应不定期检查料场。必要时，项目管理机构应增加试验监理人员进驻石料场，监督石料生产。

4.粗集料试验检测频率

（1）料源确定、配合比试验前和料源发生变化时均进行1次全套试验，进料过程中对主要指标进行检测。

（2）材料单项指标异常时，进行单项或多项指标试验。

（3）SMA上面层进料过程中频率：每1000t进行1次筛分和0.075mm以下颗粒含量试验。

（4）水洗筛分检验频率：施工单位检验频率为500t/次，监理单位检验频率1000t/次，要求建立水洗试验检测台账。

三、细集料技术指标与质量要求

细集料采用的机制砂严禁用石屑加工，必须采用10~20mm或10~30mm的洁净石灰岩碎石加工。机制砂应洁净、干燥、无风化、无杂物。SMA用细集料试验项目及技术指标见表7-6，SMA用细集料规格见表7-7。

SMA用细集料试验项目及技术指标 表7-6

项　目	单　位	技术指标	试验规程
含泥量（小于0.075mm的含量）	%	≤3	T 0333—2000
坚固性（>0.3mm部分）	%	≤12	T 0340—2005
视密度	t/m³	≥2.5	T 0328—2005
砂当量	%	≥60	T 0334—2005
亚甲蓝值	g/kg	≤25	T 0349—2005
棱角性（流动时间）	s	≥30	T 0345—2005

SMA用细集料规格 表7-7

筛孔（mm）	4.75	2.36	1.18	0.6	0.3	0.15	0.075
0~2.36	100	80~100	50~80	25~60	8~45	0~25	0~12

细集料试验检测频率：

（1）料源确定、材料进场后、配合比试验前、料源发生变化时均应进行1次全套试验。

（2）材料单项指标异常时，进行单项或多项指标试验。

（3）每1000t进行1次级配和0.075mm以下含量和砂当量检测。

四、填料技术指标与质量要求

1. 矿粉质量要求

填料必须采用10~20mm或10~30mm的石灰岩碎石或岩浆岩中的强基性岩石等憎水性集料经磨细得到的矿粉，原材料中不得含有泥土、杂岩等杂质。矿粉要求干燥、洁净、能自由地从矿粉仓流出。

填料必须采用专用磨细设备工厂化加工，数量不低于2台，且满足现场生产需要。

填料的技术要求见表7-8。

SMA用填料的技术要求 表7-8

项　目		单　位	规范值	试验规范
表观相对密度		—	≥2.5	T 0352—2000
亲水系数		—	≤1.0	T 0353—2000
外观		—	无团粒结块	
塑性指数		%	<4	T 0354—2000
含水率		%	≤1.0	T 0354—2000
加热安定性		—	实测记录	T 0355—2000
粒度范围	<0.6mm	%	100	T 0351—2000
	<0.15mm	%	90~100	
	<0.075mm	%	75~100	

进场的矿粉必须经过施工单位和驻拌和厂监理的检测，合格后才能泵入矿粉筒仓。日常进料检测项目为外观、细度和含水率。袋装矿粉应建库存放，并保持库房干燥，以防雨水淋湿、受潮，影响生产。

干燥的矿粉必须用专用罐车打入沥青拌和楼矿粉存储罐内，见图7-18。

图7-18　专用罐车将矿粉打入矿粉罐内

2. 检测频率

（1）确定料源、配合比试验前、首次进场后、异常时进行全套试验。

（2）施工中每天进行1次外观、细度、含水率检测，每周进行1批次亲水系数检测。

3. 消石灰粉加工工艺与质量要求

（1）消石灰粉生产原料采用块状生石灰，生石灰应焙烧熟透、无杂质。生石灰运输、储存应采取严密防雨、防潮措施。

（2）消石灰粉生产场地应进行硬化，并搭设风雨篷。消解时将生石灰块平堆在硬化好的消解池中，每次投入量约30m³，堆放厚度70cm左右，采用喷淋方法进行消解。

（3）消解时应最大限度地增加水与生石灰块的接触面积。经试验，每立方米生石灰完全消解用水量为150kg左右，每池消解时间约为7h。

（4）将消解好的石灰通过1cm孔径振动筛过筛，然后进入球磨机进行研磨。成品消石灰粉通过输送带传输至密闭的储存罐储存、待检。

成品消石灰粉见图7-19，拌和楼上的消石灰粉专用罐见图7-20。

图7-19　消石灰粉

图7-20　拌和楼上的消石灰粉专用罐

（5）对加工好的消石灰粉取样进行质量检验，当钙镁含量达到Ⅱ级以上指标，且细度和含水率满足要求后方可出厂。消石灰粉技术指标要求见表7-9。

消石灰粉技术指标要求 表7-9

序号	指　标	单　位	技术要求	备　注
1	0.075mm通过率	%	90~100	
2	含水率	%	≤1	
3	有效钙镁含量	%	≥60	注意生产与使用的间隔时间,避免钙镁含量衰减

五、纤维稳定剂技术指标与质量要求

1. 木质素纤维技术要求

我国《公路沥青路面施工技术规范》(JTG F40—2004)对木质素纤维质量技术要求见表7-10。

木质素纤维的技术要求 表7-10

项　目	单　位	指　标	试　验　方　法
纤维长度,不大于	mm	6	水溶液用显微镜观测
灰分含量	%	18±5	高温590~600℃燃烧后测定残留物
pH值	—	7.5±1.0	水溶液用pH试纸或pH计测定
吸油率,不小于		纤维质量的5倍	用煤油浸泡后放在筛上经振敲后称量
含水率(以质量计)	%	≤5	105℃烘箱烘2h后冷却称量

絮状木质素纤维见图7-21,颗粒状木质素纤维见图7-22。

图7-21　絮状木质素纤维

图7-22　颗粒状木质素纤维

2. 纤维的储存、运输要求及检验频率

(1)纤维材料应在250℃的干拌温度下,不变质、不发脆。纤维必须能在混合料拌和过程中充分分散均匀。

(2)纤维在运输及使用过程中应有防雨措施,避免受潮结团,同时采取严格的防火措施,装卸时严禁操作人员吸烟和使用明火。

(3)进场的纤维应存放在有地面防潮设施的室内或有棚盖的专用仓库内。

(4)使用纤维必须符合环保要求,不危害身体健康。

(5)纤维每进场1批即进行1次全套检测,施工中每天对其外观进行检查。

3. 絮状纤维的添加

絮状木质素纤维添加方法:按照每盘沥青混合料的对应用量,提前分装成小包,使用时人工投放

在专用的添加设备内，鼓风机吹送至拌锅参加拌和。

（1）投放时间与投放数量。投放机与拌和楼之间应采用白色软管相接，木质素纤维的投放时间控制在12s之内。掺加比例以沥青混合料总质量的百分率计算，按0.3%掺加，掺加量误差不得超过±2%。木质素纤维投放过程见图7-23。

（2）木质素纤维投放效果监控。木质素纤维投放是SMA路面施工最关键的环节。采用自动投放设备进行投放，每工作4~6h后应对输送管道进行检查，防止堵塞；每锅料拌和好装车时，安排专人仔细观察混合料的颜色是否正常，混合料拌和是否均匀，若出现异常，应立即报告并及时处理。

4. 颗粒纤维的添加

为了准确添加颗粒纤维，当采用人工投放时，须按3个步骤操作：

（1）根据颗粒纤维添加量，先分装成小包装，若为4000型拌和楼，则每袋质量为6kg或12kg，提前搬送到拌锅外的工作平台上备用，见图7-24。

图7-23　絮状纤维进场后分成小包装投放

图7-24　先分装成小包装，搬送到工作平台上

（2）将袋装纤维倒入铁桶内，等待添加，见图7-25。

（3）从拌锅开口处人工添加颗粒纤维，见图7-26。

图7-25　将袋装纤维倒入铁桶内

图7-26　人工添加颗粒纤维

第三节　设备组合与性能要求

SMA路面主要施工设备组合包括：沥青拌和楼、运输车辆、沥青摊铺机、压路机及其他辅助设

备。所有设备的数量应根据所建工程规模和工期而定，但设备的性能必须满足正常运转的需要。

一、拌和设备要求

SMA混合料生产必须选用性能良好的拌和设备，并符合以下要求：

（1）沥青混合料必须在沥青拌和厂（场、站）采用拌和机械拌制，拌和设备上应安装沥青混合料生产过程动态质量监控器。

（2）拌和过程中必须开通逐盘打印功能，打印各种材料的用量和沥青混合料拌和量、拌和温度等各种参数。每个台班结束时打印出1个台班的统计量，按《公路沥青路面施工技术规范》（JTG F40—2004）中的方法，进行沥青混合料生产质量及铺筑厚度的总量检验。总量检验的数据有异常波动时，应立即停止生产并分析原因。

（3）SMA混合料必须采用间歇式拌和机拌和。国内生产的SMA混合料的沥青拌和楼以4000型或5000型为主，目前还有6000型的拌和楼。沥青搅拌设备见图7-27。

图7-27 沥青搅拌设备

以日工沥青拌和设备为例，其主要技术参数见表7-11。

日工沥青拌和设备主要技术参数 表7-11

技术参数 \ 型号	NBD160ABZ	NBD240ABZ	NBD320ABZ
生产能力(含水比5%)	160t/h	240t/h	320t/h
冷集料喂料系统			
倾斜／水平皮带输送能力	170t/h	250t/h	340t/h
冷集料喂料机调速方式	变频调速		
集料干燥系统			

续上表

技术参数 \ 型号	NBD160ABZ	NBD240ABZ	NBD320ABZ
滚筒干燥能力	170t/h	250t/h	340t/h
燃烧器型号	NTB12AP	NTB18AP	NTB24AP
燃油种类	柴油和重油		
燃油消耗率(标准工况下)	<6kg/t		
除尘系统			
除尘器型号	NFB·特H160W	NFB·特H-220W	NFB·HV-320
布袋材料	杜邦NOMEX		
粉尘排放标准 烟尘浓度	≤20mg/Nm^3		
搅拌楼			
振动筛筛分能力	170t/h	250t/h	340t/h
筛网层数	4层	5层	6层
计量方式	3单元重力计量传感器		
计量精度			
集料	<±0.5%		
石粉	<±0.3%		
沥青	<±0.2%		
搅拌能力	2000kg/批	3000kg/批	4000kg/批
搅拌周期	45s / 批		
控制系统			
操作盘	ZEUS(宙斯)全自动电脑操作盘		
沥青系统			
沥青罐 / 重油罐 / 柴油罐	根据用户要求选配		
导热油炉			
装机总功率	约500kW	约600kW	约750kW
成品料仓（选购件）	根据用户要求选配100～330 t		

（4）沥青混合料拌和设备的各种计量秤和传感器必须定期检定，每年检查次数不少于2次。

（5）间歇式拌和机总拌和能力应满足施工进度要求，并具有添加纤维、消石灰等外掺剂的设备。拌和楼冷料仓的数量应满足配合比需要，通常不宜少于5个，冷料仓上必须搭设风雨棚。

（6）沥青混合料的生产温度应符合要求。集料烘干后的残余含水率不得大于0.3%。每天开始几盘集料应提高加热温度，并干拌后废弃，再正式拌和沥青混合料。

（7）拌和机的矿粉仓应配备振动装置以防止矿粉起拱。添加消石灰、水泥等外掺剂时，宜增加粉料仓，也可由专用管线和螺旋升送器直接加入拌和锅。若与矿粉混合使用时，应注意两者因密度不同发生离析。

（8）间歇式拌和机的振动筛规格应与矿料规格相匹配，最大筛孔应略大于矿料最大粒径，其余筛的设置应考虑混合料的级配稳定，并尽量使热料仓大体均衡。不同级配混合料必须配置不同的筛孔组合。

（9）拌和楼的回收粉必须采取湿法排放，见图7-28。

（10）SMA沥青混合料拌和时间以沥青均匀裹覆集料为准。

（11）间隙式拌和机生产的SMA混合料应随拌随用。

（12）使用改性沥青时，应随时检查沥青泵、管道、计量器是否受堵，堵塞时应及时清洗。

图7-28　湿法排放回收粉

沥青拌和楼的数量应根据工程量的大小、工期、地理位置等因素来确定。一般情况下双向8车道SMA路面拌和设备要求见表7-12。

双向8车道SMA路面拌和设备要求　　　　　　表7-12

设 备 名 称	规格、型号	单位	数 量	备 注
沥青拌和楼	4000型及以上	台	2	具有6个冷料仓和6个热料仓，具备逐盘打印功能，安装沥青混合料生产过程动态质量监控器
发电机组	功率满足需要	台	满足需要	新旧程度为90％以上
改性沥青存储罐	50t能力	个	6~8	罐内应有搅拌装置

二、纤维添加设备要求

SMA的纤维必须在混合料中充分分散，拌和均匀。当精度能满足要求时，也可将纤维（絮状或颗粒状）分装成塑料小包或由人工量取直接投入拌和锅。

纤维投放设备使用前，必须进行计量标定，纤维掺加量的允许误差不宜超过±2％。纤维添加设备要求见表7-13。

纤维添加设备要求　　　　　　表7-13

设 备 名 称	单位	数 量	备 注
纤维添加设备	台	每台拌和楼配2台	具有自动称重计量系统，计量误差≤2%

三、运输车辆要求

SMA混合料运输车辆要求见表7-14。

运 输 车 辆 要 求　　　　　　表7-14

设 备 名 称	规格、型号	单位	数 量	备 注
自卸汽车	25t以上	台	满足需要	1. 新旧程度为70％以上； 2. 车厢四周必须采取保温措施

四、摊铺设备要求

（1）铺筑SMA必须使用履带式摊铺机。摊辅机的受料斗应涂刷薄层隔离剂或防黏结剂。

（2）应根据路幅宽度，采用2台或更多台数的摊铺机前后错开3~5m呈梯队方式同步摊铺，并避开车道轮迹带，上下层的搭接位置宜错开2m以上。

双向8车道SMA路面摊铺设备要求见表7-15。

双向8车道SMA路面摊铺设备要求 表7-15

设备名称	规格、型号	单位	数量	备注
摊铺机	福格勒1800、ABG525型及8820型、戴纳派克等	台	3~4	单机摊铺宽度12m，新旧程度为90%以上，同一作业面上型号和新旧程度应一致

五、压实设备要求

SMA混合料压实设备的性能应满足连续施工、强压强振、自动洒水等要求。

铺筑双向4车道沥青混凝土路面的压路机数量不宜少于5台。施工气温低、风大、碾压层薄时，压路机数量应适当增加。

双向8车道SMA路面压实设备要求见表7-16。

双向8车道SMA路面压实设备要求 表7-16

设备名称	规格、型号	单位	数量	备注
双钢轮振动压路机	11~13t的双驱双振双钢轮压路机	台	4~5	新旧程度为90%以上，SMA路面和大跨径桥梁桥面铺装碾压采用振荡压路机配合碾压
双钢轮振荡压路机	6~9t以上	台	2~3	

1. 振动压路机与轮胎压路机压实原理

在普通沥青混合料施工中，沥青混合料的压实度主要靠双钢轮振动压路机和轮胎压路机的交替碾压来实现。

从压实原理来看，振动压路机利用自身重力加上其激振力垂直作用于受压混合料，而轮胎压路机利用较大的自身重力加上轮胎的变形对受压混合料起搓揉作用。两种压路机交替使用，使沥青混合料的集料相互嵌挤，集料之间充满沥青胶结料，以达到预期压实效果。

2. 振荡压路机压实原理

与振动压路机不同，振荡压路机主要是依靠钢轮圆周方向及轴芯方向两种振荡方式的合成，在前、后方向呈椭圆形振荡轨迹来实现的。在两种振荡方式的共同作用下，集料经水平振荡搓揉后被压平，路表面集料呈现出规则的马赛克状排列，集料之间又充满了沥青胶结料，增强了路表的压实度和平整性。尤其是排水性沥青路面和SMA路面，经复式水平振荡的搓揉碾压后，提高了混合料的压实度，对摊铺层较薄的沥青层也同样有效。在一定程度上，振荡压路机兼顾了垂直振动压路机和轮胎压路机的功效，特别是在桥梁和建筑物周围等不能使用垂直振动压路机的地方，更突出它的用途和重要性。

3. 振荡压路机的优点

（1）振荡压路机碾压不存在对混合料产生垂直冲击，故不会导致集料被压碎，也不会振松已压实混合料，从而改善了总体压实质量。

（2）钢轮始终与受压混合料相接触，机具重力及振荡产生的剪切力持续作用于受压混合料，使混合料很快得到压实，从而可减少压实遍数，提高施工效率。

（3）对于排水性沥青混合料不会产生过量压实，对于改性沥青SMA等具有理想的压实效果。

（4）满足市区内压实要求（对周围建筑不会造成损伤），适用于各种材料铺层及铺层厚度。

（5）既是理想的桥面压实机械，不会损伤桥梁结构，又是理想的隧道内沥青路面压实机械，因振动力和振动噪声的降低而提高了舒适性，有利于驾驶人员的身心健康。

（6）由于机具本身及其部件不会产生共振，因而低振动力减小了机具本身的维护工作量，延长了机具的寿命。

由于振荡压路机独特的压实原理，碾压时不易发生推移和开裂（如水泥混凝土路面上的沥青薄层罩面），路面平整度和压实效果比较好。在我国沥青混凝土路面工程中，特别是桥面、隧道和城市中心等特殊地段和排水性沥青路面以及SMA沥青路面的施工中得到广泛应用。

8车道的SMA路面碾压设备见图7-29、图7-30。

图7-29　8车道的SMA路面碾压（7台压路机作业）

图7-30　停放整齐的压路机

六、其他设备要求

SMA施工常用的其他设备要求见表7-17。

SMA施工常用的其他设备要求　　　　　　　　　　　　　　　　　　表7-17

设 备 名 称	规格、型号	单位	数量	备　注
SBS改性沥青生产设备	不小于40t/h	套	与拌和楼生产能力匹配	具有SBS自动称量功能,安装改性过程监控器,SBS的剪切或磨削粒度≤5μm
碎石水洗、过筛设备	日产量1000m³以上	台	满足需要	新旧程度为90%以上
洒水车	10t以上	台	满足需要	自动高压喷洒
沥青洒布车	智能型	台	3	自动高压喷洒
铣刨机	维特根1000mm、2000mm	台	2	下承层平整度处理或SMA质量缺陷的处理、返工
装载机	50以上	台	满足需要	—
空压机	10m³	台	3	—
拉毛机、强力清扫车	—	台	4	—
森林灭火器	—	台	20	—

七、设备的检修与计量标定

无论是沥青拌和设备还是摊铺、碾压设备，使用前必须进行全面检修、调试，设备的系统误差必须控制在允许范围。纤维投放设备必须进行标定调试，检查其螺旋输送系统性能是否完好、稳定。添加设备与拌和楼连接的塑料管应采用白色胶管，当发生堵管或出现添加故障时，可一目了然。沥青拌和楼称量系统、温度显示系统以及摊铺机、压路机各类工作参数，使用前都需要严格检修调试。

第四节 配合比设计

SMA混合料的配合比设计，在国际上尚无公认的成熟方法。由于SMA发源于德国，德国的方法普遍受到重视，但德国的SMA来源于浇注式沥青混凝土，再加上德国的气候不同，夏天不太热，所以沥青用量普遍较多。美国在采用SMA技术后，做了大量的研究，使SMA技术有了很大的变化和发展，例如将粗集料粒径加大，适当减少沥青用量等。

我国现行通用的配合比设计方法仍然是马歇尔试件的体积设计方法。马歇尔设计方法对混合料的密度、空隙率、矿料间隙率等指标有明确的要求。

SMA体积组成结构如图7-31所示。

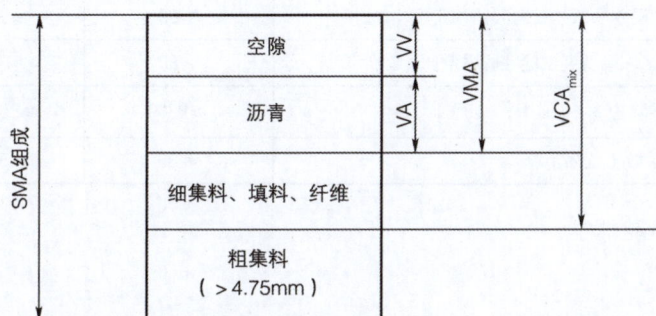

图7-31　SMA体积组成结构

SMA混合料配合比设计分三阶段进行。下面，以SMA-13为例，简述其配合比设计过程。

一、基本要求

1. SMA工程级配范围

SMA-13、SMA-16建议的工程级配范围见表7-18。

SMA建议的工程级配范围　　　　　　　　　　表7-18

筛孔 (mm)	通过下列筛孔的百分率（%）										
	19	16	13.2	9.5	4.75	2.36	1.18	0.6	0.3	0.15	0.075
SMA-13		100	90~100	50~75	20~34	15~26	14~24	12~20	10~16	9~15	8~12
SMA-16	100	90~95	65~75	44~55	20~26	15~20	14~18	12~15	10~13	9~12	8~10

2. 马歇尔试验技术指标及性能检验要求

SMA-13混合料马歇尔试验配合比设计技术要求见表7-19，SMA-13沥青混合料使用性能检验指标见表7-20。

SMA-13混合料马歇尔试验配合比设计技术要求　　表7-19

项　目	单　位	技 术 指 标	试 验 规 范
试件尺寸	mm	$\phi101.6\times63.5$	T 0702—2011
空隙率	%	3~4.5	T 0708—2011
击实次数（双面）	次	75	T 0702—2011
矿料间隙率VMA	%	$16.5\leq VMA\leq19$	T 0708—2011
粗集料骨架间隙率VCA_{mix}	%	$\leq VCA_{DRC}$	T 0708—2011
沥青饱和度VFA	%	70~85	T 0705—2011
稳定度	kN	≥8.0	T 0709—2011
流值	mm		T 0709—2011
谢伦堡沥青析漏试验的结合料损失	%	≤0.1	T 0732—2011
肯塔堡飞散试验的混合料损失或浸水飞散试验	%	≤15	T 0733—2011

SMA-13混合料性能检验指标　　表7-20

性能检验项目		规 范 值	建 议 值	试 验 方 法
车辙试验（动稳定度）（次/mm），60℃		≥3000	≥5000	T 0719—2011
水稳定性	浸水马歇尔试验残留稳定度（%）	≥80	≥90	T 0709—2011
	冻融劈裂试验残留强度比（%）	≥80	≥85	T 0729—2000
低温弯曲试验破坏应变（$\mu\varepsilon$），-10℃		≥2800	≥3000	T 0715—2011
渗水系数（mL/min）		≤80	≤50	T 0730—2011

二、配合比设计与检验

1. 矿料配合比设计

下面以某条高速公路的SMA-13上面层为例，对SMA-13混合料配合比设计过程进行说明。

SMA-13混合料合成级配参照规范，通过调整各种矿料比例，设计出三个不同粗细的初始级配A、B、C，三个级配的关键分界筛孔4.75mm通过率分别为24%、26%、28%，矿料初试级配见表7-21，对应合成级配的矿料掺配比例见表7-22。

初 试 级 配　　表7-21

级配编号	各筛孔（mm）通过量（%）									
	16	13.2	9.5	4.75	2.36	1.18	0.6	0.3	0.15	0.075
A	100.0	98.0	70.5	26.0	20.9	16.7	14.5	12.0	10.6	9.4
B	100.0	98.0	70.6	28.0	22.7	17.9	15.3	12.3	10.8	9.5
C	100.0	98.0	70.4	24.1	19.0	15.6	13.7	11.7	10.4	9.3
上限	100	100	75	34	26	24	20	16	15	12
下限	100	90	50	20	15	14	12	10	9	8

对应合成级配的矿料掺配比例　　表7-22

级配编号 \ 材料规格	9.5~16	4.75~9.5	2.36~4.75	机制砂	矿粉	消石灰
A	30	47	2	11	8.5	1.5
B	30	45	2	13	8.5	1.5
C	30	49	2	9	8.5	1.5

根据以上三种不同级配，分别测定其捣实状态下粗集料的骨架间隙率VCA$_{DRC}$。根据以往经验，采用6.1％的油石比成型马歇尔试件，击实次数为双面各75次，拌和温度为175～180℃，击实温度为160～165℃，测定并计算各体积指标。各初试级配体积试验结果详见表7-23。

各初试级配体积试验结果　　　　　　　　　　　表7-23

指标 级配编号	VCA$_{DRC}$（％）	γ_f	VCA$_{mix}$（％）	VMA（％）	W（％）
A	40.8	2.360	39.4	17.8	4.9
B	40.7	2.386	40.3	17.0	3.8
C	41.0	2.316	39.0	19.4	5.7
建议值	—	—	—	16.5~19	3~4.5

根据压实SMA试件的粗集料间隙率VCA$_{mix}$与捣实状态下粗集料的骨架间隙率VCA$_{DRC}$的大小，来判别SMA混合料中粗集料石—石嵌挤结构的形成与否，即若VCA$_{mix}$＜VCA$_{DRC}$，则能形成石—石嵌挤结构。所以按VCA$_{mix}$＜VCA$_{DRC}$及VMA＞16.5％的规定，确定B级配为设计级配。该级配各矿料的配合比例见表7-24。

矿料配合比例　　　　　　　　　　　表7-24

集料规格（mm）	9.5~16	4.75~9.5	2.36~4.75	机制砂	矿粉	消石灰粉
配合比例（％）	30	45	2	13	8.5	1.5

2. 油石比确定

根据所选择的设计级配，以油石比的经验值6.1％±0.3％成型马歇尔试件，测定各项体积指标，详见表7-25。

马歇尔试验结果　　　　　　　　　　　表7-25

序号	油石比（％）	5.8	6.1	6.4	建议值
1	毛体积相对密度	2.388	2.390	2.385	实测
2	稳定度（kN）	12.59	13.48	10.87	≥8.0
3	流值（0.1mm）	23.24	21.30	22.42	实测
4	空隙率（％）	4.2	3.7	3.5	3~4.5
5	间隙率（％）	16.7	16.8	17.2	16.5~19
6	饱和度（％）	75.1	78.2	79.9	70~85

根据各项体积指标与油石比的关系曲线，确定最佳油石比为6.1％。

3. 配合比检验

（1）谢伦堡析漏试验

通过谢伦堡沥青析漏试验，确定沥青混合料中有无多余的自由沥青及沥青玛蹄脂数量，进而确定最大沥青用量。SMA尽管需要较多的沥青，但无论如何不能超过所有矿料的表面积所能吸附的最大沥青用量，否则就会产生多余的自由沥青，成为集料之间的润滑剂，造成玛蹄脂上浮，影响构造深度，降低高温稳定性。析漏试验按照6.1％的油石比进行试验，检验最佳沥青用量，实测值为0.06％＜0.1％，符合规范要求。

（2）肯塔堡飞散试验

沥青混合料的集料飞散试验，可用来检测由于沥青用量不足或黏结性不好，在交通荷载作用下，集料表面脱落而散失的性质。由于SMA路面构造深度较大，粗集料外露，空隙中经常有水，在交通荷载的反复作用下，由于集料与沥青的黏结性不足而容易引起集料的脱落、掉粒、飞散，进而形成空槽，造成路面损坏。飞散试验按照6.1%油石比进行，检验最佳沥青用量，实测值为2.8%＜15%，符合规范要求。

（3）动稳定度试验

SMA混合料中有70%以上的粗集料，由于粗集料之间相互嵌锁作用很强，在沥青玛蹄脂填料的强劲作用下，SMA混合料具有很高的集料结构稳定性。此外，粗集料之间相互移动的自由度很小，因而SMA混合料具有较高的抵抗永久变形的能力。一般情况下，SMA动稳定度为6000~8000次/mm。

（4）其他指标的检测

另外，还对混合料的水稳定性、低温性能、渗水性进行检验。试验结果详见表7-26。

配合比检验试验结果 表7-26

序号	项目名称	试验结果	建议值
1	残留稳定度（%）	94.5	≥90
2	渗水性（mL/min）	4.2	≤50
3	低温弯曲试验（με）	3118	≥3000
4	冻融劈裂强度比（%）	89.3	≥85

4. 生产配合比设计

（1）矿料比例的确定

通过热仓料筛分结果,确定拌和机各仓用料比例如下，1号仓:2号仓:3号仓:4号仓:矿粉:消石灰粉＝12：16：32：29：9.5：1.5。由于机制砂中0.075mm 以下的颗粒大部分会被拌和楼除去，所以将矿粉用量从目标配合比的8.5%提高到9.5%，以增加的1%填补机制砂中0.075mm 以下的颗粒。热仓料规格见表7-27，生产配合比合成级配见表7-28。

热仓料规格 表7-27

热仓	1号仓	2号仓	3号仓	4号仓
规格(mm)	0~4	4~7	7~11	11~16

生产配合比合成级配 表7-28

筛孔（mm）		16	13.2	9.5	4.75	2.36	1.18	0.6	0.3	0.15	0.075
级配范围	上限	100	100	75	34	26	24	20	16	15	12
	下限	100	90	50	20	15	14	12	10	9	8
合成级配（%）		100	96.8	70.9	27.9	21.6	18	14.5	12.8	11.4	10.2

（2）最佳油石比的确定

在生产配合比设计过程中,分别以5.8%、6.1%、6.4% 三个不同油石比成型马歇尔试件，双面击实各50次，击实温度通过沥青的运动黏度试验确定为165℃。

根据各项体积指标与油石比的关系曲线,最终确定最佳油石比为6.1%。最佳油石比马歇尔试验结果见表7-29。

最佳油石比马歇尔试验结果 表7-29

油石比（%）	5.8	6.1	6.4	建议值
毛体积相对密度	2.380	2.382	2.374	—

续上表

稳定度（kN）	12.54	13.44	12.75	≥8
流值（0.1mm）	21.14	23.40	24.12	—
空隙率（%）	4.2	3.7	3.5	3~4.5
饱和度（%）	75.0	78.0	79.0	70~85
矿料间隙率（%）	16.6	16.8	17.2	16.5~19

（3）配合比检验

以确定的最佳油石比6.1%进行析漏试验、残留稳定度试验、车辙试验、飞散试验、渗水试验、低温弯曲试验，具体试验结果见表7-30。

配合比检验试验结果　　　　　　　　　　　　　　　　表7-30

序号	项　目　名　称	试　验　结　果	建　议　值
1	残留稳定度（%）	95.1	≥90
2	动稳定度（次/mm）	8197	≥5000
3	肯塔堡飞散试验（%）	1.8	≤15
4	谢伦堡析漏试验（%）	0.07	≤0.1
5	低温弯曲试验（με）	3118	≥3000
6	渗水（mL/min）	10	≤50

5. 配合比设计实例

以某高速公路SMA-13上面层混合料生产配合比设计为例，其矿料合成级配见表7-31，合成级配曲线见图7-32。

SMA-13混合料生产配合比级配计算表　　　　　　　　　表7-31

材　料		比例	通过以下筛孔（mm）的质量百分率（%）									
			16.0	13.2	9.5	4.75	2.36	1.18	0.6	0.3	0.15	0.075
原材料级配	11~16	100	100.0	88.0	9.4	0.1	0.1	0.1	0.1	0.1	0.1	0.1
	7~11	100	100.0	100.0	89.1	3.5	0.0	0.0	0.0	0.0	0.0	0.0
	4~7	100	100.0	100.0	100.0	42.8	0.1	0.1	0.1	0.1	0.1	0.1
	0~4	100	100.0	100.0	100.0	100.0	81.4	51.8	39.7	17.3	9.3	5.4
	矿粉+消石灰	100	100.0	100.0	100.0	100.0	100.0	100.0	100.0	98.8	94.3	89.4
各种矿料在混合料中的级配	11~16	40	40.0	35.2	3.8	0.0	0.0	0.0	0.0	0.0	0.0	0.0
	7~11	31	31.0	31.0	27.6	1.1	0.0	0.0	0.0	0.0	0.0	0.0
	4~7	8	8.0	8.0	8.0	3.4	0.0	0.0	0.0	0.0	0.0	0.0
	0~4	11	11.0	11.0	11.0	11.0	9.0	5.7	4.4	1.9	1.0	0.6
	矿粉+消石灰	10	10.0	10.0	10.0	10.0	10.0	10.0	10.0	9.9	9.4	8.9
合成级配		100	100.0	95.2	60.4	25.5	19.0	15.7	14.4	11.8	10.5	9.6
中值			100.0	95.0	62.5	27.0	20.5	19.0	16.0	13.0	12.0	10.0
级配范围要求			100	90	50	20	15	14	12	10	9	8
			100	100	75	34	26	24	20	16	15	12

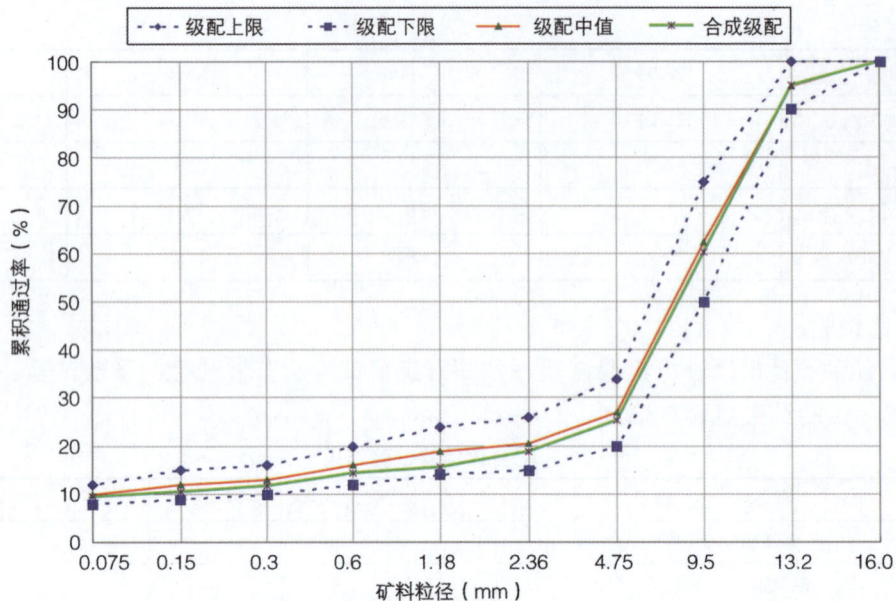

图7-32　SMA-13混合料生产配合比合成级配曲线图

第五节　施 工 准 备

一、下承层缺陷处理

SMA上面层施工前，附属工程应施工完成，且应对下承层（中面层）的缺陷进行处理。主要包括：

（1）中面层离析处理。较大范围的离析需要铣刨处理，重新铺筑。

（2）中面层局部渗水处理。用大功率空压机将渗入中面层的雨水吹出路面外，用乳化沥青灌入，再用空压机吹干。

（3）路、桥、隧结合部的平整度处理。采用铣刨机处理局部高点，使其平整、不跳车。

（4）特殊部位的平整度处理。对特殊部位的高程、宽度等进行测量，制订SMA上面层的施工平整度处理方案。

（5）中面层台背裂缝处理与回填。开挖裂缝处2～3m的中、下面层→工作面处理干净→封水材料灌封→逐层铺筑中、下面层（添加0.2%聚酯纤维）→平整度检测→精铣刨→改性沥青灌施工接缝。

中面层平整度修复见图7-33，接缝处处理效果检测见图7-34。

图7-33　中面层平整度修复

图7-34　中面层接缝平整度修复效果检测

二、下承层清扫与黏层油洒布

SMA路面铺筑前，需对下承层进行清扫，经验收合格后，再洒布黏层油。

三、特殊路段的设备组合与调遣

在一些特殊路段铺筑SMA路面，其施工准备工作有所不同。比如，山区高速公路桥隧比例大，隧道路面宽度与路基段路面宽度和桥面宽度均不一致。以双向6车道的高速公路为例，隧道内路面宽度为11.5m，路基段路面宽度为15.33m，桥梁铺装层宽度为15.0m，宽度固定的摊铺机不容易形成连续作业。因此，山区段高速公路的SMA路面施工，对于双向6车道高速公路的隧道路面，应采用2台伸缩摊铺机组合，以确保平整度、压实度等指标合格。

第六节　施工工艺

一、混合料施工温度控制

SMA温度控制的核心是拌和温度，它决定了后续各个环节的温度。SMA沥青混合料的施工温度见表7-32。

SMA沥青混合料的施工温度　　　　　　　　　　　　表7-32

序号	工　序	温度控制范围	序号	工　序	温度控制范围
1	改性沥青加热	165~175℃	6	开始碾压	不低于150℃
2	矿料加热	185~195℃	7	复压最低	不低于140℃
3	混合料拌和	正常范围180℃±3℃，超过190℃者废弃	8	碾压终了	不低于130℃
4	混合料运输到现场	不低于165℃	9	铺筑完成后的开放交通时间	夏季3d后，春秋季2d后
5	摊铺温度	不低于160℃，低于140℃作为废料			

二、混合料拌和

1. 木质素纤维投放要求

（1）投放时间与投放数量。木质素纤维的投放时间控制在12s之内，掺加比例以沥青混合料总质量的百分率计算，按0.3%掺加，掺加量误差不得超过±2%。

（2）木质素纤维投放效果监控。木质素纤维投放是SMA路面施工最关键的环节，采用质量和体积双控的自动投放设备进行投放。每工作4~6h后应对输送管道进行检查，防止堵塞。每锅料拌和好装车时，安排专人仔细观察混合料的颜色是否正常，混合料拌和是否均匀，若出现异常，应立即报告给技术人员，对混合料及设备进行检查，发现问题及时处理。分散在SMA混合料中的木质素纤维见图7-35。

图7-35　分散在SMA混合料中的木质素纤维

2. 消石灰粉添加工艺

沥青混合料拌和前，在拌和机一侧安装独立的消石灰粉储存罐，并与拌和机回收管道相连接，通过回收管道将消石灰粉输送到拌和机填料秤上。拌和机生产时，按掺配比例对消石灰粉和矿粉单独进行称量（先称量消石灰粉，后按质量累加称量矿粉），直接加入拌缸进行拌和。

3. 材料添加顺序与时间参数

粗、细集料进入拌锅的同时，将木质素纤维存入纤维设备内，在12s之内全部投入拌锅，并开始干拌（干拌时间不得少于18s），之后依次将沥青、矿粉加入拌锅，湿拌时间不得少于45s，每锅混合料拌和总时间为70~75s。专人目测SMA混合料拌和质量见图7-36，SMA混合料材料添加流程见图7-37。

图7-36　专人目测SMA混合料拌和质量

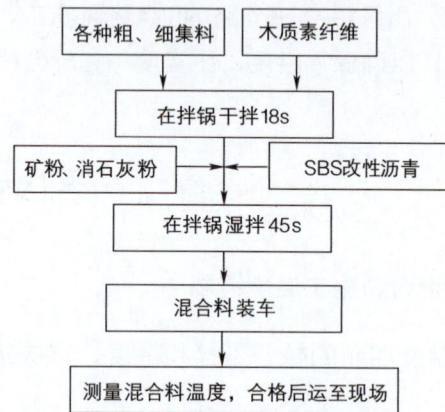

图7-37　SMA混合料材料添加流程图

4. 矿料加热温度控制

针对水洗碎石材料含水率大的特点，适当降低拌和楼干燥筒的生产能力，延长碎石的烘干时间，使碎石表面与内部的含水率满足≤0.1%的要求。

5. 回收粉的排放

拌和机排放的粉尘应采用湿法处理，处理后再进入地面粉尘池，并且经常在周围洒水，最后用装载机和汽车运到监理工程师指定的地点。监理人员必须对粉尘数量进行统计复核，并建立回收与废弃台账。

三、混合料运输

SMA混合料运输要求如下：

（1）混合料运输使用固定统一的、吨位不小于25t的专用汽车。

（2）汽车车厢的前、后、左、右及车厢下部均应采取保温措施。

（3）每次装料前必须将车厢清理干净。采用色拉油等食用油作为隔离剂，隔离剂只能抹，禁止喷洒。

（4）运输车分前、后、中三次移动装料。

（5）运输车辆必须采用完好的篷布完全覆盖沥青混合料并捆紧固定，杜绝沥青混合料运输过程中篷布张开而加速散温。

（6）每车混合料出场前采用高压水枪冲洗轮胎，防止污染路面。

（7）运输车辆满载时行驶速度不得超过50km/h，避免车速过快造成混合料表面凝固结团。

四、混合料摊铺

SMA混合料摊铺要求如下：

（1）摊铺机作业前必须经过认真检查，各项工作参数应符合施工要求，特别注意熨平板拼接处缝隙及地面是否平整、振捣器是否清洁、传感器是否有效等。熨平板加宽连接应仔细调节至摊铺的混合料没有明显的离析痕迹，熨平板拼接处缝隙检查见图7-38。

（2）每天开机前，需要认真清理熨平板，熨平板加热温度应大于130℃。气温较低时，从起步到正常摊铺应持续加热熨平板。

（3）摊铺机螺旋布料器的叶片大小应一致，转速应均衡，混合料料位不低于布料器高度的2/3，以减少摊铺过程中混合料的离析，见图7-39。

图7-38　熨平板拼接处缝隙检查

图7-39　混合料料位不低于布料器高度的2/3

（4）每台摊铺机前要有3台以上运料车，并有连续运料保障，此时方可进行摊铺，见图7-40。运输车辆应在摊铺前的3~5min 揭篷布，这样既可保持混合料温度，又不影响连续摊铺，见图7-41。

图7-40　每台摊铺机前有3台以上运料车排队等候卸料

图7-41　摊铺前的3~5min 揭篷布

（5）必须采用多台摊铺机梯队作业，每台摊铺机的拼接宽度要合理。靠中分带处的摊铺机后行，当第1台摊铺机驶出2~3m时，第2台摊铺机开始摊铺，两机前后间隔距离控制在3~5m，摊铺面搭接控制在5~10cm。两机保持摊铺速度、摊铺厚度及振捣频率等一致。加宽段采用三机联铺。多机并铺时（图7-42），其合成的横坡必须保持一致，纵向接缝必须平整，不得产生纵向离析带。

（6）采用大于15m的浮动基准梁或无接触自动找平装置来控制厚度及平整度，自动找平装置要严格按照规程安装，安装误差不超过允许误差。接触式平衡梁控制厚度和平整度见图7-43。

采用接触式平衡梁时，摊铺机的工作参数必须合理，特别是其振动频率与夯锤频率，必须确保摊铺的沥青混合料具有一定的初始密实度，若摊铺的沥青混合料初始密实度较小（虚铺值较大），会使接触式平衡梁产生压力痕迹，见图7-44。

（7）摊铺机必须缓慢、均匀、连续不间断地摊铺，不得随意变换速度或中途停顿，以提高平整度，见图7-45。

起步速度为0.5～1.0m/min，正常摊铺速度不得大于2.0m/min。当发现混合料出现明显的离析、波浪、裂缝、拖痕时，应分析原因并及时消除。

图7-42　多机并铺SMA纵向形成热接缝

图7-43　采用接触式平衡梁控制厚度和平整度

图7-44　摊铺的沥青混合料初始密实度较小（虚铺值较大），接触式平衡梁产生压力痕迹

图7-45　摊铺机必须缓慢、均匀、连续不间断地摊铺

（8）临时停机时，应立即用篷布将碾压不到位的混合料严密覆盖，避免混合料温度损失过快，造成碾压不密实。摊铺过程中若出现异常，必须立即停止摊铺，彻底处理，恢复正常后才可以继续施工。

（9）摊铺后的混合料未压实前，禁止施工人员进入踩踏。对小面积的油丁，需采用人工剔除和点状回填法修复，严禁人工大面积修补，见图7-46、图7-47。

图7-46　人工及时处理SMA路面小坑洞

图7-47　SMA混合料表面的油团必须及时清除

（10）加强车辆与摊铺机的配合，严禁车辆碰撞摊铺机，或行车制动太急，造成不均匀摊铺现象。

（11）严禁将剩余车厢边角已结团的SMA混合料（图7-48）倾倒在摊铺机作业面前，所有车厢边角料及撒落的混合料必须及时清理出现场。

（12）在多风路段施工SMA路面时，应在迎风面的一侧搭设防风墙，防风墙的高度约1.5m。

五、混合料碾压

SMA混合料碾压要求如下：

（1）采用双钢轮振动压路机与双钢轮振荡压路机碾压，不得采用胶轮压路机碾压。

（2）碾压轮在碾压过程中应保持清洁，有混合料沾轮应立即清除。

图7-48　车厢边角已结团的SMA混合料

（3）碾压机械宜采用组合方式。碾压遍数按6遍控制，不能过压或少压。

（4）压路机的碾压速度应符合规定，碾压路线及碾压方向不应突然改变。碾压区的长度应大体稳定，两端的折返位置应随摊铺机前进而推进，横向不得处在相同的断面上。

（5）碾压时依照"紧跟慢压、高频低幅、先低后高、均匀少水"的原则。每台压路机前进后退为1遍，压路机轮迹重叠宽度不应超过20cm。压路机要先起步再开振动，停机换向时要先关振动再停驶。SMA混合料碾压如图7-49所示。

（6）在当天成型的路面上，不得停放各种机械设备或车辆，不得散落矿料、油料等杂物。压路机不得在未碾压成型路段上转向、掉头，压路机临时停放或加水时，必须远离当天的摊铺面，见图7-50、图7-51。

图7-49　SMA混合料碾压

图7-50　压路机临时停放时必须远离当天的摊铺面

（7）横向接缝碾压时，第一次碾压宽度20cm，此后每次伸进新铺层宽度不大于20cm，直至0.8~1m后，呈45°向两边碾压，见图7-52。

（8）压路机的碾压温度应符合规范要求，初压、复压、终压都应在尽可能高的温度下进行。同时，不得在低温状况下进行反复碾压，否则会使石料棱角磨损、压碎，破坏集料嵌挤。

（9）碾压边部时应注意对桥涵结构物的保护，避免造成破坏，见图7-53。

（10）初压时，在并机摊铺搭接处以及边部多碾压1遍，确保薄弱部位得到压实。每天开始施工碾压接缝时，必须在冷面上铺篷布，避免压路机在冷面上压碎集料，见图7-54。横向平整度修复见图7-55。

图7-51　压路机加水时必须远离当天的摊铺面
（停放在匝道位置加水）

图7-52　横向接缝碾压

图7-53　碾压边部时应注意对桥涵结构物的保护

图7-54　开始施工碾压接缝时必须铺垫篷布

图7-55　横向平整度修复

六、施工接缝

SMA路面的接缝均应采用毛接缝即人工挖缝。在接缝的前一天，将黏层油涂抹在施工缝上。在黏层油水分未蒸发完的情况下，不得进行路面接缝施工。

1. 横向接缝

一般情况下，桥梁沥青铺装层的横向接缝应设置在桥梁伸缩缝位置，在永久性伸缩缝施工时将其切掉，以消除横向接缝对路面平整度的影响。

SMA路面横向接缝较难处理，应遵循以下5个原则，即"停好机、舍得切、垫得准、起得稳、压得好"，见图7-56。

2. 纵向接缝

应尽量避免产生纵向冷接缝。确因特殊原因需要冷接缝，必须根据冷缝面的厚度计算出热铺面的虚铺厚度，使其碾压后接缝平整、密实、不渗水。

3. 与其他构造物的接缝

为了避免污染，其他构造物应在上面层铺筑前完成。摊铺SMA时，结合部混合料要饱满，应做到衔接处平整、密实、美观（图7-57），避免出现缺料情况。

图7-56　横向接缝处理

图7-57　结合部混合料要饱满，衔接处平整、密实

七、SMA施工过程主要技术指标参考值

以陕西省为例，SMA施工过程中主要技术指标参数要求见表7-33。

陕西省SMA施工过程中主要技术参数要求　　　　表7-33

主要技术指标	工程实践参考值		备　注
	SMA-13	SMA-16	
粉胶比	1.8±0.1	1.8±0.1	
油石比（经验值）	5.9%±0.1%	5.8%±0.1%	采用木质素纤维
马歇尔试件击实次数	双面各击实75次		
现场空隙率	现场3%~6%，室内3%~4.5%	现场4%~6%，室内3%~4.5%	
沥青饱和度	75%~85%	75%~85%	
矿料间隙率VMA	16.5%~19%	≥16.5%	

主要技术指标	工程实践参考值		备　注
	SMA-13	SMA-16	
稳定度（kN）	≥8.0	≥8.0	
构造深度（mm）	0.8~1.3	0.8~1.3	
渗水系数（mL/min）	≤50	≤80	

第七节　施工难点解析

一、SMA施工常见质量问题解析

1. 表面碎石被压碎的原因分析

SMA路面大面积施工中，表面碎石中有软弱颗粒（图7-58），被压路机压碎属于一种常见的施工现象。

原因分析：（1）碾压遍数过多；（2）碾压温度较低；（3）碎石质量差，碎石中有软弱颗粒，碎石成分较杂乱，如图7-59所示。

图7-58　碎石中有软弱颗粒

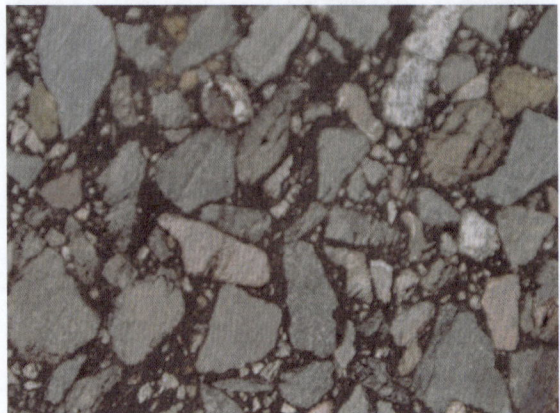

图7-59　碎石中有软弱颗粒，碎石成分较杂乱

2. 表面出现油斑的原因分析

SMA施工中，出现局部油斑或表面被玛蹄脂糊面也较为常见，如图7-60、图7-61所示。

图7-60　局部油斑

图7-61　表面被玛蹄脂糊面

原因分析：（1）矿粉潮湿或添加不准；（2）纤维分散不均匀；（3）混合料拌和时间不足；（4）混合料离析；（5）摊铺机拼缝不紧密，玛蹄脂流淌。

3. 表面出现发白点的原因分析

SMA表面存在星星点点的发白点，见图7-62。

原因分析：（1）碎石针片状数值较大，棱角明显；（2）混合料施工温度特别是碾压温度过低；（3）碾压遍数过多。

4. 表面出现泛油的原因分析

SMA表面出现泛油，属于严重的施工质量控制问题，见图7-63。

图7-62 表面存在星星点点的发白点

图7-63 SMA路面泛油

原因分析：（1）粗细集料材料质量差；（2）沥青质量不稳定；（3）矿粉添加量不足；（4）纤维质量问题的影响；（5）混合料级配设计不合理；（6）油石比偏大；（7）室内试验击实功不足；（8）设计空隙率过小；（9）SMA层铺厚度过厚；（10）混合料离析；（11）碾压工艺选择不当；（12）混合料拌和质量控制不严；（13）开放交通过早。

5. 表面出现渗水的原因分析

SMA路面出现渗水也属于质量控制问题，见图7-64。

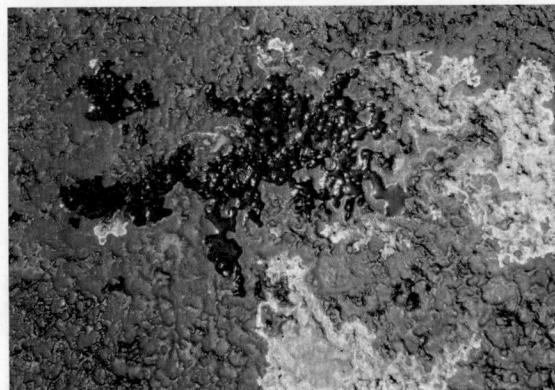

图7-64 SMA路面渗水

原因分析：（1）结构层厚度与混合料类型不匹配；（2）配合比设计不当；（3）油石比偏小；（4）混合料离析；（5）压实度不足。

二、SMA施工强制性要求

（1）SMA上面层施工前，所有附属工程必须施工完成，严禁交叉施工造成沥青路面污染，见图7-65。裸露的泥土必须全覆盖绿化，见图7-66。

（2）单项工程交叉施工的工序安排应合理，不得影响上面层施工。

（3）上面层碎石水洗料必须提前15d准备好，防止石料内部含水率过大，沥青拌和楼烘干不彻底。

（4）木质素纤维、矿粉、消石灰粉必须搭棚存放，严禁受潮结团。絮状木质素纤维必须改成小包装，一般情况以每盘料2小包为宜，包数过多操作人员不易记清楚。木质素纤维投放前应进行人工预分散。

图7-65　附属工程必须在沥青上面层铺筑前完成

图7-66　裸露的泥土必须全覆盖绿化

（5）严禁使用回收粉。回收粉应采取湿法排放，不得污染沥青混合料和环境。

（6）装载机上料时严禁窜仓混料，同时铲料时距离料堆底部30cm，否则容易将粉尘和下脚料铲起。

（7）中面层表面污染严禁用水洗（防止中面层表面干燥而内部潮湿），应采用山猫强力清扫车或钢刷子清理，并用空压机吹净，洒黏层油前必须干燥。

（8）雨过天晴2d后，在等中面层完全晾干或用空压机吹干后，方可喷洒黏油层，大风天气不得喷洒。对钢板护栏立柱、桥梁两侧护栏以及路缘石等，喷油前应采取覆盖措施。

如果中面层出现渗水，应采用空压机等设备将层间水排出，确保SMA的下承层干燥洁净后，再灌乳化沥青用于封闭层间水。

（9）必须严格控制生产配合比，集料、沥青等的用量允许误差不得超过规定值。

图7-67　车辆混用造成SMA混合料中黏有泥土

（10）严格控制拌和加料流程：在加入集料的同时加入木质素纤维，然后加沥青，最后加矿粉，干拌时间为18s，湿拌时间为45s，每盘料的生产周期为70~75s。

（11）沥青混合料运输车必须做到专车专用，严禁混用混装，否则，会造成SMA混合料中黏有泥土，见图7-67。同时，车厢底板和侧板涂一薄层色拉油之后，必须清除可见游离余液。

（12）运料车的车厢底部、侧面用保温材料包裹，顶面用篷布和棉被覆盖，用以保温。卸料时不揭篷布，以便持续保温。

（13）严禁使用运输车辆上散落的边角料，洒落在摊铺机料斗以外的混合料必须铲除干净。

（14）单向2车道可采用单机全宽摊铺，单向3车道、4车道的正常路段采用两机并铺，加宽段增加1~2台摊铺机，严禁产生纵向冷接缝。加宽段必须安排在中午高温时施工，且应精细处理纵向热接缝。摊铺机的搭接宽度不得超过5~10cm，见图7-68。

（15）避免大风天气施工。关注天气预报，阴雨天严禁施工。严禁夜间施工。混合料拌和时间每天不早于6：00开机，每天18：00强制停机，确保混合料施工温度。

严禁将撒落在摊铺机料斗以外的边角料（图7-69）铺入路面中，必须采取防撒落措施，如在摊铺机料斗前端安装橡胶挡板，见图7-70。

多风季节施工时，需要在摊铺机螺旋布料器上方覆盖篷布，防止温度损失过快，见图7-71。

（16）摊铺时先铺匝道后铺主线，匝道不允许伸入主线，如图7-72所示。

（17）摊铺机垫板采用3~6mm钢板，见图7-73。

（18）路基段摊铺速度控制在1.8~2.0m/min，桥梁段摊铺速度控制在1.5m/min。采用并机作业时，前后两台摊铺机距离3~5m，见图7-74。

（19）横向接缝采用人工挖成齿状，易于连接，如图7-75所示。

（20）在桥面上，上面层横向接缝尽可能留在桥梁伸缩缝处。

（21）对于油丁、油斑应安排专人挖除并及时更换合格料。

图7-68 摊铺机搭接宽度不得超过5~10cm的规定

图7-69 撒落在摊铺机料斗以外的边角料

图7-70 在摊铺机料斗前端安装橡胶挡块

图7-71 在摊铺机螺旋布料器上方覆盖篷布

（22）压路机配置要求：双向8车道，5台双钢轮振动压路机+3台振荡压路机；双向6车道，5台双钢轮振动压路机+2台振荡压路机；双向4车道，4台双钢轮振动压路机+2台振荡压路机。

图7-72　先匝道后主线摊铺

图7-73　摊铺机垫板采用3～6mm钢板

图7-74　前后两台摊铺机距离3～5m

图7-75　SMA路面必须采用人工挖缝

（23）平整度、横坡度检测应固定专人紧跟作业面进行，见图7-76、图7-77。

图7-76　平整度检测

图7-77　横坡度检测

（24）压路机停机，必须远离摊铺作业面1km以上。

（25）施工过程中要求连续作业，摊铺、碾压必须做到"人停而机不停"。

（26）施工接缝必须用篷布和彩条布垫在下承层上，防止污染路面。对设备检修时也必须铺彩条布，见图7-78。贯通合龙时应在对接作业面上铺篷布，避免污染和破坏路面，见图7-79。

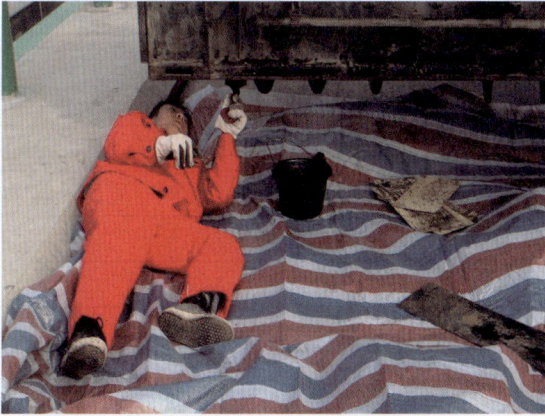

图7-78 设备检修时铺彩条布

图7-79 在对接作业面上铺篷布

（27）SMA上面层施工3d后方可钻芯取样，取芯、渗水试验在标线位置，同时芯孔应采用SMA混合料及时回填。

（28）文明环保施工。施工现场的餐盒等废弃物不得随意乱扔，应集中回收处理，采取综合措施，创造优美的施工环境（图7-80）。

（29）交通管制。在施工作业面位置设置交通管制警示栏杆（图7-81），并由专人看守，夏季3d后可开放交通，春秋季节2d后可开放交通。

图7-80 文明环保施工

图7-81 施工作业面的交通管制警示栏杆

第八节 施工质量检测

一、原材料质量检测

用于SMA混合料施工的各类原材料，其技术质量指标必须符合规范要求，检测项目与频率按照规范执行。

二、施工过程中关键筛孔通过率要求

SMA施工过程中关键筛孔通过率允许偏差范围见表7-34。

SMA施工过程中关键筛孔通过率允许偏差范围 表7-34

关键筛孔（mm）	筛孔通过率允许偏差范围	
	SMA-16	SMA-13
19	100%	—
16	—	100%
4.75	26%±1%	27%±1%
0.075	10%±0.5%	10%±1%

三、SMA混合料检测项目及频率要求

SMA混合料检测项目及频率要求见表7-35。

SMA混合料检测项目及频率要求 表7-35

项　目	检 查 频 率	质量要求或允许偏差	试 验 方 法
外观	随时	无油斑、离析、轮迹等现象	目测
接缝	随时	紧密、平整、顺直、无跳车，即 $h \leqslant 3mm$	目测，3m直尺
施工温度	1次/车	符合要求	
马歇尔试验：稳定度、流值、密度、空隙率	每台拌和机1次/d	稳定度≥8.0kN	拌和场取样成型试验
抽提	2次/d	上午、下午各1次	拌和场取样检测
车辙试验（次/mm）	每2个工作日1次	不小于5000	拌和场或现场取样成型送试验室试验
残留稳定度（%）	每个工作日1次	≥80	拌和场或现场取样成型送试验室试验
渗水试验（mL/min）	单幅5点/km	不宜大于50	用改进的渗水仪测定，每点3处取平均值
压实度（%）	单幅5点/km	以马歇尔密度进行控制时，≥98%(单点检验)；以最大理论密度压实度进行控制时，94~96	钻孔法(钻芯位置均应在路面标线画线处)
面层空隙率（%）		3~6	
平整度（mm）	对每日铺筑的路段全线每车道连续测定	不大于0.7	连续式平整度仪
构造深度（mm）	1处/200m	0.8~1.3	铺砂法

注：1.本表所列是施工阶段的质量检查标准，检查频率为单幅双车道。
　　2.理论密度的确定应根据每天实测的油石比重新进行计算，计算压实度时，取施工当天上下午理论密度的平均值作为压实度计算的依据。

四、试验检测管理

SMA路面施工成型后，对要求检测的项目逐一进行检测。

1.构造深度检测

构造深度检测见图7-82。

2.渗水系数检测

从图7-83可见，已通车多年的高速公路仍然可见渗水试验留下的痕迹。渗水试验的密封材料一直是最难以解决的问题。

采用肥皂材料作为渗水试验的密封材料，在实践检验中效果最好，见图7-84。在渗水系数检测

中，密封材料制作方法如下：

（1）购买软肥皂，只要用手捏肥皂时有明显的变形就可以。

（2）把肥皂装入无侧限试验模内，在压力机上压碎，要多压几次，然后用盆装起来。

（3）加水不能过多，用三角刮刀翻转并不停插捣，直到其细腻、均匀为止。

（4）用盖子盖起来，防止水分蒸发造成表面变干。使用时用手搓成条，然后再把渗水仪压上去即可。

施工成型的SMA路面见图7-85。

图7-82　构造深度检测

图7-83　渗水试验留下的痕迹

图7-84　渗水系数检测

图7-85　施工成型的SMA路面

第八章　OGFC排水性沥青混合料施工

OGFC在不同的国家有着不同的解释：在英国称其为大空隙沥青碎石（Pervious Macadam）；在美国称其为开级配磨耗层（Open-graded Friction Courses）；在欧洲称其为排水层（Drainage Course）；在日本称其为排水性路面（Drainage Pavement）。

OGFC路面的典型特征是空隙率特别大（一般在22%左右），能将雨水通过其较大的空隙及时排出路外。OGFC排水性沥青路面标准化施工见图8-1，OGFC排水性沥青路面标准表面见图8-2。

图8-1　OGFC排水性沥青路面标准化施工

图8-2　OGFC排水性沥青路面标准表面

第一节　路面特点及排水原理

一、排水性路面的特点

1. 优点

（1）透水：空隙大一般为22%左右，设计空隙率18%~25%，室内试验每15s透水量大于900mL。

排水性沥青混合料渗水性试验见图8-3。

（2）抗滑：表面粗糙，构造深度是普通沥青路面的2倍以上。

（3）降噪：比普通沥青路面降噪3~4dB，比普通水泥路面降噪6~7dB。

（4）安全：雨天行车能防水漂，减少水雾和眩光，减少溅水，提高雨中行车的安全性。

（5）抗车辙能力强：粗集料多（粒径在4.75mm

图8-3　排水性沥青混合料渗水性试验

以上的占80%以上），骨架好（动稳定度在7000次/mm以上）。

（6）抗水损坏能力强：沥青膜厚为14μm，而一般沥青路面沥青膜厚仅为4μm。

2. 缺点

（1）抗剪切能力差，特别是在弯道路段。

（2）混合料生产需要特殊的高黏度改性剂。

二、路面排水原理

排水性沥青路面结构设计采用"上透、下排"原理，即：雨水进入大空隙的排水性沥青路面后迅速下渗，由下承层表面横向排出路基，进入排水沟。普通沥青路面与排水性路面排水示意图见图8-4、图8-5。

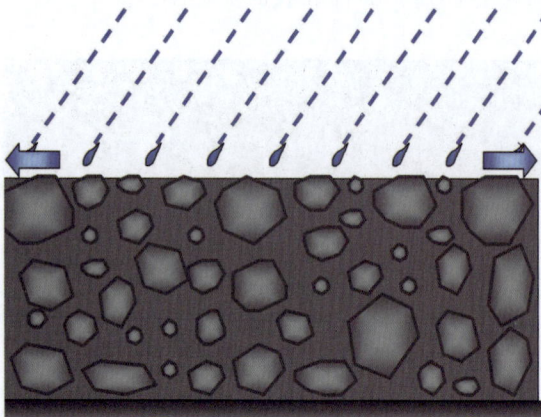

图8-4　普通沥青路面排水示意图

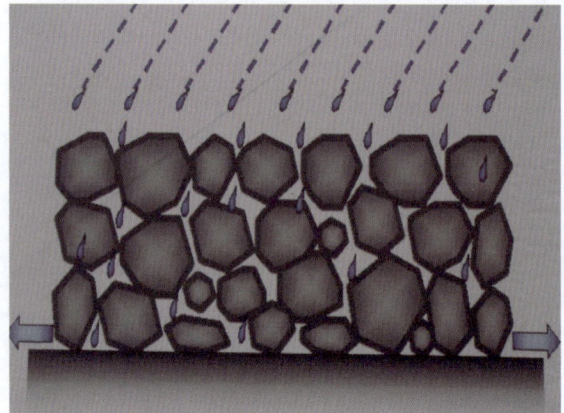

图8-5　排水性沥青路面排水示意图

排水性路面排水效果演示见图8-6～图8-8。

图8-6　排水性沥青路面排水效果演示图（俯视）

图8-7　排水性沥青路面排水效果演示图（平视）

排水性沥青路面切割剖面见图8-9，排水性沥青混合料的空隙示意见图8-10。

重载汽车行驶在普通沥青路面上，轮胎带起的水雾见图8-11。

排水性沥青路面（左）与SMA路面（右）在雨天的行车效果对比见图8-12。

通车3年后的OGFC-13排水性沥青路面见图8-13，通车6年后的OGFC-16排水性沥青路面见图8-14。

图8-8　排水性沥青路面排水效果演示图（双层效果）

图8-9　排水性沥青路面剖面图（上半部分）

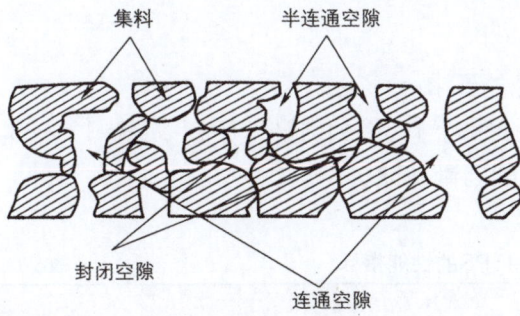

图8-10　排水性沥青混合料的空隙示意图

图8-11　载重汽车行驶在普通沥青路面上时轮胎带起的水雾

图8-12　排水性沥青路面（左）与SMA路面（右）在雨天的行车效果对比

图8-13　通车3年后的OGFC-13排水性沥青路面

图8-14　通车6年后的OGFC-16排水性沥青路面

第二节 材料组成与质量要求

OGFC排水性沥青混合料材料组成具有以下特点：

（1）采用基质沥青。

（2）采用"干拌法"添加TPS改性剂，形成高黏度改性沥青（60℃动力黏度可达10万Pa·s以上）。

（3）矿料组成 "一多一少"：4.75mm以上的含量多，约占总量的80%以上，2.36~4.75mm的集料很少。

一、沥青及TPS添加剂

沥青采用A-90号基质沥青，技术指标应符合技术规范的要求。

TPS添加剂采用日本大有建设株式会社产品或同性能产品。TPS掺加剂量为TPS：沥青=12：88。选用前应进行沥青及TPS添加剂配伍性试验，以确定最合适的沥青品种。

OGFC排水性混合料用TPS的性能指标见表8-1、表8-2。

OGFC排水性沥青混合料用TPS的性能指标　　　　　　　　　　表8-1

序号	主 要 指 标	性 能 特 征
1	主要成分	热塑性弹性体，溶解性、黏着性改良
2	形状、外观	2mm左右，颗粒状，淡黄色
3	相对密度	0.96
4	单位体积重（g/cm³）	0.6
5	添加量	TPS：基质沥青=12：88（根据需要可增加添加量）

不同品牌沥青与TPS形成高黏改性沥青试验结果（12：88）　　　　　　表8-2

技 术 指 标		单 位	SK A-90号	壳牌 A-90号
针入度（25℃，100g，5s）		0.1mm	46	47
软化点（R&B）		℃	88.5	90.5
5℃延度		cm	46	49
闪点		℃	355	356
老化（163℃，5min）	质量变化	%	−0.04	−0.09
	残留延度（5℃）	cm	34	31
黏韧性（25℃）		N·m	14.0	20.0
韧性（25℃）		N·m	5.7	12.2
60℃动力黏度		Pa·s	51509.4	162705

TPS高黏度改性剂见图8-15。

图8-15　TPS高黏度改性剂（拆开后投放）

二、粗集料

排水性沥青混合料的粗集料应洁净、表面粗糙、形状接近立方体。粗集料由9.5~16mm、4.75~9.5mm两档料组成。OGFC排水性沥青混合料用粗集料技术指标见表8-3，对粗集料进行水洗见图8-16。

OGFC排水性沥青混合料用粗集料技术指标　　　　　　　　　　表8-3

序号	技术指标		单位	试验值	规范值	建议值
1	毛体积相对密度	16~9.5mm	—	2.722		≥2.6
		9.5~4.75mm	—	2.701		≥2.6
2	表观相对密度	16~9.5mm	—	2.765	≥2.6	≥2.6
		9.5~4.75mm	—	2.754		≥2.6
3	压碎值		%	11.9	≤26	≤15
4	磨光值		PSV	44	≥42	≥42
5	坚固性		%	1.0	≤12	≤12
6	洛杉矶磨耗值		%	13.6	≤28	≤28
7	针片状颗粒含量		%	5.1	≤12	≤10
			%	8.5	≤18	≤10

图8-16　对粗集料进行水洗

三、细集料

OGFC排水性沥青混合料用细集料采用石灰岩机制砂,规格为0~2.36mm。其技术指标见表8-4。

OGFC排水性沥青混合料用细集料技术指标 表8-4

序号	技术指标	单位	试验值	规范值	建议值
1	表观相对密度	—	2.727	≥2.5	≥2.5
2	砂当量	%	85.9	≥60	≥60
3	坚固性	%	0.7	≥12	≥12
4	亚甲蓝值	g/kg	1.1	≤25	≤25
5	棱角性	s	45	≥30	≥30

四、填料

OGFC排水性沥青混合料用填料采用10~20mm石灰岩碎石磨细的矿粉和钙质消石灰粉。矿粉、消石粉技术指标分别见表8-5、表8-6。

OGFC排水性沥青混合料用矿粉技术指标 表8-5

序号	技术指标	单位	试验值	规范值	建议值
1	表观相对密度	—	2.751	≥2.5	≥2.5
2	亲水系数	—	0.83	<1	<1
3	塑性指数	—	1.4	<4	<3
4	含水率	%	0.2	≤1	≤1
5	0.075mm通过率	%	84.3	75~100	75~100

OGFC排水性沥青混合料用消石灰粉技术指标 表8-6

序号	技术指标	单位	试验值	建议值
1	表观相对密度	—	2.751	≥2.5
2	有效钙镁含量	%	57.2	≥55
3	含水率	%	0.1	≤1
4	0.075mm通过率	%	93.1	90~100

五、添加剂

OGFC排水性沥青混合料用聚酯纤维的技术指标见表8-7。

OGFC排水性沥青混合料用聚酯纤维的技术指标 表8-7

序号	检验项目	单位	规范值
1	纤维直径	mm	0.010~0.025
2	长度	mm	4.5~7.5
3	抗拉强度	MPa	不小于500
4	断裂伸长率	%	不小于15
5	密度	g/cm³	1.36~1.4
6	含水率	%	≤2
7	熔点	℃	≥250

在桥面铺装混合料中添加0.1%的聚酯纤维，规格为6mm，见图8-17。聚酯纤维的添加工艺为：人工分装成小袋，直接投入拌缸。

图8-17　聚酯纤维

第三节　设备要求

双向8车道OGFC排水性沥青路面施工设备配套见表8-8。

双向8车道OGFC排水性沥青路面施工设备配套表　　　　表8-8

工序		机械设备名称	规格、产地、型号	单　位	数　量
拌和		沥青拌和楼	4000型及以上	台	2
		TPS添加设备	重量计量，自动添加	台	2
运输		自卸汽车	25t以上	台	满足需要
摊铺		摊铺机	ABG525型或同性能进口设备	台	2
碾压	初、复压	双钢轮振动压路机	11~13t进口双钢轮振动压路机	台	4
	终压	双钢轮振动压路机	11~13t进口双钢轮振动压路机	台	2

与其他沥青路面施工不同的是，OGFC排水性沥青路面施工需在拌和楼设备上增加TPS添加设备，见图8-18。

图8-18　TPS添加设备

第四节　配合比设计

OGFC排水性沥青混合料的配合比设计采用马歇尔方法进行，并以空隙率和有效沥青膜作为配合比设计主要指标。排水性沥青混合料原则上是通过析漏试验求得最大沥青用量，通过飞散试验求得最小沥青用量，从而确定混合料最佳沥青用量。

一、排水性沥青混合料的级配范围

排水性沥青混合料的级配范围见表8-9。

排水性沥青混合料的级配范围　　　　　　　　　　　　　　表8-9

结　　构	各筛孔（mm）的通过质量百分率（%）										
	19	16	13.2	9.5	4.75	2.36	1.18	0.6	0.3	0.15	0.075
OGFC-13		100	90~100	50~70	12~30	10~22	6~18	4~15	3~12	3~8	3~6
OGFC-16	100	90~100	70~90	45~70	12~30	10~22	6~18	4~15	3~12	3~8	3~6

二、排水性沥青混合料的技术要求

排水性沥青混合料的技术要求见表8-10。

排水性沥青混合料的技术要求　　　　　　　　　　　　　　表8-10

试　验　项　目		单　位	技　术　要　求	备　注
击实次数（双面）		次	50	T 0702
试件尺寸		mm	ϕ 101.6×63.5	
空隙率		%	18~25	T 0708
连通空隙率	不小于	%	14	项目建议值
马歇尔稳定度	不小于	kN	5.0	T 0709
残留稳定度	不小于	%	85	项目建议值
冻融劈裂残留强度比	不小于	%	85	项目建议值
低温弯曲破坏应变	不小于	$\mu\varepsilon$	2500	项目建议值
析漏试验，不大于	不加聚酯纤维	%	0.6	T 0732
	加聚酯纤维	%	0.5	
肯特堡飞散损失	不大于	%	20	T 0733
动稳定度	不小于	次/mm	5000	项目建议值
渗水量	不小于	mL/15s	900	项目建议值
沥青膜厚度	不小于	μm	14	项目建议值

三、配合比设计方法

排水性沥青混合料的配合比设计方法与其他有所不同，首先是确定目标空隙率的矿料合成级配，其次根据矿料合成级配决定最佳油石比，最后对混合料进行试验，确认其是否满足各项技术指标要求。如不满足技术要求，则需要对矿料合成级配等进行适当修正。如果修改矿料合成级配后还未能满足混合料技术要求，则需要对所用材料进行调整，重新设定配合比进行试验。

1. 目标空隙率的设定

排水性沥青混合料的目标空隙率为18%～25%。根据工程实践经验，在排水性沥青混合料配合比设计时，一般将目标空隙率设定为22%±1%较为适宜。

2. 矿料合成级配的设定

矿料合成级配是确保目标空隙率的关键要素，因此，应设定基本级配、粗级配、细级配三种级配。通常情况，OGFC-13是根据关键筛孔2.36mm的通过率浮动±2%来设定粗、细级配的。若在完全没有经验的情况下，适宜以基本级配在关键筛孔2.36mm的通过率浮动±3%来设定三种级配。

在设定基本级配时，首先应固定矿粉及消石灰的使用量。根据经验，矿粉使用量一般为3.5%，消石灰使用量一般为1.5%。此外，9.5mm筛孔的通过率范围一般在50%～70%。另外，依据经验，3种矿料的级配在2.36mm筛孔通过率为13%、15%、17%左右时，可以实现设计级配下目标空隙率22%。

3. 暂定油石比的计算

根据设定的矿料合成级配，进行暂定油石比的计算和设定。一般情况下，油石比可在4.6%～5.0%范围内进行选择。此外，也可以假设沥青膜厚度为14μm，通过矿料表面积也可对油石比进行推算，但需要注意的是，用该方法计算出的沥青用量一般比实际需要量偏多。

4. 成型马歇尔试件，检测各项技术指标

排水性沥青混合料室内拌和应使用具有温度调节功能的拌和锅。采用马歇尔试验机将不同配比的混合料各制作5个以上试件，检测各项技术指标，排水性沥青混合料马歇尔试件见图8-19、图8-20。马歇尔试件成型温度要求：矿料加热温度185～190℃，沥青加热温度165～170℃，混合料拌和温度175～180℃，试件击实温度160～165℃。

图8-19　排水性沥青混合料马歇尔试件

图8-20　排水性沥青混合料马歇尔试件（剖面）

5. 空隙率的确认

马歇尔试件完全冷却后（24h以后），将其从模具中取出，对各试件的质量、直径、厚度进行测定。此外，还必须测定其水中质量，计算出各试件的连通空隙率。

四、生产配合比设计

1. 目标空隙率和连通空隙率的设定

排水性沥青混合料生产配合比的空隙率目标值仍设定为22%±1%，连通空隙率目标值也设定为大于14%。

2. 热料仓目标级配的确定

热料仓的目标级配在确定时，需要注意控制2.36mm、4.75mm、9.5mm筛孔的通过率。室内确定的配合比结果见表8-11，室内确定配合比的合成级配见表8-12。

室内确定的配合比   表8-11

混合料	9.5~16mm	4.75~9.5mm	机制砂	矿粉	消石灰粉
不加纤维（%）	53	30	12	3.5	1.5
加纤维（%）	47	38	10	3.5	1.5

室内确定配合比的合成级配   表8-12

筛　孔（mm）	16	13.2	9.5	4.75	2.36	1.2	0.6	0.3	0.15	0.075
合成级配（不加纤维）	100	95.8	55.6	20.6	16.9	12.9	9.5	6.7	6.0	5.1
合成级配（加纤维）	100	96.7	62.0	18.3	14.6	11.5	8.9	6.5	5.8	5.3
粒度范围	100	90~100	50~70	12~30	10~22	6~18	4~15	3~12	3~8	2~6

3. 油石比的确定

根据室内配合比试验结果，不加纤维情况下的最佳油石比为5.0%，加纤维的情况下为5.1%。考虑到拌和楼实际工作时，油石比会发生变化，因此需要以最佳油石比±0.2%，分别做油石比稳定性能和渗水性能试验。

4. 生产配合比的检验项目

检验项目具体内容包括：马歇尔稳定度、空隙率以及连通空隙率、肯特堡飞散试验、动稳定度试验、析漏试验、渗水试验。

沥青混合料生产配合比见表8-13。

沥青混合料生产配合比   表8-13

材料规格（mm）	4仓 11~16	3仓 7~11	2仓 4~7	1仓 0~4	TPS	矿粉	消石灰粉	聚酯纤维	油石比
路基段比例（%）	49	25	8	13	TPS：沥青 =12：88	3.5	1.5	0	5.0
桥梁段比例（%）	49	25	9	12		3.5	1.5	0.1	5.1

五、生产配合比验证（拌和楼试拌）

生产配合比确定后，应在沥青拌和楼上实际生产排水性沥青混合料，并确认其品质。

1. 试拌过程对混合料的评价

拌和楼试拌的目的是：通过目测、试验等方法确认是否能在满足拌和条件下生产，实际生产的排水性沥青混合料与室内试验以及生产配合试验时的混合料是否相同等。

2. 试验路施工评价

在实际使用沥青摊铺机和压路机进行排水性沥青混合料的施工后，对施工后的路面的排水性沥青混合料进行评价。评价项目包括：目测混合料拌和是否均匀、沥青膜的裹覆情况、渗水性、材料的均一性、油石比、有无流淌、试验段工程实际排水情况等。

OGFC-13混合料试拌效果见图8-21，试验段排水效果直观检验见图8-22。

图8-21　OGFC-13沥青混合料试拌效果

图8-22　试验段排水效果直观检验

六、配合比设计实例

以某高速公路OGFC-13上面层排水性沥青混合料配合比设计为例，其矿料合成级配见表8-14，合成级配曲线见图8-23。

OGFC-13上面层排水性沥青混合料矿料合成级配　　　　　　　　　　　　表8-14

级　配	各筛孔（mm）合成级配									
	16.0	13.2	9.5	4.75	2.36	1.18	0.6	0.3	0.15	0.075
级配1	100.0	97.9	60.6	16.1	11.2	8.8	7.4	6.2	5.6	4.7
级配2	100.0	98.0	61.4	17.1	12.1	9.3	7.7	6.4	5.7	4.7
级配3	100.0	98.0	62.2	19.9	14.8	10.9	8.7	7.0	6.1	5.0
级配中值	100.0	95.0	60.0	21.0	16.0	12.0	9.5	7.5	5.5	4.5
级配下限	100	90	50	12	10	6	4	3	3	3
级配上限	100	100	70	30	22	18	15	12	8	6

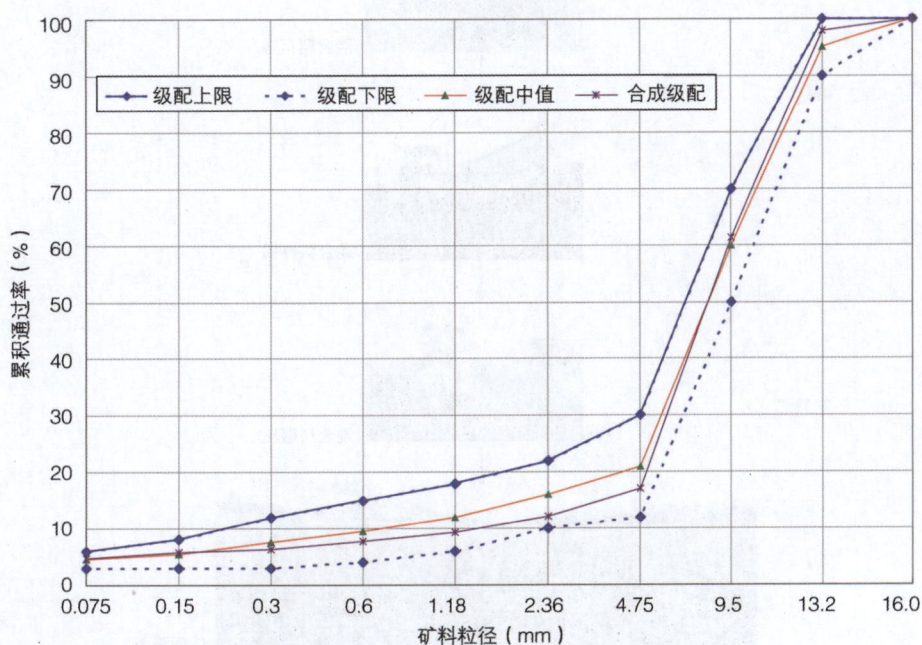

图8-23　采用级配2作为最佳级配的合成级配曲线图

第五节　施 工 工 艺

OGFC排水性沥青混合料的施工特点如下：

（1）在高温状态下，混合料施工和易性好。

（2）混合料碾压不产生推移。

（3）摊铺机起步或气温较低时出现少量油斑，气温高时几乎无油斑。

（4）路表温度在60℃以上时，行走时会黏带起集料颗粒；路表温度在50℃以下时，行走即可不黏带起集料颗粒。

（5）施工接缝一般较明显、可见。

（6）混合料碾压太过密实时，会影响空隙率和排水性能。

OGFC-13排水性沥青混合料施工工艺流程见图8-24。

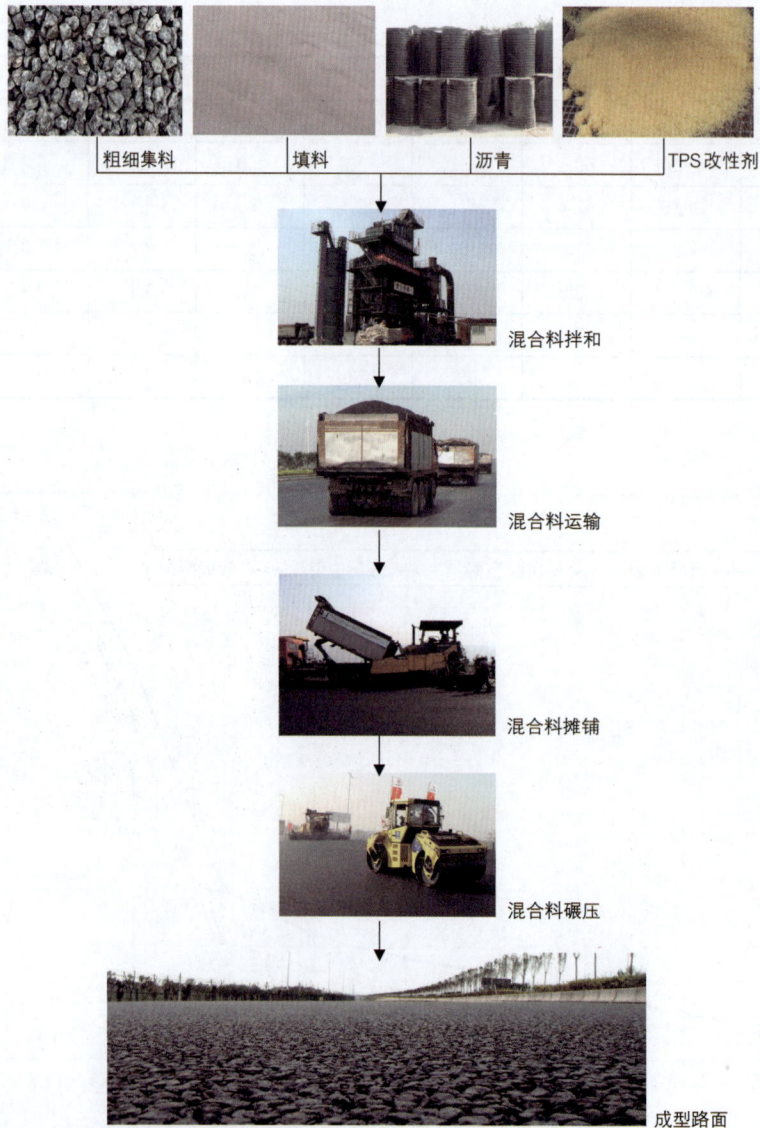

粗细集料　　　填料　　　沥青　　　TPS改性剂

混合料拌和

混合料运输

混合料摊铺

混合料碾压

成型路面

图8-24　OGFC-13排水性沥青混合料施工工艺流程

一、混合料拌和

1. 原材料添加工艺

将粗、细集料按照生产配合比的设计用量加入到拌缸中，同时加入聚酯纤维（桥面使用）、消石灰、矿粉和TPS干拌，干拌时间为17s，之后加入基质沥青湿拌，湿拌时间为45s，每锅混合料拌和周期为75~80s。根据每盘混合料中聚酯纤维的添加量要求，提前分装成小包装，采用人工投放至自动添加设备中。

排水性沥青混合料拌和工艺流程见图8-25。

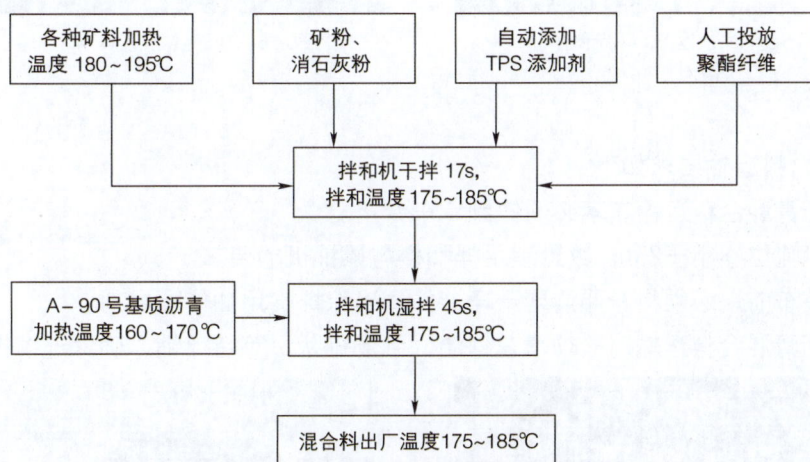

图8-25　排水性沥青混合料拌和工艺流程图

2. 混合料拌和要点

（1）为了严格控制级配，每天开机前，必须对热仓料进行筛分，根据筛分结果分析，对矿料级配进行优化微调。

（2）在TPS、聚酯纤维投放和混合料装车处，安排有高度责任心的检测人员对混合料质量进行逐盘目测，发现有"淌油"或"发干"等异常现象，立即检查或废弃。

（3）混合料动态检测。每天开机时对最先拌和的1盘混合料废弃，第2盘混合料开始装车使用。拌和正常后，按规定的取样方法检测混合料的级配和油石比，并将结果及时反馈给操作人员。

TPS高黏度改性剂的投放见图8-26。

图8-26　TPS高黏度改性剂的投放

3. TPS添加量计算方法

以4000型沥青拌和楼为例，按5.0%的油石比进行混合料拌和，TPS添加量计算方法如下。

（1）若每盘混合料中按沥青外掺计算，矿料质量为4000kg，则沥青质量为200kg。TPS与沥青的添加比例为12：88，则TPS添加量为200kg的12%，即24kg。

（2）若每盘混合料中按沥青内掺计算，矿料质量为3810kg，则沥青质量为190kg。TPS与沥青的添加比例为12：88，则TPS添加量为190kg的12%，即22.8kg。

TPS自动添加设备的设定器见图8-27，TPS高黏度改性剂添加量打印记录见图8-28，添加了TPS的排水性沥青混合料见图8-29。

图8-27　TPS自动添加设备的设定器

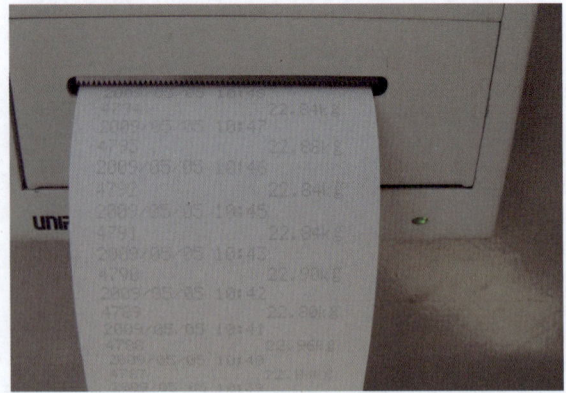
图8-28　TPS高黏度改性剂添加量打印记录

二、混合料运输

排水性沥青混合料运输要求如下：

（1）排水性沥青混合料运输车辆必须做到专车专用。

（2）运输车辆吨位不小于25t，数量满足拌和楼与摊铺机的要求。

（3）混合料装车前，必须将车厢清理干净，并适当涂抹食用油作隔离剂。

（4）排水性沥青混合料运输时必须覆盖保温，到场排队，等待摊铺，确保连续摊铺，见图8-30。

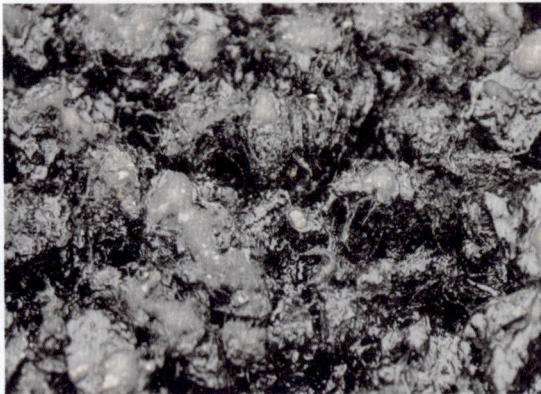
图8-29　添加了TPS的排水性沥青混合料

图8-30　混合料运输

三、混合料摊铺

（1）采用2台摊铺机呈梯队状进行全断面铺筑。采用高精度的非接触式平衡梁进行平整度和厚度控制。5cm厚的上面层松铺系数按1.1控制，松铺厚度为5.5cm。2台摊铺机的前后间距控制在3~5m，搭接宽度控制在5~10cm。

（2）摊铺机备足罐装煤气，以备熨平板加热。处理横向冷接缝时，熨平板加热温度必须大于130℃。

（3）摊铺时必须匀速、连续摊铺，严禁忽快忽慢，摊铺速度为1.8~2.2m/min。

（4）严禁将车辆的混合料撒落在摊铺机前，所有撒落的混合料应及时清理出施工现场。

混合料并机摊铺见图8-31。新铺筑的混合料表面见图8-32。新铺筑的混合料表面颗粒均匀、平整，见图8-33。

四、混合料碾压

（1）采用6台双钢轮压路机碾压。4台用于初、复压，1台用于平整度处理，1台用于终压收面。

（2）碾压遍数按4遍静压控制，碾压速度为3~4km/h，不能过碾或少碾，每次重叠30cm。

（3）每台压路机配置2名机驾人员，实现连续作业。

（4）由于排水性沥青混合料的黏度极大，在碾压前应仔细清理压路机钢轮上的黏附物，防止黏轮，见图8-34。混合料碾压（细部）见图8-35。

（5）由于排水性沥青混合料对温度极为敏感，因此在进行桥面铺装施工时，混合料温度应比路基段高3~5℃，摊铺速度慢0.2m/min。

图8-31　混合料并机摊铺

图8-32　新铺筑的混合料表面

图8-33　新铺筑的混合料表面颗粒均匀、平整

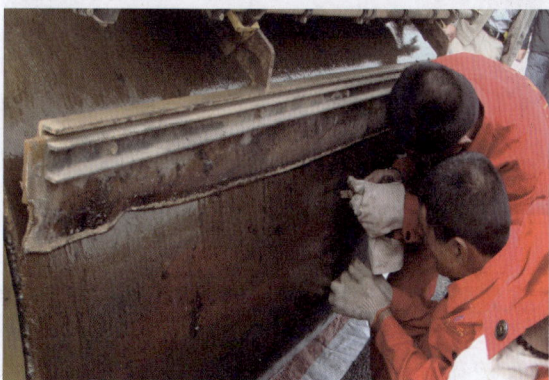

图8-34　碾压前仔细清理压路机钢轮上的黏附物

图8-35　混合料碾压（细部）

新铺筑碾压成型的路面（细部）见图8-36，碾压成型的路面见图8-37。

图8-36　新铺筑碾压成型的路面（细部）

图8-37　碾压成型的路面

五、施工过程温度控制

排水性沥青混合料施工过程中的温度控制见表8-15。

排水性沥青混合料温度控制表 表8-15

工 序	温度下限（℃）	温度上限（℃）	检查方法和频率
沥青加热	160	170	温度计：每罐1次
矿料加热	180	195	接触式感温仪：每锅1次
混合料拌和	175	185	温度计：每车1次
混合料出厂	175	185	温度计：每车1次
混合料摊铺	160	175	温度计：1处/50m
混合料碾压	130	165	温度计：1处/50m
混合料终压	90	110	温度计：1处/100m
开放交通	第3天后		—

摊铺机熨平板预加热见图8-38，检测各环节的施工温度检测见图8-39、图8-40，混合料摊铺、碾压温度记录表见图8-41。

图8-38 摊铺机熨平板预加热

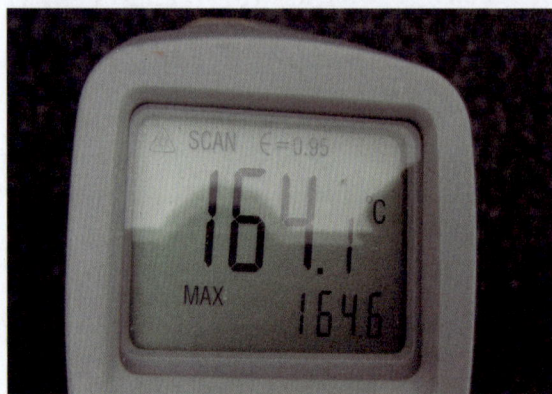

图8-39 施工温度检测

图8-40 摊铺温度检测

图8-41 混合料摊铺、碾压温度记录表

六、接缝处理

1. 基本要求

（1）桥面沥青铺装层的横向施工缝应强制预留在桥梁伸缩缝位置，在永久性伸缩缝安装时，按照设计宽度将施工缝切除。

（2）横向施工缝采用人工挖除，接缝前将黏层油涂抹在施工缝上，黏层油的水分未蒸发完，不得接缝。

（3）每天碾压接缝时，在已碾压成型的路面上至少铺一层彩条布和一层土工布，避免压路机污染成型路面。

（4）所有机械设备均要采取防漏油措施，并认真检查、防患、处理。

2．施工缝处理步骤

（1）确定施工缝位置，见图8-42。

（2）在混合料的端头设置槽钢，防止混合料碾压推移，见图8-43；

（3）埋置好槽钢，等待压路机碾压，见图8-44；

（4）碾压成型并在混合料未完全冷却前，人工开挖横向施工缝，以便下次摊铺时与其搭接。

图8-42　确定施工缝位置

图8-43　在混合料的端头设置槽钢

图8-44　已埋置好的槽钢

七、交通管制

排水性沥青混合料施工过程中及路面成型后均应加强交通管制，路面成型第3日方可进行检测，并在交通管制情况下开放交通。

第六节　施工难点解析

对于双向8车道的排水性沥青路面，由于车道多、路面宽、排水路径长，因此，必须综合考虑以下因素。

（1）路基、路面综合排水设计应完善，如蒸发池、排水沟等。

（2）中面层的封水功能设计应完善，如现场空隙率、离析、黏结等。

（3）封水黏结材料的选择与施工参数确定是关键，如SBS、SBR等。

（4）应考虑零坡路段排水设施的设计与施工，如排水性盲沟等。

（5）桥面铺装的耐久性设计与质量控制，如加纤维等。

（6）基于"排水最快"理念进行空隙率设计。

（7）应考虑路面接缝、横坡与高程控制对排水效果的影响。

一、路面排水系统设计

排水性沥青路面的排水体系包括：直线段横向排水、超高段横向排水、桥面封水与排水、特殊路段排水、中面层封水等。

1. 直线段横向排水

采用C15透水混凝土路边石预埋ϕ20PE暗管进行路表排水，这样的路肩既可以排除路面渗透水，又可以散发路面热量。大部分路表水由两侧排到透水混凝土路肩内预埋的打孔PE暗管内，汇集至急流槽排出。纵向PE暗管每间隔10cm开设1个4cm直径的排水孔。

直线段路面排水系统见图8-45。

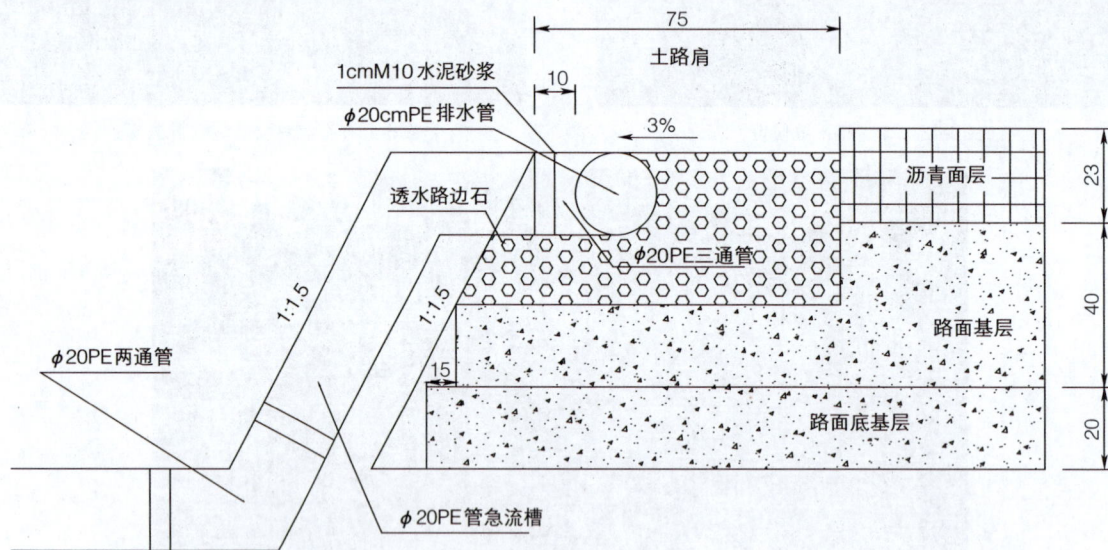

图8-45　直线段路面排水系统（尺寸单位：cm）

路面边部采用暗埋式排水管见图8-46、图8-47。

2. 超高段横向排水

由于8车道路面较宽，汇水面积大，超高段横向排水管按每70m设置一道。结构物台背回填是路基填土的薄弱环节，为防止对结构物台背填土产生不利影响，在距结构物10m处设置一道横向排水管，埋设在路床下70cm处，采用ϕ300mm混凝土圆管。

横向排水示意见图8-48。

在中分带设置盖板集水槽，集水槽宽25cm，高40cm。在超高段内侧的中分带路缘石底部设置排水孔，使路表水顺利进入分隔带集水槽，盖板集水槽连接窨井。边坡外设盖板急流槽，连接横向排水管和路基边沟，构成一个排水系统，使路面雨水排入路基边沟，这样设计既考虑了绿化美观，又满足了排水要求。

超高段路面排水系统见图8-49。

图8-46　路面边部采用暗埋式排水管

图8-47　路面边部采用暗埋式排水管（细部）

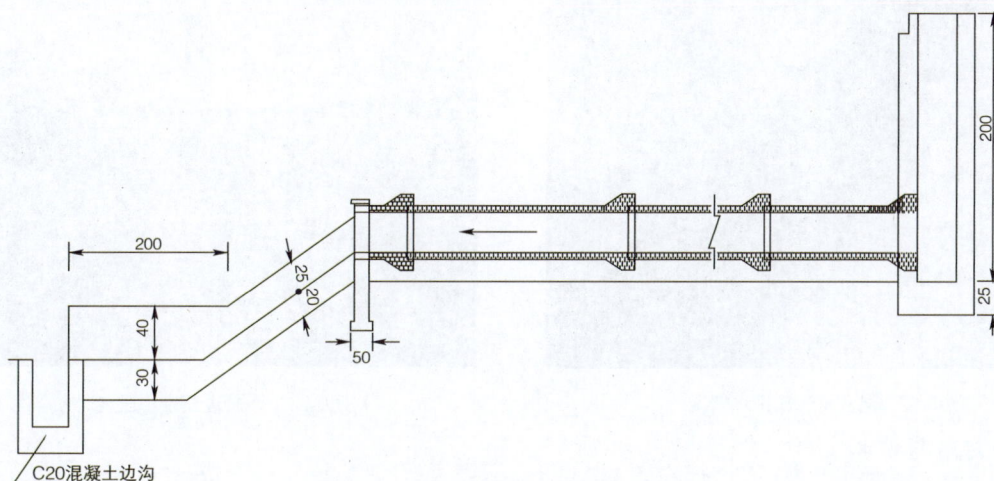

图8-48　横向排水示意图（尺寸单位：cm）

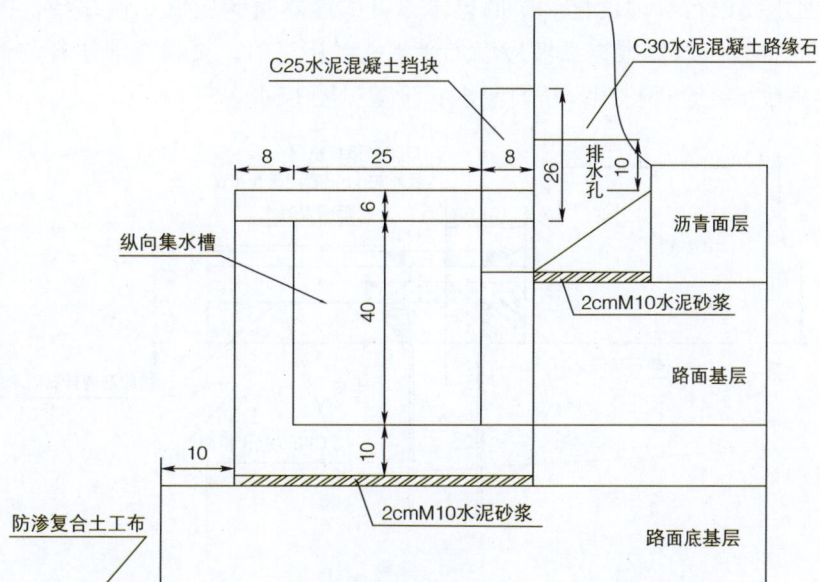

图8-49　超高段路面排水系统（尺寸单位：cm）

183

设置在超高段内侧路缘石上的泄水孔见图8-50。

混合料边部排水情况见图8-51、图8-52。

路面边部排水设施见图8-53。

图8-50　设置在超高段内侧路缘石上的泄水孔

图8-51　混合料边部排水情况（细部）

图8-52　混合料边部排水情况

图8-53　路面边部排水设施

3. 桥面封水与排水

（1）在平整度较差的水泥混凝土桥面铺设AC-5沥青砂，起调平、封水和黏结作用。

（2）对桥面泄水孔进行实地优化。桥面排水设计的渗水盲沟应低于伸缩缝，由于桥面的伸缩缝处容易积水，所以在伸缩缝两侧根据纵坡应增加泄水孔。施工时，要检查泄水孔与泄水管道的连接情况，确保路表水能由泄水孔全部排出。桥面泄水孔设置见图8-54。

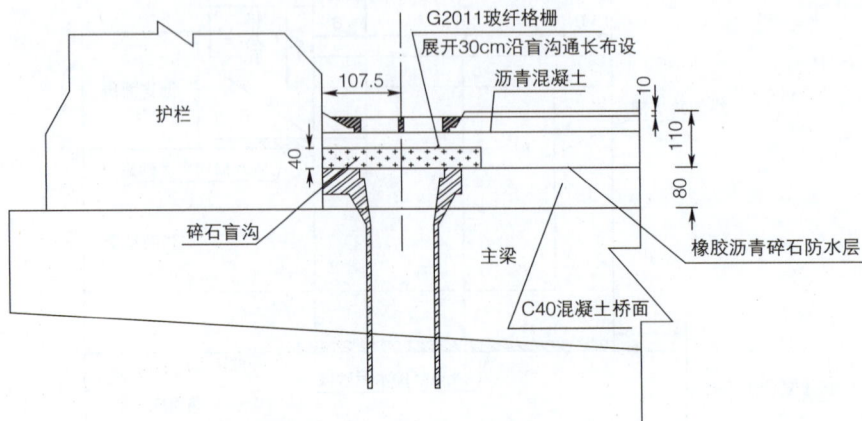

图8-54　桥面泄水孔设置（尺寸单位：cm）

（3）必须定期将纵向盲沟清洗干净，见图8-55。

（4）对桥梁外侧泄水孔的布设位置进行优化，桥梁外侧设纵向排水盲沟，见图8-56。

图8-55　盲沟清洗

图8-56　桥梁外侧设纵向排水盲沟

4. 特殊路段排水

根据路面零坡路段实际积水情况，在横坡±0.5%的区域内，以横坡为零的断面为分水岭，沿水流方向采用小型铣刨机将中面层开挖一道25cm宽的槽。为了更好地排水，同时考虑到中面层厚度仅为6cm，铣刨过深会对中面层造成破坏，在施工过程中高侧铣刨深度为1cm，低侧铣刨深度为2.5cm，最后在槽内采用人工涂刷防水层（一般采用SBR或SBS改性乳化沥青），并用透水性沥青混合料回填，碾压至与中面层齐平。该方案的优点是：铣刨深度较浅，不会对中面层造成破坏；上面层采用的是排水性沥青路面，具有很好的排水性能，且刻槽回填可就地取材，便于施工。

零坡路段刻槽排水效果见图8-57。

（1）刻槽工艺要求

①主要设备。切割机、小型铣刨机、机动三轮车、装载机等。

②几何尺寸。宽度：25cm宽；铣刨深度：高侧为1cm，低侧为2.5cm；长度：全断面；坡度：沿水流方向。

（2）回填工艺要求

①清槽：空压机吹净废渣与浮尘。

②洒油：在刻槽四周人工涂刷防水层。

③铺筑（回填）：采用排水沥青混合料回填刻槽。

④碾压：采用小型压路机碾压平整。

采用排水沥青混合料回填刻槽见图8-58。

图8-57　零坡路段刻槽排水效果

图8-58　采用排水沥青混合料回填刻槽

5. 中面层封水

中面层的功能除了抵抗永久变形外，作为排水性沥青路面的下承层，还有一个重要的功能就是封水与排水，因此，必须进行封水设计。

（1）优化中面层矿料级配，确保其抵抗车辙的能力，同时具备防水能力。

（2）在铺筑排水性沥青上面层前，必须对中面层的离析渗水情况进行全面彻底的排查，对存在的问题采取补救措施，确保封水和排水效果。适宜在雨天检查中面层离析，如图8-59所示，所有的"黑斑"都存在渗漏水。

（3）在中面层上洒布双层黏层油，提高层间黏结能力，使中面层具备良好的封水效果。如图8-60所示，洒布了黏层油的中面层封水效果良好（雨天观测）。

图8-59　雨天检查中面层离析

图8-60　洒布了黏层油的中面层封水效果良好（雨天观测）

二、层间黏结处理

由于排水性沥青混合料属于间断级配，其混合料中的粗集料与下承层的接触面属于"点点接触"，为了确保排水性路面的耐久性，层间黏结必须牢固。

1. 采用"五道工序法"确保层间结合

必须重视对层间污染的处理，采用强力清扫车拉毛、水车冲洗、道路清扫车吸尘、空压机表面吹净、洒布SBS乳化改性沥青等"五道工序法"确保层间结合。

（1）拉毛。用强力清扫车对结构层表面进行拉毛，同时对局部污染严重处，人工用钢丝刷进行处理，见图8-61。

（2）清洗。提前3~5d用洒水车将下承层严重污染路段清洗，使下承层水分提前蒸发、风干，并封闭交通，见图8-62。

图8-61　拉毛

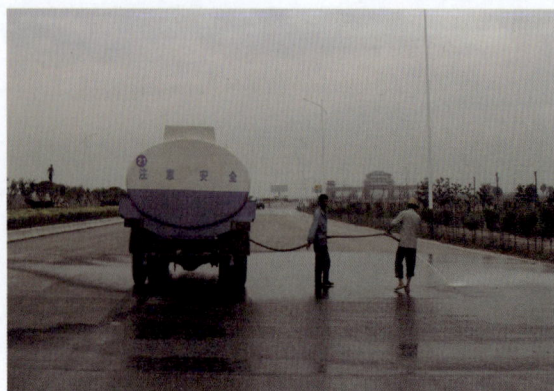

图8-62　清洗

（3）吸尘。用道路清扫车将灰尘吸出，见图8-63。

（4）吹净。用10m³以上的大功率空压机将表面灰尘吹净，见图8-64。

（5）洒油。清扫完成并验收合格后，再洒布黏层油，见图8-65。

图8-63　吸尘

图8-64　吹净

图8-65　洒油

2. 黏层油施工注意事项与洒布效果

（1）作业面应洁净、无污染，见图8-66。

（2）在结构物结合部涂刷热沥青进行封水处理，见图8-67。

（3）摊铺机在黏层油上容易打滑，应适时校正行驶方向，见图8-68。

黏层油"双层洒布"的效果（远景），见图8-69。黏层油"双层洒布"的效果（近景），见图8-70。

图8-66　作业面洁净、无污染

图8-67　在结构物结合部涂刷热沥青

图8-68 摊铺机在黏层油上容易打滑，应适时校正行驶方向

图8-69 "双层洒布"的效果（远景）

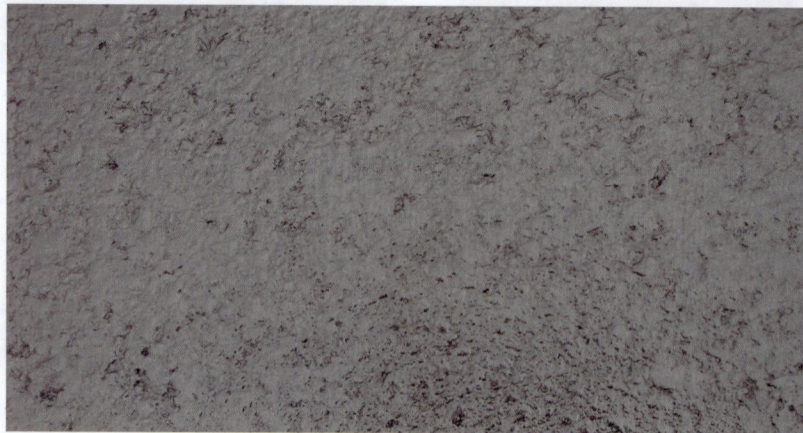

图8-70 "双层洒布"的效果（近景）

三、施工教训与注意事项

回顾我国排水性沥青路面工程应用实践历程，大致有以下经验与教训值得总结。

（1）优化横坡度指标设计。采用排水性沥青路面的高速公路项目，其路面设计横坡应适当调整，比如将《公路工程技术标准》（JTG B01—2003）中2%的横坡度优化为2.5%，以利于排水，见图8-71。

（2）尽量采用大粒径的结构类型。采用5cm厚的OGFC-16结构，排水效果会更好，见图8-72。

图8-71 设计横坡应加大

图8-72 OGFC-16结构排水效果更好

（3）混合料级配设计应合理。混合料级配设计应准确，减少表面排水不均匀现象，见图8-73。

（4）重视沥青对石料的黏附性指标控制。沥青对石料的黏附性应提高，见图8-74。

（5）碎石材料必须"优中选优"。必须加强碎石材料质量控制，材料应无杂质、无软石，碎石材质是否纯净，一洗便知，见图8-75。

（6）控制碾压遍数。排水性沥青混合料碾压过程中，应严格规定压路机的吨位，控制碾压温度、碾压遍数等，严禁过压，以免影响连通空隙率，见图8-76。

图8-73　表面排水不均匀

图8-74　沥青对石料的黏附性不足

图8-75　经水洗过的碎石材质

图8-76　控制碾压遍数，确保连通空隙率

四、排水性沥青路面运营观测

2009年6月，西安咸阳国际机场专用高速公路通车前，其OGFC-13排水性路面主要指标检测结果见表8-16。

OGFC-13排水性路面主要指标检测结果　　　　　　　　　表8-16

序　号	主　要　指　标	要　求　值	检　测　结　果
1	厚度（mm）	50	51
2	压实度（%）	≥98	99.1
3	平整度均方差（mm）	≤0.6	0.56
4	连通空隙率（%）	≥14	17.0
5	渗水量（mL/15s）	≥900	1496
6	动稳定度（次/mm）	≥5000	8600

2013年6月，专业检测公司对运营4年后的西安咸阳国际机场专用高速公路OGFC-13路面渗水量进行了检测，渗水量指标衰减不大，检测结果见表8-17。

运营4年后OGFC-13路面渗水量检测结果　　　　表8-17

设 计 值	≥900（mL/15s）					
仪器设备	路面渗水仪					
检测方法	JTG E60—2008（T0971）					
位置桩号	实测值					平均值
	1	2	3	4	5	
右幅K6+000距中10m（桥）	1425	1420	1405	1420	1430	1420
右幅K10+300距中12m	1275	1280	1285	1275	1260	1275
右幅K14+600距中9m	1385	1385	1390	1370	1395	1385
右幅K16+600距中12.5m	1615	1635	1650	1650	1635	1637
左幅K15+800距中12m	1290	1285	1290	1310	1275	1290
左幅K12+000距中10m	1220	1215	1230	1225	1220	1222
左幅K9+780距中12m	1485	1475	1480	1475	1460	1475
左幅K7+200距中9m（桥）	1785	1795	1790	1790	1255	1683
左幅K3+990距中12.5m（桥）	1255	1270	1270	1265	1265	1265

结论/结果：依据JTG E60—2008（T0971）试验，各个点的渗水量均符合设计要求

2014年2月，对运营了5年的西安咸阳国际机场专用高速公路的排水性沥青路面进行雪天路况观察，效果见图8-77、图8-78。

图8-77　对桥面排水性沥青铺装进行雪天路况观察

图8-78　排水性沥青路面在大雪天气依然保持良好路况

第七节　施工质量检测

一、混合料生产过程室内试验项目

排水性沥青混合料生产过程室内试验项目见表8-18。

排水性沥青混合料生产过程室内试验项目　　　　表8-18

序号	检 查 项 目	规定值或允许偏差	检查方法和频率
1	马歇尔稳定度（kN）	≥5.0	马歇尔试验：每机、每天上午、下午各1次
2	空隙率（%）	18~25	
3	连通空隙率（%）	≥14	
4	残留稳定度（%）	≥85	

续上表

序号	检 查 项 目		规定值或允许偏差	检查方法和频率
5	热料仓混合料级配（％）	13.2mm	±2	每天开机前1次
		4.75mm	±2	
		2.36mm	±2	
6	混合料级配（％）	13.2mm	±5	燃烧法：每天上午、下午各1次
		4.75mm	±4	
		2.36mm	±2	
		0.075mm	±2	
7	油石比（％）		±0.2	
8	车辙试验动稳定度（次/mm）		≥5000	每天1次
9	车辙试验最终变形量（mm）		≤3	
10	飞散试验质量损失量（％）		≤15	当料源或配合比变化时试验，且不能超过单幅5km
11	析漏试验（％）		不加纤维＜0.6	
			添加纤维＜0.5	
12	冻融劈裂强度比（％）		≥85	

二、施工过程的质量检测

（1）监理人员在料场现场检查矿料单粒级配，见图8-79。

（2）专人跟机检查并机作业的混合料布料情况，见图8-80。

（3）检测路面横向坡度，见图8-81。

（4）上面层返工铣刨，见图8-82。对返工段进行高程测量，做好重铺准备工作，见图8-83。施工接缝前后各15m必须铺设双层帆布，防止堵塞已成型排水路面的空隙，见图8-84。

图8-79　现场检查矿料单粒级配

图8-80　专人跟机检查并机作业的混合料布料情况

图8-81　检测路面横向坡度

图8-82　上面层返工铣刨

191

图8-83　对返工段进行高程测量

图8-84　施工接缝前后各15m必须铺设双层帆布

三、施工过程质量控制与检查项目

排水性沥青路面施工过程质量控制与检查项目见表8-19。

排水性沥青路面施工过程质量控制与检查项目　　　　　　　表8-19

序号	检 查 项 目	规定值或允许偏差	检查方法和频率
1	温度（℃）	满足要求	满足要求
2	混合料外观	无流淌、均匀一致、无花白、无离析和结团成块现象	1次/每车
3	摊铺速度（m/min）	1.8~2.2	随时
4	摊铺外观	平整、无拖痕、无离析	随时
5	虚铺厚度（cm）	根据试验路检测结果确定	钢板尺：1处/20m
6	碾压遍数	根据试验路检测结果确定	1次/段

四、排水性沥青路面实测项目

排水性沥青路面实测项目见表8-20。

排水性沥青路面实测项目　　　　　　　表8-20

序号	检 查 项 目		规定值或允许值	检查方法和频率
1	压实度		试验室标准密度：≥98%，最大理论密度：≥77%	按JTG F40—2004规范附录B检查，双车道每200m检测1处
2	平整度σ（mm）		≤0.6	平整度仪：全线每车道连续检测
3	厚度	代表值	总厚度：设计值的-5%　上面层：设计值的-10%	按JTG F40—2004规范附录H检查，双车道每200m测1处
4	中线平面偏位（mm）		±20	经纬仪：每200m测4点
5	纵断面高程（mm）		±10	水准仪：每200m测4断面
6	宽度（mm）		±20	尺量：每200m测4断面
7	横坡（%）		±0.3	水准仪：每200m测4处
8	弯沉（0.01mm）		符合设计要求	按JTG F40—2004规范附录I检查
9	空隙率（%）		18~25	钻孔取样：每1000m单幅2处
10	连通空隙率（%）		≥14	钻孔取样：每1000m单幅2处
11	渗水量（mL/15s）		≥900	渗水仪：每200m每车道1处

第九章 橡胶沥青混合料施工

第一节 概 述

一、橡胶粉作用机理

在橡胶沥青混合料中，由于橡胶粉本身具有弹性，因此可以缓解汽车荷载对路面的作用，从而达到改善路面的受力状态，延长使用寿命的目的，同时也可以大大降低行车噪声。这是国际上公认的橡胶沥青混凝土的两大技术特点，其原理是混合料的"弹性增加"。但是，橡胶沥青混凝土的弹性增加程度并不是越大越好，当超过某一个界限时，带来的副作用是混合料碾压不实、容易松散，进而形成路面病害。

橡胶沥青的三维结构见图9-1。

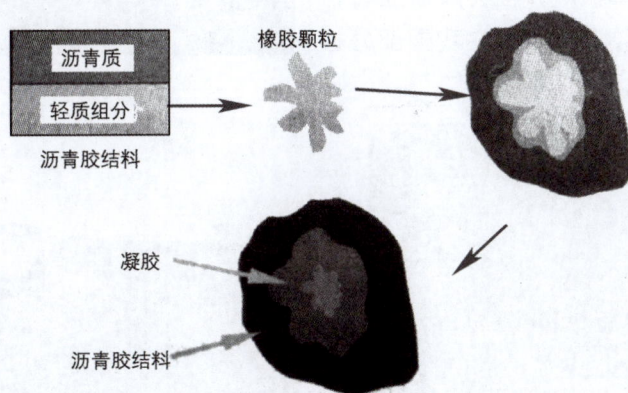

图9-1 橡胶沥青的三维结构

为了解决这个问题，需要对橡胶粉的细度、掺量、类型，特别是混合料的级配进行控制，其关键是解决"级配问题"。

二、橡胶沥青路面的优缺点

1. 橡胶沥青路面的优点

橡胶沥青路面具体有以下优点：

（1）高温稳定性和低温抗裂性能好，可预防沥青路面夏天高温时泛油、鼓包，冬天寒冷时路面开裂病害的发生，特别是在极端气候下（如极冷、极热、强降雨量等），也能保持路面的耐久性。

（2）与普通沥青路面相比，可降低噪声50%～70%。

（3）较SBS改性沥青路面的成本有所下降，使用寿命比普通沥青路面有所延长，从而减少工程建设成本和道路运营维修费用。

（4）水密性好，抗老化性好。

（5）橡胶中的炭黑能够使路面长期保存黑色，与白色标线的对比度高，提高了道路的安全性。

（6）能利用废旧轮胎，节能环保。

2. 橡胶沥青路面的缺点

橡胶沥青路面具有以下缺点：

（1）橡胶粉质量参差不齐，造成橡胶沥青质量较难控制。

（2）橡胶沥青加工难度大。

（3）对混合料级配类型的适用范围较小。

（4）施工温度控制难度大。

三、橡胶沥青混合料应用情况

随着我国人民生活水平的提高和经济建设的发展，汽车工业飞速发展，汽车保有量逐年迅速增加，大量的废旧轮胎造成了严峻的环境问题。近年来，在国家倡导节能减排、建设生态文明的大环境下，橡胶沥青利用废旧轮胎作为生产原料，在创造经济价值的同时，顺应了可持续发展、循环经济的趋势。橡胶沥青路面的应用可以解决大量废旧轮胎带来的环境问题，降低行车噪声，社会效益显著，具有广泛的应用前景。橡胶沥青路面在我国部分省份应用情况见图9-2～图9-6。

图9-2　西铜高速公路橡胶沥青混合料摊铺

图9-3　橡胶沥青路面表面

图9-4　通车3年的西铜高速公路橡胶沥青路面

图9-5　橡胶沥青路面在广西隆林至百色高速公路应用

图9-6　橡胶沥青在崇启通道（上海段）大规模应用

第二节　材料组成与技术要求

一、橡胶沥青

1. 橡胶粉的分类

橡胶粉是指橡胶轮胎通过机械方式粉碎后变成的粉末状物质，是一种具有特殊弹性的粉体材料，具有粉体材料的基本特征。橡胶粉按照粒度不同可以划分为粗胶粉、细胶粉、精细胶粉和超细胶粉，见表9-1。

橡胶粉的分类　　　表9-1

类　别	粒　度（mm）	粒　度（目）	制　造　装　置
粗胶粉	1.4～0.5	12～30	砂轮机、粗碎机、回转破碎机
细胶粉	0.5～0.3	30～47	细碎机、回转破碎机
精细胶粉	0.3～0.075	47～200	常温粉碎装置、低温冷冻粉碎装置
超细胶粉	0.075以下	200以上	磨盘式胶体研磨机

2. 橡胶粉技术指标与质量控制

1）橡胶粉技术指标

用于橡胶沥青混合料生产的橡胶沥青宜在拌和站现场加工。应用较多的是采用30目或40目（0.425mm）的斜交胎胶粉，其外掺量为沥青用量的20%～25%，具体应根据性能指标要求并经过试验确定。对橡胶粉的要求如下：

（1）橡胶粉现场储存时间一般不超过180d，并应储存在通风、干燥的仓库中，采取有效的防淋、防潮措施及消防措施。

（2）在橡胶粉厂派驻监理人员，从收料、加工、检验等各个环节严格把关，并随机进行不少于3次的橡胶粉外委检验，从源头上确保橡胶粉质量。

（3）橡胶粉的物理技术指标与化学技术指标分别符合表9-2、表9-3要求。

橡胶粉的物理技术指标　　　表9-2

项次	检测项目	相对密度	水分（%）	金属含量（%）	纤维含量（%）	天然橡胶含量（%）
1	技术要求	1.10～1.30	<1	<0.05	<1	≥30

注：指标来源根据《橡胶沥青及混合料设计施工技术指南》，由交通部公路科学研究院编写，2008年12月出版。

橡胶粉的化学技术指标　　　表9-3

项次	检测项目	灰分（%）	丙酮抽出物（%）	炭黑含量（%）	橡胶烃含量（%）
1	技术要求	≤8	≤22	≥28	≥42

注：指标来源根据《橡胶沥青及混合料设计施工技术指南》，由交通部公路科学研究院编写，2008年12月出版。

（4）橡胶粉质量控制指标。橡胶粉密度应为（1.15±0.05）g/cm^3，一般含有占橡胶粉质量4%的碳酸钙，以防止胶粉颗粒间相互黏结。

2）橡胶粉质量控制

由于目前我国对废旧轮胎的回收体系不完善，以及加工橡胶粉的设备不规范，因此，橡胶粉质量应从以下几个方面控制：

（1）橡胶粉的物理、化学指标应满足表9-2和表9-3的要求。

（2）加强橡胶粉质量抽检，物理指标每10t抽检1次，化学指标每50t抽检1次。

（3）检查橡胶粉料源，检查胶粉的目数、胎源及规格等。

3. 基质沥青技术指标与质量控制

1）基质沥青技术指标

生产橡胶沥青的基质沥青一般采用A-70号或A-90号，其技术指标应符合《公路沥青路面施工技术规范》（JTG F40—2004）的要求。

2）基质沥青质量控制

（1）定期检查基质沥青来源。

（2）不定期抽检基质沥青质量。

4. 橡胶沥青混合料添加剂

为提高橡胶沥青路面的高温稳定性，可在混合料中添加高模量剂。

（1）高模量剂掺量一般为沥青混合料质量的0.3%。

（2）高模量剂必须储存在通风、干燥的仓库中，采取有效的防淋、防潮措施及消防措施。

5. 橡胶沥青技术要求与质量控制

1）橡胶沥青技术要求

橡胶沥青技术指标要求见表9-4。

橡胶沥青技术指标 表9-4

项次	项　目	温　区	试　验　方　法
1	基质沥青	A-90号、A-70号	
2	180℃旋转黏度（Pa·s）	2.0～4.0	T 0625
3	针入度（25℃，100g，5s）（0.1mm）	40～80	T 0604
4	软化点（环球法）（℃）	≥58	T 0606
5	弹性恢复25℃（%）	≥55	T 0662
6	延度（5cm/min，5℃）（cm）	≥10	T 0605

注：指标来源根据《橡胶沥青及混合料设计施工技术指南》，由交通部公路科学研究院编写，2008年12月出版。

2）橡胶沥青质量控制

橡胶沥青加工现场应控制橡胶粉掺量、加工温度等。质量检测主要依靠手持式旋转黏度计和布洛克菲尔德黏度计进行黏度检测，同时，更应注重加工过程工艺管理。

加工橡胶沥青时应注意如下事项：

（1）胶粉烘干温度以110℃为宜，基质沥青在加工前须脱水。

（2）添加胶粉：当基质沥青加热至160℃时，缓缓加入胶粉，边加热边搅拌。胶粉分3次平均加入，第一次加入胶粉并搅拌均匀后再加入第二次，依次类推，整个加入胶粉过程的时间控制在5min左右。

（3）温度控制：加入胶粉后，持续加热搅拌，为防止老化，加热温度控制在180~190℃。

（4）搅拌时间：橡胶颗粒在上述高温的基质沥青中搅拌时间控制在1h左右。

（5）储存及取样：橡胶沥青制备完成后，需及时取样并检测指标。

二、粗集料

用于橡胶沥青混合料施工的粗集料应洁净、干燥、表面粗糙、形状接近立方体，且无风化、无杂质，并有足够的强度、耐磨耗性。须选用圆锥破、冲击破或反击式破碎机加工的碎石，不得采用颚式单机加工的碎石，同时在生产过程中必须采取除尘措施。加工碎石的筛孔尺寸，必须与沥青拌和楼的热料仓筛孔尺寸相对应，以便最大限度地使用进场材料，提高生产率，保证混合料的质量。

进场后粗集料必须隔离分级呈台阶式堆放，堆料场必须硬化，各种材料应插牌标示，标示牌内容应包括材料名称、规格、用途、产地等。

三、细集料与填料

细集料采用的机制砂应洁净、干燥、无风化、无杂物。机制砂必须采用10~30mm的洁净石灰岩碎石加工机制砂，严禁采用石屑加工。

填料必须采用10~20mm或10~30mm的石灰岩碎石或岩浆岩中的强基性岩石等憎水性集料经磨细得到的矿粉，原材料中不得含有泥土、杂岩等杂质。矿粉要求干燥、洁净，能自由地从矿粉仓中流出。

第三节　设备与检测仪器要求

一、橡胶沥青现场加工设备

（1）基质沥青的存储能力应满足要求。

（2）橡胶沥青现场加工设备数量不少于2套。

（3）橡胶沥青加工设备必须包含快速升温装置、溶胀罐、成品罐、胶体磨（或高速剪切机，主要用于分散胶粉），见图9-7。

（4）橡胶沥青加工设备必须靠近沥青拌和机。

（5）橡胶沥青加工现场应安装监控设备。

为了满足4000型拌和楼满负荷运行，要求橡胶沥青生产能力超过拌和楼每小时的消耗量，并配有大流量泵送设备以实现双级联动泵送。泵、阀、管道的通径至少应为100mm，以免影响拌和楼产量。橡胶沥青设备布局见图9-8。

图9-7　橡胶沥青加工设备

二、高模量剂专用添加设备

高模量剂宜采用专用设备添加，使用前应对设备进行标定。添加了高模量剂的橡胶沥青混合料在干拌时，应使集料与高模量添加剂拌和均匀，再喷入橡胶沥青、矿粉，连续搅拌。

三、沥青混合料拌和楼

对于生产规模较大的高速公路建设项目，橡胶沥青混合料一般采用4000型及以上的间歇式沥青混合料搅拌设备生产，拌和楼数量根据工程规模安装1~2套。全部生产过程由计算机自动控制，配备打印装置，拌和机应配备良好的二级除尘装置；具备大功率沥青泵，沥青管道直径和弯管满足高黏度沥青泵送要求，热料仓和冷料仓宜为5~6个。

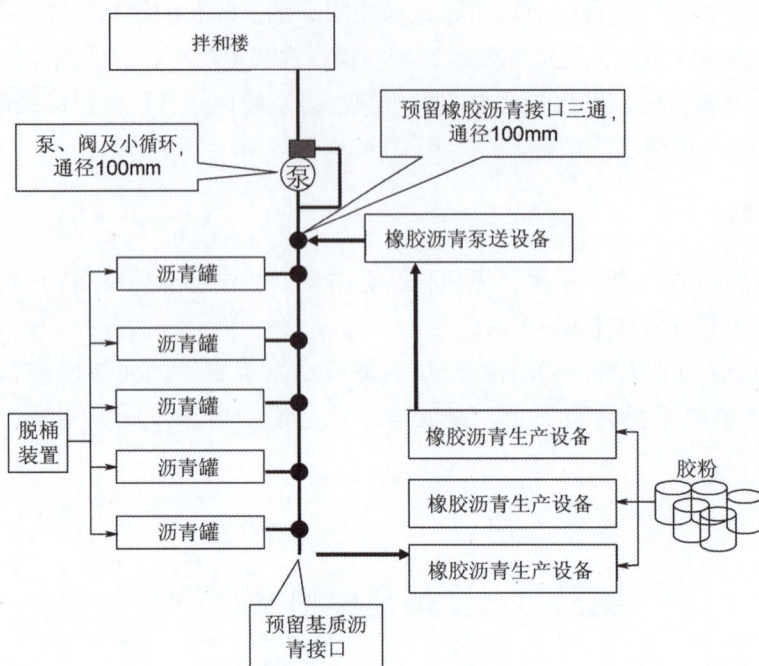

图9-8　橡胶沥青设备布局图

四、运输车

应采用载质量25t以上的自卸汽车运输混合料，数量应满足拌和楼、摊铺机正常运转要求。

运输车辆必须采取严格的保温措施。对所有混合料运输车辆进行保温包裹，车顶采用两层帆布中间夹一层棉被的方式覆盖，车箱侧面采用岩棉加铁皮固定保温或者采取棉被裹严保温，见图9-9。

图9-9　运输车辆必须采取保温措施

五、摊铺机

双向4车道的高速公路在单幅全宽铺筑时，每个作业面要求配备新旧程度、规格型号相同的摊铺机2~3台。

六、压路机

双向4车道的高速公路在单幅全宽铺筑时，每个作业面要求11t以上双钢轮振动压路机至少5台，当路幅宽度增加时，应增加压路机的数量。

七、橡胶沥青检测仪器

橡胶沥青主要检测仪器见表9-5。

橡胶沥青主要检测仪器　　　　　　　　　　　　　　　　表9-5

序号	设备名称	数　量	序号	设备名称	数　量
1	胶粉筛	1套	4	软化点仪	2套
2	布氏旋转黏度计	1台	5	弹性恢复	2套
3	沥青针入度	2只			

第四节　配合比设计

一、设计原则

橡胶沥青混合料配合比设计分为目标配合比设计、生产配合比设计以及混合料试生产和试验路段铺设3个阶段。

（1）按照体积法进行配合比设计，根据设计空隙率要求并结合其他体积参数，由试件的实际空隙率确定相应的油石比。

（2）以间断级配、骨架结构为原则，优化实际级配，并进行相关的性能验证。

二、设计标准

1.马歇尔击实试验

（1）橡胶沥青混合料设计一般采用马歇尔试验方法。

（2）橡胶沥青混合料马歇尔击实试验技术指标见表9-6。

橡胶沥青混合料马歇尔击实试验技术指标　　　　　　表9-6

序　号	试验项目	单　位	技术指标
1	马歇尔击实次数	次	75
2	试件尺寸	mm	$\phi 101.6 \times 63.5$
3	设计空隙率	%	4.0~6.0
4	马歇尔稳定度，不小于	kN	≥6
5	残留稳定度，不小于	%	80
6	冻融劈裂强度比，不小于	%	80
7	动稳定度，不小于	次/mm	4000
8	低温弯曲应变	$\mu\varepsilon$	—
9	沥青饱和度VFA	%	70~85
10	矿料间隙率VMA	%	16.5~19

2.级配范围

工程实践表明，橡胶沥青混合料适合采用间断级配。高速公路沥青上面层若采用橡胶沥青路面，则推荐间断级配橡胶沥青混合料AR-SMA-13。AR-SMA-13橡胶沥青混合料的矿料级配范围见表表9-7。

AR-SMA-13橡胶沥青混合料的矿料级配范围表 表9-7

通过下列筛孔（mm）的质量百分率（%）									
16	13.2	9.5	4.75	2.36	1.18	0.6	0.3	0.15	0.075
100	90~100	50~75	20~34	15~26	14~24	12~20	10~16	7~12	4~8

由于这种橡胶沥青混合料的矿料级配均属于粗集料骨架，集料与集料之间能够形成良好的支撑，而具有高黏弹性的橡胶沥青会裹覆在集料表面，并填充其空隙，形成强有力的黏结，使整个橡胶沥青混合料成为骨架密实结构。因此，这种结构具有很强的抗车辙能力、良好的低温抗裂性和耐疲劳性，粗糙的纹理构造使其表面摩阻力大而且抗滑，并使路面增强阻尼而降低噪声，使路面能获得良好的使用效果。

采用间断级配的橡胶沥青混合料由于沥青用量大，对拌和楼要求高，施工难度大，适合于高速公路上面层采用。

三、目标配合比设计

1. 设计目的

根据理论级配确定混合料冷料仓的比例，进一步验证混合料的性能。

2. 主要流程

（1）对各类原材料进行性能检测。

（2）对集料进行筛分，根据理论配合比确定的级配曲线，确定各档料的比例。

（3）矿料级配应控制在允许的范围内。调整好级配后进行马歇尔击实试验，确定混合料的油石比并进行混合料性能验证。

（4）矿料配比设计。应利用矿料筛分结果，借助电子计算机的电子表格通过试配法进行。矿料配比设计时，应在级配范围内调整各种矿料的比例，设计成粗、中、细三组不同级配，使合成级配曲线分别位于级配范围的上方、中值、下方。当反复调整不能满足要求时，应更换材料并重新进行设计。

（5）确定橡胶沥青用量。根据矿料设计级配和初试橡胶沥青用量试验结果，按0.5%间隔变化，根据经验取4个不同的橡胶沥青用量，制备马歇尔试件，并测试计算各组试件的密度、空隙率、矿料间隙率、沥青饱和度、稳定度等，分别绘制各项体积指标与沥青用量的关系曲线。根据设计空隙率，并综合考虑其他各项体积指标是否满足技术要求，确定橡胶沥青用量。

橡胶沥青混合料室内马歇尔拌和与击实温度见表9-8。

橡胶沥青混合料室内拌和与击实温度 表9-8

序 号	控 制 环 节	温 度 要 求（℃）
1	矿料	180~195
2	橡胶沥青加热温度	180~185
3	混合料拌和温度	180~185
4	试模预热温度	165~175
5	试件击实温度	160~165
6	试件成型终了温度	不低于145

（6）配合比设计检验。按要求制作试件，进行浸水马歇尔试验、冻融劈裂试验、车辙动稳定度试验和低温弯曲等试验。试验结果必须满足要求，若不符合要求，必须重新进行配合比设计。

橡胶沥青混合料中的基质沥青具有两方面的作用，一方面要稳定矿料，另一方面要与橡胶粉反应、结合。如果橡胶沥青混合料的油石比仍然维持在不掺加橡胶粉时的状态，则裹覆在矿料表面的沥青膜就会减薄，对混合料本身的耐久性造成不利影响，因此，需要适当增加油石比，这也是橡胶沥青混合料的油石比较普通沥青混合料大的原因。

四、生产配合比设计

1. 设计目的

确定拌和楼热料仓的范围和比例，进而确定混合料的生产油石比。

2. 主要流程

（1）确定拌和楼热料仓筛孔范围。

（2）清理拌和楼各部位的杂料，检查拌和楼筛孔的尺寸和是否破损。

（3）进行热料仓筛分，确定热料仓比例。

（4）按照目标配合比确定的冷料仓比例上料（不喷沥青、不掺加填料），进行加热和筛分。

（5）为了反映试验的准确性，一般要求将第一、二盘矿料废弃，用装载机直接接取第三盘矿料，将各热料仓的集料分别堆放在干净的取样盘内。

（6）用四分法取样筛分。

（7）按目标配合比级配曲线掺配，初步确定热料仓的比例。

3. 确定混合料生产油石比

为改善表面层混合料的高温稳定性，在实际生产中，生产油石比可以较最佳油石比低0.2%~0.3%。

五、试验路验证

1. 目的

（1）确定橡胶沥青现场加工工艺、相关参数和产量。

（2）检验热料仓在大规模生产时，各料仓是否均衡。

（3）验证混合料生产配合比。

（4）验证机械设备运转是否正常。

（5）检验各环节的工艺流程及温度控制。

2. 总结

（1）试验路长度不小于300m。

（2）施工参数：包括混合料拌和时间、拌和温度、运输与摊铺情况、碾压设备组合与碾压遍数控制等。

（3）质量检测：包括级配、油石比、马歇尔试验、高低温性能试验、压实度、现场空隙率、平整度等。

第五节　施工工艺

一、混合料拌和

橡胶沥青混合料拌和要求如下：

（1）严格控制橡胶沥青、集料的加热温度以及拌和温度，见表9-9。

橡胶沥青、集料的加热温度以及拌和温度（单位：℃）　　　　　表9-9

橡胶沥青加热温度	集料温度	混合料出厂温度	混合料废弃温度
180～185	180～195	180～185	<165，>195

（2）拌和楼控制室要逐盘打印沥青及各种矿料的用量和拌和温度，并安装级配实时监控系统，定期对拌和楼的计量和测温系统进行校核。

（3）拌和时必须使所有集料颗粒全部裹覆沥青结合料，并以沥青混合料拌和均匀为度。若添加高模量剂，则干拌时间不少于18s，总拌和时间为70～75s。

（4）沥青拌和楼干燥筒的喷油嘴开度应适当减小，避免集料过度加热，而橡胶沥青的喷油嘴开度应适当加大，以确保沥青添加数量。

（5）橡胶沥青混合料宜随拌随用，不得存储在沥青拌和楼的存储料仓内。

二、混合料运输

橡胶沥青混合料运输要求如下：

（1）混合料装车时，应前后移动车辆确保料车前后载质量均匀。

（2）橡胶沥青混合料出厂时应逐车检测混合料温度，记录出厂时间，签发运料单。

（3）橡胶沥青混合料运输时，自卸车辆必须用保温苫布覆盖，保温、防雨、防污染。

三、混合料摊铺

橡胶沥青混合料摊铺要求如下：

（1）摊铺厚度和平整度由找平系统（平衡梁或雪橇式）控制，应密切注意平衡梁的黏料情况，发现黏料时及时清除，防止产生拉痕。

（2）橡胶沥青混合料应保持连续、均匀、不间断地摊铺，摊铺速度控制在1.5～2m/min。

（3）混合料一般不得用人工整修，缺陷严重时应予以铲除，并调整摊铺机或改进摊铺工艺。

（4）对于路幅较宽的作业面，必须采用多台摊铺机梯队作业，每台摊铺机的拼接宽度要合理。靠中分带处的摊铺机后行，当第1台摊铺机驶出2～3m时，第2台摊铺机开始摊铺。两机前后间隔距离控制在3～5m，摊铺面搭接控制在5～10cm。橡胶沥青并机摊铺见图9-10。

图9-10　橡胶沥青混合料并机摊铺

四、混合料压实

橡胶沥青混合料碾压要求如下：

（1）橡胶沥青混合料压实应采用高频、低幅的双钢轮振动压路机，不得使用轮胎压路机，见图9-11。

图9-11　橡胶沥青混合料采用双钢轮振动压路机碾压

（2）碾压应遵循"紧跟、慢压、高频、低幅"的原则。

（3）橡胶沥青混合料的碾压温度应符合表9-10要求，并应根据混合料种类、压路机、气温、层厚等情况经试压确定。初压、复压、终压应在尽可能高的温度下进行，严禁低温碾压。

压实机械组合和碾压温度（单位：℃）　　　　　　　　　　　　　表9-10

项　次	碾压流程	机械组合	碾压温度
1	初压	双钢轮振动压路机	>165
2	复压	双钢轮振动压路机	>150
3	终压	双钢轮振动压路机	>90

五、施工接缝

纵向接缝应采用热接缝。横向接缝施工前，必须将原有冷混合料人工挖除并修整成垂直面，并涂刷黏层油，再次摊铺前对熨平板进行预热。

六、开放交通

橡胶沥青路面冷却至50℃以下时才能开放交通，见图9-12。

图9-12　橡胶沥青路面开放交通

203

第六节　不同沥青混合料参数对比

橡胶沥青混合料与其他类型沥青混合料的施工技术与施工工艺存在明显的区别，不同类型沥青混合料施工参数的比较如下。

一、不同类型沥青混合料的矿料级配关键筛孔

不同类型沥青混合料的矿料级配关键筛孔见表9-11。

不同类型沥青混合料的矿料级配关键筛孔　　表9-11

序号	混合料类型	层　位	关　键　筛　孔（mm）					
			公称最大粒径	19	9.5	4.75	2.36	0.075
1	ATB-30	下面层	◆	◆	◆	◆		◆
2	AC-20	中面层	◆			◆		◆
3	AC-13	上面层	◆			◆	◆	◆
4	SMA-13	上面层	◆			◆		◆
5	OGFC-13	上面层	◆			◆		◆
6	AR-SMA-13	上面层	◆			◆		◆

二、不同类型沥青混合料的室内试验温度

不同类型沥青混合料的室内试验温度见表9-12～表9-15。

ATB-30沥青混合料室内试验温度（单位：℃）　　表9-12

项　次	操作工序	温度范围
1	基质沥青加热	150～160
2	矿料加热	170～180
3	混合料拌和（矿粉不加热）	160～165
4	称量	紧跟、及时
5	装模（马歇尔试模、车辙板模）	150～160
6	混合料击实或成型车辙试件	装模后紧跟、及时
7	脱模	室内常温放置12h后
8	技术指标检测	按《公路工程沥青及沥青混合料试验规程》（JTG E20—2011）相关规程执行

SBS改性沥青AC类混合料室内试验温度（单位：℃）　　表9-13

项　次	操作工序	温度范围
1	改性沥青加热	165～175
2	矿料加热	180～195
3	混合料拌和（矿粉不加热）	170～175
4	称量	紧跟、及时
5	装模（马歇尔试模、车辙板模）	160～170
6	混合料击实或成型车辙试件	装模后紧跟、及时
7	脱模	室内常温放置12h后
8	技术指标检测	按《公路工程沥青及沥青混合料试验规程》（JTG E20—2011）相关规程执行

SMA沥青混合料室内试验温度（℃）　　　　　　　表9-14

项次	操作工序	温度范围
1	改性沥青加热	165~175
2	矿料加热	185~195
3	混合料拌和（矿粉不加热，掺加木质素纤维）	170~175
4	称量	紧跟、及时
5	装模（马歇尔试模、车辙板模）	160~170
6	混合料击实或成型车辙试件	装模后紧跟、及时
7	脱模	室内常温放置12h后
8	技术指标检测	按《公路工程沥青及沥青混合料试验规程》（JTG E20—2011）相关规程执行

OGFC排水性沥青混合料室内试验温度（℃）　　　　表9-15

项次	操作工序	温度范围
1	基质沥青加热	150~160
2	矿料加热	180~195
3	混合料拌和（矿粉不加热）	170~175
4	称量	紧跟、及时
5	装模（马歇尔试模、车辙板模）	160~170
6	混合料击实或成型车辙试件	装模后紧跟、及时
7	脱模	室内常温放置12h后
8	技术指标检测	按《公路工程沥青及沥青混合料试验规程》（JTG E20—2011）相关规程执行

三、不同类型沥青混合料的油石比参考值

不同类型沥青混合料的油石比参考值见表9-16。

不同类型沥青混合料的油石比参考值（单位：%）　　　表9-16

序号	混合料类型	层位	厚度（cm）	油石比范围
1	ATB-30	下面层	12	3.2~3.4
2	AC-20	中面层	6	4.2~4.3
3	AC-13	上面层	4	4.6~4.8
4	SMA-13	上面层	4	5.7~5.9
5	OGFC-13	上面层	5	5.0~5.1
6	AR-SMA-13	上面层	4	6.0~6.5

四、不同类型沥青混合料的空隙率参考值

不同类型沥青混合料的空隙率参考值见表9-17。

不同类型沥青混合料的空隙率参考值（单位：%）　　　表9-17

序号	混合料类型	层位	设计空隙率	现场空隙率
1	ATB-30	下面层	4.5	3~7
2	AC-20	中面层	4.0	3~7

续上表

序号	混合料类型	层位	设计空隙率	现场空隙率
3	AC-13	上面层	4.0	3~7
4	SMA-13	上面层	4.0	3~6
5	OGFC-13	上面层	22	18~25
6	AR-SMA-13	上面层	4.5	3~6

五、不同类型沥青混合料的动稳定度参考值

不同类型沥青混合料的动稳定度参考值见表9-18。

不同类型沥青混合料的动稳定度参考值（单位：次/mm）　　　　表9-18

序号	混合料类型	层位	规范值	实测动稳定度
1	ATB-30	下面层	≥1000	2000~2500
2	AC-20	下面层	≥2800	4000~6000
3	AC-13	中面层	≥2800	4000~6000
4	SMA-13	上面层	≥3000	6000~8000
5	OGFC-13	上面层	≥3000	6000~8000
6	AR-SMA-13	上面层	≥2800	3000~5000 10000~15000（掺加高模量剂）

六、不同类型沥青混合料的摊铺速度

不同类型沥青混合料的摊铺速度见表9-19。

不同类型沥青混合料的摊铺速度（单位：m/min）　　　　表9-19

序号	混合料类型	层位	厚度（cm）	摊铺速度		备注
				起步速度	正常速度	
1	ATB-30	下面层	12	0.5~1.0	1.5~1.8	厚度大，用料多
2	AC-20	中面层	6	0.5~1.0	2.0~2.5	
3	AC-13	上面层	4	0.5~1.0	2.0~2.5	
4	SMA-13	上面层	4	0.5~1.0	1.8~2.0	
5	OGFC-13	上面层	5	0.5~1.0	1.8~2.2	速度太快则影响摊铺质量
6	AR-SMA-13	上面层	4	0.5~1.0	1.5~2.0	

七、不同类沥青混合料的碾压方式与遍数

不同类型沥青混合料的碾压方式与遍数见表9-20。

不同类型沥青混合料的碾压方式与遍数 　　　表9-20

序号	混合料类型	层位	厚度（cm）	碾压方式与遍数			
				初压	复压		终压
				11~13t 双钢轮振动压路机	11~13t 双钢轮振动压路机	26~31t 轮胎压路机	11~13t 双钢轮振动压路机
1	ATB-30	下面层	12	静1遍、振2遍	—	揉压6遍	静2遍
2	AC-20	中面层	6	静1遍、振2遍	—	揉压4遍	静1遍
3	AC-13	上面层	4	静1遍、振1遍	—	揉压4遍	静1遍
4	SMA-13	上面层	4	静1遍	振5遍	—	静1遍
5	OGFC-13	上面层	5	静4遍		—	静1遍
6	AR-SMA-13	上面层	4	静1遍	振5遍	—	静1遍

八、不同类型沥青混合料的构造深度、横向力系数参考值

对于中、下面层，一般不要求检测构造深度和横向力系数。根据工程经验，不同类型混合料的构造深度、横向力系数参考值见表9-21。

不同类型沥青混合料的构造深度、横向力系数参考值 　　　表9-21

序号	混 合 料 类 型	层 位	构造深度TD（mm）	横向力系数SFC60
1	AC-13	上面层	0.55~0.8	50~70
2	SMA-13	上面层	0.8~1.0	60~80
3	OGFC-13	上面层	—	60~90
4	AR-SMA-13	上面层	0.8~1.0	60~80

第七节　施工难点解析

一、材料方面

用于生产橡胶沥青混合料的橡胶粉一般采用30目或40目。橡胶粉细度较细时，可消除因颗粒粗而对混合料级配产生的不良影响，但如果颗粒太细，则容易遇高温熔化，黏度降低较快。因此，应根据不同用途或混合料的不同级配类型，选择不同目数的橡胶粉，而且当天生产的橡胶沥青必须当天用完。

二、设备方面

（1）应在沥青拌和楼的拌锅位置设置橡胶沥青管道接口。

（2）橡胶沥青加工设备的生产能力应比拌和楼需求量稍大，不能影响混合料的连续拌和。具体为：当供应4000型沥青拌和楼，橡胶沥青加工设备生产能力为20t/h；当供应5000型沥青拌和楼，橡胶沥青加工设备生产能力为25t/h。同时，必须配置足够数量的发育罐。

三、橡胶沥青加工难点

橡胶沥青加工的标准工艺当属现场加工法，尽管现场加工法是最麻烦的方法，却是工程效果最好的方法。目前，还没有其他方法可以替代现场加工法，原因是工厂化生产的高黏度橡胶沥青，从生产到使用之间的时间长，橡胶沥青黏度快速衰减，指标很快不合格且无法处理。橡胶沥青黏度快速衰减，如图9-13所示。

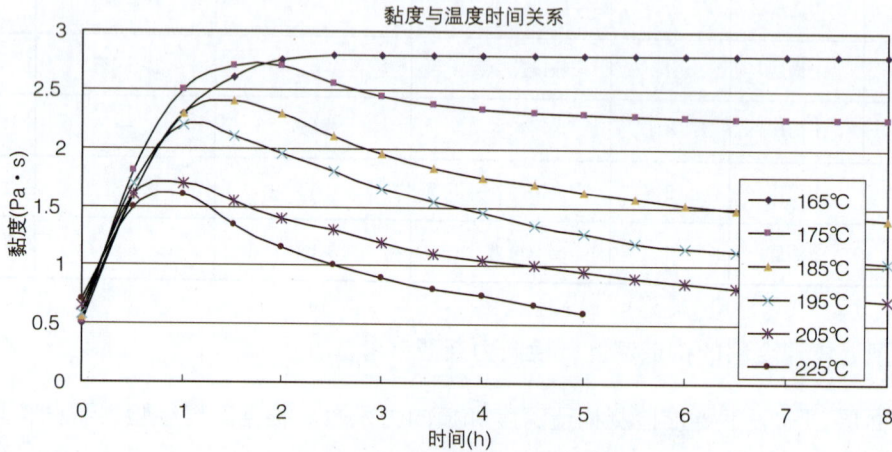

黏度与温度时间关系

图9-13　橡胶沥青黏度快速衰减

橡胶沥青现场加工时的主要控制指标：①橡胶粉掺加量；②加工温度；③成品橡胶沥青的黏度。橡胶沥青现场生产工艺主要参数见表9-22。

橡胶沥青现场生产工艺主要参数　　　　　　　　　　　　表9-22

项次	内　容	要　求	备　注
1	基质沥青加热温度	180~190℃	
2	橡胶粉目数	30目或40目	
3	掺量	20%~25%（外掺）	根据试验结果具体确定
4	反应温度	180~210℃	必须密封下
5	反应时间	45~60min	
6	存储要求	原则上当天加工，当天使用完毕	

成品橡胶沥青应不断搅拌，黏度下降后应及时添加一定掺量的胶粉。施工现场应配备相应的试验检测仪器，由质检员上、下午监测加工质量，出现偏差时及时采取措施予以纠正。ASTM D6114-09黏度试验见图9-14。

橡胶沥青生产注意事项：

（1）对每一批橡胶粉都要进行配方复检，因为橡胶粉为废品回收利用，稳定性较差。

（2）橡胶沥青质量的影响因素很多，需要随时观察和分析橡胶粉成分、细度、反应温度、反应时间，进行全过程质量跟踪。

（3）对每锅橡胶沥青都要检验，建立起生产人员自检制度、自检记录和报告制度。

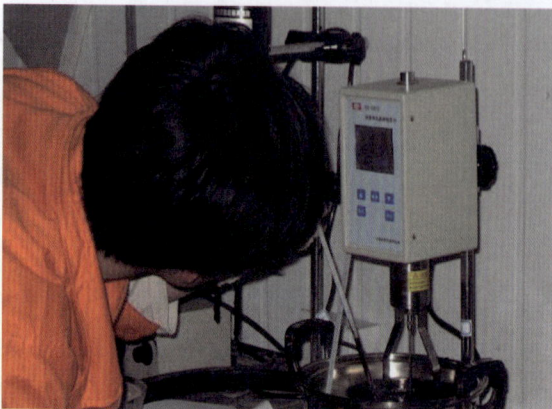

图9-14　ASTM D6114-09黏度试验

（4）建立全员质量控制体系。生产人员与施工环节、试验室建立密切联系，及时将生产中出现的可能影响质量的问题或变化及时通报相关各方。

四、工程级配类型的选择

橡胶沥青混合料宜采用间断级配，橡胶沥青间断级配由SMA演变而来。橡胶沥青不能直接用于SMA，原因是橡胶沥青黏度很大，若再按SMA的材料组成加上过多矿粉，会因沥青胶结料过多导致混合料黏稠，从而使得混合料难以施工，因此一般不加矿粉。

五、混合料施工难点

（1）橡胶沥青拌和工艺与SMA大致相同，均属于较难控制的混合料类型。

（2）橡胶沥青混合料对配合比的要求极其严格，矿料允许误差为1%，而不像其他普通混合料，误差较大也不易发现，影响也不十分严重。因此，混合料的拌和必须配置有经验、责任心强的操作人员，执行经审批的生产配合比，同时，试验室主任和试验工程师应加强对橡胶沥青混合料配合比的检测、控制。

（3）橡胶沥青混合料施工时应严格控制各个环节的温度。

六、生产安全措施

橡胶沥青生产是高温作业，防范烫伤是安全工作重点，树立"安全第一，预防为主"的思想，对各种可能的伤害提前预防。

（1）设备高温部件经过了保温包装，减少接触高温部位。

（2）设备自动化程度高，一名熟练操作手可以在操作室完成所有生产操作，减少安全隐患。

（3）生产负责人也是安全负责人，全体生产人员都是安全员。

（4）坚决杜绝违章操作。

（5）设备维修必须在温度降低后进行。

（6）无关人员禁止进入橡胶沥青生产区域。

七、常见的病害

正常情况下，橡胶沥青混合料路面不会出现早期病害，但当施工控制出现偏差时就会出现下列问题。

（1）推移、车辙。油石比不合理、层间结合不良、级配设计不合理，都会导致推移、车辙。同时，应禁止采用橡胶沥青密级配，原因是橡胶粉在密级配混合料中类似于滚珠，使路面易于推挤。

（2）渗水。级配差、未压实、混合料离析等，都会使路面渗水。

（3）泛油。矿料级配与油石比不匹配，产生泛油病害。一般而言，混合料的油石比相对固定，而矿料级配发生变化，就显示与油石比不配套。

第八节　施工质量检测

一、基本要求

（1）成品橡胶沥青的各项指标必须满足要求。

（2）严格控制沥青混合料中各种矿料和沥青用量。

（3）沥青混合料应均匀一致，无花白和结团成块现象。

（4）摊铺时应严格控制厚度和平整度，控制摊铺、碾压温度。

（5）混合料表面应平整、密实，无泛油、松散、裂缝以及粗细集料离析等现象，表面无明显碾压轮迹。

（6）接缝紧密平顺，与其他构造物衔接应平顺、无积水。

二、检查项目

1. 橡胶沥青质量检查频率

橡胶沥青质量检查频率见表9-23。

橡胶沥青质量检查频率 表9-23

序号	检 测 项 目	检 查 频 率
1	橡胶沥青180℃黏度（Pa·s）	每10t检查1次
2	针入度（25℃，100g，5 s）（0.1mm）	每30t检查1次
3	软化点（℃），不小于	每30t检查1次
4	弹性恢复（25℃，%），不小于	每30t检查1次

2. 橡胶沥青路面检查项目及检验标准

高速公路橡胶沥青路面检查项目及检验标准见表9-24。

高速公路橡胶沥青路面检测项目及频率 表9-24

项次	检 查 项 目		规定值或允许值	检查方法和频率
1	压实度（%）		试验室标准密度的98，最大理论密度的93	按JTG F40—2004规范附录B检查，每200m测1处
2	厚度（%）		设计值的-10	每2000m²单点评定
3	平整度	σ（mm）	0.8	平整度仪：全线每车道连续计算IRI或σ
		IRI（m/km）	2.0	
4	弯沉（0.01mm）		符合设计要求	按JTG F40—2004规范附录I检查
5	渗水系数（mL/min）		80	渗水试验仪：合格率不低于90%
6	抗滑	摩擦系数	符合设计要求	摆式仪：每处测；横向力系数测定车，全线连续
		构造深度		
7	中线平面偏位（mm）		±20	经纬仪：每200m测4断面
8	纵断面高程（mm）		±15	水准仪：每200m测4断面
9	宽度（mm）		±20	尺量：每200m测4断面
10	横坡（%）		±0.3	水准仪：每200m测4处

第十章 水泥混凝土桥面沥青铺装层施工

第一节 概 述

铺筑在水泥混凝土桥面上的沥青铺装层是一种特殊的沥青路面结构，起着保护桥面板、防止雨水侵蚀、分散集中荷载、同时与桥梁主体起着承受弯矩和抵抗变形的诸多作用。除了对桥梁进行有效保护、提高使用寿命外，还有一个主要目的就是让车辆行驶更安全、更舒适。为了不断追求这一目标，我国水泥混凝土桥面铺装层的结构形式也不断创新，并积累了丰富的工程实践经验，桥面沥青铺装质量与品质逐年提高。

基于桥面不同的层位功能需要，同时为了提高耐久性，大部分桥面采用SMA混合料作为桥面铺装层材料，见图10-1。为了解决雨天安全行车问题，采用OGFC排水性沥青混合料作为铺装层材料，如图10-2所示为西安咸阳国际机场专用高速公路渭河特大桥OGFC-13排水性铺装。

浙江省杭州湾跨海大桥及其SMA桥面铺装见图10-3、图10-4，西商高速公路高架桥SMA铺装见图10-5，桥面橡胶沥青混合料铺装见图10-6。

图10-1 桥面SMA沥青铺装效果

图10-2 西安咸阳国际机场专用高速公路渭河特大桥OGFC-13排水性铺装

图10-3 杭州湾跨海大桥

图10-4 杭州湾跨海大桥SMA桥面铺装

图10-5　西商高速公路高架桥SMA铺装

图10-6　桥面橡胶沥青混合料铺装

第二节　桥面铺装层早期病害原因分析

一、铺装层主要病害类型

近年来，一些运营高速公路的水泥混凝土桥面沥青铺装层出现了早期病害，主要表现形式有坑槽、推移、拥包、渗水、车辙等。

导致铺装层出现渗水、坑槽等病害的原因很复杂，除了设计因素外，究其施工方面的主要原因有，施工材料质量差，施工工艺不合理，实体质量不满足设计和技术规范要求等。更有甚者，在通车的第二年铺装层就出现了病害。比如，桥面下面层施工时产生严重离析，导致雨水下渗，由于水分未及时蒸发就铺筑了上面层混合料，久而久之，在车辆动荷载的作用下，就会产生坑槽等病害。这种现象大都发生在秋、冬季节施工的山区高速公路中。同时，由于赶工期，沥青混合料的施工温度得不到保证，压实度、空隙率、渗水系数等指标无法"点点、处处"合格，形成桥面病害，如图10-7～图10-11所示。

图10-7　已通车的高速公路桥面出现多处修补

图10-8　桥面连续出现多处坑槽、唧浆

图10-9　桥面车辙与坑槽（大修补套小修补）

图10-10 匝道桥桥面产生推移、车辙

图10-11 桥面上面层渗水影响耐久与美观

二、病害原因分析

1.桥面铺装层自身受力复杂

水泥混凝土桥面沥青铺装层的早期破坏，不仅妨碍正常交通，影响桥梁美观，更容易引发交通事故，同时，也给维修工作带来很大的困难。因此，有必要对水泥混凝土桥面沥青铺装层的结构受力特点进行分析，从而指导该领域的设计和施工。

桥面沥青铺装层与路面沥青结构层受力分析见表10-1。

桥面沥青铺装层与路面沥青结构层受力分析   表10-1

指标体系	沥青层铺筑位置	
	桥面沥青铺装层	路面沥青结构层
计算模型	由铺装层、黏结层、桥面板组成，即刚性下卧层上的有限厚弹性层	由面层、基层、垫层、路基组成，对半刚性基层而言，计算模型为半刚性基层上的弹性层状体
面层结构设计	厚度一般仅有7~11cm	厚度一般15~22cm
弯拉应力	受拉区位于上面层	受拉区位于中、下面层
剪应力	剪应力最不利位置发生在层间结构层上，剪应变和节点位移主要发生在这一区域，因此桥面铺装层的层间结构层处容易发生破碎	最大剪应力产生的位置与车辆行驶的位置有关，剪应力最不利位置在轮胎边缘附近上面层2~3cm厚度以内
温度应力	温度应力大，桥梁通风环境比较好，在高温季节降温速率与降温幅度明显高	温度应力小，仅在表面层出现最大值
主要病害形式	主要是水损害（因渗水产生坑槽）、层间破坏（因层间黏结不好产生推移）	较桥面而言，其病害不突出

由于桥面沥青铺装层与水泥混凝土桥面结构在材料性能上差异巨大，即属于"上柔下刚"的结构组合，会导致在车辆荷载的外力作用下应力与应变不连续。在刚度较大的桥梁结构上，柔性的桥面沥青铺装层缺乏足够的抗剪强度和抗变形能力。铺装层的实际受力状况与铺装层的力学性能不适应，加之，桥梁在车辆荷载的外力作用下挠度大，振动剧烈，温度应力显著，有时还存在负弯矩，这些外力条件都会对桥面沥青铺装层产生不利影响。

桥面沥青铺装层受力主要有以下三个特点：

（1）剪应力的影响。剪应力对桥面铺装层受力影响非常大。在由桥面沥青铺装层与黏结层、桥面板共同组成的桥面铺装体系中，桥面板的弹性模量与沥青铺装层弹性模量的比值越大，铺装体系内部的荷载应力就越大，越容易对桥面沥青铺装层产生破坏。研究表明，设置在刚性桥面板与柔性桥面沥青铺装层之间的黏结层，容易因为质量问题诱发桥面沥青铺装层破坏，因为该层位的剪应力往往很大，容易产生"剪切滑动效应"，导致沥青铺装层产生推移、拥包、车辙等病害。

（2）温度应力作用的影响。桥面沥青铺装层全天候处于大气环境中，极端天气产生的高温、低温对沥青铺装层影响很大。由于沥青材料对温度的敏感性，导致夏季高温时沥青软化，沥青混合料的劲度和结构强度下降，使沥青铺装层产生泛油、推移、拥包、车辙等病害，见图10-12、图10-13。冬季低温时，当沥青混合料内部产生的温度应力超过材料的抗拉强度时，沥青铺装层就会发生脆性破坏，如低温缩裂、反射裂缝等。

图10-12　桥面SMA铺装呈现出车辙迹象

图10-13　桥面沥青混合料产生推移

（3）负弯矩的影响。对于连续梁桥、拱桥及悬臂梁桥等结构，由于荷载作用而产生负弯矩或拉应力，使桥面沥青铺装层受到拉力作用而产生裂缝，造成沥青铺装层破坏，见图10-14。

2. 工序安排与工期不合理

在路基路面交叉施工大会战中，桥梁作为全线通车的控制性工程，水泥混凝土桥面铺装质量更是难以保证，如钢筋网片位置、混凝土强度、铺装层平整度、养生时间等都可能存在问题。由于工期紧，桥面沥青铺装层与水泥混凝土铺装施工间隔时间较短，桥面混凝土没有经过足够的强度增长期，在其上就铺筑了沥青铺装层，为运营后出现坑槽等病害埋下了隐患。

3. 水泥混凝土铺装层强度、平整度控制差

由于水泥混凝土平整度控制差，造成桥面局部积水无法排出，这是桥面先积水、后泛水的最主要的原因之一。

桥梁水泥混凝土铺装存在的施工质量问题主要有：

（1）桥梁湿接缝的强度和平整度质量差。

（2）桥梁施工薄弱环节质量管理不到位。

（3）对铺装层养生不重视，铺装质量差。

（4）桥面铺装养生管制不严，留下施工缺陷。

（5）桥面铺装时产生浮浆与裂纹。

图10-15~图10-21反映了桥面铺装层病害产生的部分原因。

图10-14　桥面沥青铺装层裂缝

图10-15　桥梁湿接缝的强度和平整度质量差

图10-16　钢筋生锈

图10-17　铺装层养生方式和现场管理差

图10-18　水泥混凝土桥面铺装施工缺陷

图10-19　水泥混凝土桥面铺装表层的浮浆与裂纹

图10-20　沥青铺装层出现坑槽

图10-21　水泥混凝土桥面板破损，造成沥青铺装层破坏

4. 桥面板残留有浮浆

为了使沥青铺装层与水泥混凝土铺装层紧密地结合，在施作桥面防水层之前，对水泥混凝土铺装层采用铣刨、甩锤或抛丸工艺进行凿毛处理，但在铣刨机铣刨过程中，一是铣刨机刀片高度不在一个平面上，二是铣刨机刀片过钝，三是铣刨机下刀深度不均，使得部分本来就不平整的混凝土桥面铺装层表面产生了积水的小坑槽，这也是产生桥面沥青铺装层泛水的又一主要原因。

桥面板残留浮浆，经压路机或行车荷载振动后造成沥青铺装层脱落，见图10-22、图10-23。

5. 桥面封水黏结层施工质量差

近年来，桥面大多采用SBS改性沥青同步碎石封层，由于水泥桥面的混凝土清扫、凿毛以及同步碎石与沥青洒布量等环节控制不严格，使部分碎石或重叠，或未能被沥青裹覆，导致沥青混合料铺装层出现推移、拥包、坑槽的问题。

图10-22　水泥混凝土桥面水泥浮浆

图10-23　桥面沥青铺装层脱落

6. 桥面积水

若水泥混凝土桥面铺装层平整度差或路面封水不好，则在雨天会出现雨水下渗，如图10-24所示，而晴天在车辆荷载的作用下，出现泛水现象，如图10-25所示。

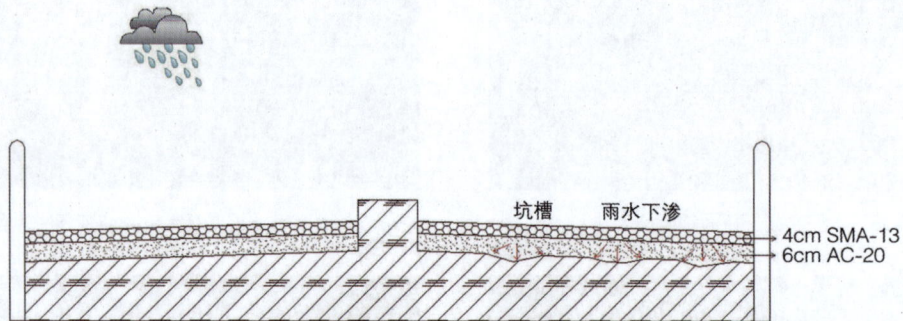

图10-24　桥面沥青铺装层雨水下渗示意图

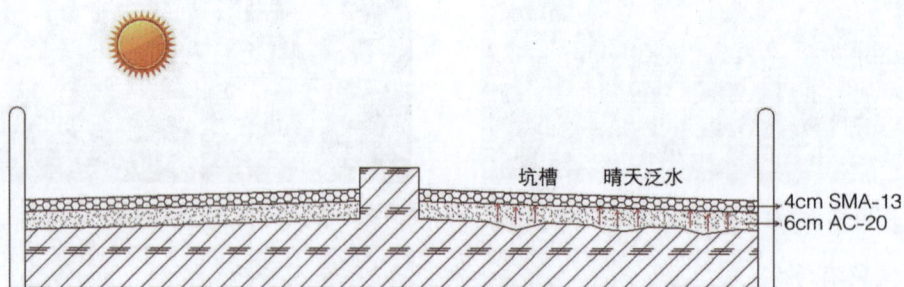

图10-25　桥面沥青铺装层晴天泛水示意图

由于平纵曲线的综合影响，桥面处于超高缓和段的零坡度位置或竖曲线最低点位置时常年积水，雨水无法排出，往往先渗水、再积水、又泛水，见图10-26~图10-29。

7. 沥青铺装层施工工艺不精细

由于施工温度控制不佳，碾压工艺及机械组合不合理，选用摊铺机品牌不正确，技术工人经验不足等，造成沥青铺装层离析，压实度、空隙率、渗水系数不合格。

沥青铺装准备工作不到位，桥面外露钢筋未处理，沥青混合料与桥面变成"弹簧状"接触，必将产生坑槽，见图10-30。

图10-26　桥梁伸缩缝处渗水

图10-27　沥青路面伸缩缝位置常年渗水（细部）

图10-28　桥面渗水造成芯样无法回填

图10-29　桥面泛水顶破道路标线

图10-30　桥面钢筋外露

8. 沥青混合料配合比控制偏差大

沥青混合料的自然规律是本身具有一定的空隙率（渗水率）。由于沥青混合料配合比控制偏差大而引起的桥面上面层下渗的水，不像在路基上一样可渗到封层和透层排出，因此，桥面沥青铺装层的下面层和上面层的配合比设计显得尤为重要，桥面上、下面层混合料配合比应在路基段混合料配合比的基础上做出优化调整。

第三节　桥面铺装施工强制性规定

（1）水泥混凝土桥面铺装层混凝土浇筑前，应加密布设高程控制点，确保成型的铺装层平整度检测值小于3mm。

（2）必须从材料组成以及混合料级配、施工控制、养生等环节确保混凝土强度，特别是湿接缝处的强度必须满足要求。

（3）水泥混凝土桥面的排水设施必须完善、通畅，见图10-31。

图10-31　桥面排水设施

（4）水泥混凝土龄期与沥青铺装层施工时间间隔满足要求。水泥混凝土施工完成并养生28d后，方可交由路面施工单位进行下道工序施工。

（5）水泥浮浆未处理或废渣、粉尘清理不干净时，严禁铺筑沥青面层。

（6）桥面沥青铺装层施工必须确保水泥混凝土完全干燥，严禁在潮湿条件下铺设防水黏结层及摊铺沥青混合料。

（7）沥青混合料的材料组成、级配、油石比、压实度等必须严格控制。桥面沥青混合料的级配应区别于路基段。有条件的情况下，在沥青铺装层的下面层混合料中用天然砂代替部分机制砂，使其施工和易性更好，更便于压实。

（8）严格控制沥青铺装层的摊铺速度、压实度、空隙率、渗水系数。桥面混合料压实必须更加注重紧跟碾压，以大吨位的轮胎压路机揉搓为主。

（9）桥面沥青铺装层严禁在低温下施工，当天16：00至第二天9：00之间，禁止桥面沥青铺装层施工。对于北方地区，每年10月份至次年4月份之间，不能进行桥面沥青混合料作业。

从图10-32可见，桥面铺装的施工气温较低，混合料摊铺碾压冒青烟，温度损失过快。

从图10-33可见，在大雪天气下桥面与路基温差明显，即使在其他施工季节，也存在桥面与路基的温差问题。

图10-32　气温较低时混合料摊铺碾压冒青烟

图10-33　大雪天气下桥面与路基温差明显

第四节　桥面铺装施工标准工艺

水泥混凝土桥面及其沥青铺装层施工大致包括以下8道工序。

一、梁板顶面清洗

梁板顶面必须清洗干净，确保水泥混凝土桥面铺装层与梁体的良好结合，见图10-34。

二、桥面钢筋网片铺设及梁体焊接

钢筋网片应与梁体预留钢筋焊接，确保在浇筑混凝土时不出现钢筋网片上浮或下沉，见图10-35。

图10-34　梁板顶面清洗

图10-35　桥面铺装钢筋网铺设

三、桥面水泥混凝土浇筑

桥面水泥混凝土浇筑后应及时整平、振捣密实，见图10-36、图10-37。

图10-36　桥面水泥混凝土浇筑

图10-37　桥面水泥混凝土整平、振捣

四、桥面铺装混凝土全覆盖保湿养生

桥面铺装混凝土应全覆盖保湿养生。方法是在底层铺设5cm厚的海绵，上层覆盖透水土工布，确保养生后无裂缝产生，见图10-38。

五、桥面铺装成品质量检测

桥面铺装成品（图10-39）质量（强度、平整度、外观等）检测。

六、对桥面水泥浮浆进行处理

采用精铣刨机或其他设备对桥面水泥浮浆进行

图10-38　桥面铺装混凝土全覆盖保湿养生

处理，见图10-40。

图10-39　桥面铺装成品

图10-40　采用精铣刨机处理的桥面水泥浮浆

七、桥面封水黏结层施工

桥面采用AC-5沥青砂作为封水黏结层，见图10-41。

图10-41　桥面AC-5沥青砂封水黏结层施工

八、铺筑桥面沥青铺装层

桥面沥青铺装层铺筑见图10-42。

图10-42　铺筑桥面沥青铺装层

第五节　岩沥青在桥面铺装层的应用

布敦岩沥青（BRA）产自世界上最大的天然沥青矿产区域之一的南太平洋印度尼西亚苏拉威西省布敦岛（Buton），故取名布敦岩沥青，BRA 即为 Buton Rock Asphalt的缩写。

BRA是石油在岩石夹缝中经过长达亿万年的沉积变化，在热、压力、氧化、溶媒、细菌的综合作用下生成的沥青类物质。BRA经过挖掘粉碎烘干后形成微细颗粒，粒径2~3mm，稍有煤油味，较普通沥青硬得多，呈深褐色，沥青含量在22%~25%之间，其余为石灰岩类矿物质。近年来，因其施工工艺简便、路用性能优异和价格经济而逐渐受到关注，我国开始将BRA应用于道路工程，主要用作沥青的改性剂。天然布敦岩沥青（BRA）见图10-43。

图10-43　天然布敦岩沥青（BRA）

某高速公路桥面沥青铺装层结构及厚度为：4cm上面层（SMA-13改性沥青）+6cm中面层（AC-20改性沥青），其中，中面层采用掺加BRA的改性沥青混凝土。下面，结合某高速公路桥面沥青铺装层铺筑，介绍其施工技术。

一、原材料技术要求

1.沥青

采用A-70号基质沥青，技术指标应满足要求。

2.布敦岩沥青（BRA）

采用广东省某公司生产的布敦岩沥青，质量标准见表10-2。由于《公路沥青路面施工技术规范》（JTG F40—2004）没有给出BRA的质量技术要求，所以列出印尼国家标准。

布敦岩沥青（BRA）性能试验结果　　　　表10-2

序号	试　验　指　标	试　验　结　果	印尼国家标准
1	天然沥青含量（%）	26±1	≥18
2	灰分含量（%）	73~75	—
3	密度（15℃）（g/cm³）	1.72	≥1.70
4	闪点（℃）	≥230	≥230
5	含水率（%）	≤1.0	≤2.0

3.集料

粗、细集料主要指标见表10-3、表10-4，均符合施工规范要求。

粗集料密度试验结果（网篮法）　　　　表10-3

序号	集料规格（mm）	26.5~19	19~9.5	9.5~4.75	4.75~2.36
1	表观相对密度	2.810	2.815	2.773	2.778
2	毛体积相对密度	2.779	2.766	2.657	2.725

细集料试验结果   表10-4

序号	试 验 项 目	规 定 值	实 测 值
1	表观相对密度（容量瓶法）	≥2.50	2.705
2	棱角性（s）	≥30	38
3	亚甲蓝（g/kg）	≤25	1.0

4. 矿粉

矿粉技术指标见表10-5。

矿 粉 技 术 指 标   表10-5

序号	试 验 项 目	规 定 值	实 测 值
1	表观相对密度	≥2.5	2.674
2	亲水系数	<1	0.55
3	塑性指数	<4	2.8
4	加热安定性	实测记录	矿粉无变质

二、布敦岩沥青沉降试验

目前，工程中掺加岩沥青的方法普遍分为"干法"和"湿法"两种。"干法"即先将集料与改性剂进行干拌，之后加入沥青进行湿拌；"湿法"即把改性剂掺入基质沥青中制成改性沥青，再进行混合料施工。某些天然沥青如特立尼达湖沥青、青川岩沥青其地沥青含量高达60%甚至90%，较高的地沥青含量使其与基质沥青有良好的混融性，因此使用"湿法"进行改性可以有效提高沥青混合料的路用性能。但BRA不同，它含有相当数量的矿物质（灰分），约占总质量的75%，由于灰分密度大于基质沥青密度，若用"湿法"制成改性沥青，易在使用过程中产生离析，从而影响使用效果。为了探究适合BRA的掺加方式，对BRA改性沥青进行了沉降试验。灰分含量与沉降时间关系图见图10-44。

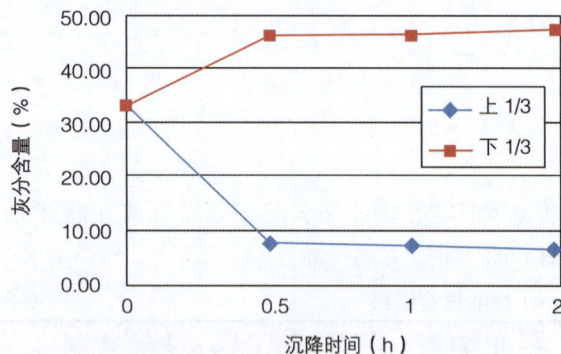

图10-44 灰分含量与沉降时间关系图

1. 试验方法

为了更好地模拟沥青在生产、储存时的状态，采用1000mL量筒进行试验，步骤如下。

（1）制备BRA改性沥青。将基质沥青升温至150℃，按预定比例加入BRA岩沥青，搅拌25~30min。

（2）对制备好的BRA改性沥青取样，测定灰分含量。

（3）将BRA改性沥青边搅拌边倒入量筒中，在160℃烘箱中静置至特定时间后冷冻4h，确保沥青完全凝固。

（4）将量筒敲碎，沥青试样分上1/3、下1/3分别进行软化点、灰分含量试验。

根据以上步骤可得到BRA沉降规律。

2. 沉降试验结果

实验采用BRA掺量为33%，选取的沉降时间为0.5h、1h、2h，试验结果见表10-6。

BRA改性沥青沉降试验结果　　　　　　　　　　　表10-6

沉降时间（h）	位　置	灰分含量（%）	灰分变化率（%）	软化点（℃）
0.5	上1/3	7.71	−76.87	48.6
	下1/3	45.89	37.68	72.2
1	上1/3	7.22	−78.34	49.2
	下1/3	46.43	39.29	73
2	上1/3	6.59	−80.23	49.7
	下1/3	46.86	40.59	75

　　从表10-6可以看出，BRA沉降主要集中在前0.5h，上层灰分含量急剧减少，由33%减少到7.71%，减少了76.87%，占最终沉降变化率（2h灰分变化率）的95.81%。下层灰分含量由33%增加到45.89%，增加了37.68%，占全部沉降变化的92.83%。沉降1h和2h的上层灰分含量只比0.5h时减少6.36%、14.53%，而下层灰分含量也仅仅变化了1.17%、2.11%。由图10-45也可看出，0~0.5h曲线斜率较大，0.5h之后斜率很小，曲线接近水平，表明沉降已基本完成。

　　由于沉降作用，BRA改性沥青的性能受到严重影响。以0.5h为例，上、下层软化点分别为48.6℃和72.2℃，相差23.6℃，远远大于《公路沥青路面施工技术规范》（JTG F40—2004）要求的5℃。鉴于此，推荐在施工中使用"干法"进行BRA改性。

三、配合比的选用

1. 矿料级配组成、油石比与岩沥青掺量

　　按照《公路沥青路面施工技术规范》（JTG F40—2004）中的AC-20C为矿料级配。矿料级配组成设计为1号料（19~26.5mm）：2号料（9.5~19mm）：3号料（4.75~9.5mm）：4号料（2.36~4.75mm）：5号料（0~2.36mm）：矿粉=6：35：21：7：27：4，岩沥青掺量为3.5%（岩沥青质量与混合料质量之比），采用"干法"工艺进行施工。

　　最终确定BRA改性混合料的最佳油石比为4.0%，其中纯沥青油石比为3.18%，矿粉占集料的1.3%，其余沥青和矿粉由岩沥青中的地沥青和灰分代替。AC-20C矿料级配见表10-7。

AC-20C矿料级配　　　　　　　　　　　　表10-7

筛孔尺寸（mm）	原材料筛分结果							设计要求级配（%）		
	19~26.5	9.5~19	4.75~9.5	2.36~4.75	0~2.36	矿粉	合成级配	级配限		
								上限	中值	下限
26.5	100	100	100	100	100	100	100	100	100	100
19	19.15	95.9	100	100	100	100	93.71	90.00	95.00	100
16	0.59	76.01	100	100	100	100	85.64	78.00	85.00	92.00
13.2	0.07	41.22	100	100	100	100	73.43	62.00	71.00	80.00
9.5	0.00	4.84	100	100	100	100	60.69	50.00	61.00	72.00
4.75	0.00	0.11	15.17	99.57	100	100	41.19	26.00	41.00	56.00
2.36	0.00	0.00	0.26	7.34	89.12	100	28.63	16.00	30.00	44.00
1.18	0.00	0.00	0.00	0.32	63.81	100	21.25	12.00	22.50	33.00
0.6	0.00	0.00	0.00	0.26	38.12	99.93	14.31	8.00	16.00	24.00
0.3	0.00	0.00	0.00	0.22	21.12	99.75	9.71	5.00	11.00	17.00
0.15	0.00	0.00	0.00	0.00	16.49	99.36	8.43	4.00	8.50	13.00
0.075	0.00	0.00	0.00	0.00	13.39	89.74	7.20	3.00	5.00	7.00
比例（%）	6	35	21	7	27	4				

2. 路用性能检验

（1）高温车辙试验。车辙试验结果见表10-8。由表10-8可见，掺加BRA岩沥青后，动稳定度高于规范建议值，表明BRA能有效提高沥青混合料的抗永久变形能力，改善高温稳定性。

车辙试验结果 表10-8

混合料类型	油石比（%）	动稳定度（次/mm）				
		1	2	3	平均值	建议值
AC-20C	4.0	5727	6117	6429	6091	＞2800

（2）水稳定性试验。采用浸水马歇尔试验和冻融劈裂试验评价沥青混合料的水稳定性。试验结果如表10-9、表10-10所示。由试验结果可看出，BRA岩沥青混合料的残留稳定度和劈裂强度比TSR均远高于项目建议值，这表明BRA岩沥青能提高沥青的黏结强度，增大沥青与矿料之间的黏附能力，提高抗水损害能力。

沥青混合料浸水马歇尔试验结果 表10-9

级配类型	MS（kN）	MS1（kN）	MS0（%）	建议值（%）
AC-20C	15.8	14.7	93.04	＞85

沥青混合料冻融劈裂试验 表10-10

级配类型	R1（MPa）	R2（MPa）	TSR（%）	建议值
AC-20C	1.24	1.08	87.1	＞80

（3）小梁低温试验。采用-10℃小梁的破坏应变来评价BRA改性沥青混合料的低温抗裂性能，见表10-11。从表中可看出，BRA改性沥青混合料的破坏应变符合规范要求，混合料的低温抗裂性能并没有因为基质沥青用量减少而降低，BRA的增黏作用保持了混合料的低温性能。

低温小梁试验结果 表10-11

级配类型	劲度模量（MPa）	破坏应变（με）	规定值
AC-20C	2366.98	3163.28	＞2800

四、混合料施工

1. 混合料拌和

BRA施工简便，只需在拌和楼加装一组提升系统把BRA直接送入拌和锅，使之与沥青、矿料充分混合，发挥改性作用。试验段在拌和楼加装了搅轮传送装置，利用独立的矿粉秤对BRA进行称量。

具体施工工艺如下：

（1）根据BRA掺量，对各个料仓的用量和基质沥青油石比进行换算，岩沥青堆放到位。

（2）矿料加热到190℃左右，放入岩沥青干拌10s，保证均匀混合。

（3）沥青加热至155~160℃，喷入拌和锅，湿拌约50s。

（4）BRA岩沥青混合料出料温度约为180℃。防止混合料因黏度较大而结团。

拌和时需要注意，BRA岩沥青混合料的拌和温度比普通沥青要高10~20℃，具体要根据沥青种类、岩沥青掺量、搅拌设备状况等情况综合确定。

2. 混合料运输与摊铺

BRA岩沥青混合料运输和摊铺与其他沥青混合料要求相同。

3. 混合料碾压

由于BRA岩沥青混合料黏度较大，为取得良好的压实效果，压路机应紧跟摊铺机碾压，且初压温度比普通沥青压实温度提高10℃，控制在150~160℃。初压采用双钢轮压路机静压，胶轮压路机复压，终压在路表温度90℃左右进行，使用双钢轮压路机收面。

五、应用效果与经济效益

根据实体工程应用发现，BRA岩沥青含有大量灰分，用"湿法"改性BRA沉降快，易造成离析，影响改性沥青性能，因此建议在工程中使用"干法"改性。

BRA作为沥青改性剂，可以适用于各种热拌沥青混合料，包括SMA、浇注式沥青混合料以及各种等级的冷拌沥青混合料，对于三层式沥青混凝土结构层组成的沥青路面，岩沥青优先在上面层及中面层使用。

采用天然岩沥青作为改性剂生产的混合料与传统改性沥青相比具有以下特点。

（1）BRA抗高温车辙性能好。布敦岩沥青针入度指标仅为0~10，用其与基质沥青改性可以显著提高沥青路面的抗车辙能力。目前的国家标准建议的动稳定度为抗车辙2800次/mm，而使用2%掺量的布敦BRA可提高到4000次/mm以上，使用3%掺量的布敦BRA可提高到5000次/mm以上，大大延长了公路使用寿命，降低了运营成本。

（2）布敦岩沥青含氮量高，提高了沥青路面的抗水损害能力，并且布敦岩沥青抗老化能力强，耐候性好，从而使沥青路面更耐久。

（3）采用布敦岩沥青改性基质沥青，制造工艺简单，施工方便，直接将原材料投放进沥青拌和楼的拌缸内干拌10s，湿拌38s即可。

（4）油石比大幅降低，有效节约投资。在满足马歇尔试验配合比设计技术要求的情况下，SBS改性沥青AC-20混合料的最佳油石比为4.3%，采用布敦岩沥青后（掺量按混合料总量的0.3%），油石比仅为3.2%。每百吨岩改性沥青混合料可节约纯改性沥青930kg，若按改性沥青6300元/t计算，每百吨岩改性沥青混合料，相比传统AC-20沥青混合料可节约成本约5800元，经济效益显著。BRA岩沥青能改善沥青混合料的高温稳定性、水稳定性和低温抗裂性能，可应用于我国高速公路沥青混凝土路面工程中。

采用岩沥青的桥面铺装层使用两年多仍然平整密实无病害，见图10-45、图10-46。

图10-45　采用岩沥青的桥面铺装层使用两年多
仍然平整密实无病害（表面全景）

图10-46　采用岩沥青的桥面铺装层使用两年多
仍然平整密实无病害（行车情况）

第六节　施工难点解析

桥面沥青铺装层的施工难点是层间结合和混合料压实。针对出现的诸多病害，结合我国桥面铺装工程实践，我们总结出以下施工控制要点及处治技术方法。

一、对桥面铺装层应进行结构、材料、配合比专项设计

1. 桥面铺装层结构专项设计

由于桥面结构受力不同于路基段和隧道内路面，因而应进行沥青混合料桥面铺装层结构专项设计。

设计时应重点考虑沥青铺装与水泥铺装层的黏结，以及桥面铺装层的封水、抗剪切、抗推移、抗车辙等。下面列举了两条高速公路桥面铺装层设计情况，西安至商州高速公路水泥混凝土桥面SMA铺装层结构设计见表10-12。

西安至商州高速公路水泥混凝土桥面SMA铺装层结构设计　　　　　　　　表10-12

结 构 层	厚度或材料用量	混合料类型	备 注
上面层	40mm	SMA-13	
黏层油	0.5kg/m²	SBR改性乳化沥青	
下面层	60mm	AC-20	特大桥梁铺装层混合料中添加0.2%聚酯纤维
SBR改性乳化沥青+SBS改性热沥青同步碎石封层防水体系	碎石规格9.5~13.2mm	SBR改性乳化沥青、SBS改性热沥青	局部桥梁采用SBS改性沥青砂作为封水层
水泥混凝土桥面抛丸或甩锤及清理、表面修复	深度3~5mm		局部桥梁采用铣刨机修复桥面高程

浙江省杭州湾跨海大桥桥面铺装的上面层采用4cm厚的改性沥青SMA-13，下面层采用6cm厚的改性沥青SMA-16。双层SMA桥面铺装结构设计见图10-47。

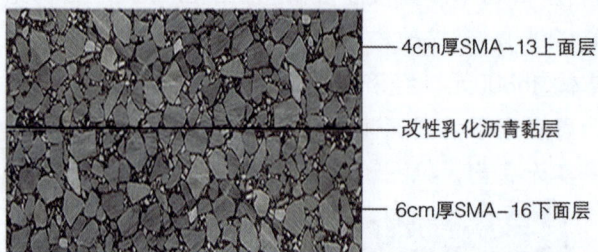

——4cm厚SMA-13上面层

——改性乳化沥青黏层

——6cm厚SMA-16下面层

图10-47　双层SMA桥面铺装结构设计

2. 桥面铺装层材料设计

桥面沥青铺装层的下面层直接与水泥混凝土桥面接触，其承受的剪应力比路基段要大，容易产生失稳型车辙。为了提高桥面沥青铺装层混合料的耐久性，一般可在桥面沥青铺装下面层的沥青混合料中掺加0.1%的聚酯纤维。

3. 桥面铺装层配合比设计

长大纵坡、急弯路段的桥面在进行下面层配合比设计时，要考虑混合料的抗车辙能力、桥面层间黏结能力、防渗水能力。下面层的AC类混合料级配应用骨架密实结构，渗水系数应小于50mL/min，上面层SMA混合料级配也应稍微偏细，渗水系数应小于30mL/min。

二、强化施工管理，确保工程质量

1. 严格控制水泥混凝土桥面平整度

在施工水泥混凝土桥面铺装层时，应严格控制混凝土的坍落度，使其满足设计要求，这样混凝土桥面才能具有较好的使用性能。同时，在收面过程中应严格控制收面工艺，并用6m直尺纵横向控制平整度和纵横坡，确保混凝土桥面大面平整，彻底消除因局部或纵横坡交汇处零坡点的平整度差而造成片状积水。

必须按合理工期安排各分项施工。如遇工期较紧，必须优化桥梁施工技术方案，尤其是混凝土桥面铺装的施工计划，确保桥面混凝土有足够的强度增长期。杜绝在冬季施工桥面水泥混凝土铺装层，

避免铺装混凝土受冻或强度增长过慢，影响水泥混凝土铺装层的质量。

2. 做好桥面排水设计

除了在桥梁上设置泄水孔以外，还应在桥面横坡较低的一侧沿着纵向设置碎石盲沟，引导排放结构层层间水，见图10-48。

3. 水泥混凝土浮浆的处理

根据桥面实际情况，可分别选择或综合使用铣刨、甩锤、抛丸等方式进行浮浆处理。精铣刨、甩锤、抛丸三种方法各有优缺点，没有哪一种设备能在同一个项目上全部解决浮浆问题。采用铣刨机时，应避免大型铣刨机对混凝土桥面及铺装层钢筋的破坏；采用甩锤时，甩锤机必须性能良好，刀片

图10-48 桥面外侧设置碎石盲沟

全新，而且凿毛时要有足够的甩击遍数，确保达到80%以上的凿毛率后，方可进行下道工序。

桥面水泥混凝土铺装完成后，应对水泥混凝土铺装层平整度较差的路段采用铣刨机、甩锤机或抛丸机进行表面拉毛，使表面粗糙，然后用空压机等将表面彻底清扫干净，不能存留浮尘，最后再施工黏层和封层。

下面结合工程实践，对精铣刨法、甩锤法和抛丸法三种工艺的优缺点进行详述。

1）精铣刨法

（1）优点：具有局部找平功能，可以铣刨掉高出设计高程的那部分水泥铺装层，确保沥青混合料的厚度和平整度。

（2）缺点：为了顾及铺装层的钢筋网片，局部低点铣刨不到位，仍有浮浆存留，同时对精铣刨机性能要求高。进口维特根W2000铣刨机设备性能见表10-13。

维特根W2000铣刨机设备性能　　　　　　　　　　　　　　表10-13

序号	类 别	分 项 指 标	技 术 参 数
1	基本性能	铣刨宽度（mm）	1500/2000/2200
		铣刨深度（mm）	310/330
		行走方式	履带式
		工作质量（kg）	27186
		额定功率（kW/rpm）	410/1800
2	工作参数	铣刨速度（m/min）	0~85
		行走速度（km/h）	5
		理论输料能力（m³/h）	375
3	铣刨轮	铣刨刀具数量（个）	136/162/174
		铣刨轮直径（mm）	1020

精铣刨机处理桥面水泥浮浆见图10-49，铣刨机转轴上的刀头见图10-50。

当然，铣刨机的铣刨效果也有不同。图10-51为铣刨质量较好，但由于铣刨刀头高低不一，局部形成纵向刻槽；图10-52为铣刨质量有缺陷，局部低点铣刨不到位，仍有存留浮浆；图10-53为铣刨质量差，铣刨深度太深，伤及混凝土结构，表面不平整。

图10-49　精铣刨机处理桥面水泥浮浆

图10-50　铣刨机转轴上的刀头

图10-51　铣刨质量较好

图10-52　铣刨质量有缺陷

图10-53　铣刨质量差

2）甩锤法

（1）优点：设备力量轻，对桥梁振动较小，设备转场方便灵活，也可同时开展并机平行、流水作业。

（2）缺点：需要至少3~5遍作业，每次作业前需对前一次的浮渣进行清理。为了节约成本，施工人员大多不愿进行多次无盲点甩扎，容易形成存留浮浆，处理效果差。

甩锤设备和桥面凿毛的成套设备见图10-54、图10-55，甩锤法施工与效果见图10-56~图10-58，桥面凿毛后的构造深度检测见图10-59。

3）抛丸法

（1）优点：对桥梁振动较小，不仅能"点点、面面"俱到，浮浆处理效果好，而且还能发现混凝土铺装层裂纹。

图10-54　桥面凿毛的成套设备

图10-55　甩锤设备

图10-56　甩锤法施工

图10-57　甩锤机凿毛处理不到位，容易存留浮浆

图10-58　甩锤机凿毛到位后的成型效果（细部）

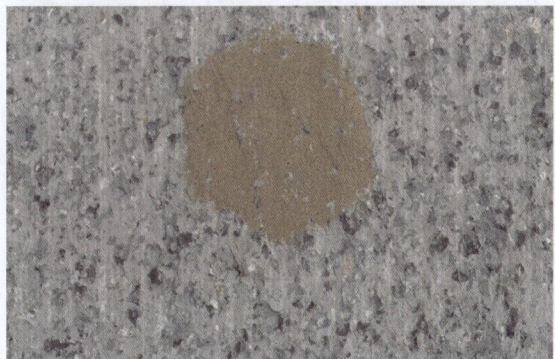

图10-59　桥面凿毛后的构造深度检测

（2）缺点：仅适合平整度很好的桥面，对平整度较差的桥面无法进行局部整平。

抛丸作业采用多台抛丸机并行直线连续抛丸的方式，根据施工工艺试验，确定设备以四挡行走，速度为5~6m/min，露骨率应达到70%~80%。

目前，我国工程机械市场上也出现了一种驾驶式抛丸机，见图10-60。这种驾驶式抛丸机采用抛丸装置和吸尘系统一体式设计，摆脱了传统手扶式抛丸设备的除尘连接管，设备运输和操作更加灵活方便。吸尘器带有自动反吹系统，保障了设备的连续工作能力，大容量的储灰斗大大降低了清理时间。设备操作简单，适合平整大面积作业，效率高，需要的辅助人员少。设备前端抛丸头部分可以完全拆卸下来，方便转场和搬运。复合显示面板能够显示设备的工作状态，并可以自动进行故障检测。抛丸设备带有后退报警提示、喇叭、警示灯、紧急停止按钮、工作照明灯以及驾驶位置保护开关等安全设施。采用耐磨材料，保证了施工过程中的连续作业能力和高度的设备运行可靠性，全部核心易损件的高耐磨损性能降低了施工成本。

图10-60 驾驶式抛丸机

这种设备的应用范围包括机场跑道和机坪维护、公路桥隧路面打毛、公路路面纹理深度恢复等。驾驶式抛丸设备技术参数见表10-14。

驾驶式抛丸设备技术参数　　　　　　　　　　　　　　　　　　　　表10-14

序号	项　　目	技　术　参　数	序号	项　　目	技　术　参　数
1	混凝土路面处理效率	轻度到中度抛丸达到1200～3000m²/h	6	发动机	12.5L，6缸，350hp❶
2	钢铁表面处理效率	SSPC-SP10/NACE2:SA2.5达到350m²/h	7	燃料	柴油
3	清理宽度	48″（1220mm）	8	外观尺寸	长5.75m×宽2.94m×高2.75m
4	行走速度	0~113m/min	9	质量	11.8t
5	钢丸容量	540kg	10	行进方式	驾驶

图10-61～图10-66反映了手扶式抛丸机处理桥面水泥浮浆的情况。

图10-61 采用抛丸工艺处理桥面水泥浮浆

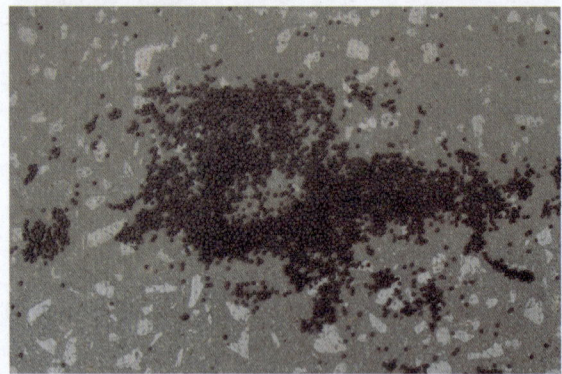

图10-62 抛丸机的钢珠球

图10-63 抛丸前后对比（一）

图10-64 抛丸前后对比（二）

注：❶hp，英马力，非法定计量单位，1hp=745.700W。

230

图10-65 抛丸后效果

图10-66 抛丸后发现桥面水泥铺装层的裂纹

4. 加强路面原材料质量控制

为使桥面沥青铺装层的各项性能指标满足要求，必须从原材料质量控制方面严格把关，一是保证矿粉的质量，二是保证机制砂的质量，三是降低碎石的粉尘含量。

5. 强化路面施工配合比质量监控

通过有效的质量管理措施，对混合料施工配合比进行监测，确保桥面沥青铺装层的耐久性。

6. 确保封水黏结层的施工质量

（1）施工前应将拉毛后的桥面用空压机清扫干净，见图10-67。

（2）对桥面SBS同步碎石封层所用碎石，必须通过拌和楼加热除尘。

（3）SBS改性沥青用量不宜过大，一般为

图10-67 用空压机清扫桥面

$1.0\sim1.2kg/m^2$。采用橡胶沥青碎石封层时，其橡胶沥青用量一般为$2.1\sim2.3\ kg/m^2$，具体应通过试洒验证后确定。

（4）碎石覆盖率应为70%~80%。

7. 黏层油采用双层洒布工艺，提高层间黏结能力

采用SBS或SBR改性乳化沥青作为黏层，洒布量为$0.6kg/m^2$，分双层洒布，每层洒布量为$0.3\ kg/m^2$。

8. 桥面沥青铺装层施工要点

1）桥面混合料摊铺要点

（1）提前将桥梁伸缩缝用沥青混合料垫平并碾压密实，使摊铺机在该处平稳通过，确保平整度。用手扶振动压路机处理边角以减少桥头路堤日后的沉降，会收到很好的效果。在桥面摊铺前，桥梁伸缩缝预填平也是保证桥面平整度的一个重要环节。

具体步骤是：首先用8号铁丝网状连接两边预埋钢筋，再用麻袋装上低强度等级混凝土堵塞，之后再填充8~10cm沥青混合料碾压找平。桥梁伸缩缝预填平工艺见图10-68~图10-71。

（2）混合料摊铺温度应提高3~5℃，自卸车辆必须全覆盖保温运输。

（3）摊铺速度应比路基段慢，按1.5~1.8m/min控制。

2）桥面混合料压实要点

（1）设备组合：应采用振动压路机和振荡压路机相结合。

（2）碾压温度：由于桥面处于悬空状态，常规检测结果表明，同样的施工条件，桥面渗水系数值

远远大于其他路段的渗水系数值。因此，桥面混合料碾压温度应该比正常路基段提高5~10℃。

图10-68　用铁丝网状连接两边预埋钢筋

图10-69　用麻袋装上低强度等级混凝土堵塞伸缩缝

图10-70　填充8~10cm沥青混合料碾压找平

图10-71　平稳铺筑沥青上面层

（3）碾压速度：碾压必须及时，否则，混合料不容易碾压密实，极容易产生漏水现象，造成桥面早期破损。

（4）边部碾压：边部多碾压1~2遍，防止渗水。

三、铺装层缺陷处理技术

1.平整度处理措施

（1）水泥混凝土铺装层平整度处理措施是铣刨。

（2）下面层平整度处理采取铣刨或沥青混合料调平。

（3）对刚构桥下面层平整度进行综合处理。以某高速公路高架桥为例，局部路段刚构桥下面层铺筑后平整度差。采取的处理措施为：①测量高程、调整纵坡：对下面层平整度差的路段进行高程测量，并微调整纵坡。②施画水线、高点铣刨：对画线后的路段眼观平整情况，对高点进行铣刨处理。③拌和细料、低点铺筑，采用AC-13混合料对低洼处进行第一次填补，为上面层铺装提供基础保障。图10-72所示为未处理的刚构桥，上面层铺装层平整度差。图10-73所示为经过处理的刚构桥，上面层铺装层平整度好。

（4）桥面沥青铺装层上面层的横向接缝，全部强制预留在桥梁伸缩缝位置（图10-74），在伸缩缝施工时将其切除掉（图10-75），减少永久性接缝的数量。伸缩缝施工采取防污染措施，见图10-76。

2.局部渗水点的处理

（1）对桥面沥青下面层的渗水部位进行打孔处理。桥面沥青下面层施工完成后，要进行质量"回头望"，对局部离析的路段，要进行防渗水处理。桥面下面层渗水部位打孔处理的具体方法为：对于桥面渗水，采取"封水、排水"相结合的处理原则。对于桥面明水点、桥面零坡段、伸缩缝积水处、渗水严重部位这4种位置的桥面明水，必须采取打孔（直径1~1.5cm）方式进行排水，确保桥面铺装层的耐久性。在桥梁湿接缝、伸缩缝的积水点位置打孔排水，见图10-77。

图10-72　上面层铺装层平整度差

图10-73　上面层铺装层平整度好

图10-74　桥面沥青铺装层上面层的横向接缝，全部强制预留在桥梁伸缩缝位置

图10-75　伸缩缝施工时，将横向施工缝切除掉

图10-76　伸缩缝施工采取防污染措施

图10-77　在桥梁湿接缝、伸缩缝的积水点位置打孔排水

（2）从渗水带处刻槽做盲沟，引至桥下。如果桥面下面层施工后发现有带状泛水时，应对泛水部位采用纵向、横向刻槽法进行补救。

首先在泛水带沿纵向、横向刻槽引出，或沿纵横合成坡度方向刻槽至桥面边部盲沟，槽宽5cm，槽深为下面层结构层厚度。再次，在铺筑上面层之前采用相同材料填压，重新施工的槽内混合料空隙率略大于原大面施工混合料空隙率，从而将带状结构水引排至盲沟中。

在"合成坡度为零"的路段，由于下面层积水，容易造成桥面铺装中渗入层间水，应在此路段前后的桥面适宜位置刻槽，将积水引入桥面盲沟内，排到桥下。在硬路肩打孔、做碎石盲沟如图10-78、图10-79所示。

图10-78　在硬路肩打孔、做碎石盲沟，排除层间水（细部）

图10-79　在硬路肩打孔、做碎石盲沟，排除层间水

（3）对表面进行"雾封"。在渗水严重的桥面进行打孔排水后，采用乳化沥青进行"雾封"处理。施工难点是严格控制洒布车行驶速度、洒布量和防污染槽钢的线形（图10-80）等。"雾封"处理效果见图10-81~图10-83。

（4）喷洒乳化沥青封边。对已铺筑上面层的，在上面层横坡上游边部布洒2遍10cm宽的乳化沥青封边，防止雨水从边部进入沥青结构层。

图10-80　严格控制行驶速度、洒布量和防污染槽钢的线形

图10-81　采用乳化沥青进行"雾封"处理的效果

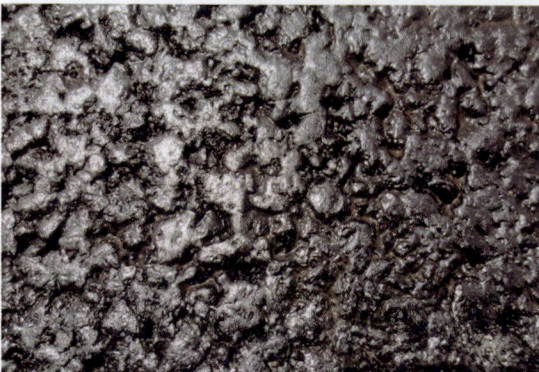

图10-82　桥面"雾封"后的表面（破乳前）

图10-83　左幅（黑色路面）为"雾封"后的效果

四、加强运营养护管理

（1）加强桥梁养护巡查，见图10-84、图10-85。

（2）日常养护和雨后及时对桥梁泄水孔进行清理。

（3）定期对桥面盲沟进行清理。

（4）对桥面沥青铺装层进行预防性养护，见图10-86。

图10-84　桥面日常巡查

图10-85　桥面日常检查

图10-86　对桥面沥青铺装层进行预防性养护

第七节　施工质量检测

一、施工过程质量控制

桥面沥青铺装层施工过程质量检测项目及频率见表10-15。

桥面沥青铺装层施工过程质量检测项目及频率　　　　　　　　表10-15

项次	检查项目		规定值或允许值	检查方法和频率
1	混合料	油石比	最佳油石比±0.2%	抽提法
2		矿料级配	符合工程级配范围要求	
3		施工温度	符合要求	插入式热电偶温度计，3点/断面/每10m
4	压实度		试验室标准密度的98%，最大理论密度的94%	按JTG F40—2004规范附录B检查，每500m测1处

续上表

项次	检 查 项 目		规定值或允许值	检查方法和频率
5	厚度	代表值	总厚度：设计值的−5% 上面层：设计值的−10%	按JTG F40—2004规范附录B检查，每500m测1处
6	平整度	最大间隙 （mm）	3	T 0931，连续测定
7	宽度（mm）		±20	尺量：每200m测4断面
8	横坡（%）		±0.3	水准仪：每200m测4处

二、质量检查与验收

大、中型桥梁桥面沥青铺装工程的质量检查与验收，其质量标准应符合表10-16的规定。

桥面沥青铺装工程质量标准   表10-16

检 查 项 目		检 查 频 度	允 许 偏 差（高速公路）	检 查 方 法
厚度（mm）		每100m 2点	0~5	T 0912
平整度 （mm）	标准差	连续测定	1.8	T 0932
	最大间隙	连续测定	3	T 0931
宽度（mm）		每100m，10点	0~5	T 0911
压实度		每100m，2点	马歇尔密度的97%，最大相对密度的93%	T 0924
横坡		每100m，10点	±0.3%	T 0911
抗滑横向力系数 构造深度（mm）		全线连续测定	符合设计要求	横向力系数测定车，按《公路工程质量检验评定标准》（JTG F8011—2004）附录K评定
		—	0.8~1.2	铺砂法
渗水系数（mL/min）		每200m测1处	≤80	渗水试验仪
其 他			同施工技术规范中关于热拌沥青混合料的要求	

第十一章　隧道复合式沥青路面施工

第一节　概　　述

　　长期以来，我国高速公路隧道内路面以水泥混凝土结构居多。尽管水泥混凝土表面设计有纵向、横向刻槽，但经过多年运营后，其表面的抗滑性能会逐年下降，甚至满足不了安全运营要求。隧道水泥混凝土路面施工如图11-1所示。

　　单向双车道的隧道水泥混凝土路面如图11-2所示。隧道内水泥混凝土路面抗滑性能不足的现象如图11-3~图11-5所示。

图11-1　隧道水泥混凝土路面施工

图11-2　单向双车道隧道水泥混凝土路面

图11-3　位于曲线段的隧道在雨天极易发生交通事故

图11-4　尽管隧道水泥混凝土路面设计有刻槽，
但抗滑能力依然不足

　　通过对隧道水泥混凝土路面抗滑性能的实地检测，某高速公路隧道运营5年后，隧道内水泥混凝土路面摩擦系数与构造深度检测情况见表11-1。

　　隧道水泥混凝土路面抗滑性能一直是非常重要的指标。随着汽车性能提高，导致超速行驶现象越来越多，山区高速公路里程延长，提高隧道水泥混凝土路表面抗滑能力已经是一个重要的课题。很多高速公路隧道路面维修不是因为结构的破坏，而是由于其使用功能的丧失，其中抗滑功能因素占有相当大的比例。

行车滑移与路面摩擦系数大小有关，摩擦系数不仅与轮胎和路面二者的材料性质有关，而且受表面形态、气候条件以及行驶速度等多方面因素影响，具体影响因素主要有：

图11-5 经过多年运营后，隧道水泥混凝土路面抗滑性不能满足安全要求

①车辆条件：对路面的单位压力、制动器好坏。

②轮胎条件：橡胶材料性质、橡胶硬度、胎面形状、磨损程度。

③路表面情况：宏观构造（最大粒径、级配、形状）、微观情况（集料种类）、表面附着物（尘埃、泥污、雨雪天气路表面的油水混合物等）。

④气候条件：路面温度、干湿情况。

⑤行驶条件：行驶速度。

当车辆条件、轮胎条件和胎面形状一定时，摩擦系数取决于路面干湿情况和车辆行驶速度。隧道水泥混凝土路面在潮湿状态下容易引起滑动，但是滑动情况主要是取决于依其路面性状与行驶速度。

某高速公路隧道内混凝土路面摩擦系数与构造深度检测结果 表11-1

序 号	检 测 项 目	单 位	建 议 值	实 测 值
1	摩擦系数SRV，≥	BPN	45	42
2	构造深度TD，≥	mm	0.4	0.23

在车辆行驶速度较低时（40km/h左右），主要是路面微观性状，即集料的石质对滑移有影响；在行驶速度较高时（大于60km/h），主要是路面宏观性状，即轮胎与路面间的排水性好坏对滑移有影响。由此可知，道路使用目的不同，抗滑侧重点也不同。当车辆行驶速度较高时，从防止水膜滑溜现象出发，应该侧重考虑如何加强路面排水。隧道路面构造、行车速度、摩擦系数关系如图11-6所示。

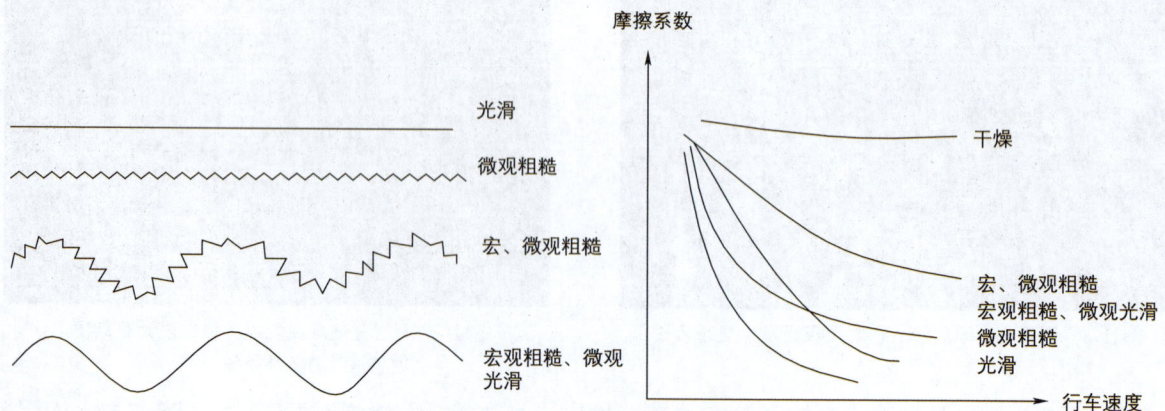

图11-6 隧道路面构造、行车速度与摩擦系数关系图

由于沥青路面中粗集料含量多且表面粗糙，路面构造深度大，决定了其路面构造为宏观、微观均粗糙的形式，所以沥青路面有着优良的路面排水性能和良好的抗滑特性。正因为如此，在高速公路隧道内铺筑复合式沥青路面可以有效解决隧道水泥混凝土路面防滑、降噪不足等问题。

第二节　施工准备要求

隧道内复合式沥青路面一般设置上下两层，其中上面层为综合功能层，下面层为抗车辙、封水、黏结层。厚度一般为8~10cm，结构为4cm +5cm或4cm+6cm，结构设计以AC上面层和SMA上面层为主。

一、材料准备

隧道内沥青路面施工前，必须采备足够数量的路面材料，包括碎石、机制砂、矿粉、沥青及纤维等，各类材料的质量必须满足设计和规范要求。

二、专业队伍准备

隧道内沥青路面施工前，应组建专业化的施工队伍，施工与管理人员配置应合理，经验要丰富。

三、水泥混凝土路面的交验

隧道内沥青路面铺筑前必须对水泥混凝土路面进行交验。交验的内容包括路面高程、平整度、宽度、横坡、强度等，外观还要检查路面有无积水、渗水，隧道洞壁有无渗漏水，中央检查井井盖以及两侧排水沟等。

若水泥混凝土路面有积水、渗水现象，则必须采取有效措施排水，确保沥青面层摊铺时工作面干燥、洁净。

四、水泥混凝土路面浮浆处理

为确保沥青面层与隧道内水泥混凝土路面之间的黏结，必须对水泥混凝土表面进行浮浆处理。

采用铣刨机对水泥混凝土路面进行6~8mm厚的凿毛处理，确保水泥混凝土路面具有一定的构造深度，以增加沥青路面与水泥混凝土路面的摩阻力、黏结能力和提高抗滑移性能，确保沥青面层的耐久性和使用质量。凿毛后对全路段进行彻底清扫，清扫人员需佩戴防毒面罩，现场须有满足工作面的照明设施，采用移动式照明车对隧道全路段照明，先采用人工清扫，并配以鼓风机进行吹尘；再采用清扫车清扫，局部泥尘清除困难时采用高压水冲洗或用钢丝刷刷除再用鼓风机吹除，清扫过程隧道内交通封闭，不得有车辆通行，也可采用抛丸机进行水泥混凝土路面的浮浆处理，如图11-7所示。

图11-7　采用抛丸机对隧道内水泥混凝土路面浮浆进行处理

五、喷洒黏层

隧道内废渣清扫完毕，经过监理工程师检查验收同意后，再洒布SBR改性乳化沥青黏层，从而使刚性路面与柔性路面有良好的黏结效果。黏层沥青采用快裂阳离子改性乳化沥青。

黏层洒布后，可以不撒布碎石封层，直接进行沥青面层施工。其原因有两点：一是隧道在初期建设中，照明设施未跟上，隧道作业环境差，同步碎石封层的施工质量检查困难，若沥青、碎石漏洒或多洒，容易造成软弱夹层，造成质量隐患；二是隧道内一般情况下比较干燥，不需要进行封水。

采用SBS或SBR改性乳化沥青作为黏层，洒布量为：0.6kg/m²。分两层洒布，每层为0.3kg/m²，每层时间间隔12h（隧道内无光照，乳化沥青比隧道外破乳时间长）。

六、编制施工组织计划

为顺利完成隧道沥青混凝土路面工程施工，项目部必须制订具体的施工方案，对施工人员进行详细的技术、质量、安全等方面交底，确保施工顺利完成。

第三节　施工设备要求

由于隧道内沥青路面施工受特殊环境的影响，因此，对于施工设备也有特别的要求。

一、拌和设备要求

沥青混合料一般采用4000型及以上的拌和楼拌和，其设备性能和生产能力应满足相关要求。

二、运输车辆要求

（1）进洞车辆要求设置明显标志，行车灯、倒车灯、制动灯必须处于正常状态。

（2）进洞的车辆应有专人指挥。

（3）尽可能地减少进洞车辆数量，等待摊铺时间较长时，发动机熄火，减少尾气排放。

（4）选择性能良好的车辆，不得"冒黑烟"。

（5）车辆卸料时，应掌握好举升高度，严禁破坏隧道洞壁和其他附属设施。卸料结束必须收回料斗后，方可驶离作业面。

三、摊铺机要求

1. 摊铺机数量

最好采用伸缩型摊铺机，数量一般配置2台呈并机作业。

2. 摊铺机宽度

双向4车道以上的隧道路面，必须并机作业，单机的宽度应合理组合。

3. 摊铺机工作动力

隧道内沥青混合料摊铺应选择性能好、动力足、不"冒黑烟"的摊铺机。

四、压路机要求

在满足压实度要求的情况下，尽可能减少设备的燃油消耗，发挥较少数量压路机的工作效率，紧跟慢压。

五、隧道照明设备要求

高速公路建设期间隧道内光线差，因此在铺筑沥青混合料的过程中，除了设备自身配备的照明设施外（如摊铺机的灯源、压路机的灯源、汽车照明灯等），还必须在沥青路面施工现场配备照明设施。

照明设施要求如下：

（1）大光亮、大范围照明，无阴影。

（2）进出隧道的车辆驾驶员不被光源晃眼。

（3）从远处就可以识别施工区，确保安全。

（4）方便移动，适合高速公路隧道施工照明。

隧道沥青路面施工用照明设备如图11-8所示。

图11-8　隧道沥青路面施工用照明设备

第四节　隧道温拌沥青混合料施工

近年来，温拌沥青混合料技术在我国沥青路面施工中得到进一步的应用，解决了沥青混合料低温、低烟尘条件下的施工难题，如图11-9、图11-10所示。

由于热拌沥青混合料施工温度较高，在沥青混合料拌和及摊铺过程中会产生大量烟雾和有害气体，特别是在封闭空间的隧道里，烟尘和高温使施工环境更为恶劣，而温拌沥青混合料具有施工温度低、耗能低、环保等诸多优点，由于其性能并不亚于热拌沥青混合料，因此，为改善高速公路隧道施工环境，隧道内最好采用温拌沥青混合料施工。

图11-9　低温条件下温拌沥青混合料试验段施工

图11-10　温拌沥青混合料室内试验段施工

温拌沥青混合料的三大优点是：①施工过程中，温度损失慢，有利于节省施工时的运输、摊铺和碾压时间；②对环境温度要求低，增长全年有效施工期，工法行之有效，可操作性强；③燃料消耗较少，摊铺过程中产生的有毒烟雾少，有利于节能减排和环境保护。热拌与温拌混合料烟尘对比如图11-11、图11-12所示。

图11-11 热拌混合料烟尘大

图11-12 温拌混合料烟尘小

热拌混合料与温拌混合料在隧道内施工情况对比如图11-13、图11-14所示。

图11-13 热拌混合料施工（视线模糊）

图11-14 温拌混合料施工（视线清晰）

对于隧道进出口的边角部位应采用小型压路机碾压，如图11-15所示。

图11-15 在洞口边角部位采用小型压路机碾压

下面，以隧道内采用SMA-13混合料为例，对温拌混合料施工技术进行介绍。

一、混合料的拌和

1. 确定温拌剂剂量

温拌沥青混合料采用与热拌沥青混合料相同的配合比设计，沥青为SBS改性沥青，温拌剂与沥青质量比例为5∶95。

2. 温拌剂添加设备

温拌剂添加时需对拌和楼进行改造，只需在拌和锅的内侧上部焊接一根有很多针孔的长条形金属喷管，喷管通过一根软管与添加设备连接。添加设备和拌和楼控制系统建立信号联络，在热沥青喷入拌和锅后，延迟5s将温拌剂溶液喷入拌和锅中。

添加温拌剂的专用设备如图11-16所示。

3. 温拌剂添加工艺

（1）温拌剂喷洒时间

温拌剂的添加应避免与石料先接触，应尽力喷洒在沥青上。经试拌，确定温拌剂在沥青开始喷洒延迟5s后开始喷洒。沥青的喷洒时间为15s，温拌剂的喷洒时间设定为5s。

（2）温拌剂的喷入方式

通过安装喷洒杆的位置和喷头方向，确保温拌剂喷洒扇面与沥青喷洒扇面基本重叠，最大限度减少温拌剂直接与石料接触。

添加温拌剂的喷头如图11-17所示。

图11-16　添加温拌剂的专用设备

图11-17　添加温拌剂的喷头

（3）温拌混合料拌和工艺

温拌剂添加顺序为：矿料（纤维）沥青→（延迟5s添加温拌剂，与沥青同时或提前喷完）　沥青喷洒完后延时6s添加矿粉→拌和出料。

在沥青喷洒结束后延迟6s添加矿粉，主要是避免在水蒸汽排出时添加矿粉，影响矿粉计量的精确，减少矿粉损失，且实践证明后加矿粉有利于混合料的均匀性。

在拌和过程中，温拌剂的喷洒由拌和楼喷洒沥青信号控制，无需手工操作，喷洒计量准确，拌和效果较好。

二、混合料运输

温拌沥青混合料与热拌沥青混合料的运输方式相同。

三、混合料摊铺

温拌沥青混合料摊铺如图11-18所示。从图中可以看出，温拌混合料摊铺温度比热拌混合料降低了20~30℃，烟雾量明显减少。摊铺过程与热拌混合料正常摊铺温度时相比未有异常，各环节控制较好。

图11-18　温拌沥青混合料摊铺

四、混合料碾压

温拌沥青混合料的碾压至少配置6台双钢轮压路机，其中3台双钢轮振动压路机；2台双钢轮振荡压路机，采取连续式碾压；1台双钢轮振动压路机，用作修复碾压。采取"紧跟慢压、高频低幅、先低后高、均匀少水"的原则。每台压路机前进后退为1遍，每遍重叠1/2轮宽。压路机要先行驶再开振动，要先关振动再停驶。禁止压路机在当天铺面上停机、加水、掉头等，碾压遍数按6遍控制，不能过碾或少碾。

对于SMA上面层，应采用钢轮压路机碾压，不得采用胶轮压路机碾压，如图11-19所示。

图11-19　温拌沥青混合料的碾压

五、温拌沥青混合料施工温度控制

温拌沥青混合料施工温度控制见表11-2。

温拌沥青混合料施工温度控制　　　　　　　　　　　　表11-2

序号	混 合 料 类 型	温 拌	热 拌
1	沥青	SBS改性沥青	
2	沥青加热温度（℃）	165~170	
3	集料加热温度（℃）	155~185	190~220
4	沥青混合料出料温度（℃）	135~150	170~185
5	混合料储料仓储存温度（℃）	储存过程中温度降低不超过10℃	
6	摊铺温度，不低于（℃）	126	160
7	初压温度，不低于（℃）	119	150
8	碾压终了，不低于（℃）	70	90

注：沥青混合料的施工温度采用具有金属探测针的插入式数显温度计测量。表面温度可采用表面接触式温度计测定。当采用红外线温度计测量表面温度时，应进行标定。

通过对比温拌沥青混合料和热拌沥青混合料的碾压工艺可以发现，温拌沥青混合料虽然温度较低，但对碾压工艺无特殊要求，与热拌沥青混合料一致。

第五节　施工安全管理

隧道沥青混合料铺筑具有作业空间狭小、环境温度高、烟雾多、噪声大、能见度低、人员呼吸困难、机械设备易高温和空气流通速度缓慢等特点。为了确保隧道沥青混合料铺筑安全，克服温度高、烟雾多、噪声大、能见度低和空气流通困难等危险及危害因素，应按照《防止沥青中毒办法》《使用有毒物品作业场所劳动保护条例》和《公路工程施工安全技术规程》有关规定，采取严格的安全对策与防范措施。

一、隧道施工存在的危险及危害因素

（1）有毒有害气体含量高

隧道内空间狭小、通风不良，再加上作业现场高温沥青散发的气体和烟雾，以及汽车、摊铺机、压路机等各类机械设备排放的尾气不易散发，聚集在狭小的作业空间内，人员一旦超量吸入，将引起中毒事故。

（2）施工噪声大

由于施工工艺的需要，各种机械设备同时作业，其发动机噪声和碾压过程产生的噪声之和有时会超过人体听觉临界承受能力。

（3）承受高温烘烤

沥青混凝土铺筑时温度高达170℃以上，加上通风不良、散热效果差，工作场所温度较高，容易导致作业人员中暑，影响安全作业和人体健康；高温容易引起摊铺机操作盘调平控制电脑中的电器部分死机、失灵等，必须定时更换，保持其工作温度低于60℃；压路机发动机温度过高会影响正常工作，需定时对碾压设备进行轮换。

（4）存在火灾隐患

沥青混合料的高温以及车辆机械运行和现场临时用电等都存在火灾危险性。在施工设备上应配备一定数量的干粉灭火器，隧道外配备高压水车待命。

（5）能见度低

施工过程中的沥青废气和各种车辆排放的烟雾，使得本就黑暗缺光的隧道内能见度更低，极易造成事故。

施工过程中必须配备安全帽、反光衣等反光警示物品与器具。

二、施工预防措施

为了确保公路隧道沥青混凝土铺筑安全，克服温度高、烟雾多、噪声大、能见度低和空气流通困难等危险与危害因素，按照《使用有毒物品作业场所劳动保护条例》和《公路工程施工安全技术规程》的有关规定，必须采取相应的安全对策与防范措施。

（1）采取施工人员轮班制度，施工人员进行轮班，对机械操作手以及劳务人员进行分组作业，每小时轮换一次，确保施工人员安全。现场开水、淡盐水和保健（清凉）饮料供应充足，满足补充水分和降温需要。

（2）在隧道洞口加强安全宣传，闲杂人员不得进入施工现场。如图11-20所示。

图11-20　隧道洞口进行安全宣传

（3）项目部配置专项救援车辆及医护人员在隧道外待命，对出现的紧急情况及时进行处理。

（4）为有效的保证隧道内沥青混凝土摊铺质量与施工人员安全，隧道内施工时配置3台移动式发电照明设备，确保隧道内视线良好。

（5）施工工艺采取顺风向铺筑，以减少碾压作业场所的沥青废气量和烟雾，增加能见度，清新空气，保证施工人员作业健康。

三、安全生产准备工作

（1）根据施工的具体段落，确定进行交通管制的段落和长度，设立专人进行交通管制，同时事先设定运输车辆的行进路线，在隧道口设置专人指挥车辆的进出。

（2）根据以往隧道施工的安全经验，应配备优质的防毒面具。同时配备医生、护士和一辆救护车，确保在施工过程中突发事件应急反应和人员安全。

（3）配备移动式照明设备和通风设备，配置5人左右进行饮水的供应以及后勤服务。

（4）对施工现场人员采取1h轮换作业的安排，同时在施工现场设立每班2~3人的巡逻人员，确保人员及施工的安全。

（5）做好施工企业的安全管理工作。建立健全安全生产管理体系，明确企业第一安全责任人、现场安全负责人、班组长和专（兼）职安全员等各级安全管理人员的工作职责，制订隧道内施工安全规章制度。

（6）根据隧道施工特点，完善各岗位安全技术操作规程，并在作业前做好从业人员的安全教育工作，使全体作业人员了解并执行各自的岗位安全职责和安全技术操作规程。

（7）在作业前应对机械设备进行必要的维修保养与检测，技术状况应符合行业规定，以保证设备正常使用。在隧道内发生故障的机械设备，应及时拖移至隧道外维修；禁止在隧道内检查、维修设备。

（8）隧道内照明电源由外部供应与自备发电机相配合，供电线路、配电箱、闸刀的安装架设必须符合TN-S系统要求及电力部门的其他相关规定。用电器具要安装好漏电保护器，现场照明要采用安全电压。

（9）现场指挥员与作业人员在施工作业前要确定好联络方式和指挥信号，避免错误指挥和错误操作。

四、劳动防护措施

1. 安全组织机构及保证体系

安全生产与质量、效益一样，是工程创优不可缺少的部分，是关系到职工人身和国家财产不受损失的大事，在施工过程中应认真贯彻"安全第一，预防为主"的方针，成立以项目经理为第一负责人的安全生产领导小组，严格执行国家有关安全生产管理规定，实现安全生产。

应对所有参加本项工程的施工人员进行安全生产教育，组织学习《公路工程施工安全技术规程》（JTJ 076—95）、《公路筑养路机械操作规程》，并结合工程实际，制订详细的安全生产措施。

2. 安全技术措施和保证制度

（1）隧道内摊铺施工应该提前准备好照明设施，采用移动式照明设备。具体照明位置为：摊铺机前方10m左右放置1台，摊铺机后方10m左右放1台，以保证摊铺现场照明。隧道内所有施工人员必须穿着安全警示服。

（2）在施工前对施工现场、机械、设备进行全面检查，确认安全后方可施工。

（3）施工现场配置足够的消防设备。施工人员必须熟悉消防设备的性能和使用方法，隧道内所有施工人员佩戴防毒面罩并确保1h轮班制，保证所有施工人员在隧道内的时间不超过4h，并且现场准备足量氧气袋，防止缺氧事件的发生；现场准备应急车辆，一旦事故发生，第一时间将事故人员运出隧道救治，严重者应该立即送往医院救治。

（4）操作人员上岗前，按规定穿戴好防护用品。

（5）施工所用的各种机具设备和劳动保护用品，施工前应进行检查和必要的检验，保证其经常处于完好的状态。严禁使用不合格的机具设备和劳动保护用品。

（6）拌和好的沥青混合料在运输过程中必须覆盖保温，同时保证车厢封闭完好，避免在公路上洒料；必须保证车辆性能完好，驾驶人应严格遵守交通规则。

（7）摊铺机上配备一定数量的干粉灭火器，洞口外停放2台以上满载的水车备用。供水管路长度要以保证送达作业现场为准，停车待料时必须预留消防通道，并保持通道畅通。

（8）现场重型设备必须由具备资格的人员操作，专人指挥，严禁随意他人代替操作。卸料车安排专人统一指挥。

（9）隧道内摊铺施工时，凡进入隧道内的施工人员不得吸烟，不得使用点火器材。

（10）对参加施工的人员应按照国家有关规定办理保险。　参加施工的人员必须接受安全技术教育，熟知和遵守各项安全技术操作规程，施工前进行安全技术考核，合格者方准上岗操作。除此之外，每次施工前都要进行岗前安全知识培训，切实做到"项目严格培训、工人认真学习"这一原则。对于从事电气人员，须经过专业培训，获得合格证书后，方准持证上岗。

第六节　施工难点解析

高速公路隧道内沥青路面施工难点主要有：
（1）水泥浮浆的凿毛与清理较洞外难度大。
（2）沥青层与水泥混凝土的层间黏结难度大。
（3）光线差，空气流通慢，混合料烟尘排放困难。
（4）路面宽度较洞外窄，压路机横向处理平整度时，碾压不方便。
（5）施工安全管理难度大。
为了确保隧道内沥青混合料的施工质量，必须从以下环节进行控制。

一、混合料拌和

在拌和作业中，对每台拌和机生产的混合料质量都要进行全面检查，对每车混合料的出厂温度、外观情况进行检查，不合格料禁止出厂。

二、混合料运输

（1）运输混合料前，对全体驾驶人进行安全培训，加强对运输车辆的保养与检查，防止运料过程中运输车抛锚，造成混合料温度下降、废弃。

（2）车辆车斗挂勾要挂好，在车厢侧板下方打孔以备温度计插入量取温度。

（3）运输车载重量达25t以上，有紧密、清洁、光滑的金属底板。为防止混合料粘在车厢底板上，可采取涂一薄层油水混合液（油∶水为1∶3）的方法避免，但车箱中不能有多余的残积液。

（4）车斗内及车轮胎保持干净，不得有泥土、混合料残留物等。

（5）车内放料时，每放一盘车移动一次位置，以减少粗细集料的离析，料车按照前、后、中的顺序来回移动进行装料。

（6）任何情况下，运料车在运输过程中采用双层覆盖措施即加盖保温的毡或棉被或防雨的篷布，以防表面混合料降温结成硬壳。外面防雨篷布要全面包裹覆盖车厢顶部，切实起到保温、防雨、防污染的作用。

（7）运料车应该在隧道外掉头，从洞外退向摊铺机，在摊铺机前左侧40m左右处等候。

（8）在料车卸料前3~5min将加盖的棉被和篷布打开，不准提前打开造成混合料的表面冷却或结壳，也不准推后延误倒车等。

（9）运输车辆到达摊铺现场后整齐排放，按顺序往摊铺机中卸料，卸料过程中运料车须挂空挡，依靠沥青摊铺机推动前进，驾驶人应听从现场指挥人员指挥，及时倒车卸料和离开。运至铺筑现场的混合料，必须在当天或当班完成压实。指挥卸料要认真负责，一次不要倒料过多（不得超过受料斗中2/3），及时指挥料车倒车、举斗及前进，保证摊铺机不停机并料斗有一定数量的料。

（10）运料车卸料必须倒净，如发现有剩余的残留物，应及时清除。建立运输车辆的检查保养制度，建立车辆出现各种故障的应急预案，严禁酒后、疲劳、无证等驾车；车辆在特殊路段（如摊铺机前、拌和站、工作面等）行驶时要限制速度，确保交通安全。

（11）运输车辆必须提前检查车辆的安全性，尤其是照明装置；混合料运输车队必须严格遵守混合料运输相关规定，确保混合料运输安全、畅通。

三、混合料摊铺

隧道内混合料摊铺要求如下：

（1）摊铺前按确定的松铺厚度，垫好宽木板，放下熨平板，调整熨平板仰角，熨平板预热温度在130℃左右。调好螺旋布料器两端的自动料位器，使料门开度、链板送料器的速度和螺旋布料器的转速相匹配。摊铺机采用熨平板进行初步振实。

（2）根据摊铺的宽度、厚度，拌和机设定的产量和施工机械的配套情况，确定速度控制在1.5~2.0m/min左右，连续进行摊铺。

（3）采用平衡梁控制，摊铺机螺旋布料器内的混合料表面以略高于螺旋布料器2/3为度，使熨平板的挡板前混合料的高度在全宽范围内保持一致。摊铺过程中尽量避免拔料，在必要时根据料斗内混合料的数量，把握拔料的时机和拔料的幅度，避免出现块状离析。摊铺未压实前，施工人员不得进入。摊铺后一般不做人工修整，如产生局部离析现象，在现场主管人员指导下人工找补细料或更换混合料。

对外形不规则部位、空间受到限制部位、平曲线加宽部分以及构造物接头等摊铺机无法作业的地方，可采用人工铺筑混合料。

（4）在混合料完成摊铺刮平后，由经验丰富的工长带领熟练工人立即对路面进行检查，铲除离析集料，并用级配好的混合料填平。

（5）混合料摊铺后随机量测松铺厚度，厚度不符合规范要求时应马上调节摊铺机，直到松铺厚度符合规范要求。

隧道内沥青混合料摊铺如图11-21所示。

四、混合料碾压

隧道内沥青混合料碾压仍分为三个阶段进行：

（1）初压

碾压时将压路机驱动轮面向摊铺机，沿外侧向中心碾压。压路机要原幅去原幅回，碾压速度2km/h，可开启喷水装置向碾压轮喷洒适量的水，防止混合料黏结碾压轮。相邻碾压带重叠1/3~1/2轮宽。

压路机起步和停止减速须缓慢进行，碾压路线及方向不得突然改变，防止混合料产生推移现象。初压后检查平整度、路拱，必要时及时进行修复。如在碾压时出现推移，可待温度稍降后再压，如出现横向细微裂缝，则应检查原因，并及时采取措施纠正。

图11-21　隧道内沥青混合料摊铺

（2）复压

复压紧接在初压后进行，碾压速度3~3.5km/h，碾压至混合料表面无明显轮迹。相邻碾压带重叠1/2的碾压轮宽度。

对于AC类混合料，复压开始时如有混合料粘轮现象，可用人工向轮上涂抹洗衣粉和水的混合液。碾压过程中不得中途停顿、转向或制动，压路机来回交替碾压时前后两次停留位置须错开。压路机不得在未压实成型并冷却的路段上转向、制动、掉头或停留。在压路机碾压不到的其他地方，采用小型平板振动夯、加热的手夯将混合料压实。

（3）终压

终压紧接在复压后进行，以消除轮迹为止。终压结束时，路表温度不低于90℃。为保证压实质量，在初压、复压、终压段落应设置明显标志，以便机驾人员辨认。

压路机组合、碾压顺序、遍数、速度及温度设专岗管理和检查，做到不漏压不超压。压路机紧跟碾压如图11-22、图11-23所示。

图11-22　隧道内混合料碾压

图11-23　隧道洞口碾压

五、缺陷修补

施工现场派专职测量员全程跟踪，检测摊铺和碾压后的高程（左、中、右），并及时纠正施工中的偏差。对因摊铺机停顿和碾压推移产生的拥包，应及时整平并压实。

六、施工缝处理

隧道内沥青混合料摊铺尽量不留施工缝，条件不允许时，横向接缝采用垂直的平接缝，相邻两层的横向接缝位置须错开1m以上。

施工前先将搭接面清扫干净，用人工涂洒黏层沥青，摊铺沥青混合料，最后碾压密实及平整。从横向接缝起继续摊铺沥青混合料时，须按松铺系数调整好熨平板初始的松铺厚度和浮动基准梁的高度，保证摊铺机起步后自动调平系统正常工作。横向接缝用双钢轮压路机横向碾压，碾压时压路机位于已压实的路面上，然后向新铺层每移动15cm宽即碾压一遍，直至全部进入新铺层，再改为纵向碾压。压实结束后再用3m直尺检查接缝处铺筑层的平整度，如不符合要求，应趁混合料尚未冷却前立即处理。

隧道内沥青混合料严禁产生纵向冷接缝。

七、开放交通

沥青混合料压实成形后，待其不高于50℃时方可开放交通。当天铺筑的尚未开放交通的沥青路面上，不得停放任何施工机械设备。

隧道内沥青路面施工工艺流程如图11-24所示。摊铺成形的隧道沥青路面如图11-25所示。平整舒适的隧道沥青路面如图11-26所示。

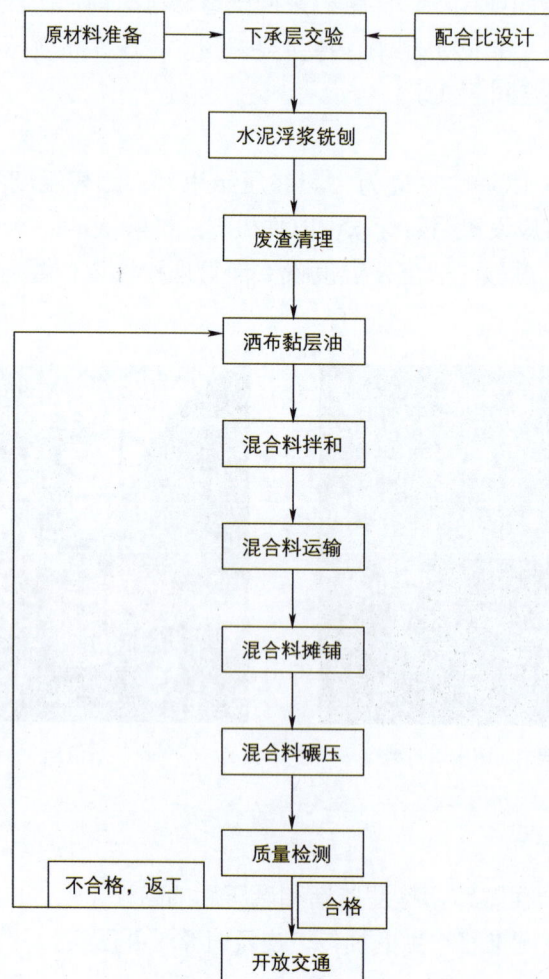

图11-24　隧道内沥青路面施工工艺流程图

图11-25　摊铺成形的隧道沥青路面

图11-26　平整舒适的隧道沥青路面

第七节　施工质量检测

一、基本要求

（1）沥青路面铺筑前，隧道内水泥混凝土路面浮浆处理必须彻底，清理干净。

（2）沥青路面的各类原材料与混合料质量应满足要求。

（3）洒布黏层油时，工作面必须干燥，洒布量符合要求。沥青层铺筑完成后，应能钻取出沥青层与水泥混凝土路面的完整芯样。如图11-27所示。

图11-27　隧道内路面芯样

二、检测项目

若采用SMA混合料，其检测项目及频率要求见表11-3。

隧道内SMA混合料检测项目及频率要求　　　　　　　　　　表11-3

项　　目	检 查 频 度	质量要求或允许偏差	试 验 方 法
外观	随时	无油斑、离析、轮迹等现象	目测
接缝	随时	紧密、平整、顺直、无跳车即$h \leqslant 3mm$	目测、3m直尺
施工温度	1次/车	符合要求	
马歇尔试验： 稳定度、流值、密度、空隙率	每台拌和机1次/d	稳定度≥8.0kN	拌和场取样成型试验
抽提	2次/d	上午、下午各一次	拌和场取样检测
车辙试验（次/mm）	每2个工作日1次	不小于5000	拌和场或现场取样成型进行试验
残留稳定度（%）	每个工作日1次	≥80	拌和场或现场取样成型进行试验
压实度（%）	单幅5点/km	不小于马歇尔密度的98（单点检验），最大理论密度压实度为94~96	钻孔法（钻芯位置均应在路面标线画线处）
面层空隙率（%）	每日铺筑的路段全线每车道连续测定	3~6	连续式平整度仪
平整度（mm）		不大于0.7	
渗水试验（mL/min）	单幅5点/km	不大于50	用改进的渗水仪测定，每点3处取
构造深度（mm）	1处/200m	0.8~1.3	铺砂法

注：1. 本表所列系施工阶段的质量检查标准，检查频率为单幅双车道。
　　2. 理论密度的确定应根据每天实测的油石比重新进行计算，计算压实度时取施工当天上下午理论密度的平均值作为压实度计算的依据。

第十二章 机场沥青混合料道面施工

第一节 概　述

截至2012年底，我国民用运输机场已有183个。在这些民用运输机场中，枢纽、干线机场44个，支线机场139个。2012年全国机场累计完成旅客吞吐量6.79亿人次，同比增长9.5%，完成货邮吞吐量1199万吨。2012年，北京首都国际机场实现旅客吞吐量8192.9万人次，位列世界第二名，上海浦东国际机场完成货邮吞吐量295万吨，位列世界第三名。

机场跑道如图12-1所示。

一、机场跑道构成与基本要求

跑道是一个机场的重要组成部分，跑道及其相关设施的修建、标识等是有严格规定，它决定了机场的等级标准。 3600m以上的跑道就可以起降目前世界上最大的客机。我国北京、上海、广州等国际机场的跑道都在3600m以上。我国民用机场最长的跑道是拉萨贡嘎机场的4800m，这是海拔高、升力小的缘故。天津机场跑道如图12-2所示。

图12-1　机场跑道

图12-2　天津机场的双跑道

1. 基本尺寸

跑道的基本尺寸是指跑道的长度、宽度和坡度。跑道的长度取决于所能允许使用的最大飞机的起降距离、海拔高度及温度。海拔高度高，空气稀薄，地面温度高，发动机功率下降，因而都需要加长跑道。跑道的宽度取决于飞机的翼展和主起落架的轮距，一般不超过60m。一般来说，跑道是没有纵向坡度的，但在有些情况下可以有3°以下的坡度。在使用有坡度的跑道时，要考虑对飞机性能的影响。

2. 强度要求

对于起飞重量超过5700kg的飞机，为了准确地表示飞机轮胎对地面压强和跑道强度之间的关系，国际民航组织规定使用飞机等级序号（ACN）和道面等级序号（PCN）方法来决定该型飞机是否可以在指定的跑道上起降。

PCN数是由道面的性质、道面基础的承载强度经技术评估而得出的，每条跑道都有一个PCN值。

ACN数则是由飞机的实际重量，起落架轮胎的内压力，轮胎与地面接触的面积以及主起落架机轮间距等参数由飞机制造厂计算得出的。ACN数和飞机的总重只有间接的关系，如B747飞机由于主起落架有16个机轮承重，它的ACN数为55；B707飞机的ACN数为49，而它的总重只有B747的2/5，两者ACN却相差不大。使用这个方法计算时，当ACN值小于PCN值，这类型的飞机可以无限制地使用这条跑道。在一些特殊情况下，ACN值可以在大于PCN值5％~10％以下时使用这一跑道，但这会带来跑道使用寿命的缩短。

3. 附属区域

跑道道肩是指在跑道纵向侧边和相接的土地之间有一段隔离的地段，这样可以在飞机因测风偏离跑道中心线时，不致引起损害。此外大型飞机很多采用翼吊布局的发动机，外侧的发动机在飞机运动时有可能伸出跑道，这时发动机的喷气会吹起地面的泥土或砂石，使发动机受损，有了道肩会减少这类事故。有的机场在道肩之外还要放置水泥制的防灼块，防止发动机的喷气流冲击土壤。

道肩宽度一般为每侧1.5m，道肩路面要有足够强度，以备在出现事故时，使飞机不致遭受结构性损坏。

4. 安全带

安全带的作用是在跑道的四周画出一定的区域，来保障飞机在意外情况下冲出跑道时的安全，可分为侧安全带和道端安全带。

（1）侧安全地带

它是由跑道中心线向外延伸一定距离的区域。对于大型机场这个距离应不小于150m，在这个区域内要求地面平坦，不允许有任何障碍物。在紧急情况下，可允许起落架无法打开的飞机在此地带实施硬着陆。

（2）道端安全地带

它是指由跑道端至少向外延伸60m的区域，建立道端安全地带的目的是为了减少由于起飞和降落时冲出跑道的危险。在道端安全地带中有的跑道还有安全停止道，简称安全道。安全道的宽度不小于跑道，一般与跑道等宽，它由跑道端延伸，它的长度视机场的需要而定，它的强度要足以支持飞机中止起飞时的质量。

5. 净空道

净空道是指跑道端之外的地面和向上延伸的空域。它的宽度为150m，在跑道中心延长线两侧对称分布，在这个区域内除了有跑道灯之外不能有任何障碍物，可以是地面，也可以是水面。

6. 滑行道

滑行道的作用是连接飞行区各个部分的飞机运行通路，它从机坪开始连接跑道两端，在交通繁忙的跑道中段设有一个或几个跑道出口和滑行道相连，以便降落的飞机迅速离开跑道，这些称作联络道。

滑行道的宽度由使用机场最大的飞机的轮距宽度决定，要保证飞机在滑行道中心线上滑行时，它的主起落轮的外侧距滑行道边线不少于1.5~4.5m。在滑行道转弯处，它的宽度要根据飞机的性能适当加宽。滑行道的强度要和配套使用的跑道强度相等或更高，因为在滑行道上飞机运行密度通常要高于跑道，飞机的总重量和低速运动时的压强也会比跑道所承受的略高。滑行道在和跑道端的接口附近有等待区，地面上有标志线标出，这个区域是为了飞机在进入跑道前等待许可指令。等待区与跑道端线保持一定的距离，以防止等待飞机的任何部分进入跑道，成为运行的障碍物或产生无线电干扰。西安咸阳国际机场滑行道如图12-3所示。

图12-3　西安咸阳国际机场滑行道

二、机场跑道的分类

机场跑道道面可分为刚性道面和柔性道面。跑道道面要求有一定的摩擦力，以保持飞机在跑道积水时不会打滑。

1. 刚性道面

由混凝土筑成，能把飞机的载荷承担在较大面积上，承载能力强。如西安咸阳国际机场新建飞行区，按照民航机场的最高等级4F进行建设，飞行区道面面积160万m²，新跑道总长3800m、宽60m，是西北地区首条4F级跑道，跑道灯光系统达到世界级跑道标准。这标志着西安咸阳机场成为国内继北京、上海、广州和成都之后的第五个可以起降A380客机的双跑道航空枢纽，开启了西北地区机场的双跑道运行时代。

2. 柔性道面

主要是沥青混凝土道面，要求道面面层的最小厚度为7.5～10cm；道面应耐高温，粗糙度应达到要求，底基层由有机或无机结合料处治的粒料或土组成。另外，还有一种道面，就是在刚性道面上铺筑高性能摩擦系数大的沥青层，既可减少飞机在落地时的振动，又能保证有一定的摩擦力。近年来我国新建、扩建的机场（如厦门、上海浦东机场）为此类型跑道。

三、沥青混凝土道面的应用

由于沥青混凝土道面具有平整、抗滑、舒适、减振等良好的使用性能和机械化施工程度高、工期短、养护方便等施工优点，国际上已被很多大型民用机场所采用。根据国际民航组织1999年公布的数据，在其147个成员国的1038个机场中，沥青混凝土跑道占60%以上。葡萄牙丰沙尔（Funchal）马德拉机场架空延长跑道如图12-4所示。

与国际上民用机场建设现状及发展趋势相比，我国民用机场沥青混凝土道面工程应用少，道面结构类型复杂（包括柔性基层沥青道面和半刚性基层沥青道面），设计规范滞后，理论研究缺乏。上述

图12-4　葡萄牙丰沙尔（Funchal）马德拉机场架空延长跑道

问题阻碍了我国机场沥青道面结构的设计与应用，制约了我国机场沥青道面的理论研究与建设发展。

为了改变上述现状，我国近年来在机场沥青道面及沥青路面设计方法的基础上，通过现场调查、理论研究、数值模拟等技术手段，基于力学—经验法建立和完善了机场沥青道面结构设计的新体系。

在我国，北京首都国际机场东跑道、西跑道，上海、天津、哈尔滨、大连、青岛、广州、厦门、敦煌、兰州、桂林等10多座城市的民航机场跑道上铺筑了SMA路面，如图12-5所示。进出候机楼的道路采用沥青混凝土结构，如图12-6所示。

图12-5　在沥青混凝土跑道上起飞

图12-6　进出候机楼的道路采用沥青混凝土结构

四、机场跑道和高速公路的区别

机场跑道路面和高速公路路面在结构和功能上的区别在于：机场跑道考虑设计荷载（标准轴载不同），升/降跑道的动荷载要考虑，机场跑道的路面结构材料性能等要求较高，如抗（车）轮辙，基层/底基层或较厚等。同时，机场跑道的整体规划要比高速公路要细，接缝、伸缩缝、施工缝等比较复杂但要处理好，确保平整度保守的设计。

除了一些标准化的跑道外，还有一种高速公路飞机跑道。比如解放军报报道，2014年5月25日11时35分，我军某型歼击机、某型运输机、某型直升机首次成功起降中原某高速公路飞机跑道。该高速公路飞机跑道按一级甲类标准建设，可满足三代战机和中小型运输机在战时或紧急情况下应急起降，如图12-7、图12-8所示。

近年来，我国先后在辽宁、山东、福建等地修建了10多条高速公路飞机跑道。这些高速公路兼有交通战备应急机场和高速公路地面交通的双重功能，平时作为高速公路使用，在战时或紧急情况下可通过简捷措施，撤除道路中间的绿化带和障碍物变成临时跑道，满足战机起降要求。

图12-7　某型歼击机在某高速公路飞机跑道上起降

图12-8　某型运输机在某高速公路飞机跑道上起降

第二节　机场沥青混合料道面结构

由于SMA混合料具有优良的抵抗永久变形能力，加之粗糙的表面构造使其具有优良的抗滑性，因而SMA在我国机场跑道沥青铺装中得到了广泛的应用，如图12-9、图12-10所示。

图12-9　采用SMA沥青铺装的机场跑道（近景）

图12-10　SMA沥青铺装机场跑道表面（细部）

一、首都机场西跑道沥青混凝土道面加盖工程结构

北京首都国际机场西跑道，被誉为"国门第一道"，是我国对外开放通向世界的窗口。西跑道改造工程于2000年3月5日开工，4月28日完工。首都国际机场西跑道工程采用改性沥青、特立尼达湖沥青和SMA新技术。

首都机场西跑道沥青混凝土道面加盖工程结构见表12-1。

首都机场西跑道沥青混凝土道面加盖工程结构　　　　　　　　　　　　　　表12-1

位置	长度（m）	基　层	应力吸收层	底　面　层	中　面　层	表　面　层
中跑道中部	2800	水泥粉煤灰碎石	1~2cm AH-90改性沥青拌和的AC-5I沥青混凝土	8cm AH-90 AC-25I型	7cm AH-90SBS改性沥青 AC-25I型	6cm AH-110SBS改性沥青 SMA-16型
两端待飞区	各200	在75%改性沥青的基础上再加入25%特立尼达湖沥青（TLA）				
新建快滑道		水泥粉煤灰碎石	1~2cm AH-90改性沥青拌和的AC-5I沥青混凝土	10cm AH-90 SBS改性沥青AC-25I型		6cm AH-110SBS改性沥青 SMA-16型

二、山东青岛流亭国际机场沥青混凝土道面结构

青岛流亭国际机场是山东省规模最大、设施齐全、生产运输最繁忙的民用机场，具有十分重要的经济、政治和社会地位。青岛流亭国际机场跑道沥青道面结构分为两种，见表12-2。跑道沥青道面如图12-11所示。

青岛流亭国际机场跑道沥青道面结构

表12-2

位置	结构层与厚度（cm）			长度（m）
	上 面 层	中 面 层	下 面 层	
南端	SMA-16改性沥青	AC-20型改性沥青	AC-20型改性沥青	500
	6	6	6	
北端	SMA-16改性沥青		AC-20型改性沥青	2900
	6	—	7	

图12-11　青岛流亭国际机场跑道沥青道面

第三节　施工准备要求

《民用机场沥青混凝土道面施工技术规范》（MH 5011—1999）要求，沥青混凝土混合料集料的粒径大小以方孔筛为准。工程所用的沥青、矿料和外加剂等各种原材料，必须持有出厂（场）质保书，进口材料须经海关商检合格。任何材料进入现场都应按规定要求进行检验并登记，签发材料验收单。验收单应包括产地、品种、规格、数量、质量、日期等。材料应分别堆放或隔离，并在料堆上插材料标识牌。

一、材料准备要求

1. 沥青

1）机场道面石油沥青技术要求

（1）机场道面石油沥青技术要求应符合《民用机场沥青混凝土道面施工技术规范》（MH 5011—1999）规定，见表12-3。

机场道面石油沥青技术要求　　　　　　　　　表12-3

试 验 项 目	AB-130	AB-110	AB-90	AB-70	AB-50
针入度（25℃，100g，5s）（0.1mm）	120～140	100～120	80～100	60～80	40～60
延度（5cm/min，15℃）不小于（cm）	150	150	150	150	150
延度（5cm/min，10℃）不小于（cm）	50	50	50	50	40
软化点（环球法）（℃）	42～50	43～51	44～52	45～54	46～55
闪点（COC）不小于（℃）	230				
含蜡量（蒸馏法）不大于（%）	2				
密度（15℃）（g/cm³）	实测				
溶解度（三氯乙烯）不小于（%）	99.0				
薄膜加热试验（TFOT）163℃/5h　质量损失不大于（%）	1.3	1.2	1.0	0.8	0.3
针入度比不小于（%）	45	48	50	55	58
延度（15℃）不小于（%）	100	100	100	100	80
延度（10℃）（cm）	实测				

注：有条件时测定沥青60℃动力黏度（Pa·s）和135℃运动黏度（mm²/s）。

（2）沥青道面所采用的沥青标号，可根据机场所在的地理位置和气候条件按照表12-4选用。

各气候分区选用的沥青标号　　　　　　　　　表12-4

气候分区	年最低月平均气温（℃）	机场道面石油沥青	重交通道路石油沥青
寒区	<-10	AB-90 AB-110 AB-130	AH-90 AH-110 AH-130
温区	-10～0	AB-70 AB-90	AH-70 AH-90
热区	>0	AB-50 AB-70	AH-50 AH-70

（3）沥青储运站及沥青混合料拌和厂（站）应将不同料源、不同标号的沥青分开存放，不得混杂。施工期间，储存罐或储油池中的沥青温度不宜低于130℃，并不得高于180℃。经较长时间存放的沥青在使用前应先抽样检验，凡不符合质量要求的沥青不得使用。

2）改性沥青

（1）用于改性的基质沥青，应采用机场道面石油沥青或重交通道路石油沥青。

（2）改性沥青技术标准应符合《民用机场沥青混凝土道面施工技术规范》（MH 5011—1999）规定，见表12-5。

改性沥青技术要求　　　　　　　　　表12-5

技 术 指 标	热塑性橡胶类				橡 胶 类			热塑性树脂类		
针入度数25℃、100g、5s大于（0.1mm）	100	80	60	40	100	80	60	80	60	40
软化点（环球法）大于℃	45	50	55	60	45	48	52	50	55	60
延度10℃，5cm/min大于（cm）	40				40			20		
当量软化点T800大于（℃）	44	46	48	50	43	44	45	48	50	52
当量脆点T1.2小于（℃）	-16	-13	-10	-8	-16	-13	-10	-13	-10	-8
闪点大于（℃）	250				250			250		
离析试验	软化点差≤20				—			无明显析出或凝聚		
弹性回复15℃大于（%）	50	55	60	65	—	—	—	—	—	—
薄膜烘箱试验163℃5h　质量损失小于（%）	1.0				1.0			1.0		
针入度比大小（%）	50	55	60	65	50	55	60	50	55	60
延度10℃5cm/min大于（cm）	30				20			10		
黏度60℃大于（Pa·s）	200	400	600	800	200	300	400	400	600	800
密度25℃（g/cm³）	实测				实测			实测		

2. 粗集料

（1）粗集料应采用由岩石破碎加工而成碎石，碎石应具有足够的强度和硬度，清洁、干燥。其质量应符合《民用机场沥青混凝土道面施工技术规范》（MH 5011—1999）规定，见表12-6。

粗集料的技术要求   表12-6

指 标		标 准	
		上面层	中、下面层
石料压碎值	不大于（%）	20	25
洛杉矶磨耗损失	不大于（%）	30	30
视密度	不小于（t/m³）	2.5	2.5
吸水率	不大于（%）	2.0	2.0
与沥青的黏附性（水煮法）	不小于	5级	4级
坚固性	不大于（%）	12	12
细长扁平颗粒含量	不大于（%）	12	15
水洗法<0.075mm颗粒含量	不大于（%）	1	1
软石含量	不大于（%）	5	5
石料磨光值（PSV）	不小于	45	42

（2）在碎石供应有困难的地区，沥青道面的中、下层可采用坚硬砾石（粒径大于50mm）轧制成碎石，其破碎砾石中4.75mm及以上颗粒的破碎面积应大于50%，一个面破碎率为100%，两个面破碎率大于90%。但破碎砾石不得用于上面层。

（3）粗集料的颗粒形状宜接近立方体，表面粗糙而富有棱角。碎石由轧石机破碎而成，轧石机不宜采用鄂式破碎机。粗集料的粒径级配应符合规定，见表12-7。

粗集料粒径级配   表12-7

筛孔（mm）	下列公称粒径（mm）通过率（%）						
	15~25	10~20	10~15	5~15	5~10	3~10	3~5
31.5	100	—	—	—	—	—	—
26.5	95~100	100	—	—	—	—	—
19.0	—	95~100	100	100	—	—	—
13.2	0~15	—	95~100	95~100	100	100	—
9.5	—	0~15	0~15	40~70	95~100	95~100	100
4.75	0~5	0~5	0~5	0~15	0~10	40~70	85~100
2.36	—	—	—	0~5	0~5	0~15	0~25
0.6	—	—	—	—	—	0~5	0~5

（4）当粗集料与沥青黏附性不符合要求时，应采取掺抗剥离剂措施。抗剥离剂的种类、剂量须通过试验确定。

用于机场跑道铺筑的SMA用碎石如图12-12。

3. 细集料

（1）细集料可采用石屑、机制砂、天然砂。细集料应清洁、干燥，质地坚硬，耐久，无杂质，其质量应符合《民用机场沥青混凝土道面施工技术规范》（MH 5011—1999）规定，见表12-8。

图12-12　用于机场跑道铺筑的SMA混合料碎石

细 集 料 技 术 要 求 表12-8

指　标		标　准
表观相对密度	不小于（t/m³）	2.50
坚固性（＞0.3mm部分）	不大于（％）	12
小于0.075mm的颗粒含量	不大于（％）	3
塑性指数	不大于	4
砂当量	不小于（％）	60

注：1. 坚固性试验根据需要进行。
　　2. 砂当量试验有困难时，可只测定小于0.075mm颗粒含量（水洗法）及其塑性指数。

（2）砂颗粒、石屑的级配应分别符合表12-9、表12-10的规定。

砂 级 配 表12-9

方孔筛 （mm）	通过下列各筛孔的质量百分比（％）		
	粗砂	中砂	细砂
9.5	100	100	100
4.75	90～100	90～100	90～100
2.36	65～95	75～100	85～100
1.18	35～65	50～90	75～100
0.6	15～29	30～59	60～84
0.3	5～20	8～30	15～45
0.15	0～10	0～10	0～10
0.075	0～5	0～5	0～5
细度模数Mx	3.7～3.1	3.0～2.3	2.2～1.6

石 屑 级 配 表12-10

公称粒径 （mm）	通过下列筛孔的质量百分比（％）				
	9.5	4.75	2.36	0.6	0.075
0～5	100	85～100	40～70	—	0～15
0～3	—	100	85～100	20～50	0～15

（3）为改善沥青混凝土混合料的和易性，石屑与天然砂宜掺合使用，其各自掺量在混合料配合比设计中确定。

（4）细集料应与沥青有良好的黏结能力。与沥青黏结性能差的天然砂及用酸性石料轧制的机制砂或石屑，不得在沥青混凝土上面层使用；料源困难时可在中、下面层使用，但应在沥青中掺加抗剥离剂，其剂量经试验确定，并检验沥青与集料的黏附性、水稳定性是否满足要求。2.36~0mm（机制砂）如图12-13所示。

图12-13　2.36~0mm（机制砂）

4. 填料

（1）填料应采用石灰岩、白云岩等碱性石料加工磨细的矿粉。原石料中的风化石、泥土杂质应剔除。填料要求干燥、洁净、无风化，其质量应符合《民用机场沥青混凝土道面施工技术规范》（MH 5011—1999）规定，见表12-11。矿粉材料如图12-14所示。

填料技术要求　　　　　　　　　　　　　　　　表12-11

指　　标		标　　准
表观相对密度	不小于（t/m³）	2.50
含水率	不大于（%）	1
粒度范围	<0.6mm（%）	100
	<0.15mm（%）	90~100
	<0.075mm（%）	75~100
外　　观		无团粒结块
亲水系数	不大于	1

图12-14　矿粉

（2）为提高沥青混合料的水稳定性，可使用水泥、消石灰粉代替部分填料，但总量不宜超过集料总重的2%。

（3）从沥青混合料拌和机集尘装置中回收的粉尘，不得用作填料。

二、混合料配合比设计

（1）沥青混凝土混合料应选用符合要求的材料，经配合比设计确定集料级配和沥青用量，并应符合《民用机场沥青混凝土道面施工技术规范》（MH 5011—1999）规定，见表12-12。

沥青混合料矿料级配及沥青用量　　　　　　　　　　表12-12

筛孔 （mm）	沥青混合料类型					
	AC-10	AC-13	AC-16	AC-20	AC-25	AC-30
37.5	—	—	—	—	—	100
31.5	—	—	—	—	100	95～100
26.5	—	—	—	100	95～100	79～92
19.0	—	—	100	95～100	75～90	66～82
16.0	—	100	95～100	75～90	62～80	59～77
13.2	100	95～100	75～90	62～80	53～73	52～72
9.5	95～100	70～88	58～78	52～72	43～63	43～63
4.75	55～75	48～68	42～63	38～58	32～52	32～52
2.36	38～58	36～53	32～50	28～46	25～42	25～42
1.18	26～43	24～41	22～37	20～34	18～32	18～32
0.6	17～33	18～30	16～28	15～27	13～25	13～25
0.3	10～24	12～22	11～21	10～20	8～18	8～18
0.15	6～16	8～16	7～15	6～14	5～13	5～13
0.075	4～9	4～8	4～8	4～8	3～7	3～7
沥青用量（%）	5.0～7.0	4.5～6.5	4.0～6.0	4.0～6.0	4.0～6.0	4.0～6.0

（2）沥青混凝土混合料配合比设计分为目标配合比设计、生产配合比设计、生产配合比验证三个阶段。

三、设备准备与性能要求

投入到机场跑道沥青路面施工的设备配备，其数量应根据建设规模的条件下需求来确定。而设备性能应在尽可能的情况下，选用最先进的设备，特别是在机场跑道不停航条件下的加铺改造工程更应如此。

四、施工、监理队伍要求

机场跑道施工质量要求严格，工期极为紧张，参加机场跑道项目的施工和监理单位必须具备以下条件：

（1）具有独立法人资格。

（2）具备建设部批准的航天航空工程民用机场工程甲级监理资质，并经民航总局认可，可以承担民用机场飞行区工程监理任务。

（3）具备民用或军民合用机场飞行区工程新建、改建或不停航施工、监理业绩。

五、安全管理要求

机场跑道施工对安全管理要求十分严格。一是施工单位自身的安全生产管理必须到位，避免在施工中发生安全生产事故；二是作为机场运营管理的组成部分，必须进行安保管理。

六、施工测量

（1）机场沥青混凝土道面的施工测量，应以业主所提供的测量成果和施工设计图进行。

（2）施工测量前，施工单位应对所提供的测量成果进行复测和验收，经复测和验收合格后，方能作为施工测量的依据。

（3）复测验收后，所有测量标志，均由施工单位接管，并妥善保存。工程竣工后，施工单位应将所有测量资料（含竣工测量资料）、图纸和计算成果，按工程项目分类装订，作为工程竣工验收资料的附件。

（4）放线定位测量。

用经纬仪测设道面中心线，对于跑道还应加测道面边线，宜每隔100m设一个控制点，按二级导线施测。然后根据测定的施工控制点测设摊铺基准线，用以控制结构层的高程、厚度、横坡和平整度。如果采用钢丝线作为基准线，则每间隔6～7m应设1个支座，变坡点处必须加设1个支座，所用钢丝直径宜为2mm，其拉力不得小于0.8kN，基准线必须准确无误，施工时应设专人负责检查，并保证钢丝或导轨不被碰动。在跑道上，因其平整度要求严格，宜采用导轨作为基准线，其长度一般为6m。

七、试验段铺筑

沥青混凝土（包括改性沥青混凝土、沥青玛蹄脂碎石混合料）道面在施工前，必须铺筑试验段。

（1）试验段不宜在关键部位的道面上铺筑，其位置与面积大小应根据试验目的并经业主批准后确定。

（2）铺筑试验段应验证确定下列内容：

①拌和机上料速度、拌和数量与时间、拌和温度（集料、沥青加热温度和出料温度）等操作工艺。

②透层、黏层乳化沥青的用量、挥发时间、喷洒方式、喷洒温度；摊铺机的组合、摊铺温度、速度、宽度、自动找平方式等操作工艺；压路机的碾压组合顺序、碾压速度、碾压温度控制、达到设计要求压实度的遍数等压实工艺，以及确定松铺系数、接缝、接坡操作方法等。

③沥青混合料施工配合比设计结果，提出生产用的矿料配比和沥青用量。

④检查施工组织方式、方法及管理体系、人员、通信联络指挥方式。

⑤当在原道面上加铺沥青混凝土混合料，特别是在不停航条件下施工时，应验证铣刨机的速度及接缝、接坡的铣刨宽度等。

⑥在试验段的试铺过程中，应做好各项记录。对试铺段的施工工艺、技术指标应认真检查是否达到设计要求。经检查某些指标未达到设计要求时，应认真分析原因并进行必要的调整，通过再次试验，直至各项指标均符合设计要求为止。

⑦根据试验段的结果，写出详细总结报告，报经业主批准后，方可进行正式施工。

第四节 施 工 工 艺

一、普通混合料施工工艺

（1）机场沥青混凝土道面，采用热拌热铺沥青混凝土混合料，其性能应满足密实、耐久、高温稳定性、低温抗裂性、水稳定性、抗滑性等要求。

（2）沥青混凝土混合料，宜采用密级配沥青混凝土混合料，按集料粒径不同可分为粗粒式、中粒式、细粒式三种，其划分应符合表12-13的规定。

沥青混凝土混合料类型 表12-13

混合料类型	代 号	筛孔最大公称粒径（mm）
粗粒式	AC-30	31.5
	AC-25	26.5
中粒式	AC-20	19.0
	AC-16	16.0
细粒式	AC-13	13.2
	AC-10	9.5

（3）沥青混凝土道面各层的混合料类型，可按表12-14选用。

道面各层沥青混合料类型 表12-14

层 次	沥青混合料类型
上面层	AC-13 AC-16 AC-20
中面层	AC-20 AC-25 AC-30
下面层	AC-20 AC-25 AC-30

（4）沥青混凝土道面的中、下面层宜采用粗粒式或中粒式类型的沥青混合料，上面层宜采用中粒式或细粒式沥青混合料，跑道两侧边部6～7.5m内可采用细粒式沥青混合料。

（5）沥青混合料施工温度，应符合表12-15的规定。

沥青混合料施工温度（℃） 表12-15

沥青种类		石 油 沥 青	
沥青标号		AB-50	AB-110
		AB-70	AB-130
		AB-90	
沥青加热温度		150～170	140～160
间歇式沥青拌和机矿料加热温度		比沥青加热温度高10～20（填料不加热）	
沥青混合料出厂正常温度		140～165	125～160
混合料储料仓储存温度		储料过程中温度比出厂温度降低不得超过10	
混合料运输到现场温度不低于		120～150	
摊铺温度	正常施工 不低于	110～130	
碾压温度	正常施工 不低于	110～140	
碾压终了温度	钢轮压路机 不低于	70	
	轮胎压路机 不低于	80	
	振动压路机 不低于	65	
道面开放使用温度不大于		50	

（6）沥青混凝土道面不得在雨天施工。施工期间应注意机场地区的气象预报，雨季施工应做好防雨、排水等措施。现场应有通信工具，以便与沥青拌和厂的联络，保证各工序紧密衔接。

（7）沥青混凝土道面施工应确保施工安全，施工人员应有良好的劳动保护条件，沥青拌和厂（场、站）应符合消防、环保要求。

（8）普通沥青混凝土道面的混合料拌和、运输、摊铺、碾压工艺与高速公路沥青路面施工工艺相同。

二、SMA混合料施工工艺

机场道面的SMA混合料拌和、运输、摊铺与碾压与高速公路施工工艺一致。

三、接缝与接坡

1.纵向接缝

（1）沥青混凝土道面的纵缝宜沿跑道、滑行道的中心线向两侧设置。道面各层的纵缝应错开30cm以上，接缝处必须紧密、平顺。

（2）采用梯队作业摊铺的纵缝应采用热接缝。对先摊铺的混合料附近保留10～20cm宽度暂不碾压，作为其后摊铺混合料的高程基准面，最后作跨缝碾压以消除轮迹。碾压时必须掌握混合料的温度，避免产生冷接缝。

（3）应采用热接缝，且上面层中间纵缝应位于道面的中线。

2.横向接缝

（1）横向相邻两幅的横缝及道面各分层间（上、中、下面层）的横向接缝均应错位1m以上。

（2）应做成垂直的平接缝。

（3）接缝处应用3m直尺检查平整度。当不符合要求时，应在混合料尚未冷却前及时处理。

（4）横向接缝处应先用钢轮或双轮压路机进行横向碾压。

3.接坡

在原道面上加铺沥青混凝土面层时，与原道面相接处可做成接坡。接坡段应洒黏层油，充分碾压，连接平顺。接坡的坡脚处，应在下层道面上铣刨一条宽2m、深约4cm的凹槽，使坡脚嵌入下层中（若原道面为水泥混凝土道面，接坡点宜设置在原道面接缝处），如图12-15所示，但在第二天的加铺层摊铺前应将该接坡全部铣刨掉。

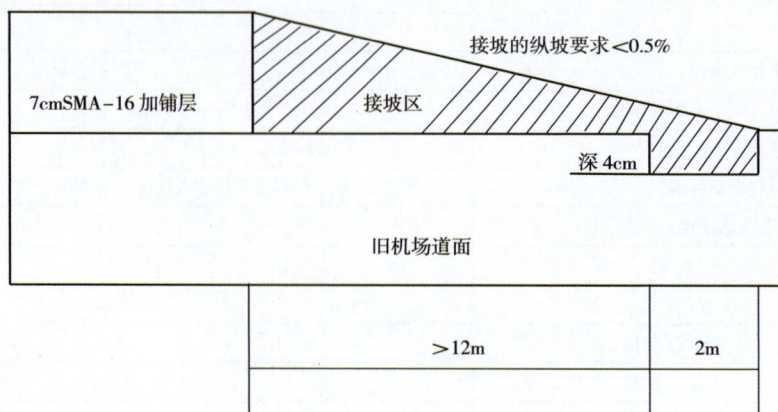

图12-15　机场沥青道面加铺层接坡示意图

第五节　机场沥青混合料道面工程实例

一、北京首都国际机场跑道SMA施工实例

1. 混合料摊铺

摊铺底面层前，修补混凝土旧道面并在板缝处粘贴APP卷材，以延缓伸缩缝的反射，后洒布黏层油（0.4~0.6kg/m²），待水分完全蒸发后摊铺沥青混合料。在中、表面层施工前，黏层油采用的基质沥青与上层沥青混合料的沥青相同，用量为0.2~0.4 kg/m²。摊铺采用4台摊铺机梯队作业，保证半幅25m无纵缝，每天摊铺长度控制在500~800m，每台摊铺机前有5~7辆料车等待，摊铺做到了缓慢、均匀、连续不间断，保证了平整度。

沥青混合料松铺系数，是控制道面高程和平整度的关键，分别为：底面层1.2，中面层1.22，表面层1.25。

2. 混合料碾压

沥青混合料的碾压按初压、复压、终压三个阶段进行，复压最为重要。碾压遍数和温度控制见表12-16。

沥青混合料的碾压遍数和温度控制　　　　表12-16

层位	压路机类型	初　压	复　压	终　压	温度控制
中面层	VTA-双轮	静1，振1	振2 揉3	静2	175~165℃
	INGDD-110双轮				165~140℃
	YL9/16胶轮				165~140℃
	VTA-双轮				140~110℃
表面层	INGDD-110双轮	静1，振1	振4	静2	175~165℃
	INGDD-110双轮				165~150℃
	DYNCC-422双轮				150~120℃

对于SMA表面层采用双钢轮压路机碾压。紧跟：即当摊铺完成后，压路机马上进行碾压；慢压：即压路机的碾压应保持低速（3~5km/h），平稳碾压，防止出现加速的推移、拐弯等现象；高频、低幅：即振动频率为45~55Hz，振幅0.4~0.6mm。

二、上海虹桥国际机场跑道SMA施工实例

自1991年起，上海虹桥国际机场跑道已经历两次加罩，之后又对机场主跑道进行第3次面层加罩，其工程量为：面层加罩面积187000m²，加铺厚度平均为7cm；结合面处理的铣刨面积145086m²、基质上沥青喷洒面积213770m²、玻纤格栅铺设面积141592m²。

跑道加罩采用SMA-16复合改性沥青混合料加罩的施工技术。上海虹桥国际机场跑道施工工艺如下：

1. 温度控制

SMA-16较普通沥青混合料对温度的要求较高，当温度较低时，因高黏度而会严重影响SMA-16的压实质量。因此，在施工中应严格控制SMA-16的温度，其温度控制范围见表12-17。

上海虹桥国际机场跑道SMA-16的施工温度控制范围   表12-17

工 序	温 控 范 围（℃）	测 量 部 位
沥青加热温度	165~175	沥青加热罐
改性沥青现场制作温度	185~190	改性沥青车
改性沥青加工最高温度	195	改性沥青车或储油罐
集料加热温度	195~205	热料提升斗
SMA混合料出厂温度	190~195	运料车
混合料最高温度	200	运料车
混合料储存温度	拌和出料后降低不超过5	储存罐及运料车
混合料运到现场温度	拌和出料后降低不超过10	运料车
摊铺温度	180~185	摊铺机
初压开始温度	不低于150	摊铺层内部
复压开始温度	不低于140	碾压层内部
开放交通时的路表温度	不低于130	路表面

2. 摊铺

（1）考虑到飞机发动机的气流顺着斜坡而下可保证斜坡的稳定性及飞机的飞行安全，因此，混凝土摊铺施工顺序决定由南往北的方向进行。

（2）混凝土摊铺采用全路幅施工，根据跑道的宽度，采用6台ABG-423型摊铺机（拼装宽度为7.5m）和2台VOGELE SUPER-1704型摊铺机（可伸缩）共同摊铺施工、14台轻型和中型重型振动压路机进行碾压。

（3）摊铺时要缓慢、均匀、连续不断地摊铺，不得随意变换速度或中途停车。在摊铺过程中，为保证摊铺质量，应随时检测摊铺的厚度、平整度等指标，以便随时校正。在多台摊铺机联合施工时，相邻的两台摊铺机应成阶梯形交错排列地连续摊铺，纵向搭接5~10cm，成为热接缝。

3. 碾压

碾压分为初压、复压、终压3个阶段。在碾压中，必须做到：碾压速度均匀缓慢；碾压次序应先轻后重、先边后中；相邻碾压带应重叠1/3~1/2轮宽；拼幅段处应在纵缝位置先行碾压处理。

（1）初压：采用静压的方法，必须紧跟摊铺机，在尽可能高的温度状态下碾压。初压采用3~5台压路机同时进行，碾压速度控制在1.5~2km／h，最高不得超过5km／h，初压一般为2遍，以保证尽快进入复压。

（2）复压：双钢轮振动压路机应紧跟在初压后进行复压。碾压速度控制在4~5 km/h，最大不得超过6km/h。振动频率为42~50 Hz，振幅为0.4/0.8mm，复压遍数不少于3遍。

（3）终压：双钢轮振动压路机紧跟在复压后进行静压，以消除轮迹。终压速度控制在2~3 km/h，最大不得超过5 km/h。终压遍数通常为2遍，以无轮迹为准。

4. 接缝与接坡

（1）接缝：纵向接缝均为热接缝，横向接缝采用垂直的平接缝。

（2）接坡：为确保施工期间飞机的飞行安全，每日施工完后必须在跑道全断面范围内做临时接坡，接坡的纵向坡度应小于0.5%。在接坡的坡脚处，应在原道面上铣刨宽2.0m、深4cm的凹槽，以使接坡脚能嵌入到原沥青混合料路面中。

5. 其他工作

（1）收尾

由于不停航施工的特殊性，晚上施工结束后，必须抓紧时间进行施工段道面、料车进出路线上的路面清扫及设备、人员的退场和标志线的恢复，并对当日的施工质量进行检查、验收及评价，必要时还应对道面进行降温冷却处理。

（2）应急预案处理

针对在施工中可能出现的气候变化、机械故障等情况，共准备了5套紧急预案处理措施，以确保机场在施工期间的安全运营。

三、空军南苑机场跑道SMA施工实例

由于历史原因，我国20世纪90年代以前修建的军用机场几乎全部采用水泥混凝土道面。随着沥青混合料新技术的发展，加之沥青道面因其具有许多水泥混凝土道面不具备的优点，近几年国内采用沥青道面的新建机场，以及利用沥青混凝土进行加铺的机场逐年增多。

2011年9月17日至10月12日，北京市政路桥建材集团有限公司房山沥青厂和路新大成公司联合为空军南苑机场跑道不停航整修工程供料。共加铺跑道2.8km，供应沥青混合料37480t，其中底面层SBS改性沥青混合料AC-20型16835t，上面层沥青玛蹄脂碎石SMA-16型20645t。

为确保机场白天航班起降，整修施工全部安排在午夜12点至凌晨6点进行，7点整必须交付跑道。为切实做好供料保障工作，北京市政路桥建材集团成立了南苑机场供料保障小组，加强调度管理，在军方全面管制运输线路的情况下，从料车集结到现场摊铺，管理人员全程看护，发现问题及时改正，确保了跑道施工的顺利进行。目前，整修后的跑道每天经受上百架次航班的起降，没有出现任何质量问题，施工质量得到了军方的肯定，南苑机场SMA跑道的铺筑和碾压效果如图12-16、图12-17所示。

图12-16　南苑机场SMA跑道铺筑

图12-17　南苑机场SMA跑道碾压

四、部分新机场跑道建设情况

1. 昆明新机场西跑道

2011年9月29日，昆明新机场铺筑东西跑道路面工程，在国内首次采用全幅柔性沥青道面设计和施工，被民航局列为沥青道面科技示范工程。为确保跑道路面质量，由云南阳光道桥公司负责供应沥青拌和料，供东跑道8台摊铺机同时施工和西跑道6台摊铺机同时作业。

2. 西宁机场二期工程新建跑道

2011年8月23日，飞机在西宁机场二期工程新建跑道试飞成功，这意味着西宁机场将结束机场跑

道、滑行道合用的历史。同时，新跑道长度达3800m，强度较原有跑道提高了50%，能适航375座的大型飞机，为加快青藏高原的民航事业发展打下坚实基础。

第六节　施工难点解析

一、新建机场沥青道面施工难点

机场沥青路面跑道施工质量要求极为严格，施工中必须从材料、配合比、工艺、现场管理等方面严格控制，避免运营期间出现车辙、拥包、推移等病害。

在机场跑道路面结构设计中，大多采用SMA结构，而SMA施工难度较大，需要严格控制。

1. 材料控制

各种粗细集料、矿粉、沥青、添加剂等质量必须合格。特别是碎石材料，必须洁净，材质坚硬、抗压、耐磨，形状接近正立方体。

2. 混合料质量控制

机场跑道对沥青混合料有着特殊的要求，特别是混合料必须控制动稳定度指标、低温弯曲指标。

（1）承受着飞机起降荷载考验。

（2）长期处于疲劳工作状态，道面容易产生病害。

（3）若产生病害，则影响航班起降，造成的损失将难以估量。

3. 平整度控制

飞机在跑道上高速起降，道面必须平整，施工过程中必须做到：

（1）严格控制施工高程，高程控制了纵坡、横坡。

（2）严格控制施工平整度。混合料应连续拌和、及时运送到现场、连续摊铺、紧跟碾压，提高平整度控制水平。

4. 接缝处理

在混合料施工中，尽可能少产生横向接缝。如果无法避免时，必须严格按照相关要求施工，确保接缝平整与密实。

二、旧机场跑道加铺改造施工难点

运营多年的机场跑道在持续高温、降雨、飞机重载和慢速滑行转弯以及道面材料性能衰减等综合因素作用下，如果出现病害，就必须局部区域进行维修改造。

大修工程的施工组织和施工质量应控制以下几点：

1. 严格材料与混合料质量控制

各种粗细集料、沥青、添加剂等质量必须合格。不能因为是大修工程而降低质量标准。

施工前，必须进行混合料配合比设计与验证，确保混合料的各项性能指标满足要求。

2. 强化施工组织管理

（1）组织设计交底，对求施工项目、施工内容、质量安全标准与要求等进行明确。

（2）大修工程只能在不停航的前提下进行。施工时段只能是在每晚零点以后，早晨5点以前又必须恢复通航状态。因此，必须编制详细的施工组织计划，明确工期与施工节点要求。

（3）强化组织机构与时间安排。由于跑道不停航施工涉及多家单位、多个部门，可谓牵一发而动全身，为此，成立应急抢修工程专项领导小组，并下设由机场建设部、飞行区管理部、运行控制中心及质量安全部相关人员组成的工程联合项目部。项目部成立之后，从人员、材料、设备准备到时间协调，为工程开工做大量细致的准备工作。

（4）制定严密的四级会商机制。每天下午根据天气、风向、航班量等因素会商，决策当日是否施工；晚上召开不停航施工协调会，决策施工区域及运行模式；每日凌晨，会商停航时间。每次确定完施工方案，机场管理方应与空管局、气象中心沟通协调停航、一次及二次开航时间，并提前通知在机场运营的航空公司和驻场单位。

（5）严格施工设备配备与管理，提前安排车辆机械维护保养并更换耗材。

（6）为缩短进场时间，争取关闭部分滑行道、机位，并在施工区附近设立等待区，让施工人员、车辆进场时间控制在50min之内。

（7）投入优良设备，确保质量和工期。某施工单位投入到机场跑道抢修中的主要施工设备见表12-18。

投入到机场跑道抢修中的主要施工设备　　　　　　表12-18

序号	设 备 名 称	规 格 型 号	单 位	数 量
1	铣刨机	维特根W2000	台	6
2	拌和楼	4000型及以上	台	2
3	摊铺机	福格勒	台	2
4	摊铺机	戴纳派克	台	6
5	压路机	宝马格	台	12
6	轮胎压路机	国产	台	4
7	自卸车	国产	台	100
8	水车	国产	台	2

（8）严格工序管理。机场沥青跑道铣刨与加铺的主要工序有：测量、放线、铣刨、清扫、洒油、摊铺、碾压、装灯、配管、洒水降温、设备撤场等20多道工序。一般在5h的工作时间内，需要完成800~1000m² 的道路铣刨、重新铺设。

（9）选用性能良好的设备。旧跑道铣刨必须选用性能良好的设备，维特根W2000铣刨机属于大型铣刨机，性能稳定，工作效率高，几乎无故障，铣刨找平效果好，同时，在施工中应把铣刨机的沥青刀头换成水泥刀头，铣刨沥青厚度可达21cm，每小时每台铣刨机可铣刨360m²。

（10）严格现场调度管理。施工前对各类机驾人员都进行多次培训，一旦施工中设备有一般性故障，要求机手迅速自行处理。有严重故障的设备则需迅速撤离现场，因此，必须配备1台50t的吊车及4台平板台，30min之内就可以将故障设备撤离现场，并有相应设备代替施工，不能影响施工进度。

（11）在开航前一般需提前2h结束沥青混合料施工，以便进行接坡处理、道面冷却、道面清扫、设备撤离和开航前安全检查。

（12）开航前必须由有关人员组成的协调小组对当晚的施工区域进行全面检查，检查合格后方可开放飞行。

3. 严格施工工艺，确保工程实体质量

（1）下承层应清扫干净，确保层间黏结。

（2）严格混合料温度控制。

（3）混合料摊铺、碾压应配置足够数量的摊铺机和压路机，确保紧跟与高温碾压。

第七节　施工质量检测

施工质量检测的基本要求如下：

（1）施工单位应按质量要求对施工过程进行有效的质量控制和检查。检查项目与频度应符合表12-19、表12-20的规定。

施工过程中材料质量检查　　　　　　　　　　　　　　　表12-19

材　料	检 查 项 目	检 查 频 度
	外观（石料品种、针片状颗粒、含泥量、颜色均匀性等）	随时
粗集料	颗粒组成	必要时
	压碎值	必要时
	磨光值	必要时
	洛杉矶磨耗值	必要时
	含水率	施工需要时
	松方单位重	施工需要时
细集料	颗粒组成	必要时
	含泥量	必要时
	含水率	施工需要时
	松方单位重	施工需要时
矿粉	外　观	随时
	＜0.075mm含量	必要时
	含水率	必要时
石油沥青	软化点	每台班1次
	针入度	每台班1次
	延度	每台班1次
	含蜡量	每批1次
乳化沥青	黏度	抽查，每批1次
	沥青含量	抽查，每批1次

注：1. 表列内容是在材料进场时已按"批"对材料进行了全面检查的基础上，日常施工过程中质量检查的项目与要求；试验记录作为工程竣工资料。

　　2. "必要时"是指施工企业、监理、质量监督部门、业主等各个部门对其质量发生怀疑，提出需要检查时，或是根据商定的检查频度。

沥青面层施工过程中工程质量的控制标准　　　　　　　　　　　表12-20

项　目		检 查 频 度	单点检验质量要求	检 测 方 法
外观		随时	表面平整密实，不应有泛油、松散、裂缝、粗细料集中现象，不得有轮迹、推挤、油丁、油团、离析、花白料、结团成块现象	目测
接缝		随时	所有接缝应紧密平顺，应保持铺层新老段的连续黏结	目测，有3m直尺测量
施工温度	出厂温度	每车1次	符合本规范的规定	温度计测量
	摊铺温度	每车1次		
	开始碾压温度	随时		
	碾压终了温度	随时		

续上表

项　　目		检 查 频 度	单点检验质量要求	检 测 方 法
矿料级配筛分抽提后矿料级配曲线		各台班1次	矿料重量的精确度应在指示的级配范围重量±1%以内	拌和厂取样用抽提后的矿料筛分
沥青用量		每2台班1次	±0.3%	拌和厂取样离心法抽提（用射线法沥青含量测定仪随时检查）
马歇尔稳定度、流值、空隙率		每台班1次	符合本规范规定	拌和厂取样成型试验
压实度		每2000m²钻孔1～2个检查	符合设计要求	现场钻孔试验为准，尽量利用灯坑钻孔试件，用核子密度仪随时检查
平均纹理深度		每2000m²一处	符合设计要求	用填砂法
高程		纵向每隔10m测一横断面，测5个点	+5mm −3mm	用水准仪
平整度	上面层	随时	不大于3mm	用3m直尺检查连续丈量10次以最大间隙为准随机取点
	中面层		不大于5mm	
	底面层		不大于5mm	
宽度		纵向每隔100m用尺量3处	不小于设计宽度	用尺量
长度		跑道全长	不小于设计长度	用经纬仪
横坡度		纵向每100m检测3个断面	±0.3%	用水准仪或断面仪
摩擦系数		跑道上面层全长取3个值（纵向）	符合设计要求	摩擦系数仪
厚度	总厚度	每2000m²测1点	−3mm	钻孔取样
	上面层厚度	每2000m²测1点	−3mm	钻孔取样

（2）施工单位应将每天的配料单及沥青混凝土混合料、材料等检测报告报监理单位。

（3）工程进行中若发现供应的材料不均匀或质量有变化，或不符合原来所批准的沥青混凝土混合料矿料级配与配合比，监理单位有权指令暂时停工，应及时查找原因，直至各项技术指标符合质量要求，方可再行开工。

（4）监理单位必须检查施工设备的运行情况，核实材料的重量、比例和性质，对拌和的均匀性、拌和温度、出厂温度及各料仓的用量进行检查，取样进行马歇尔试验，检测混合料的矿料级配和沥青用量。如果抽查结果不符合设计要求，应及时停工，会同施工单位查找原因、分析问题，在问题未获改正前不允许其恢复生产。

（5）在施工过程中，应派专人负责检测规定的各项温度，做到每车测定；监理人员应每天随时抽测。对检测结果做好记录，并列入竣工资料。

（6）摊铺时应严格按设计高程（考虑压实系数）进行摊铺，保证设计坡度与厚度要求。对已压实的沥青混凝土，测量钻孔试件的厚度，要求符合规定的误差之内。表面压实后用3m直尺检查沥青混凝土表面平整度。

（7）沥青混凝土的压实度必须符合设计要求。施工压实度的检查以钻孔取样为准；用经过标定的核子密度仪进行抽测，作为在碾压过程中控制压实度的参考指标。施工过程中钻孔的试件，应编号贴上标签予以保存，以备工程竣工验收使用。

第十三章 沥青混合料双层摊铺施工

第一节 概　　述

沥青路面双层摊铺碾压技术起源于1993年德国Elk Richter教授申请的专利。1997年瑞典戴纳派克公司推出了第一台双层摊铺机。目前，国际市场上主要的双层摊铺设备有戴纳派克F300CS、戴纳派克AM300以及维特根SP1600。2006年11月，河北北方公路工程建设集团引进了我国第一台戴纳派克F300CS型双层摊铺机。双层摊铺技术在施工工艺方面，使上、下层沥青混合料的摊铺与碾压过程合二为一，缩短施工时间。采用沥青混合料双层摊铺技术后，层间黏结效果得到有效提高，并减少了层间黏层油的使用，因此，采用双层摊铺技术既可以降低路面建设成本，又能提高了路面使用性能。随着公路建设的发展，沥青混合料双层摊铺技术在高等级公路建设中具有广泛的应用前景。

我国引入戴纳派克F300CS型双层摊铺机后，在国内工程中也进行了相应实践。目前，较为成功的工程案例是河北北方公路工程集团使用该产品在河北境内铺设的石黄高速公路，40多公里的路程仅用两个星期就铺设完毕。随着工程管理精细化、专业化的不断深化，在一条高速公路的任意一个合同段内安装两台沥青拌和楼的现象越来越多，因此，沥青路面双层一次摊铺必将成为趋势。

传统沥青路面的铺筑方式为单层铺筑、单层碾压成型，但是，随着一种新型的沥青路面摊铺设备——双层摊铺机的出现，使沥青路面双层一次性铺筑成为现实。这种新型的路面铺筑工艺，实现了路面面层间"热接热"（摊铺层的上下两层均为热拌沥青混合料）结合，不仅提高了路面质量，而且大大地加快了施工进度。

2011年，由陕西省交通建设集团公司负责建设的洛商高速公路采用了德国DYNAPAC双层沥青摊铺机（F300CS-AM 300配转运车MF-300C），铺筑了长度为1300m的4种不同结构组合的双层（上、中面层）一次性铺筑科研试验段。双层摊铺施工现场如图13-1所示，运营了3年的双层摊铺沥青路面如图13-2~图13-4所示。

图13-1　沥青路面双层一次性铺筑施工现场

图13-2　双层摊铺的AC-13上面层（运营3年）

图13-3　双层摊铺的SMA-13上面层（运营3年）

图13-4　运营了3年的双层摊铺沥青路面

第二节　双层摊铺原理

沥青路面双层摊铺的原理是，由两组运输车辆共用一台转运车，把两种不同的沥青混合料输分别送到摊铺机的上下两个料仓，根据不同厚度的要求将两层沥青混合料一次摊铺、一次碾压成型。

一、双层摊铺设备组合

1. 双层摊铺机

该设备造价约1500万元人民币，重量约130t，最大摊铺宽度11.75m。这种双层摊铺机包含了上面层摊铺机的整体结构和技术部件以及自身的能源供应系统。这个组成部件是拖车式的，当摊铺机行走时可以收缩起来，如图13-5所示。

图13-5　戴纳派克F300 CS双层摊铺机

戴纳派克F300 CS双层摊铺机主要部件说明如下：

①——F300 CS高性能摊铺机主机身；

②——25t上面层料斗；

③——下面层熨平板（具有高压实性）；

④——上面层熨平板；

⑤——45t大容量下面层料斗。

摊铺机外观如图13-6所示；摊铺机料斗内部构造如图13-7所示。

图13-6　摊铺机外观

图13-7　摊铺机料斗内部构造

2. 沥青混合料转运车

该设备造价约400万元人民币，重量约30t。MF-300C混合料转运车如图13-8所示。

二、双层摊铺的特点

（1）可分层摊铺也可双层整体摊铺。

（2）螺旋布料器的叶片较普通摊铺机大，如图13-9所示。

（3）熨平板采用德国德马格厂制造，铺筑的混合料密实、平整。

图13-8　MF-300C转运车

图13-9　摊铺机螺旋布料器的叶片

（4）与传统铺筑方式相比，双层一次性摊铺具有以下8大优点：

①解决了传统分层摊铺层间易污染问题。

②不需喷洒黏层油，节约了材料、节省了施工时间。

③提高了沥青面层的层间黏结效果，较传统施工方式层间抗剪强度可提高60%。

④提高了摊铺碾压机械效率，缩短了施工周期。

⑤可减小油石比0.1%~0.2%，节省了工程成本。

⑥摊铺厚度增大，上、下两层的温度散失均变慢，有利于整体压实。

⑦由于厚度变化，解决了路面单层铺筑中常见的路面渗水问题。

⑧可优化减小路面面层总厚度，使路面结构设计更合理。

第三节　施工工艺

以陕西省洛商高速公路沥青混合料双层一次性摊铺碾压试验路为例，介绍双层一次性摊铺碾压工艺。试验段共分为4种结构组合，见表13-1。

沥青混合料双层一次性摊铺碾压结构层设计　　　　　　表13-1

序号	编　　号	上　面　层	中　面　层	长　度（m）
1	试验段一	3cmAC-13	7cmAC-20	300
2	试验段二	4cmAC-13	6cmAC-20	400
3	试验段三	4cmSMA-13	6cmAC-20	400
4	试验段四	4cmSMA-13	6cmSMA-16	200

各种类型混合料的油石比分别为：

（1）AC-13油石比由4.8%调整为4.6%。

（2）AC-20油石比由4.3%调整为4.1%。

（3）SMA-13油石比5.8%。

（4）SMA-16油石比5.7%。

为了确保双层摊铺的SMA不泛油，SMA-13添加0.3%的木质素纤维，SMA-16添加0.4%的木质素纤维（若每盘混合料3500kg，则需添加14kg纤维，分成2小包，按每包7kg投放）。

混合料双层一次性摊铺、碾压工序介绍如下。

一、施工准备

（1）清扫下承层，达到干净、干燥、无浮沉的基本要求。

（2）提前24h在下面层喷洒SBR黏层油，为双层铺筑做准备，如图13-10、图13-11所示。

图13-10　提前24h在下面层喷洒SBR黏层油，为中、
上面层双层一次性铺筑做准备

图13-11　SBR黏层油洒布效果

（3）设备准备。检查、调试沥青拌和楼，调遣专用双层摊铺、碾压设备。特别是对于双层摊铺机，应根据路面宽度等要求组装，如图13-12所示。

图13-12 双层摊铺机拼装

二、施工工艺

1. 混合料拌和

采用2台4000型沥青拌和楼分别拌和AC和SMA混合料。各试验段混合料用量计算结果表13-2。

试验段混合料用量计算 表13-2

沥青面层组合	长度（m）	上面层混合料（t）	中面层混合料（t）
3cmAC-13+7cmAC-20	300	226.8	529.2
4cmAC-13+6cmAC-20	400	403.2	604.8
4cmSMA-13+6cmAC-20	400	403.2	604.8
4cmSMA-13+6cmSMA-16	200	201.6	302.4

上面层混合料总需要量为1234.8t，中面层混合料总需要量为2041.2t。其中需要拌和AC-13的量为630t，需要拌和SMA-13的量为604.8t，需要拌和AC-20的量为1738.8t，需要拌和SMA-16的量为302.4t。

2. 混合料运输

（1）参与运输的车辆提前进行清洗、涂隔离剂，检查车厢保温情况。

（2）根据双层摊铺机上下两个料斗的容量、路面厚度、宽度等参数，推算每车混合料的装载吨位。

以4000型沥青拌和楼为例，沥青路面双层一次性铺筑的上面层AC-13及SMA-13运输车辆每车装载24t混合料（6盘），中面层AC-20及SMA-16混合料每车装载10盘混合料35t。

（3）对所有运输车辆的外部进行特殊标记（比如在车厢顶部插不同颜色的彩旗，或将运输车辆的颜色进行区分）。

（4）车辆抵达施工现场后由专人指挥排队等候卸料，如图13-13所示。

图13-13 不同类型沥青混合料在转运车前等候卸料

3. 混合料摊铺

（1）摊铺机就位与准备。摊铺前2h对两套熨平板同时进行加热，保证熨平板温度达到130℃才可以摊铺。

（2）摊铺起步。如图13-14所示，摊铺机就位后，先铺筑上面层，摊铺至下面层接缝处后，开始双层摊铺。

（3）上、下两层混合料摊铺时，松铺系数分别采用1.1和1.15。

（4）上、下两层分别采用无接触式平衡梁自动找平装置，控制摊铺厚度和平整度。

（5）摊铺速度为2.0~2.2m/min。

（6）摊铺时需加强施工现场管理，防止摊铺机大、小料斗溢料。

（7）摊铺机垫板长度应超过熨平板长度，以保证摊铺的稳定性。

（8）具体操作过程如下：

①转运车分送混合料。

通过转运车将中面层混合料传送给摊铺机的大料斗，随后再通过转运车将上面层混合料传送给摊铺机的小料斗，如图13-15所示。

图13-14　先铺筑上面层，摊铺至下面层接缝
处后，开始双层摊铺

图13-15　转运车分送混合料

②双层熨平板分层搭设。

首先将上层熨平板升起后，再把底层熨平板搭设在中面层的基准面上，开启刮料板将中面层混合料送入螺旋内，通过螺旋分料器将混合料均匀地分布在熨平板两侧，之后摊铺机向前行走，进入摊铺状态。

其次，上层熨平板抵达摊铺断面后，摊铺机停止行走，在中面层的热铺面上垫好木板（木板总厚度为上面层的虚铺厚度加上熨平板落下后嵌入中面层的热铺面的下沉深度），之后将上层熨平板搭设在垫好的木板上，随即开启刮料板将上面层混合料送入螺旋内，通过螺旋分料器将混合料均匀地分布在熨平板两侧。

③两层混合料整体一次性摊铺。

在检查上、下两层的螺旋分料器内混合料饱满均匀后，启动摊铺机向前行走，上、下两层同时摊铺。

4. 混合料碾压

为了保证碾压效果，振动压实设备吨位在13t以上。当面层采用SMA结构时不能采用胶轮压路机，同时碾压速度不宜超过5km/h。对于振动压路机，最佳碾压速度为3~4km/h，初压速度为1.5~2km/h；终压速度为2.5~3.5km/h，压实设备见表13-3。

压 实 设 备 配 备　　　　　　　　　　　　　　　　表13-3

压路机类型	初　压		复　压		终　压	
	适宜	最大	适宜	最大	适宜	最大
振动压路机	1~2台 （静压）	5台 （静压）	2~3台 （振动）	4~5台 （振动）	1~2台 （静压）	5台 （静压）
碾压遍数	2遍		4~6遍		2遍	

　　试验段所需压实机械共计12台，其中2台4t小型压路机、6台13t双钢轮压路机以及4台31t胶轮压路机。压实设备配置与碾压工艺见表13-4。

压 实 设 备 配 置 与 碾 压 工 艺　　　　　　　　　　表13-4

编　号	试验段一	试验段二	试验段三	试验段四
路面结构	3cmAC-13+7cmAC-20	4cmAC-13+6cmAC-20	4cmSMA-13+6cmAC-20	4cmSMA-13+6cmSMA-16
压实工艺	稳压：4t小钢轮压路机2台各静压1遍； 初压：13t双钢轮振动压路机2台各振压1遍； 复压：31t胶轮压路机4台各压2遍； 终压：13t双钢轮振动压路机1台碾压1~2遍		稳压：4t小钢轮压路机2台各静压1遍； 初压：13t双钢轮振动压路机2台各振压1遍； 复压：13t双钢轮振动压路机2台各振压2遍； 终压：13t双钢轮振动压路机1台碾压1遍	

　　双层碾压方式主要有以下3种：

　　（1）AC与AC双层碾压方式

　　当上、下面层为AC与AC组合时，采用双钢轮振动与轮胎压路机碾压，如图13-16、图13-17所示。

图13-16　AC与AC组合采用双钢轮振动与轮胎压路机碾压

图13-17　AC与AC组合采用双钢轮振动与轮胎压路机碾压

（2）SMA与AC碾压双层碾压方式

由于SMA混合料不能采用轮胎压路机碾压，因此，当上、下面层为SMA与AC组合时，只能采用双钢轮振动压路机碾压，如图13-18所示。

图13-18　SMA与AC组合采用双钢轮振动压路机碾压

（3）双层SMA碾压方式

当上、下面层均为SMA混合料时，采用双钢轮振动压路机碾压，如图13-19所示。

5.双层摊铺的横向施工接缝处理

双层摊铺碾压与单层摊铺、单层碾压的横向施工接缝处理不同，如图13-20~图13-24所示。

图13-19　双层SMA碾压采用双钢轮振动压路机碾压

图13-20　双层混合料摊铺结束后，形成了上、下道横向施工接缝

图13-21　在上面层混合料的末端铺垫帆布
（起到上、下层隔离作用）

图13-22　在帆布上回填混合料

图13-23 下层混合料用相同的方法处理后，压路机拉通碾压

图13-24 混合料冷却后，人工挖除回填料，形成台阶

6.试验路检测结果

试验路施工结束后，科研单位和施工、监理单位共同对试验路的压实度、厚度、平整度等指标进行了检测。从平整度检测结果看，共采集26个均方差值，均满足规范和预期值。从现场钻取的24个芯样看：双层已成为整体，黏结非常牢固，单层的压实效果良好，密实无空隙。平整度（标准差）检测结果见表13-5。

双层一次性摊铺试验段平整度检测表 表13-5

结 构 型 式	3cmAC-13+7cmAC-20	4cmAC-13+6cmAC-20	4cmSMA-13+6cmAC-20	4cmSMA-13+6cmSMA-16
上面层平整度实测值（mm）	0.67、0.73、0.64、0.83、0.78、0.74	0.97、0.89、0.82、0.85、0.81、0.78、0.79、0.95	0.89、0.64、0.78、0.74、0.73、0.68、0.80、0.84	0.88、0.72、0.73、1.02
平均值（mm）	0.88	0.86	0.76	0.84
规范值（mm）	连续测定，≤1.2，试验段预期值≤0.9			

第四节 施工难点解析

一、需要专用设备

（1）同一个标段需要2台拌和楼同时分别生产不同的沥青混合料。

（2）需要专用的双层摊铺机和沥青混合料转运车。

（3）需要足够的运输车辆分类运输沥青混合料。

二、制订详细的专项方案

根据不同的路面结构类型，需要制订专项拌和、运输和摊铺碾压方案。在具体方案中应确定承担不同混合料的拌和楼编号、运输车辆分工分类，压路机型号选择与碾压方案等。

三、运输车辆"一对一"的卸料

由于上、下两层厚度的不同，而摊铺速度相同，因此需处理好运输环节与摊铺环节的匹配问题，在铺筑前，应计算每台车辆装载混合料的数量。专人指挥不同的混合料运输车给转运车卸料，如图13-25所示。

四、确保混合料压实度

由于混合料总体厚度增加，应严格控制双层压实度，特别是下面层底部的压实度可采用大吨位压路机揉搓，以提高压实度，如图13-26所示。

图13-25 专人指挥不同的混合料运输车给转运车卸料

图13-26 采用大吨位压路机揉搓，提高压实度

五、控制高程与平整度

由于混合料总体厚度较大，造成混合料松铺系数变大，因此必须要严格控制施工高程，如图13-27、图13-28所示。

从图13-29、图13-30可见，由于双层摊铺的总体松铺厚度较大，造成混合料松铺系数变大，平整度较难控制。

图13-27 以两侧钢丝线为高程基准，检测施工实际控制情况

图13-28 以两侧钢丝线为高程基准，检测施工实际控制情况

图13-29 总体厚度较大，造成混合料松铺系数变大

图13-30 总体厚度较大，造成混合料松铺系数变大

六、现场组织与管理

施工现场管理需精心组织，防止沥青混合料卸错车，同时还需防止转运车将混合料转运错。

七、严控施工工艺，防止泛油

（1）严格控制油石比。工程实践表明，双层摊铺时，总体油石比可减小0.1%~0.2%，因此施工中必须控制好油石比的正误差（避免油石比偏大）。

（2）严禁采用轮胎压路机碾压SMA混合料。若因轮胎压路机碾压后产生了车辙，如图13-31所示，则必须返工处理。

采用双钢轮振动压路机碾压的双层SMA表面，如图13-32所示。

图13-31　轮胎压路机碾压后产生车辙（必须返工处理）

图13-32　采用双钢轮振动压路机碾压的双层SMA表面

第五节　施工质量检测

一、施工质量检测要求

（1）施工当日分别在拌和楼取样，对混合料进行级配、油石比检测，同时制作马歇尔试件和车辙试验试件。

（2）施工当日调取拌和楼打印记录、黑匣子记录，判定混合料质量。

（3）施工当日应及时进行外观质量回头望。重点检查是否有离析、油斑、渗水，平整度是否合格，是否有小坑洞等。

（4）施工完成3日后，钻芯取样检测厚度、压实度、空隙率，同时检测构造深度、渗水系数、高程、横坡、平整度、宽度等指标。

二、检验标准

（1）各类原材料的检验标准按规范要求进行。

（2）在施工过程中同步检测各个环节的混合料温度，如图13-33~图13-36所示。

（3）不同类型混合料的各项指标，按各自的性能技术标准对照检验。

（4）工程实体的检测项目与频率，应按照规范要求进行。

双层摊铺芯样如图13-37~图13-40所示。

图13-33　温度计测试表层温度

图13-34　将传感器插入混合料内部检测温度

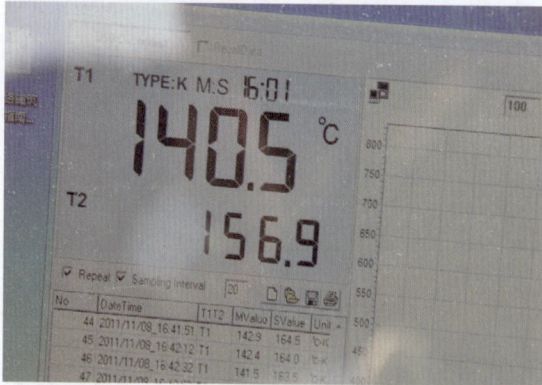

图13-35　计算机显示混合料温度

图13-36　检测、记录碾压温度

图13-37　现场钻取芯样，检查双层压实度与厚度

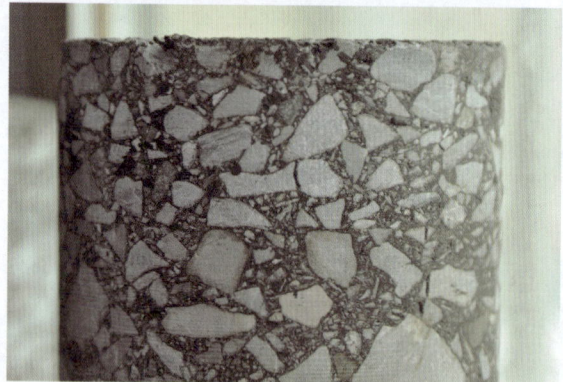

图13-38　上部4cmAC-13+下部6cmAC-20芯样

图13-39　上部4cmSMA-13+下部6cmAC-20芯样

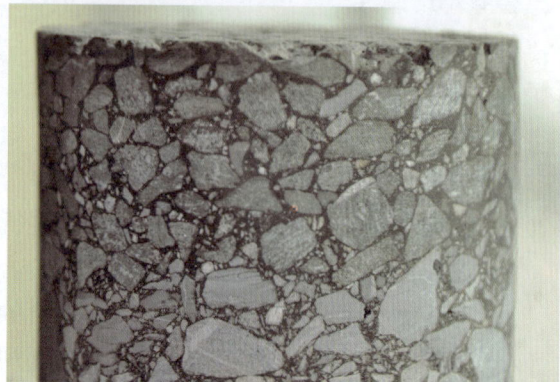

图13-40　上部4cmSMA-13+下部6cmSMA-16芯样

第十四章　沥青路面平整度控制

第一节　概　　述

　　沥青路面平整度是路面施工品质的直接体现，也是道路行车安全的基本保障。在施工中，高程指标控制着沥青路面的纵坡度、横坡度、平整度、厚度指标。近年来，我国高速公路的路面宽度已向双向6车道、8车道发展。仅就6车道而言，其单幅路面宽度达14.75m。由于目前大多数摊铺机的最大拼装宽度不足13m，采用单机铺筑单幅全宽的施工方法已不能适应高速公路发展需要，因此，就必须采用2台或多台摊铺机呈梯队形并机摊铺路面的单幅全宽。单机全宽铺筑沥青混合料如图14-1所示；多台摊铺机并机铺筑沥青混合料如图14-2所示。

图14-1　单机全宽铺筑沥青混合料

图14-2　多台摊铺机并机铺筑沥青混合料

摊铺机并机作业示意图如图14-3所示。

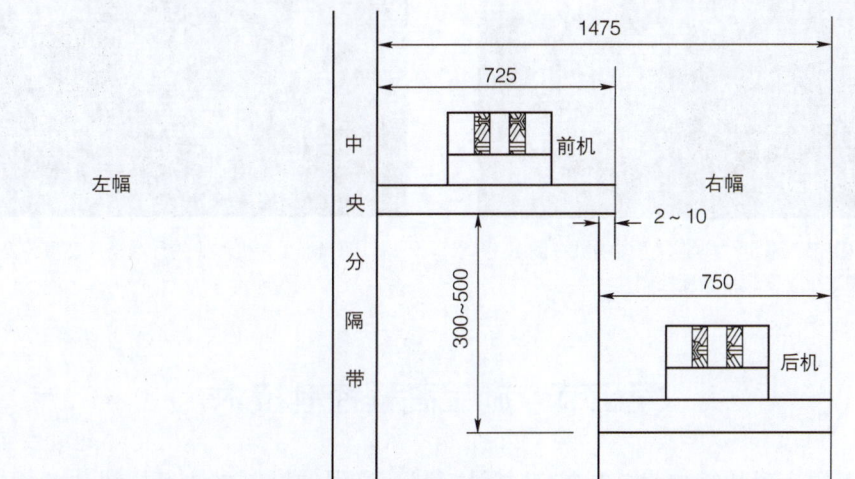

图14-3　摊铺机并机作业示意图（尺寸单位：cm）

并机作业的工作宽度及找平原理，见表14-1。

双向6车道并机作业的工作宽度及找平原理 表14-1

工作宽度（m）		找 平 原 理	
前机	后机	前机	后机
7.25	7.50	左边纵向用钢丝绳 右边用横坡度仪（或铝合金导梁）控制	左边用小滑靴搭在前机铺过的路面上 右边纵向用钢丝绳

说明：1. 工作宽度中前机窄，目的便于准确地用横坡度仪控制高程；后机宽是为后机提供较宽的工作面，便于料车时出。

2. 两机整幅宽度之和为14.75m，实际施工中，它不仅能满足14.75m的抗滑层和上面层的摊铺宽度，也能满足14.85m和14.95m的下面层及沥青碎石基层宽度。

前、后两机的边部采用钢丝绳作为基准控制高程。前机的中部采用铝合金作为基准控制高程，如图14-4所示；后机中部用小雪橇搭放在前铺面上控制高程，如图14-5所示。也有一种情况，前机的中部采用"拖杠"（摊铺机右侧）方式进行厚度、平整度控制，如图14-6所示。

图14-4　前机中部：采用铝合金作为基准控制高程

图14-5　后机中部：用小雪橇搭放在前铺面上控制高程

并机作业的标准搭接宽度一般为5~10cm，由于两机的边部均存在混合料夯实程度较虚的现象，而"虚、虚叠加"，经碾压后会形成良好的纵向结合面，如图14-7所示。

图14-6　前机中部：采用"拖杠"（摊铺机右侧）
方式进行厚度、平整度控制

图14-7　并机作业的标准搭接宽度（宽度5~10cm）

第二节　施工高程控制技术

沥青路面施工的一项关键技术就是施工高程控制，高程的控制方法有挂线法、横坡度仪法、平衡梁法三种。

一、采用挂线法控制施工高程

1. 基准线高度值计算原理

由于半刚性基层或桥面的成型高程，总是存在一些在允许范围内的正负偏差和不可避免地出现一部分超出规范允许的值，由此造成了沥青层摊铺厚度的不均匀性，而传统的不论逐桩的摊铺厚度是厚还是薄，均采用一个虚铺值的作法，使得成型后的路面还是"小平大不平"。

为了克服这种缺陷，利用"不同的压实厚度，应采用不同的松铺厚度"的原理，在计算基准线高度值时，根据各桩位不同的压实厚度，增加不同的虚铺值，以达到摊铺机铺过的表面"大平小不平"，而经压路碾压后，全路段平顺的目的。

2. 基准线高度值的组成部分

基准线高度值大致由"基本值""虚铺值"和"常数值"三部分组成。其三者关系如图14-8所示。

（1）基本值，即为控制桩的实测高程与沥青层设计高程的差值。

（2）虚铺值，即为根据逐桩不同的压实厚度（即控制桩的沥青层设计高程与该桩处基层实测高程的差值）乘以对应的松铺系数的值。

（3）常数值，即为考虑施工因素，在基本值与虚铺值的基础上人为抬高的确定值。

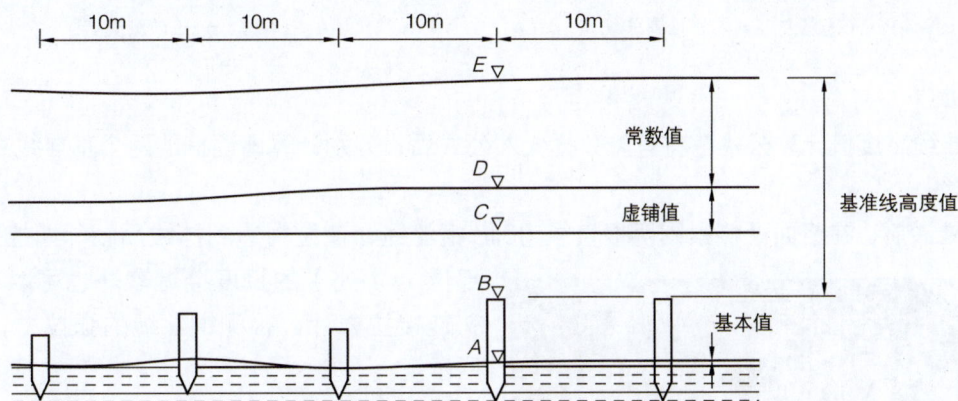

图14-8 摊铺机基准线高度值关系示意图

图注：A——控制桩处基层实测高程，m；
　　　B——控制桩顶实测高程，m；
　　　C——控制桩对应的沥青层设计高程，m；
　　　D——考虑虚铺值后基准线高度，m；
　　　E——增加常数值后基准线高度，m；
　　（C−B）——基本值，m；
　　（D−C）——虚铺值，m；
　　（E−D）——常数值，m；
　　（C−A）——压实厚度，m；
　　（E−B）——基准线高度值，m。

3. 基准线高度值计算公式

根据图14-8可以看出，基准线高度值的计算公式可以表达为：

$$（E−B）=（C−B）+虚铺值+常数值$$
$$=（C−B）+（C−A）×松铺系数+常数值$$

式中：A、B、C、E——含义同图14-8中的说明；

松铺系数：根据不同结构层次的试验路结果得出；

常数：一般习惯采用200mm。

试验段施工时测量松铺系数，如图14-9所示。

4.基准线架设和使用过程

（1）测量

施工前，用红外测距仪或经纬仪恢复出路线中心线，然后沿纵向每10m为一个断面；每个断面上，在距离路面设计宽度各30～50cm（为计算方便，取一个定值）设控制桩，然后用水平仪测量控制桩的实测高程B和该处基层实测高程，为混合料摊铺时架设的基准线提供数据。

施工前测量高程如图14-10所示。

图14-9　试验段施工时测量松铺系数

图14-10　施工前测量高程

（2）计算

根据基准线高度值计算公式，将有关数据代入公式后，分别计算出逐桩的两个基准线高度值。

（3）拉线

混合料摊铺前，在路面两侧紧固两根直径为3mm钢丝绳，使拉力达到挂线后相邻两控制桩的中间部位（5m处）的挠度接近零。也可以在拉线的端头连接拉力计，检测钢丝绳的张拉力，如图14-11所示。

图14-11　用拉力计检测钢丝绳的拉力

（4）架设

基准架架设工作由技术人员指导，辅助工人实施。一般每间隔10m架设1处，必要时，特别是在桥涵构造物结合部应加密。

将基准架钉设在控制桩处，然后将钢丝绳每10m按逐桩基准线高度值抬高，并固定好使其成为两条基准线。基准架一般根据施工习惯自行加工，要求高度合理、结实耐用。调整高度的关键部件要灵活自如。钢丝绳直径一般为3mm，张拉力满足要求。可在每10m的中部用手下压，以不产生较大挠度为准。

路基外侧架设基准线如图14-12、图14-13所示，两机结合部架设铝合金基准架如图14-14所示。

桥面铺装层施工时在外侧护栏上架设桥梁基准架，如图14-15所示。

（5）使用

摊铺机摊铺前，把一根细线绳的两端分别轻触在纵向钢丝绳上，用钢板尺从细线往下量取常数值，尺下剩余量即为垫板厚度，等摊铺机熨平板平稳地放置在垫板上后，调整摊铺机工作仰角，然后，将自动找平的"触件"放置在两侧基准线上，转动手动轮，调整至仪表的上、下两个黄灯闪烁程度相近，即仪表开始工作后，将会达到摊铺高程和厚度的要求。摊铺机工作仰角如图14-16所示。

图14-12　路基外侧架设基准线

图14-13　路基外侧采用钢丝绳控制高程

图14-14　在两机结合部之间架设铝合金基准架

图14-15　桥面铺装层施工高程控制（在外侧护栏上架设桥梁基准架）

二、采用横坡度仪控制施工高程

1. 原理

一般并机作业时，两台摊铺机的自动找平可按下列方式进行：即在路面两侧均架设基准线，前机纵缝处（中间一侧）的高程控制方式有以下4种：①采用小雪撬；②使用长托杠；③在纵缝处架设基准线；④采用横坡度仪。

后机在纵缝处的高程控制方法为：在前机的摊铺面上搭放一个小雪撬，使前后机的摊铺面平顺衔接。在前机纵缝处4种找平方式中，采用第一种方式摊铺中、下面层时，由于下承层的高程和平整度控制得不十分理想，加上小雪撬的找平范围

图14-16　摊铺机工作仰角

小，因此这种方法在中、下面层施工中不宜采用。采用第二种方式，虽然其找平范围（3～7m）比小雪撬大，但其原理只是在下承层上进行厚度叠加，且在摊铺通道台阶和桥梁伸缩缝时无法采用。第三种方式找平精度高，但存在的问题是若在纵缝处架设基准线（一般长度为150～200m），则前机在摊铺

时，后面只得停机而无法摊铺，且纵缝处的接缝表观质量以及平整度和压实度等均受影响；它只适宜在摊铺厚度突变的断面（如桥面沥青铺层与桥梁伸缩缝衔接）时采用。第四种方式只需在边部架设基准线，通过调节横坡度仪的数值，即可达到找平目的。

因此在上述4种方法中，采用横坡度仪控制前机纵缝处的施工高程，具有广泛的应用意义。

横坡度仪控制系统由横坡控制器总仪表和横坡调节器组成。用横坡度仪控制高程的原理为：以该机采用基准线找平的摊铺面为基准，通过调节横坡传感器仪表上的数值，改变摊铺机纵缝处的工作仰角，达到控制该处高程的目的。

2. 在直线段和全超高段使用横坡度仪控制高程的方法

在直线段和全超高段内，横坡值的特点是横坡保持不变。采用横坡度仪控制高程的方法和步骤如下：

（1）路面两侧架设基准线

摊铺前先在路面两侧架设两条直径为3mm的钢丝绳，然后沿纵向每10m设一基准架，根据水准测量的基准线高度值，将基准线固定在基准架上，并检查无误后，待摊铺时使用。

（2）安装横坡控制系统的仪表

摊铺前，将横坡控制系统的总仪表安装好，并将线路接通，使总仪表指示灯显亮。

（3）确定横坡度基准值

上述两步完成后，用一根细线绳轻按在两侧钢丝绳上，用钢板尺从线绳处量尺，确定好各测点（一般为3处，按一台摊铺机宽度分左、中、右3处）的垫板厚度。摊铺机摆正位置并后退至垫板断面，将熨平板徐徐落在垫板上，机驾人员根据垫板厚度和设计厚度，确定工作仰角，并将基准线一侧的找平仪表调节至上、下两黄灯闪烁程度相近（表明仪表调节位置与人为指令相符），然后，调整横坡度调节器上的数值，使总仪表的指示灯指向中间位置。此时，基准线上的找平仪表和横坡调节器的仪表均处于基准位置，表明基准横坡也由此确定。为了给摊铺时提供参数，还需记录调节器上的横坡度和纵缝处的工作仰角。

（4）摊铺和调整过程

在机驾人员例行完摊铺前的各种仪表、接线和操作键位置的检查后，指挥料车卸料，摊铺机刮送料、布料，开始摊铺。当摊铺机驶离始铺断面3~5m后，现场技术人员立即组织人员悬线检测铺层高程。若实铺高程与设计高程有出入，则需根据实际情况，及时采取措施。一般分为以下3种情况：

①如果基准线一端高程满足，纵缝处高程不满足，那么应立即调节横坡仪的数值，通过改变纵缝处的工作仰角，使其高程满足设计要求。

②如果全断面的高程均不满足，但各测点的高差相同（均高或均低），那么，只需调节基准线一端的微调器，而横坡度调节器上的数值则不需改变，使整个断面的高程达到设计高程的要求。

③如果全断面的高程均不满足，而且高差值不一样，那么，就需首先调整基准线一端的微调器，使其满足设计高程。同时，通过调节横坡度调节器的数值，来实现纵缝处摊铺高程满足设计要求。

（5）正常控制过程

当全断面的横坡度和高程均满足了设计要求后，则需记录正常情况下的工作仰角，以便在以后区段的操作中参考。由于横坡度仪控制高程的误差较基准线大，因此，即使在横坡度不变的直线段和全超高段铺筑，还需每20~30m悬线检测一次高程。若稍有出入，则需及时调整，保证高程满足要求。

3. 超高缓和段采用横坡度仪控制高程的方法

由于在直线段和全超高段之间，需铺设超高缓和段，因此，在平曲线中，超高缓和段有两个区段。在第一超高缓和段内，横坡值从一个负值变化为圆曲线上（全超高段）的正值；在第二超高缓和段内，其横坡值由圆曲线上的正值逐渐变为一个负值。无论在哪一个超高缓和段内，其任意断面的高程，仍由两种手段控制：一是基准线一端有微调器调整高程；二是通过改变横坡度调节器上的数值来改变熨平板的工作仰角，实现控制纵缝处高程的目的。通常把这种控制高程的方法称为"变坡"。

（1）对设计横坡度逐桩进行列表。

变坡前，需将变化的逐桩（每10m为一个断面）的设计横坡度列表，交给摊铺机驾驶人员，以使在变坡时作为依据。

（2）确定变坡前的基准横坡。

进入变化断面前，需提前10m悬线检测铺层的高程，若与设计有出入，则及时将其调整至设计要求。

（3）进行变坡、检测和逐桩变坡的过程当摊铺机进入变坡断面的前3~5m时，就需缓慢调整调节器上的横坡值，等摊铺机的仪表在执行和反映的过程中，摊铺机也正好进入变坡断面，这时，立即悬线检测铺层的高程。如果纵缝处的实测高程大于设计高程，则表明横坡度仪上的数值变化幅度太快；反之，则表明横坡度仪上的数值调整太慢。一般情况下，调整横坡度仪的经验方法是：根据变坡前观察记录的纵缝处的工作仰角（反映在铺层上，表现为铺层厚度），变坡后，使其工作仰角与变坡前的数值相近（必须是下承层的平整度较好的地段），同时悬线检测高程，反复逐桩进行。另外，在变坡段铺筑时，可以通过先期变坡的经验进行总结，最终使逐桩的断面高程符合设计要求。

当超高缓和段按上述方法摊铺完毕，进入全超高段或直线段后，则按全超高段和直线段横坡度仪控制高程的方法进行施工控制。

在并机作业中，由于前机在纵缝处的高程控制情况不仅关系到自身，还关系到后机在该处的高程，若前机横坡度仪操作不当，引起高程失控，则会使后机摊铺完毕后，两幅铺层形成的全断面横坡出现"∨"字型或"∧"字型路面，影响横坡度指标，甚至造成积水。因此，在并机作业中，采用横坡度仪控制前机纵缝处的高程和横坡度的方法，也将随着双向6车道高速公路的发展，得到继续研究和应用。

三、采用平衡梁控制施工高程

对于沥青混合料上、中面层铺筑，可以在下承层的基础上，采用平衡梁控制施工高程（包括厚度、横坡度、平整度），如图14-17、图14-18所示。

图14-17　摊铺机平衡梁示意图

四、施工高程检测

沥青路面施工高程检测，如图14-19、图14-20所示。

五、横坡度检测

横坡度检测与控制，如图14-21所示。

图14-18　摊铺机平衡梁

六、厚度检测

在施工过程中控制松铺厚度至关重要，决定了路面的永久性厚度指标，如图14-22所示。

图14-19　施工高程检测

图14-20　技术人员检查施工高程控制情况

图14-21　并机作业的横坡度检测（全景）

图14-22．混合料松铺厚度检测

第三节　沥青路面平整度控制技术

在沥青路面施工过程中，影响沥青路面平整度的原因很多，情况复杂。有的是因施工机械性能引起，有的则因人为操作、安排失误造成，有的是由于下承层不平整而反射在上层，有的或因结构层厚度原因引起。因此，只有在充分研究和分析了这些原因后，才能抓好施工中的每一细小环节，精心组织施工，保证路面的平整度，提高路面工程质量。

一、施工机械和车辆对路面平整度的影响

1. 摊铺机对路面平整度的影响

（1）熨平板加热效果与下表面平直

性能先进的摊铺机是保证摊铺进度和质量的关键。在摊铺机的熨平板加热装置中，有的机型属于液化气加热（如ABG型），有的机型属于电加热（如VOGELE型）。摊铺前，如果熨平板的加热不均匀，摊铺中会使高温的混合料与温度较低的熨平板接触面摩擦阻力增大，使刚铺过的混合料表面拉毛，出现积坑、深槽等不规则的凸凹不平及混合料密实度不均匀。在低温天气下施工时，液化气加热型摊铺机容易发生这种现象。

另外，使用前，一定要检查熨平板的下表面是否有凸（熨平板两端低，中心连接部高，形成路拱）凹（两端高，中心连接部低，路面纵向会形成深槽）现象。若有，则必须调整撑拉熨平板的拉杆长度，使熨平板下表面同属一坡度，以保证路面横向平整度。

（2）仪表性能及微调器的使用

路面高程的控制是靠摊铺机的仪表来完成的。摊铺机的仪表自动找平性能好，能够依据指令达到设计高程，这样的路面平整度就好；仪表的反应能力迟缓，遇到下承层出现高低不平时，形成连锁反应，就会反映在正在摊铺的路面上。同时，调整仪表"工"字（或"一"字）杆高低的微调器的使用方法也要正确，每2m转1圈（升或降2mm）。升降太快会使路面产生台阶，影响平整度。

（3）基准线的准确程度

施工前，先要张拉好用于承托仪表"工"字（或"一"字）杆的基准线（钢丝绳），然后设好各桩，根据测量的挂线高（设计与实测高之差加上常数）确定各桩位钢丝绳的高度。这种施工方法，如果挂线高，测量不准，钢丝拉力不够（长150mm，直径2mm的钢丝绳，拉力不得小于80kg），量线失误或桩位移动，都会通过架设在钢丝绳上的仪表反映在摊铺的路段上，造成路面高低起伏，影响平整度。

（4）振捣器和夯锤

振捣器和夯锤的频率与摊铺速度、混合料的级配、厚度和温度等有很大的关系。如果是摊铺薄而宽的路面层，频率过大的振捣和夯锤会造成熨平板共振，使摊铺机的找平装置处于不稳定状态而影响平整度。同时，夯锤皮带需经常检查，皮带过于松弛，会使夯实次数忽多忽少，形成"搓板"路。

（5）校正行驶方向

当正在行驶的摊铺机方向发生偏斜时，就必须及时校正。每校一次方向，强大的驱动力会使摊铺机履带一边前进，另一边缓慢前进。此时前进一边的熨平板前方会出现一个向前高抬的小台阶；同时，另一边熨平板的后端会出现一个向后推挤的小台阶。这样，整个横断面出现的台阶，就需人工整修，影响路面平整度。这种校方向引起的台阶，在曲线半径较小的路段，ABG型和VOGELE型摊铺机容易出现。

（6）与下承层附着力的大小

摊铺机的行驶要靠履带（轮胎）与下承层的附着力来完成。施工中发现，在摊铺上坡路段时，载料车辆向下的阻力增大；铺筑桥面铺装层时，摊铺机的附着力变小；有时因某一路段厚度增厚，螺旋输送器周围沥青料过多使阻力增大。上述任一种情况发生时，都会使摊铺机行驶困难，严重时还会出现履带（或轮胎）原地打滑的现象。此时，操作人员不得不将熨平板猛提猛落，以达到行走的目的，这样势必会使路面产生台阶，影响平整度，如图14-23所示。

图14-23　摊铺机履带下洒落的沥青混合料严重影响平整度

（7）混合料的供给能力

实践证明，当摊铺机的摊铺能力与沥青混合料的供应能力相匹配时，摊铺机则连续作业，该路段平整度好。但在低温条件下施工，如果沥青混合料供应不及时，摊铺机待料时间过长，则会使摊铺机螺旋输送器周围的沥青料温度急骤下降。此时打开熨平板的加热源，也只能对熨平板正下端及前端很薄的一层沥青料起到加热作用。当摊铺机重新启动摊铺下一车料时，凝聚在螺旋输送器周围的冷料会对摊铺机产生很大的阻力，而使平板抬起。只有正常供料，尽量减少停机待料次数，平整度才能保证。

（8）车辆与摊铺机的配合

在施工上坡路段时，由于重型料车倒车时惯性较大，有的司机刹车不及时，会使料车推撞摊铺机，使机身后移，形成凸起台阶。

2. 压路机碾压对路面平整度的影响

路面平整度好坏，不仅与摊铺机有关，同时与压路机的碾压有很大的关系。合理的碾压工艺和正确的操作是保证路面平整度的关键因素之一。沥青混合料的碾压工艺必须严格控制。初压温度过高时，压路机的轮迹明显，沥青料前后位移大，不易稳定。同时起停机时推挤的小台阶过高，下一段碾压时不易消除。另外，复压温度过高会引起胶轮压路机黏结沥青细料，飞溅起小碎片，影响表面级配。温度过低，则不易碾压密实和平整。振动压实的使用也很重要，原地振动会造成横向小坑槽。碾压过程中必须遵循由低向高、错轮碾压的操作规定，不能忽左忽右，转向、掉头以及在未成型的路面上长时间停机等，都会严重地影响路面平整度。

二、下承层对沥青路面平整度的影响

无论是进行路面基层还是桥面沥青混凝土铺装，如果下承层凹凸不平，则会造成沥青层厚度不均匀。经压路机碾压后，必将造成路面不平整。这种现象在路面基层与桥梁搭板及通道、涵洞相接处容易发生。

三、路面结构类型对平整度的影响

施工中发现，采用相同的摊铺机型和碾压工艺，摊铺不同的路面结构层，其各自的平整度不同。相同的厚度，开级配层由于其混合料松铺系数较密级配料大，所以平整度不及密级配。相同的级配，厚度小的结构层比厚度大的层次平整度好。

四、施工缝的影响

沥青路面的施工缝是施工中经常要遇到的问题，施工缝处理得好，不同时间摊铺的前后两路段则能平顺衔接，行车舒适、平稳、安全。反之，则会产生"跳车"现象。施工缝分为横向施工缝和纵向施工缝。

1. 横向施工缝

横向施工缝主要影响行车（纵向平整度差），也影响排水。施工中，当每天的最后一车料即将摊铺完毕时，摊铺机料斗的沥青料越来越少，分布到摊铺机螺旋输送器周围和熨平板下端的沥青料，就无法按机械自动找平装置和路面设计高程的要求，托起熨平板自身质量。这时，由于熨平板下落，引起当日施工终止桩号至后边1~5m范围内路面纵坡呈下降趋势（这时就需人工补撒沥青料），第二天，摊铺机在切好的施工缝上就位，待开始摊铺后，仪表的工作状态从机驾人员的指令到正常反应需要一个过程（即摊铺一段距离），通常为起步至行走5m范围，路面高程不很理想。这样，由于施工缝前后的5~10m范围内纵坡不顺，引起路面"小平大不平"，产生跳车现象，如图14-24所示。

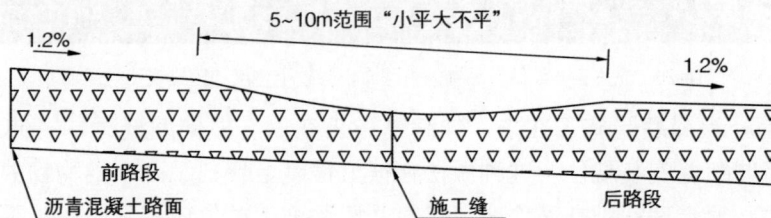

图14-24 施工缝处理不好及前后两段纵坡不顺

2. 纵向施工缝

纵向施工缝主要影响横向排水，也影响行车安全（如车辆快速超车时，因为"水漂"现象，诱发交通事故）。两个摊铺机并机作业时，纵向施工缝为热接缝，施工较容易，只要前后两机接合处高低平顺即可。冷接缝则必须控制好第二次摊铺的松铺厚度，以保证前后两机的压实厚度相等，同时注意接合部的沥青料密实，否则，冷接缝处易渗水，横坡方向高低不平还会造成超车不安全。

五、沥青铺装层与桥梁伸缩缝的相接

沥青铺装层与桥梁伸缩缝的相接有两种情况：

一是桥梁伸缩缝施工成型在先。这种情况对路面平整度不利。由于沥青路面路线长、面积大，能够准确地反映路面纵、横坡，而单一的伸缩缝，由于纵向长度（即缩缝的宽度）短，纵坡不易控制。有时出现伸缩缝成型后，路面调坡，设计变更等情况，造成了沥青路面和桥梁两个结构物纵、横坡和高程的误差，因而极大地影响了路面的平整度，如图14-25所示。

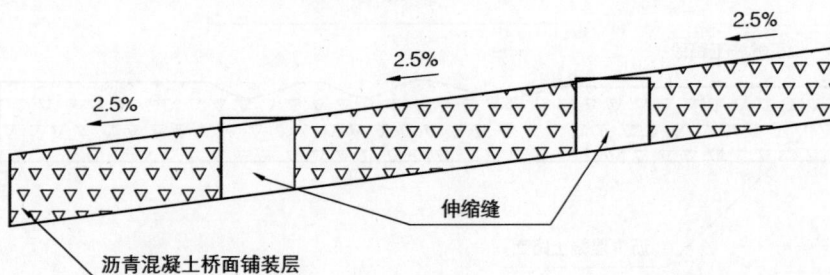

图14-25 桥梁伸缩缝与沥青铺装层纵坡不一致

先施工伸缩缝而后铺沥青路面，会导致铺装层与伸缩缝相接处的平整度和压实度不易保证，如图14-26所示。

图14-26　先施工伸缩缝，后铺沥青路面，导致平整度和压实度不易保证

二是桥面沥青混凝土铺装层施工在先，伸缩缝施工在后。做伸缩缝时，将伸缩缝位置的沥青路面切割开挖后，再将伸缩缝安装就位，这种做法在很大程度上保证了两个结构物的平顺相接，利于行车。因此，建设单位必须合理安排交叉作业，路面及桥梁施工单位应相互协作，采用先铺路、后装伸缩缝的方法，保证了桥面的整体平整度。

六、摊铺现场人工修补的程度

施工机械只有在正常运转的情况下，才能保证路面工程质量，但也不排除施工过程中的一些特殊情况，其中，一种情况是摊铺机突然出现故障。如在某高速公路桥面铺装层施工中，由于摊铺履带的钢丝被拉断而无法行驶，最后动用吊机才将它调离开工作面。有时摊铺机的仪表突然失控，造成路面高程偏差较大。在上述情况下，只有将不合格的路段挖去，重新搭机摊铺，这就无端地增加了接茬，严重地影响了平整度。

还有一种情况是人工修补次数的多少。施工中，不管因何种原因，只要是引起了混合料不平整，就必须进行人工修整。比如，当整车的沥青混合料中掺杂了少量的焦料，或拌和不均匀的花料或离析的油包时，摊铺在路面后就必须进行彻底的挖除，进行换料，一挖一填，就影响了平整度，如图14-27所示。

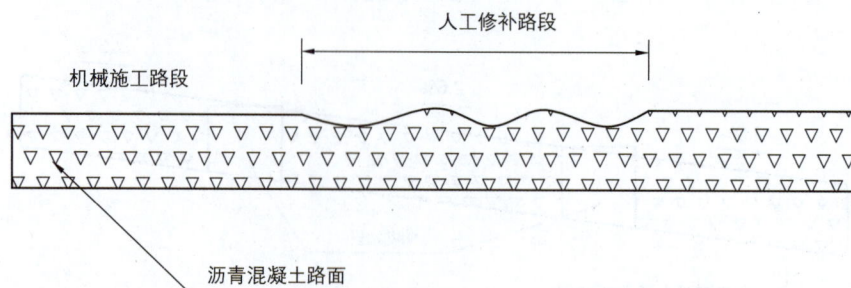

图14-27　人工换料或修补造成路面不平

第四节　沥青路面平整度检测

高速公路沥青路面施工过程平整度控制标准，见表14-2。

高速公路沥青路面施工过程平整度控制标准　　　　表14-2

序号	结 构 层 次	检测频度与方法	规 范 值	建 议 值
1	上面层	随时，3m直尺（mm）	3	3
		连续测定，标准差（mm）	1.2	0.8
2	中面层	随时，3m直尺（mm）	5	3
		连续测定，标准差（mm）	1.5	1.2
3	下面层	随时，3m直尺（mm）	5	5
		连续测定，标准差（mm）	1.8	1.5

沥青路面平整度检测分为过程检测和工后评价检测。施工过程紧跟检测平整度如图14-28~图14-31所示；工后评价与综合检测如图14-32所示。

图14-28　施工过程紧跟压路机碾压的平整度检测（纵向检测）

图14-29　施工过程紧跟压路机碾压的平整度检测（横向检测）

图14-30　并机作业的横坡度不一致

图14-31　平整度检测（施工缝检测）

图14-32　工后评价时的平整度检测

第十五章 高速公路沥青路面附属工程施工

高速公路沥青路面的附属工程，主要包括路缘石、集水槽、排水沟、急流槽、沥青砂拦水带、中央分隔带混凝土封闭、硬路肩渗水砖等。

第一节 常见的施工质量问题

在高速公路沥青路面附属工程中常见的施工质量问题主要有：①水泥混凝土强度不足；②水泥混凝土外观颜色不一致；③水泥混凝土结构尺寸不满足要求；④线形不顺畅等。

沥青路面附属工程中常见的施工质量问题如图15-1~图15-6所示。

图15-1 运营仅3年的某高速公路水沟盖板破损

图15-2 运营仅3年的某高速公路水沟盖板破损

图15-3 沥青砂拦水带断裂、线形不顺

图15-4 沥青砂拦水带开口位置不合理，形成积水

图15-5　沥青路面外侧水泥混凝土路肩石破损

图15-6　路缘石破损

第二节　施工质量控制

一、沥青路面附属工程施工质量要点

沥青路面附属工程施工质量要点包括以下几个方面：

（1）原材料控制。重点控制碎石、天然砂、水泥等的质量。

（2）专用设备。混凝土拌和设备、运输设备、振捣设备等的性能检测。

（3）施工配合比。沥青砂拦水带的混合料、水沟盖板的混凝土等均需要进行配合比设计。

（4）施工工艺。包括施工顺序、交叉作业、养生安排等。

（5）现场管理。附属工程应由专业队伍施工，项目部应严格管理，严禁以包代管，偷工减料。

（6）质量检测。严格按照施工规范要求的检测项目和频率，进行附属工程检测验收。

1.排水工程施工

水损害是沥青路面的主要病害形式之一。因此必须重视排水设施的设计，做到排水与防水相结合，同时应加强现场施工管理。

排水工程，包括路面排水以及路基路面综合排水，其施工如图15-7～图15-13所示。

图15-14～图15-17反映了U形排水槽从预制、运输到安装成形的全过程。

图15-7　边坡防护、挡墙、碎落台与排水沟

图15-8　桥头锥坡六棱砖护坡

图15-9　路面边部水沟

图15-10　水沟盖板设计与安装效果

图15-11　路面排水设计与施工（彩色水沟盖板）

图15-12　采用预制块安装的排水沟

图15-13　在雨季发挥着重要作用的路侧排水沟

图15-14　U形排水槽预制

2. 路面防护工程

路面防护工程包括外侧渗水砖砌筑等，如图15-18所示。

3. 路缘石施工

路缘石应有足够的强度和耐久性、表面平整，与路线线形一致。行车道与中央分隔带之间设置埋置式路缘石时，应防止中央分隔带的雨水进入路面结构层。

图15-15　U形排水槽运输

图15-16　U形排水槽安装

图15-17　路面排水施工（U形排水槽与透水混凝土）

图15-18　设置在路面结构层外侧的渗水砖

　　埋置式路缘石应在沥青层施工前安装，严禁在沥青层施工期间埋设路缘石，而导致沥青层污染。路缘石的预制与安装，如图15-19~图15-21所示。

图15-19　路缘石安装

图15-20　人工清理打磨路缘石表面灰尘

图15-21　超高段内侧排水式路缘石

4. 沥青混凝土拦水带施工

沥青混凝土拦水带应采用专用设备连续铺设，其矿料级配宜符合表15-1要求，油石比宜在标准值基础上增加0.5%~1.0%，双面击实50次的设计空隙率宜为1%~3%。拦水带基底需洒布用量为0.25~0.5kg/m^{2}的黏层油。

沥青混凝土拦水带矿料级配范围　　　　　表15-1

筛孔（mm）	16	13.2	4.75	2.36	0.3	0.075
通过质量百分率（%）	100	85~100	65~80	50~65	18~30	5~15

沥青砂拦水带施工过程如图15-22、图15-23所示。

图15-22　沥青砂拦水带应在防撞护栏安装前施工

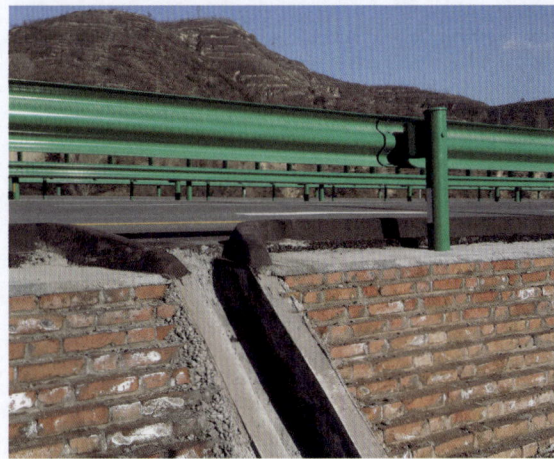

图15-23　沥青砂拦水带与急流槽

5. 收费站广场与服务区水泥混凝土路面施工

作为高速公路的重要组成部分，收费站广场与服务区水泥混凝土路面施工质量应加强控制。服务区水泥混凝土路面施工如图15-24所示。

二、合理安排交叉作业

沥青路面附属工程的内容多、项目杂，且处于通车前必须完成的工程，因此，合理安排交叉施工十分必要和关键。

以中央分隔带水泥混凝土施工为例，工序安排如下：

施工放样→预埋交通安全设施的基础构件→浇筑水泥混凝土→整平抹面→水泥混凝土养生→水泥

混凝土质量检测验收→铺筑沥青路面，如图15-25所示。

图15-24　服务区水泥混凝土路面施工

图15-25　中央分隔带混凝土施工

三、小型预制构件标准化施工工艺

为了确保施工质量，路面工程的小型预制构件应进行标准化施工。

1. 预制场建设

小型预制构件应建立专用的厂区。按照功能划分，主要分为材料堆放区、混合料拌和区、预制件生产区、养生区、成品堆放区等。如图15-26~图15-28所示。

图15-26　小型构件水泥混凝土拌和站

图15-27　预制件养生区

2. 施工准备

（1）场地硬化

由于聚丙烯塑料模型具有一定的软度，若场地硬化时不注重平整度，预制构件初凝前会受压变形，无法保证成品尺寸和外观。场地硬化时要注意，不得有明显的坑包、斜坡，保证大面平整。

（2）准备模板

采用聚丙烯塑料模板。此模板可塑性强，方便脱模，可多次周转使用，预制的构件气泡少，表面光洁，色泽一致，如图15-29所示。

（3）原材料

使用的原材料应严格按照普通C20、C25配合比原材料准备。原材料经抽检合格后方能使用，原材料存放在隔仓内，禁止混料。

（4）振动台

采用φ8钢筋作为弹力装置，螺旋成内径8cm弹簧圈，弹簧圈12圈，共15cm高。台面采用4mm钢板，尺寸1.5m×1.0m。采用1.5kW振动器作为动力源。

（5）拌和机械

采用强制性混凝土搅拌机拌和，能自动、定时、定量供水，有效地保证混凝土坍落度。

（6）施工人员

后盘供料共3人，其中上料2人负责，开机1人负责。

图15-28　预制件堆放区

图15-29　聚丙烯塑料模板

3. 标准化施工工艺

（1）模板检查

对进场的塑料模型进行必要的检查，检查外观质量和结构尺寸。保证表面平整、无变形、尺寸正确。

（2）钢筋加工

钢筋下料严格按图纸执行，弯曲长度、角度满足图纸要求。矩形水沟盖板弧形钢筋在专用模具内加工。绑扎工序在加工台上进行，绑扎好钢筋后可对架子筋实施点焊，保证钢筋骨架堆码中不变形。

（3）喷脱模剂

使用气泵喷脱模剂（采用新鲜机油），气泵喷脱模剂保证喷面较广、喷油均匀，不易造成表面起油坠、油堆和漏喷现象。

（4）混凝土拌和

原材料采用斗车运输，每盘以50kg的P·O42.5水泥为基准，为保证计量准确，首盘砂石料过磅后在斗车上标记，每次严格按标记配料。水计量通过搅拌机定时器定时供水。混凝土拌和采用JDC350型强制性搅拌机，拌和时间控制在5min。

（5）钢筋保护层控制

由于采用振动台振动，钢筋骨架不能直接放在模型里，否则钢筋骨架沉底无法保证钢筋保护层厚度，可施工中采用钢筋吊环吊住钢筋骨架，保证骨架不沉底，能有效地控制骨架保护层。

（6）混合料运输

运输采用平板推车，此时混凝土流动性比较大，速度不宜过快，宜平路运输，防止混凝土从模型边缘溢出。

（7）振动混凝土

先把模型内混凝土加满，开启振动台振动，随着振动，混凝土逐渐下沉，继续加料至满为准，使模型内混凝土不再下沉，无气泡出现。振动时间控制在2min。对拱形骨架预制构件卧式无法振动，可采用专用框架固定模型，一是使其直立振动，二是操作便捷，如图15-30所示。

（8）临时存放

临时存放地一定要平整，混凝土初凝的过程就是预制构件成形的过程，场地平整是预制构件尺寸合格、不变形的重要保证，否则会出现一端厚一端薄和表面不平整现象。

（9）抹面收光

存放约20min后，由专人负责抹面收光，保证预制构件大面平整，并清理模型沿壁残留水泥浆。

图15-30　混凝土振动台

（10）水泥混凝土养生

水泥混凝土初凝后，采用土工布洒水养生，养生时始终保证混凝土表面湿润。

（11）脱模

水沟盖板和排水沟砌块24h可拆模，即一天周转一次。拱形骨架预制块12h可拆模，即一天周转两次。拆模严禁生搬硬拽和用力敲打，防止破坏预制构件表面和棱角。对较大的水沟预制构件，拆模时先将模型与混凝土结合面掰松，两人平行抬模型并小幅度抖动拆除，对较小的拱形骨架预制构件，先轻磕模型边沿，松动后轻轻用力抖动利用惯性脱出预制件。脱模宜选择在气温较高的中午或下午进行，此时模型较软，柔韧性较好更易于脱模。

（12）后续清理

一次周转完成后，对搅拌机、振动台、模具、场地应及时清理干净，以备下一次使用。

通过严格控制上述各道施工工序，严把附属工程构件预制质量关，其混凝土的强度、几何尺寸、外观鉴定等各项指标应满足《公路工程质量检验评定标准》（JTG F80/1—2004），质量评定为优良。

4. 堆码存放

脱模后继续就地覆盖养生一天，然后分类型堆码存放，运输和堆码时一定要做好成品保护，坚持轻拿轻放，不破坏棱角和表面光洁度。堆码时一次不宜超过5层，此时混凝土强度较低，防止把下面的预制构件压断。即强度达到设计值，总堆码层数也不宜超过12层。对较重的水沟盖板预制块可以采用小型吊车或桁吊吊运堆码。堆码后继续养生，确保总养生天数不少于7d。成品构件如图15-31所示。

图15-31　成品小型预制构件

5. 运输与安装

（1）采用专用起吊设备将小型构件放置在运输车辆上，运至施工作业面。

（2）采用专用起吊设备将小型构件吊放在水沟上，随之调整高低、左右线形。

安装后的路面边部水沟盖板如图15-32、图15-33所示。

图15-32 安装后的路面边部水沟盖板

图15-33 挡墙与排水设施

第三节 施工质量检测

高速公路沥青路面路缘石和拦水带的质量检查及验收质量指标应符合表15-2的规定。

路缘石及拦水带工程质量标准   表15-2

检 查 项 目	质量要求或允许偏差	检 查 频 度	检 查 方 法
直顺度	10mm	每100m 2点	拉20m小线量取最大值
预制块相邻块高差	3mm	每100m 5点	用钢板尺量
预制块相邻缝宽	±3mm	每100m 5点	用钢板尺量
立式路缘石顶面高程	±10mm	每100m 5点	T 0911
水泥混凝土路缘石的预制块强度	25MPa	每1km 1点	留试块试验
沥青混凝土拦水带的压实度	95%	每1km 1点	取样试验

除了上述检查项目外，还应对路缘石相邻段落的颜色和拦水带表面拉痕进行检查，如图15-34所示。

图15-34 拦水带应线形顺直、外观密实

附 录

附录1　部分高速公路沥青路面原材料基本信息

以陕西省西安咸阳国际机场专用高速公路沥青路面工程为例，其原材料基本信息见附表1-1。

西安咸阳国际机场专用高速公路路面工程原材料基本信息

附表1-1

工程类别	材料名称	产地/厂家	规格型号	主要指标实测值	使用数量	单价
二灰碎石底基层、基层	碎石	泾阳口镇	5~31.5mm	密度、级配、压碎值、针片状、吸水率	587691m³	76元/m³
	粉煤灰	渭河电厂	Ⅲ级	Si\Fe\Ai含量、细度、烧失量	160737t	52元/t
	石灰	富平	Ⅱ级消石灰	钙、镁含量	84860m³	170元/t
	透水土工布养生材料	山东宏祥	0.5mm		20万m²	2.5元/m²
透层	基质沥青	新疆克炼	A-90号	三大指标、老化、黏度、含蜡量、溶解度等	242.8t	元/t
	煤油	乌石化	200号航空煤油	挥发性、闪点、密度等	296.8t	11000元/t
SBS改性热沥青碎石封层	SBS改性热沥青	韩国加德士/壳牌（西安）	SBS（Ⅰ-C）	三大指标、老化、黏度、弹性恢复、离析等	1612.3t	元/t
	碎石	泾阳口镇	9.5~16mm	级配、含泥量	8613t	80元/t
橡胶沥青碎石封层	橡胶粉	四川彭州	20目	化学成分、级配等	488t	3500元/t
	基质沥青	新疆克炼	A-70号	三大指标、老化、黏度、含蜡量、溶解度等	1952.1t	元/t
	碎石	泾阳口镇	9.5~13.2mm	级配、含泥量	15707.3t	80元/t
SBR改性乳化沥青黏层	基质沥青	新疆克炼	A-90号	三大指标、老化、黏度、含蜡量、溶解度等	634.4t	元/t
	乳化剂、改性剂	美国美德维实伟克				元/t
ATB-30下面层	基质沥青	新疆克炼	A-70号	三大指标、老化、黏度、含蜡量、溶解度等	7470.6t	元/t
	碎石	泾阳口镇	5~37.5mm	级配、压碎值、针片状、磨耗值、坚固性、软石含量、黏附性	173835t	58元/t
	石屑	泾阳口镇	0~2.36mm	密度、级配、砂当量、亚甲蓝值、棱角性	31508t	58元/t
	矿粉	泾阳云阳		密度、细度、含水率、亲水系数、塑性指数	9778t	130元/t

311

续上表

工程类别		材料名称	产地/厂家	规格型号	主要指标实测值	使用数量	单价
AC-20 中面层	路基段	改性沥青	韩国加德士/壳牌（西安）	SBS（Ⅰ-C）	三大指标、老化、黏度、弹性恢复等	5526.5t	元/t
		碎石	泾阳口镇	5~26.5mm	级配、压碎值、针片状、磨耗值、坚固性、软石含量、黏附性	79234.9t	58元/t
		机制砂	泾阳口镇	0~2.36mm	密度、级配、砂当量、亚甲蓝值、棱角性	33704.5t	75元/t
		矿粉	泾阳云阳		密度、细度、含水率、亲水系数、塑性指数	5322.1t	130元/t
	桥梁段	改性沥青	韩国加德士/壳牌（西安）	SBS（Ⅰ-C）	三大指标、老化、黏度、弹性恢复等	2291t	元/t
		碎石	泾阳口镇	5~26.5mm	级配、压碎值、针片状、磨耗值、坚固性、软石含量、黏附性	32850.8t	58元/t
		机制砂	泾阳口镇	0~2.36mm	密度、级配、砂当量、亚甲蓝值、棱角性	13975.8t	75元/t
		矿粉	泾阳云阳		密度、细度、含水率、亲水系数、塑性指数	2206t	130元/t
		聚酯纤维	江苏海德	6mm	含水率、纤维长度	72t	25000元/t
上面层	AC-13	改性沥青	韩国加德士	SBS（Ⅰ-C）	三大指标、老化、黏度、弹性恢复等	1045.4t	元/t
		碎石	临潼韩峪	5~16mm	级配、压碎值、针片状、磨耗值、坚固性、软石含量、黏附性、磨光值	13539.2t	58元/t
		机制砂	泾阳口镇	0~2.36mm	密度、级配、砂当量、亚甲蓝值、棱角性	5949t	75元/t
		矿粉	泾阳云阳		密度、细度、含水率、亲水系数、塑性指数	1025.7t	130元/t
		消石灰粉	富平/矿粉厂		细度、钙镁含量	257.4t	230元/t
	SMA-13	改性沥青	韩国加德士	SBS（Ⅰ-C）	三大指标、老化、黏度、弹性恢复等	1106.3t	元/t
		碎石	临潼韩峪	5~16mm	级配、压碎值、针片状、磨耗值、坚固性、软石含量、黏附性、磨光值	13211.5t	189元/t
		机制砂	泾阳口镇	0~2.36mm	密度、级配、砂当量、亚甲蓝值、棱角性	2230.5t	75元/t
		矿粉	泾阳云阳		密度、细度、含水率、亲水系数、塑性指数	1715.8t	130元/t
		消石灰粉	富平/矿粉厂		细度、钙镁含量	257.4t	230元/t
		木质素	北京肯特莱	6mm	含水率、密度、纤维长度	58t	6500元/t
	OGFC-13	基质沥青	新加坡壳牌/壳牌（西安）	A-90号	三大指标、老化、黏度、含蜡量、溶解度等	3527t	元/t
		碎石	临潼韩峪	5~16mm	级配、压碎值、针片状、磨耗值、坚固性、软石含量、黏附性、磨光值	65508.6t	189元/t
		机制砂	泾阳口镇	0~2.36mm	密度、级配、砂当量、亚甲蓝值、棱角性	8092t	75元/t
		矿粉	泾阳云阳		密度、细度、含水率、亲水系数、塑性指数	3468.1t	130元/t
		消石灰粉	富平/矿粉厂		细度、钙镁含量	1541t	230元/t
		TPS添加剂	日本大有			481t	元/t
		聚酯纤维	江苏海德	6mm	含水率、纤维长度	80t	2.6元/m²
附属工程		水泥	扶风冀东	P·O42.5R	细度、强度、安定性等		490元/t
		砂	灞河	中砂	细度、含泥量		72元/m³

附录2　部分高速公路沥青路面原材料主要技术指标

以陕西省西安咸阳国际机场专用高速公路沥青路面工程为例，其原材料主要技术指标如下。

一、基层、底基层用原材料主要技术指标

1. A号碎石（19~31.5mm）质量指标（附表2-1）

A号碎石（19~31.5mm）质量指标　　　　　　　　　　　　附表2-1

检测项目	筛分	<0.075含量（%）	针片状（%）	密度（t/m³）	吸水率（%）
规范要求		≤1.0	≤15	≥2.5	≤3.0
检测结果	合格	0.2	6.2	2.760	0.40

2. B号碎石（9.5~19mm）质量指标（附表2-2）

B号碎石（9.5~19mm）质量指标　　　　　　　　　　　　附表2-2

检测项目	筛　分	<0.075含量（%）	针片状（%）	压碎值（%）	密度（t/m³）	吸水率（%）
规范要求		≤1.0	≤15	≤28	≥2.5	≤3.0
检测结果	合格	0.4	8.5	13.4	2.743	0.36

3. C号碎石（4.75~9.5mm）质量指标（附表2-3）

C号碎石（4.75~9.5mm）质量指标　　　　　　　　　　　　附表2-3

检测项目	筛　分	<0.075含量（%）	针片状（%）	密度（t/m³）	吸水率（%）
规范要求		≤1.0	≤20	≥2.5	≤3.0
检测结果	合格	0.6	7.8	2.726	0.62

4. D号石屑（0~4.75mm）质量指标（附表2-4）

D号石屑（0~4.75mm）质量指标　　　　　　　　　　　　附表2-4

检测项目	筛　分	密　度（t/m³）	砂　当　量（%）
规范要求		≥2.5	≥60
检测结果	合格	2.698	82

5. 生石灰技术指标（附表2-5）

生石灰技术指标　　　　　　　　　　　　附表2-5

检测项目	有效钙镁含量（%）		未消解残渣含量（%）	石灰等级
招标文件要求	≥70		≯15	≮Ⅲ级
检测结果	78.24	2.3	1.6	Ⅱ级
	80.54			

6. 消石灰技术指标（附表2-6）

消石灰技术指标　　　　　　　　　　　　　　附表2-6

检测项目	有效钙镁含量（%）		石灰等级
招标文件要求	≥55		≮Ⅲ级
检测结果	54.35	2.82	Ⅲ级
	57.17		

7. 粉煤灰技术指标（附表2-7）

粉煤灰技术指标　　　　　　　　　　　　　　附表2-7

检测项目	烧失量（%）	比表面积（m²/kg）	SiO_2含量（%）	AL_2O_3含量（%）	Fe_2O_3含量（%）
招标文件要求	≤20	>250	总含量应大于70		
检测结果	5.1	264	38.5	29.9	8.6

二、橡胶沥青封层原材料

1. 橡胶粉各项指标检测结果（附表2-8）

橡胶粉各项指标检测结果　　　　　　　　　　附表2-8

检 测 项 目	检 测 结 果	规 范 要 求
筛分	合格	合格
含水率（%）	0.45	不大于0.75
铁质金属颗粒含量（%）	0	不大于0.01
纤维含量（%）	0	不大于0.05
天然胶含量（%）	42	—
丙酮提取物（%）	8.9	6~16
灰分（%）	4.4	不大于8

2. 橡胶沥青检测结果（附表2-9）

橡胶沥青检测结果　　　　　　　　　　　　　附表2-9

检 测 项 目		检 测 结 果	规 范 要 求
针入度（25℃/0.1mm）		46	—
软化点（R&B）（℃）		72.5	52~74
弹性恢复（%）		82.0	不小于18
黏度（Pa·s）	177℃	4.0	1.5~4.0
	190℃	3.6	
	200℃	3.1	

3. 橡胶沥青碎石洒布量检测结果（附表2-10）

橡胶沥青碎石洒布量检测结果　　　　　　　　附表2-10

检测项目	沥青洒布量（kg/m²）	碎石洒布量（kg/m²）
实测值	2.22	16.1
设计要求	2.2	16.0

三、黏层用SBR改性乳化沥青技术指标

黏层用SBR改性乳化沥青技术指标，见附表2-11。

黏层用SBR改性乳化沥青技术指标　　　　　　　　　附表2-11

检　测　项　目		检　测　结　果	标　准　要　求
筛上剩余量（1.18mm）（%）		0.02	≤0.1
蒸发残留物含量（%）		51.8	≥50
与矿料的黏附性，裹覆面积		大于2/3	大于2/3
蒸发残留物	针入度（25℃）（0.1mm）	84	>40
	软化点（℃）	53.5	>50
	延度（5℃）（cm）	102	>20
	溶解度（%）	99.0	≥97.5
破乳速度		中裂	快裂或中裂
粒子电荷		阳离子（＋）	阳离子（＋）
黏度（25℃）		3.4	1~10
储存稳定性（5h）		2.4	—

四、ATB-30下面层用材料主要技术指标

1. A-70号基质沥青技术性质试验结果（附表2-12）

A-70号基质沥青技术性质试验结果　　　　　　　　　附表2-12

序号	技　术　指　标		单　位	试　验　值	规　范　值	建　议　值
1	针入度（25℃，100g，5s）		0.1mm	71	60~80	
2	针入度指数PI		—	0.02	−1.5~+1.0	−1.0~+1.0
3	软化点（R&B）		℃	50.0	≥46	
4	含蜡量		%	1.9	≤2.2	
5	10℃延度		cm	53	≥20	≥25
6	15℃延度		cm	160	≥100	
7	闪点		℃	271	≥260	
8	溶解度		%	99.6	≥99.5	
9	相对密度（15℃）		—	0.987	—	
10	老化 （163℃，75min）	质量变化	%	0.11	≤±0.8	
		针入度比	%	71.8	≥61	
		残留延度（10℃）	cm	18	≥6	≥10

2. 粗集料技术性质试验结果（附表2-13）

粗集料技术性质试验结果　　　　　　　　　附表2-13

序号	技　术　指　标		单　位	试　验　值	规　范　值	建　议　值
1	毛体积相对密度	A料（19~37.5mm）	—	2.740	≥2.5	
2		B料（9.5~19mm）	—	2.734	≥2.5	
3		C料（4.75~9.5mm）	—	2.728	≥2.5	
4		D料（2.36~4.75mm）	—	2.716	≥2.5	

续上表

序号	技术指标		单位	试验值	规范值	建议值
5	压碎值		%	13.3	≤28	≤20
6	洛杉矶磨耗值		%	18.0	≤30	
7	坚固性		%	2.0	≤12	
8	软石含量		%	1.3	≤5	≤3
9	针片状含量	其中大于9.5mm	%	5.4	≤15	≤12
		其中粒径9.5mm	%	6.7	≤20	
10	与沥青的黏附性等级		级	5	≥3	≥5

3. 细集料技术性质试验结果（附表2-14）

细集料技术性质试验结果　　　　　　　　　　　　　　　　　　附表2-14

序号	技术指标	单位	试验值	规范值	建议值
1	表观相对密度	—	2.702	≥2.5	≥2.5
2	砂当量	%	85	≥60	≥60
3	棱角性	s	49.1	≥30	≥30
4	亚甲蓝值	g/kg	0.6	≤25	≤25

4. 矿粉技术性质试验结果（附表2-15）

矿粉技术性质试验结果　　　　　　　　　　　　　　　　　　附表2-15

序号	技术指标	单位	试验值	规范值	建议值
1	表观相对密度	—	2.717	≥2.5	≥2.5
2	亲水系数	—	0.69	<1	<1
3	塑性指数	%	1.6	<4	<4
4	含水率	%	0.2	≤1	≤1

五、AC-20中面层用原材料主要技术指标

1. SBS（I-C）改性沥青技术性质试验结果（附表2-16）

SBS（I-C）改性沥青技术性质试验结果　　　　　　　　　　附表2-16

序号	技术指标		单位	试验值	规范值	建议值
1	针入度（25℃，100g，5s）		0.1mm	71	60~80	
2	针入度指数PI		—	0.02	≥-0.4	
3	软化点（R&B）		℃	79.0	≥55	≥70
4	5℃延度		cm	51	≥30	≥35
5	闪点		℃	323	≥230	
6	弹性恢复		%	90.3	≥65	≥80
7	溶解度		%	99.52	≥99	
8	相对密度（15℃）		—	1.034	—	
9	老化（163℃，75min）	质量变化	%	−0.09	≤1.0	
		针入度比	%	73.2	≥60	≥65
		残留延度（5℃）	cm	31	≥20	≥25
10	离析		℃	0.8	≤2.5	

2. 粗集料技术性质试验结果（附表2-17）

粗集料技术性质试验结果　　　　　　　　　　　　　　　附表2-17

序号	技术指标		单　位	试　验　值	规　范　值	建　议　值
1	毛体积相对密度	A料（19~26.5mm）	—	2.686	≥2.5	
2		B料（9.5~19mm）	—	2.724	≥2.5	
3		C料（4.75~9.5mm）	—	2.681	≥2.5	
4		D料（2.36~4.75mm）	—	2.712	≥2.5	
5	压碎值		%	16.6	≤28	≤20
6	洛杉矶磨耗值		%	16.3	≤30	
7	坚固性		%	1.0	≤12	
8	软石含量		%	1.4	≤3	
9	针片状颗粒含量	其中粒径大于9.5mm	%	5.0	≤15	≤12
		其中粒径小于9.5mm	%	5.6	≤20	
10	与沥青的黏附性等级		级	5	3	5

3. 细集料技术性质试验结果（附表2-18）

细集料技术性质试验结果　　　　　　　　　　　　　　　附表2-18

序号	技术指标	单　位	试验值	规范值
1	表观相对密度	—	2.699	≥2.5
2	砂当量	%	84	≥60
3	棱角性	s	48.5	≥30
4	亚甲蓝值	g/kg	0.7	≤25
5	坚固性	%	1.0	≤12

4. 矿粉技术性质试验结果（附表2-19）

矿粉技术性质试验结果　　　　　　　　　　　　　　　附表2-19

序号	技术指标	单　位	检测结果值	规　范　值
1	表观相对密度	—	2.717	≥2.5
2	亲水系数	—	0.69	<1
3	塑性指数	%	1.6	<4
4	含水率	%	0.2	≤1

5. 聚酯纤维试验结果（附表2-20）

聚酯纤维试验结果　　　　　　　　　　　　　　　附表2-20

序号	检测项目	单　位	检测结果	规范要求
1	纤维直径	mm	0.019	0.010~0.025
2	长度	mm	6.1	4.5~7.5
3	抗拉强度	MPa	848	不小于500
4	断裂伸长率	%	15	不小于15
5	密度	g/cm³	1.36	1.36~1.4

六、上面层原材料主要技术指标

1. 粗集料技术性质试验结果（附表2-21）

粗集料技术性质试验结果　　　　　　　　　　　　附表2-21

序号	技术 指标		单　位	试验值	建议值	规范值
1	毛体积相对密度	A料	—	2.722		≥2.6
2		B料	—	2.701		≥2.6
3	表观相对密度	A料	—	2.765		≥2.6
4		B料	—	2.754		≥2.6
5	压碎值		%	11.9	≤15	≤26
6	磨光值		PSV	44	≥42	≥38
7	洛杉矶磨耗值		%	13.6		≤28
8	坚固性		%	1.2		≤12
9	针片状颗粒含量	其中粒径大于9.5mm	%	5.1		≤12
		其中粒径小于9.5mm	%	8.5		≤18

2. 细集料技术性质试验结果（附表2-22）

细集料技术性质试验结果　　　　　　　　　　附表2-22

序号	技术指标	单　位	试验值	建议值
1	表观相对密度	—	2.727	≥2.5
2	砂当量	%	86	≥60
3	棱角性	s	45	≥30
4	坚固性	%	0.7	≤12

3. 矿粉技术性质试验结果（附表2-23）

矿粉技术性质试验结果　　　　　　　　　　附表2-23

序号	技术指标	单位	试验值	建议值
1	表观相对密度	—	2.751	≥2.5
2	亲水系数	—	0.82	<1
3	塑性指数	%	1.6	<4
4	含水率	%	0.2	≤1

4. 消石灰粉技术性质试验结果（附表2-24）

消石灰粉技术性质试验结果　　　　　　　　　　附表2-24

序号	技术指标	单位	试验值	建议值
1	表观相对密度	—	2.313	—
2	有效钙镁含量	%	57.17	≥55
3	含水率	%	0.1	≤1

5. 木质素纤维技术性质试验结果（附表2-25）

木质素纤维技术性质试验结果　　　　　　　　　　　　附表2-25

序号	试验项目	单位	试验结果	规范值
1	纤维长度	mm	4.5	<6
2	0.85通过量	%	86.5	75~95
3	0.425通过量	%	63.4	55~75
4	0.106通过量	%	29.6	20~40
5	灰分含量	%	16.0	13~23
6	pH值	—	7.2	6.5~8.5
7	吸油率	倍	7.0	≥5.0
8	含水率	%	2.6	<5.0

6. A-90号（壳牌）基质沥青技术性质试验结果（附表2-26）

A-90号（壳牌）基质沥青技术性质试验结果　　　　　　附表2-26

序号	技术指标		单位	壳牌A-90号	建议值
1	针入度（25℃，100g，5s）		0.1mm	89	80~100
2	针入度指数PI		—	−0.70	±1.0
3	软化点（R&B）		℃	48	≥45
4	10℃延度		cm	>100	≥25
5	含蜡量		%	2.1	≤2.2
6	闪点		℃	342	≥245
7	溶解度		%	99.85	≥99.5
8	相对密度（15℃）		—	1.028	—
9	60℃动力黏度		Pa·s	181	≥160
10	老化（163℃，75min）	质量变化	%	−0.02	±0.8
		针入度比	%	75.3	≥57
		残留延度（10℃）	cm	17	≥8

七、附属工程

1. P.O 42.5R水泥各项质量指标（附表2-27）

P.O 42.5R水泥各项质量指标　　　　　　　　　　　附表2-27

序号	检测项目	规范要求	试验结果
1	细度（%）	≯10	0.5
2	标准稠度（%）	—	28.5
3	安定性（mm）	≤5	1.0
4	初凝（min）	≮45	180
5	终凝（min）	≯600	322
6	3d抗压强度（MPa）	≥21	26.7
7	3d抗折强度（MPa）	≥4.0	5.9
8	28d抗压强度（MPa）	≥42.5	56.0
9	28d抗折强度（MPa）	≥6.5	8.0

2. 水泥混凝土粗集料质量指标（附表2-28）

水泥混凝土粗集料质量指标　　　　　　　附表2-28

序号	检 测 项 目	规 范 要 求	试 验 结 果
1	矿料级配	规范	合格
2	含泥量（%）	≤1.0	0.5
3	泥块含量（%）	≤0.5	0.3
4	压碎值（%）	≤12	8.1
5	针片状（%）	≤15	5.7
6	堆积密度（kg/m³）	>1350	1594
7	表观密度（kg/m³）	>2500	2784
8	空隙率（%）	<47	40.3

3. 水泥混凝土细集料质量指标（附表2-29）

水泥混凝土细集料质量指标　　　　　　　附表2-29

序号	检 测 项 目	规 范 要 求	试 验 结 果
1	矿料级配	规范	合格
2	含泥量（%）	≤3.0	1.0
3	泥块含量（%）	≤1.0	0.3
4	细度模数	2.3~3.0	2.58
5	堆积密度（kg/m³）	>1350	1655
6	表观密度（kg/m³）	>2500	2564

附录3　部分高速公路路面施工配合比信息

一、永咸高速公路SMA-16路面工程

1. 路面结构
路面结构设计为SMA-16，木质素纤维添加量0.3%，抗剥落剂添加量0.3％。

2. 路面各结构层配合比（附表3-1、附表3-2）

永咸高速公路LM-1标配合比汇总　　　　　　　　　　　　　附表3-1

序号	名　称	生产配合比	密度（g/cm³）	油石比（%）	使用部位
1	二灰土	石灰∶粉煤灰∶土=10:30:60	1.57	—	底基层
2	二灰碎石	石灰∶粉煤灰∶碎石=6:14:80	2.15	—	基层
3	ATB-30	5#:4#:3#:2#:1#:矿粉=37:19:10:12:18.5:3.5	2.424	3.3	主线下面层
4	AC-25C	5#:4#:3#:2#:1#:矿粉=24:17:20:12:22.5:4.5	2.445	3.7	主线中面层
5	SMA-16	5#:4#:3#:2#:1#:矿粉=6:40:21:13.5:9:10.5	2.410	5.9	主线上面层
6	AC-20C	5#:4#:3#:2#:1#:矿粉=15:27:20:11:23:4	2.446	3.8	连接线下面层
7	AC-13C	4#:3#:2#:1#:矿粉=24:29:20:16:30.5:4.5	2.400	4.8	连接线上面层

永咸高速公路LM-2标配合比汇总　　　　　　　　　　　　　附表3-2

序号	名　称	生产配合比	密度（g/cm³）	油石比（%）	使用部位
1	二灰土	石灰∶粉煤灰∶土=10:30:60	1.52	—	底基层
2	二灰碎石	石灰∶粉煤灰∶碎石=6:14:80	2.14	—	基层
3	ATB-30	5#:4#:3#:2#:1#:矿粉=37:17:13:8:20:4	2.446	3.4	主线下面层
4	AC-25C	5#:4#:3#:2#:1#:矿粉=11:34:20:4:26:5	2.346	3.6	主线中面层
5	SMA-16	5#:4#:3#:2#:1#:矿粉=14:26:31.9:10:10	2.422	5.9	主线上面层
6	AC-20C	5#:4#:3#:2#:1#:矿粉=7:34:20.5:30:4	2.433	3.9	连接线下面层
7	AC-13C	4#:3#:2#:1#:矿粉=20:26:13:35:5	2.410	4.5	连接线上面层

二、西安咸阳国际机场专用高速公路OGFC-13排水性沥青路面施工控制参数

1. 生产配合比（附表3-3）

生产配合比　　　　　　　　　　附表3-3

材料规格（mm）	4仓 16~11	3仓 11~7	2仓 7~4	1仓 4~0	TPS	矿粉	消石灰	聚酯纤维	油石比
路基段比例（%）	49	25	8	13	TPS:沥青=12:88	3.5	1.5	0	5.0
桥面段比例（%）	47	27	8	13		3.5	1.5	0.1	5.1

2. 混合料拌和
采用两台日工4000型沥青拌和楼集中拌和混合料。拌和顺序是：先将粗、细集料按照标准量加入到拌锅中，依次加入纤维（在桥面使用）、消石灰粉、矿粉和TPS进行干拌，混合料干拌时间为17s，

最后加入沥青进行湿拌，湿拌时间为45s，总周期75~80s。

每台拌和楼拌和能力为190t/h。TPS采用自动投放机投放，聚酯纤维通过拌锅投料口人工投放。

3. 混合料摊铺

两台ABG525摊铺机成梯队型全断面铺筑，拼装宽度为9m+9.75m。用非接触式平衡梁进行平整度和厚度控制。松铺系数按1.1控制，松铺厚度为5.5cm。摊铺速度为1.8~2.2m/min，两台摊铺机的前后间距控制在3~5m内，搭接宽度控制在5~10cm内。

4. 混合料碾压

压实4遍。每1台摊铺机后紧跟2台宝马双钢轮压路机和1台悍马振荡压路机，从低侧向高侧各半幅碾压，碾压速度为3~4km/h，压路机均按重叠1/2轮宽控制。

5. 质量检测（附表3-4~附表3-6）

排水性沥青混合料生产过程室内试验项目　　　　附表3-4

序号	检查项目		规定值或允许偏差	检查方法和频率
1	马歇尔稳定度（kN）		≥5.0	马歇尔试验：每机、每天上午、下午各1次
2	空隙率（%）		18~25	
3	连通空隙率（%）		≥14	
4	残留稳定度（%）		≥85	
5	热料仓混合料级配（%）	13.2mm	±2	每天开机前1次
		4.75mm	±2	
		2.36mm	±2	
6	混合料级配（%）	13.2mm	±2	燃烧法：每天上午、下午各1次
		4.75mm	±2	
		2.36mm	±2	
		0.075mm	±1	
7	沥青用量（%）		±0.2	
8	车辙试验动稳定度（次/mm）		≥5000	每天1次
9	车辙试验最终变形量（mm）		≤3	
10	飞散试验质量损失量（%）		≤15	
11	析漏试验（%）		不加纤维<0.6	当料源或配合比变化时试验，且不能超过单幅10km
			添加纤维<0.5	
12	冻融劈裂强度比（%）		≥85	

排水性沥青路面施工过程质量控制与检查　　　　附表3-5

序号	检查项目		规定值或允许偏差	检查方法和频率
1	温度（℃）	沥青加热温度	160~170	温度计：每罐1次
		集料加热温度	180~195	接触式感温仪：每锅1次
		混合料拌和温度	175~185	
		出厂温度	175~185	温度计：每车1次
		摊铺温度	≥160	温度计：1处/50m
		初、复压温度	130~165	温度计：1处/50m
		终压温度	90~110	温度计：1处/200m
		开放交通温度	第3天	

序号	检 查 项 目	规定值或允许偏差	检查方法和频率
2	混合料外观	无流淌、均匀一致、无花白、无离析和结团成块现象	1次/每车
3	摊铺速度（m/min）	1.8~2.2	随时
4	摊铺外观	平整、无拖痕、无离析	随时
5	虚铺厚度（cm）	根据试验路检测结果确定	钢板尺：1处/20m
6	碾压遍数	根据试验路检测结果确定	1次/段

排水性沥青路面实测项目　　　　　附表3-6

序号	检查项目		规定值或允许值	检查方法和频率
1	压实度		试验室标准密度的98%，最大理论密度的94%	按JTG 40—2004规范附录B检查，双车道每200m测1处
2	平整度σ（mm）		≤0.6	平整度仪：全线每车道连续检测
3	厚度	代表值	总厚度：设计值的-5%　上面层：设计值的-10%	按规范附录H检查，双车道每200m测1处
4	中线平面偏位（mm）		±20	经纬仪：每200m测4点
5	纵断面高程（mm）		±15	水准仪：每200m测4断面
6	宽度（mm）		±20	尺量：每200m测4断面
7	横坡（%）		±0.3	水准仪：每200m测4处
8	弯沉（0.01mm）		符合设计要求	按JTG F40—2004规范附录I检查
9	空隙率（%）		18~25	钻孔取样：每1000m单幅2处
10	连通空隙率（%）		≥14	钻孔取样：每1000m单幅2处
11	现场渗水量（mL/15s）		≥900	现场渗水仪：每200m每车道1处

三、西安咸阳国际机场专用高速公路路面工程配合比汇总

路面工程各类配合比均由西安咸阳国际机场专用高速公路总监办下发文件批复，其主要内容摘录如下。

1.二灰碎石底基层混合料配合比

石灰（富平宫里钙质消石灰）：粉煤灰（渭河电厂）：碎石（泾阳孟塬）=6：14：80

其中碎石掺配比例为：

A料（19~31.5）：B料（9.5~19）：C料（4.75~9.5）：D料（0~4.75）=44：30：17：9

2.二灰土底基层配合比

石灰（富平宫里钙质消石灰）：粉煤灰（渭河电厂）：土=10：40：50

3.二灰碎石基层混合料配合比

石灰（富平宫里钙质消石灰）：粉煤灰（渭河电厂）：碎石（泾阳孟塬）=6：14：80

其中，碎石掺配比例为：

A料（19~31.5）：B料（9.5~19）：C料（4.75~9.5）：D料（0~4.75）=44：30：17：9

4.透层油配合比

沥青：煤油=45：55

5. 同步碎石封层主要技术参数

SBS改性沥青洒布量为1.7kg/m²，碎石采用粒径10～20mm的烘干除尘热集料，洒布量为9.0kg/m²。

6. ATB-30下面层

（1）目标配合比

矿料掺配比例采用：

A料（19～37.5）：B料（9.5～19）：C料（4.75～9.5）：D料（2.36～4.75）：E料（0～2.36）：矿粉=32：22：17：9：15.5：4.5

最佳油石比：3.3%

（2）生产配合比

矿料掺配比例采用：

1号机：A仓料：B仓料：C仓料：D仓料：E仓料：矿粉=31：22：13：7：22.5：4.5

2号机：A仓料：B仓料：C仓料：D仓料：E仓料：矿粉=31：23：12：7：22.5：4.5

油石比采用：3.3%

7. 橡胶沥青碎石封层主要技术参数

（1）橡胶沥青配合比

橡胶粉（20目）：沥青（70号基质）=20：80

（2）橡胶沥青洒布量为2.2～2.4kg/m²，碎石采用粒径9.5～13.2mm的烘干、除尘热集料，洒布量为（15±1）kg/m²。

8. AC-20中面层

（1）目标配合比

级配Ⅰ：最佳油石比：4.4%

A料（19～26.5）：B料（9.5～19）：C料（4.75～9.5）：D料（2.36～4.75）：E料（0～2.36）：矿料=7：32：24：9：23：5

级配Ⅱ：最佳油石比：4.5%

A料（19～26.5）：B料（9.5～19）：C料（4.75～9.5）：D料（2.36～4.75）：E料（0～2.36）：矿料=7：31：22：11：24：5

（2）生产配合比（附表3-7）

生产配合比　　　　　　　　　　　　　　　　附表3-7

级配	拌和机	矿料掺配比例	油石比（%）
Ⅰ	1号机	A料：B料：C料：D料：E料：矿料=7：33：17.5：8.5：29：5	4.4
	2号机	A料：B料：C料：D料：E料：矿料=8：32.5：17.5：8：29：5	
Ⅱ	1号机	A料：B料：C料：D料：E料：矿料=7：33：14：11：30：5	4.5
	2号机	A料：B料：C料：D料：E料：矿料=7：34：14：10.5：29.5：5	

注：A料（18～27）、B料（11～18）、C料（7～11）、D料（4～7）、E料（0～4）。

——热料仓筛孔尺寸

9. 桥面AC-20中面层

（1）目标配合比

矿料掺配比例采用：

A料（19～26.5）：B料（9.5～19）：C料（4.75～9.5）：D料（2.36～4.75）：机制砂：矿粉=7：28：22：10：28.5：4.5

最佳油石比：4.4%

聚酯纤维掺量：0.2%（外掺）

（2）生产配合比

矿料掺配比例采用：

A料：B料：C料：D料：机制砂：矿粉=12：26：14：13：30.5：4.5

最佳油石比：4.5%

聚酯纤维掺量：0.2%（外掺）

10. OGFC-13上面层

（1）目标配合比（附表3-8）

目 标 配 合 比　　　　　　　　　　　　　　　　　　　　附表3-8

用　　途	最佳油石比（%）	矿料掺配比例				
		9.5～16	4.75～9.5	机制砂	矿粉	消石灰
路基段部分	5.0	53	30	12	3.5	1.5
桥梁段部分	5.1	47	38	10	3.5	1.5

注：1. TPS与沥青的掺配比例为12：88。
　　2. 其中桥梁部分按混合料质量的0.1%添加聚酯纤维

（2）生产配合比（附表3-9）

生 产 配 合 比　　　　　　　　　　　　　　　　　　　　附表3-9

用　　途	最佳油石比（%）	矿料掺配比例					
		4号仓	3号仓	2号仓	1号仓	矿粉	消石灰
路基段部分	5.0	55	22	7	11	3.5	1.5
桥梁段部分	5.1	51	25	8	11	3.5	1.5

注：1. TPS与沥青的掺配比例为12：88。
　　2. 其中桥梁部分按混合料质量的0.1%添加聚酯纤维

11. AC-13上面层

（1）目标配合比

矿料掺配比例采用：

A料（9.5～16）：B料（4.75～9.5）：C料（2.36～4.75）：机制砂：矿粉=26：32：8：29：5

最佳油石比：4.9%

（2）生产配合比

矿料掺配比例采用：

4号仓：3号仓：2号仓：1号仓：矿粉：消石灰粉=26：27：13：29：3.5：1.5

油石比：4.9%

12. 沥青砂拦水带

（1）目标配合比

矿料掺配比例采用：

A料（9.5～16mm）：B料（2.36～4.75mm）：天然砂（0～4.75mm）：石膏（0～2.36mm）：矿粉=25：7：18：40：10

（2）生产配合比

矿料掺配比例采用：

3号仓（7~11mm）：2号仓（4~7mm）：1号仓（0~4mm）：矿粉=10：25：55：10

最佳油石比：5.1%

13. C15透水混凝土采用理论配合比（附表3-10）

C15透水混凝土理论配合比　　　　　　　　　　　　　　附表3-10

材料名称	水泥	碎石	水
规格、型号	P.O42.5R	9.5~19mm	饮用水
产地	冀东海德堡（扶风）	孟塬石料厂	当地饮用水
配合比	1	4.67	0.26
每方材料用量（kg/m³）	300	1400	78

14. 普通水泥混凝土C15、C20、C25混凝土采用理论配合比（附表3-11~附表3-13）

C15理论配合比　　　　　　　　　　　　　　附表3-11

材料名称	水泥	砂	碎石	水
规格、型号	P.O32.5R	Ⅱ区中砂	5~31.5mm	饮用水
产地	冀东海德堡（泾阳）	高陵天河	孟塬石料厂	当地饮用水
配合比	1	2.42	3.78	0.57
每方材料用量（kg/m³）	309	747	1168	176
拟用部位	人行道挡块、路肩加固、横向排水管、雨水口基础、通信管道包封等			

C20理论配合比　　　　　　　　　　　　　　附表3-12

材料名称	水泥	砂	碎石	水
规格、型号	P.O32.5R	Ⅱ区中砂	5~31.5mm	饮用水
产地	冀东海德堡（泾阳）	高陵天河	孟塬石料厂	当地饮用水
配合比	1	2.096	3.571	0.541
每方材料用量（kg/m³）	333	698	1189	180
拟用部位	纵横向排水管盲沟、急流槽、雨水口等			

C25理论配合比　　　　　　　　　　　　　　附表3-13

材料名称	水泥	砂	碎石	水
规格、型号	P.O32.5R	Ⅱ区中砂	5~31.5mm	饮用水
产地	冀东海德堡（泾阳）	高陵天河	孟塬石料厂	当地饮用水
配合比	1	1.836	3.260	0.479
每方材料用量（kg/m³）	365	670	1190	175
拟用部位	超高段集水槽、通信电力人孔、集水槽盖板、窨井等			

15. 附属工程采用M10砂浆理论配合比（附表3-14）

M10理论配合比　　　　　　　　　　　　　　　　　附表3-14

材 料 名 称	水 泥	砂	水
规格、型号	P·O32.5R	Ⅱ区中砂	饮用水
产地	冀东海德堡（泾阳）	高陵天河	当地饮用水
配合比	1	4.76	0.84
每方材料用量（kg/m³）	330	1570	278

16. 路缘石预制用C30混凝土、收费广场水泥混凝土路面用5MPa抗折混凝土理论配合比（附表3-15、附表3-16）

C30理论配合比（坍落度：10~30mm）　　　　　　　附表3-15

材 料 名 称	水 泥	砂	碎 石	水
规格、型号	P·O42.5R	Ⅱ区中砂	5~31.5mm	饮用水
产地	冀东海德堡（扶风）	高陵天河	孟塬石料厂	当地饮用水
配合比	1	1.697	3.780	0.41
每方材料用量（kg/m³）	363	616	1372	149

抗折5MPa理论配合比（坍落度：10~30mm）　　　　　附表3-16

材 料 名 称	水 泥	砂	碎 石	水
规格、型号	P·O42.5R	Ⅱ区中砂	4.75~31.5mm	饮用水
产地	冀东海德堡（扶风）	高陵天河	孟塬石料厂	张闫村
配合比	1	1.700	3.452	0.39
每方材料用量（kg/m³）	367	624	1267	143

附录4 部分高速公路路面工程检测结果

一、西商高速公路路面工程检测结果

1. ATB-30下面层（附表4-1）

ATB-30下面层实测值 附表4-1

序 号	技 术 指 标		规 范 值	项目建议值	实 测 值
1	油石比（%）		±0.3	（3.3）±0.2	3.1~3.3
2	稳定度（%）		≥15	≥15	16.5~25.5
3	空隙率（%）		3~6	4~5	4.4~4.6
4	VMA间隙率（%）		≥11.5	≥11.5	12.0~12.5
5	流值（mm）		实测	实测	3.0~5.5
6	饱和度（%）		55~70	55~70	63~65
7	残留稳定度（%）		≥75	≥85	88~95
8	冻融劈裂比（%）		≥70	≥80	90~93
9	动稳定度（次/min）		≥1000	≥1500	2500~4000
10	平整度（mm）		≤1.8	≤1.0	0.86
11	厚度（mm）		设计值的8%	设计值的-8%	115~127
12	压实度（%）	理论	≥93	≥93	94.0~95.5
		标准	≥97	≥97	98.5~99.5

2. AC-20中面层（附表4-2）

AC-20中面层实测值 附表4-2

序 号	技 术 指 标		规 范 值	项目建议值	实 测 值
1	油石比（%）		±0.3	（4.3）±0.2	4.2~4.3
2	稳定度（%）		≥8.0	≥10	12.5~18.5
3	空隙率（%）		4~6	4~5	4.1~4.6
4	VMA间隙率（%）		≥13.0	≥13.0	13.0~14.0
5	流值（mm）		1.5~4.0	1.5~4.0	2.5~3.5
6	饱和度（%）		65~75	65~75	67~70
7	残留稳定度（%）		≥80	≥90	91~96
8	冻融劈裂比（%）		≥75	≥85	90~92
9	动稳定度（次/min）		≥2800	≥4000	6500~7500
10	渗水系数（mL/min）		≤300	≤100	17.8~43.3
11	平整度（mm）		≤1.5	≤0.8	0.55
12	厚度（mm）		设计值的8%	设计值的-8%	60~65
13	压实度（%）	理论	≥93	≥94	94.5~95.5
		标准	≥97	≥97	98.5~99.5

3. SMA-13上面层（附表4-3）

SMA-13上面层实测值

序 号	技 术 指 标		规 范 值	项目建议值	实 测 值
1	油石比（%）		±0.3	（5.9）±0.1	5.8~6.0
2	稳定度（%）		≥6.0	≥8.0	9.5~10.5
3	空隙率（%）		3~4.0	3~4.5	3.6~4.2
4	VMA间隙率（%）		≥17.0	16.5~19	16.7~17.0
5	流值（mm）		实测	实测	1.8~3.0
6	饱和度（%）		75~85	75~85	77~80
7	残留稳定度 （%）		≥80	≥90	93~94
8	冻融劈裂比 （%）		≥80	≥85	92~94
9	动稳定度 （次/min）		≥3000	≥6000	7000~9000
10	析漏 （%）		≤0.1	≤0.1	0.07
11	标准飞散 （%）		≤15	≤15	5.1~5.5
12	构造深度 （mm）		符合设计	0.8~1.3	0.9~1.2
13	渗水系数 （mL/min）		≤200	≤50	10~30
14	平整度 （mm）		≤1.2	≤0.7	0.47~0.63
15	厚度 （mm）		设计值的5%	设计值的-5%	38~45
16	压实度（%）	理论	≥94	94~96	94.0~95.8
		标准	≥98	≥98	98.5~100

二、永咸高速公路路面工程检测结果

1. SMA-16原材料级配抽检情况（附表4-4）

SMA-16原材料级配抽检情况

集料规格（mm）	次数 / 筛孔（mm）	1	2	3	4	5	规范要求通过量（%）
A料 9.5~19	19	100.0	100.0	100.0	100.0	100.0	100
	16	91.6	90.2	91.2	92.4	91.2	90~100
	13.2	49.8	47.9	48.7	51.1	47.4	—
	9.5	5.1	5.8	8.2	6.8	5.4	0~15
	4.75	0.4	0.2	0.3	0.2	0.4	0~5
B料 4.75~9.5	13.2	100.0	100.0	100.0	100.0	100.0	100
	9.5	96.6	96.6	96.6	96.4	96.6	90~100
	4.75	9.0	9.2	9.8	10.4	10.5	0~15
	2.36	1.0	1.1	1.4	2.0	2.2	0~5
C料 2.36~4.75	9.5	100.0	100.0	100.0	100.0	100.0	100
	4.75	92.6	98.7	95.2	92.4	91.2	90~100
	2.36	13.3	12.0	10.5	7.6	9.8	0~15
	1.18	2.6	4.1	4.7	2.6	6.2	—
	0.6	0.8	1.2	1.8	1.7	2.5	0~3

2. 永咸高速公路SMA路面现场检测汇总表（附表4-5，部分）

永咸高速公路SMA路面现场检测汇总表

附表4-5

序号	施工日期（年-月-日）	上面层厚度（mm）设计	上面层厚度（mm）实测				总厚度（mm）				压实度（%）				理论密度	标准密度	油石比	渗水系数	构造深度（mm）	平整度（mm）
1	2007-08-11	50	49	48	50	49	221	225	221	220	95.4	95.5	95.4	94.6	95.4	2.523	2.411	5.7	20.3	1.13	0.58
			49	48	47	50	226	220	224	226	95.6	95.5	95.0	94.9							0.61
2	2007-08-11	50	48	50	49	49	227	225	221	223	95.2	94.4	95.2	95.4	2.520	2.414	5.8	20.8	1.10	0.47
3	2007-08-11	50	49	50	50	50	224	226	224	226	95.7	95.3	96.0	95.8	2.520	2.414	5.8	32.2	1.10	0.50
4	2007-08-12	50	49	49	49	49	220	226	218	221	96.5	96.4	95.0	95.3	2.520	2.412	5.8	19	1.10	0.47
5	2007-08-12	50	49	49	50	50	223	225	227	223	96.2	95.8	95.3	95.5	2.520	2.415	5.8	14.3	1.10	0.49
			49	67	50	49	225	227	221	220	96.6	94.2	94.6	95.4							
6	2007-08-13	50	50	49	49	50	222	225	221	223	96.0	95.5	95.8	95.4	2.520	2.412	5.8	16.7	1.10	0.50
			50	49	50	51	226	224	223	220	96.0	95.8	95.3	95.5							
7	2007-08-13	50	50	48	49	49	227	223	225	226	95.7	97.0	95.0	94.3	2.523	2.410	5.7	15.9	1.10	0.50
8	2007-08-14	50	50	48	49	50	223	220	229	224	96.2	95.3	95.9	95.0	2.520	2.408	5.8	12.9	1.23	0.56
9	2007-08-14	50	57	50	50	50	227	221	224	219	96.2	96.0	95.5	95.8	2.520	2.403	5.8	15.2	1.14	0.49
10	2007-08-14	50	50	49	49	52	225	220	220	224	95.6	95.6	95.9	95.0	2.520	2.403	5.8	17.1	1.10	0.55
			48	50	48	50	221	220	228	224	95.7	95.8	95.3	95.9							
11	2007-08-15	50	52	52	50	49	223	223	225	217	95.3	96.2	95.5	95.4	2.520	2.408	5.8	13.0	1.12	
			51	50							95.5	94.8	95.7	95.6							

附录5　部分高速公路路面单价情况

一、2007年建成的西部某高速公路路面单价情况

2007年建成的西部某高速公路路面单价情况，见附表5-1。

西部某高速公路路面单价统计表　　　　附表5-1

细　目　名　称	单位	LM-1	LM-2	LM-3	LM-4	平均值
20cm石灰粉煤灰稳定土底基层	元/m²	19.98	18.02	18.00	19.20	18.80
30cm石灰粉煤灰稳定土底基层	元/m²	30.54	27.41	23.65	28.90	27.63
42cm石灰粉煤灰稳定碎石基层	元/m²	63.47	55.49	57.35	61.92	59.56
44cm石灰粉煤灰稳定碎石基层	元/m²	66.51	57.7	60.87	65.30	62.60
10cm粗粒式沥青碎石ATB-30下面层	元/m²	71.07	74.85	75.00	77.64	74.64
7cm粗粒式改性沥青混凝土AC-25C中面层	元/m²	63.88	66.52	68.33	67.41	66.54
5cm SMA（改性）沥青混合料SMA-16上面层	元/m²	72.95	70.46	70.23	68.24	70.47

注：本项目路面工程单价考虑了沥青材料价为4500元/t。

二、2013年建成的西部某高速公路路面单价情况

2013年建成的西部某高速公路路面单价情况，见附表5-2。

西部某高速公路路面单价统计表　　　　附表5-2

细　目　名　称	单　位	单　价			
		LM-1	LM-2	LM-3	平均值
180mm石灰粉煤灰稳定碎石底基层（8:12:80）	元/m²	68.02	69.24	79.02	72.09
360mm水泥稳定碎石基层（5%）	元/m²	172.39	140.82	155.26	156.16
120mm粗粒式沥青碎石ATB-30下面层	元/m²	60.04	76.03	68.44	68.17
60mm中粒式改性沥青AC-20混合料中面层	元/m²	33.07	40.22	35.57	36.29
40mm细粒式改性沥青AC-13混合料上面层	元/m²	26.99	31.95	25.13	28.02

注：本项目路面沥青为业主统一招标采购，故本单价未考虑沥青材料。

三、2014年建成的某高速公路路面造价情况

2014年建成的某高速公路路面造价情况，见附表5-3~附表5-8。

LM-1工程量清单（第100章总则）　　　　附表5-3

子目号	子　目　名　称	单位	数量	单价	合价（元）
101-1	保险费				
101-1-1	按合同条款规定，提供建设建筑工程一切险费率暂定为2.5‰	总额			538965
101-1-2	按合同条款规定，提供第三者责任险第三者责任险的最低投保金额：500万元人民币，事故次数不限（不计免赔额）。保险费率：0.45‰	总额			2250

续上表

子目号	子目名称	单位	数量	单价	合价（元）
102	工程管理				
102-1	竣工文件	总额			150000
102-2	施工环保费	总额			600000
102-	安全生产费	总额			3566100
102-4	奖励基金（第200章至700章之和的投标价的0.5%）（不含暂估价）	总额			1000858
102-5	施工标准化等五化专项费用	总额			2377400
103	临时工程与设施				
103-1	临时道路修建、养护与拆除（包括原道路的养护费）	月			800000
103--2	临时占地	总额			500000
103-3	临时供电设施				
-1	设施架设、拆除	总额			500000
-2	设施维修	月			70000
103-4	电信设施的提供、维修与拆除	总额			100000
103-5	供水与排污设施	总额			200000
104	承包人驻地建设				
104-1	承包人驻地建设	总额			800000
104-2	工地实验室	总额			700000
104-3	医疗卫生与消防设施	总额			200000
104-4	拌和场标准化建设				
104-4-1	施工标示标牌	总额			250000
104-4-2	拌和场	总额			3600000
	清单100章 合计 人民币			15955573元	

LM-1工程量清单（第300章路面）

附表5-4

子目号	子目名称	单位	数量	单价（元）	合价（元）
304-1	水泥稳定碎石底基层				
-a	厚180mm（4.5%）	m²	36021	33.03	1189774
304-3	水泥稳定碎石基层				
-c	厚200mm（5%）	m²	33220	37.46	1244421
-d	厚320mm（5%）	m²	28651	63.14	1809024
-e	厚360mm（5%）	m²	477376	71.02	33903244
-f	厚380mm（5%）	m²	415080	74.98	31122698
305-1	石灰粉煤灰稳定碎石底基层	m²			
-a	厚160mm（5:15:80）	m²	29801	28.30	843368
-b	厚180mm（5:15:80）	m²	885695	31.83	28191672
306-1	级配碎石底基层				
-b	厚200mm	m²	33720	39.78	1341382

续上表

子目号	子 目 名 称	单位	数量	单价（元）	合价（元）
306-3	级配碎石上基层				
-a	厚120mm	m²	189706	20.81	3947782
306-10	贫混凝土基层	m²			
-a	厚200mmC20贫混凝土	m²			
308-1	透层	m²	921100	1.06	976366
308-2	黏层	m²	1487129	0.45	669208
309-1	细粒式沥青混凝土				
-a	细粒式沥青混凝土AC-13上面层（厚4cm）	m²	29559	18.02	532653
309-2	中粒式沥青混凝土				
-a	中粒式沥青混凝土AC-20（厚6cm）	m²	29559	23.02	680448
309-3	粗粒式密级配沥青碎石ATB-30（厚12cm）	m²	672751	41.11	27656794
310-2	沥青碎石同步封层	m²	1000139	2.27	2270316
310-4	SBR改性乳化沥青防水层	m²	81387	7.49	609589
311-1	细粒式改性沥青混凝土AC-13上面层（厚4cm）	m²	939449	18.02	16928871
311-2	中粒式改性沥青混凝土AC-20（厚6cm）	m²	939653	23.02	21630812
312-2	混凝土路面钢筋				
-b	HRB335	kg	61675	5.12	315776
312-3	钢纤维水泥混凝土面板				
-b	厚260mm	m²	32720	175.30	5735816
313-1	培路肩				
-b	天然砂砾	m³	49459	78.02	3858791
-c	砂砾土	m³	1573	66.01	103834
313-3	现浇混凝土加固土路肩				
-a	C20混凝土	m³	636	370.71	235772
-b	C15透水混凝土	m³	123	361.35	44446
-c	C20透水混凝土	m³	50	370.57	18529
313-8	中央分隔带铺砌				
-a	C20现浇混凝土	m³	2320	390.73	906494
-d	天然砂砾	m³	10063	102.02	1026627
-c	水泥稳定碎石垫层（5%）	m³	5539	192.30	1065150
314-1	超高段排水				
-a	φ30横向排水管	m	1093	492.70	538521
-b	C25混凝土窨井	个	74	1544.06	114260
-c	C25混凝土蝶形排水沟（铺面）	m³	1743	501.08	873382
-d	水泥稳定碎石垫层（5%）	m³	4546	174.73	794323
-e	天然砂砾（素土）	m³	4372	112.02	489751
314-6	路肩排水				

续上表

子目号	子目名称	单位	数量	单价（元）	合价（元）
-b	碎石盲沟	m	1316	97.12	127810
314-7	拦水带				
-a	沥青混凝土拦水带	m	47116	8.55	402842
315-1	急流槽				
-a	C20混凝土	m³	1586	510.76	810065
	清单　300章合计　人民币			193010611元	

LM-2工程量清单（第100章总则）

附表5-5

子目号	子目名称	单位	数量	单价（元）	合价（元）
101-1	保险费				
101-1-1	按合同条款规定，提供建设建筑工程一切险费率暂定为2.5‰	总额			451115
101-1-2	按合同条款规定，提供第三者责任险第三者责任险的最低投保金额：500万元人民币，事故次数不限（不计免赔额）。保险费率：0.45‰	总额			2250
102	工程管理				
102-1	竣工文件	总额			200000
102-2	施工环保费	总额			150000
102-3	安全生产费	总额			3004350
102-4	奖励基金（第200章至第700章之和的投标价的 0.5%）（不含暂估价）	总额			825293
102-5	施工标准化等五化专项费用	总额			2002900
103	临时工程与设施				
103-1	临时道路修建、养护与拆除（包括原道路的养护费）	月			550000
103-2	临时占地	总额			2250000
103-3	临时供电设施				
-1	设施架设、拆除	总额			2200000
-2	设施维修	月			75000
103-4	电信设施的提供、维修与拆除	总额			150000
103-5	供水与排污设施	总额			200000
104	承包人驻建设				
104-1	承包人驻建设	总额			860000
104-2	工地实验室	总额			150000
104-3	医疗卫生与消防设施	总额			100000
104-4	拌和场标准化建设				
104-4-1	施工标示标牌	总额			100000
104-4-2	拌和场	总额			2570000
	清单　100章合计	人民币		15840908元	

LM-2工程量清单（第300章路面）　　　　　附表5-6

子目号	子目名称	单位	数量	单价（元）	合价（元）
304-1	水泥稳定碎石底基层				
-b	厚200mm（4%）	m²	16412.00	52.25	857527
305-1	二灰碎石（石灰粉煤灰稳定碎石）底基层				
-b	厚180mm（5:15:80）	m²	578454.00	44.31	25631297
-c	厚200mm（5:15:80）	m²	32915.00	48.88	1608885
304-3	水泥稳定碎石基层				
-a	厚200mm（4%）	m²			
-b	厚200mm（4.5%）	m²			
-c	厚360mm（5%）	m²	480777.00	92.15	44303601
-d	厚200mm（5%）	m²	48351.00	50.52	2442693
-f	厚380mm（5%）	m²	86240.00	97.62	8418749
306-1	级配碎石底基层				
-a	厚150mm	m²	541.00	29.98	16219
306-3	级配碎石上基层				
-b	厚180mm	m²			
-a	厚120mm	m²	114112.00	22.01	2511605
306-10	贫混凝土基层				
-a	厚200mmC15贫混凝土	m²	541.00	115.51	62491
308-1	透层	m²	532057.00	0.85	452248
308-2	黏层	m²	1208194.00	0.56	676589
309-3	粗粒式密级配沥青碎石ATB-30厚120mm（厚12cm）	m²	430318.00	42.25	18180936
310-2	SBS改性热沥青碎石封层	m²	589613.00	1.00	589613
310-3	滑动封层	m²			
310-4	SBR改性乳化沥青防水层	m²	164834.00	1.00	164834
311-1	细粒式改性沥青混凝土AC-13上面层（厚4cm）	m²	761884.00	22.00	16761448
311-2	中粒式改性沥青混凝土AC-20（厚6cm）	m²	761884.00	21.85	16647165
311-4	细粒式改性沥青混凝土AC-13上面层（厚5cm）	m²	31965.00	29.00	926985
311-5	中粒式改性沥青混凝土AC-20（厚7cm）	m²	31965.00	27.25	871046
312-1	水泥混凝土面板（含传力杆钢筋）				
-a	厚240mm	m²	541.00	144.25	78039
312-3	钢纤维水泥混凝土面板				
-b	厚260mm	m²	14605.00	130.12	1900403
-c	C35混凝土埋板	m³	83.00	550.47	45689
312-2	混凝土路面钢筋				
-c	R235	kg	29587.20	5.20	153853
-b	HRB335	kg	19372.10	5.30	102672
313-1	培路肩				

子目号	子 目 名 称	单位	数量	单价（元）	合价（元）
-b	天然砂砾	m³	30481.62	95.00	2895754
-c	砂砾土	m³	43.00	90.01	3870
-d	防渗土工布	m³	109612.92	7.80	854981
313-3	现浇混凝土加固土路肩				
-a	C20混凝土	m³	11.00	758.56	8344
-b	C15混凝土	m³	1437.73	675.58	971302
-c	C20透水混凝土	m³	333.00	725.07	241448
313-8	中央分隔带铺砌				
-a	C25现浇混凝土	m³	8121.59	596.84	4847290
-c	5%水泥稳定碎石	m³	7111.64	258.25	1836581
-d	天然砂砾	m³	11378.37	88.59	1008010
314-6	路肩排水				
-b	碎石盲沟	m			
-c	φ5cmHDPE硬塑管	m	761.48	26.25	19989
314-7	拦水带				
-a	沥青混凝土拦水带	m	7801.50	11.00	85817
315-1	急流槽				
-a	C20混凝土	m³	304.43	650.53	198041
-b	C25混凝土	m³	83.35	645.77	53825
-c	C15混凝土	m³	9.31	666.26	6203
-d	C15水泥混凝土垫层	m³	34.12	489.83	16713
-d	挖方	m³	601.77	20.00	12035
314-1	超高段排水				
-a	φ30横向排水管	m	2625.27	455.58	1196021
-b	C25混凝土窨井	个	205.00	1350.54	276861
-c	C25混凝土蝶形排水沟（铺面）	m³	300.00	720.82	216246
-d	水泥稳定碎石垫层（5%）	m³	788.00	266.59	210073
-e	天然砂砾（素土）	m³	802.00	88.60	71057
	清单300章合计人民币			158435048元	

LM-3工程量清单（第100章总则）

附表5-7

子目号	子 目 名 称	单位	数量	单价（元）	合价（元）
101-1	保险费				
101-1-1	按合同条款规定，提供建筑工程一切险费率暂定为2.5‰	总额			590735
101-1-2	按合同条款规定，提供第三者责任险第三者责任险最低投保额：500万人民币，事故次数不限（不计免赔额）保险费率为0.45‰	总额			2250
102	工程管理				

续上表

子目号	子目名称	单位	数量	单价（元）	合价（元）
102-1	竣工文件	总额			80000
102-2	施工环保费	总额			100000
102-3	安全生产费	总额			3951300
102-4	奖励基金（第200章至第700章之和的投标价的0.5%（不含暂估价）	总额			1123567
102-5	施工标准化等五化专项费用	总额			2634200
103	临时工程与设施				
103-1	临时道路修建、养护与拆除（包括原道路的养护费）	月			225000
103-2	临时占地	总额			200000
103-3	临时供电设施				
-1	设施架设、拆除	总额			200000
-2	设施维修	月			67500
103-4	电信设施的提供、维修与拆除	总额			150000
103-5	供水与排污设施	总额			120000
104	承包人驻地建设				
104-1	承包人驻地建设	总额			1779000
104-2	工地实验室	总额			300000
104-3	医疗卫生与消防设施	总额			150000
104-4	拌和场标准化建设				
104-4-1	施工标示标牌	总额			50000
104-4-2	拌和场	总额			450000
清单　100章　合计		人民币		12173552元	

LM-3工程量清单（第300章路面）　　　　附表5-8

子目号	子目名称	单位	数量	单价（元）	合价（元）
304-1	水泥稳定碎石底基层				
-b	厚200mm（4%）	m²	28867.0	76.64	2212367
305-1	二灰碎石（石灰粉煤灰稳定碎石）底基层				
-b	厚180mm（5:15:80）	m²	748490.00	52.19	39063693
304-3	水泥稳定碎石基层				
-a	厚200mm（4%）	m²			
-b	厚200mm（4.5%）	m²			
-c	厚360mm（5%）	m²	724032.00	126.97	91930343
-d	厚200mm（5%）	m²	27886.00	79.56	2218610
306-3	级配碎石上基层				
-b	厚180mm	m²			
-a	厚120mm	m²	148001.0	26.11	3864306
306-10	贫混凝土基层				

续上表

子目号	子 目 名 称	单位	数量	单价（元）	合价（元）
-a	厚200mmC15贫混凝土	m²			
308-1	透层	m²	640411.0	0.07	44829
308-2	黏层	m²	1273029.00	0.03	38191
309-3	粗粒式密级配沥青碎石ATB-30厚120mm（厚12cm）	m²	512637.0	46.07	23617187
310-2	SBS改性乳化沥青碎石封层	m²	558562.00	1.95	1089196
310-3	滑动封层	m²			
310-4	SBR改性乳化沥青防水层	m²	109636.00	1.41	154587
311-1	细粒式改性沥青混凝土AC-13上面层（厚4cm）	m²	805337.0	14.43	11621013
311-2	中粒式改性沥青混凝土AC-20（厚6cm）	m²	805337.0	21.81	17564400
311-3	豆砾石（厚150cm）	m²	1502.9	32.33	48589
311-4	细粒式改性沥青混凝土AC-13上面层（厚5cm）	m²			
312-1	水泥混凝土面板（含传力杆钢筋）				
-a	厚240mm	m²			
312-3	钢纤维水泥混凝土面板				
-b	厚260mm	m²	25935.0	135.55	3515489.25
-c	C35混凝土埋板	m³	121.50	581.94	70705.71
312-2	混凝土路面钢筋				
-c	R235	kg	53174.80	5.27	280231
-b	HRB335	kg	26139.9	5.33	139326
313-1	培路肩				
-b	天然砂砾	m³	40851.40	102.85	4201566
-c	砂砾土	m³			
-d	防渗土工布	m²	148539.28	11.75	1745337
313-8	中央分隔带铺砌				
-a	C25现浇混凝土	m³	10839.40	789.56	8558357
-c	5%水泥稳定碎石	m³	10571.30	236.66	2501804
-d	天然砂砾	m³	16241.90	124.84	2027639
313-3	现浇混凝土加固土路肩				
-b	C15混凝土	m³	1954.77	496.12	969800
-c	C20透水混凝土	m³			
314-6	路肩排水				
-b	碎石盲沟	m			

续上表

子目号	子 目 名 称	单位	数量	单价（元）	合价（元）
−c	φ5cmHDPE硬塑管	m	1362.87	25	34072
314−7	拦水带				
−a	沥青混凝土拦水带	m	14934.5	16.06	239848
315−1	急流槽				
−a	C20混凝土	m³	591.16	899.84	531949
−b	C25混凝土	m³	86.23	892.44	76955
−c	C15混凝土	m³	10.74	888.06	9538
−d	C15水泥混凝土垫层	m³	36.34	482.66	17540
−d	挖方	m³	1085.15	13.12	14237
314−1	超高段排水				
−a	φ30横向排水管	m	3439.11	30	103173
−b	C25混凝土窨井	个	267.00	1250	333750
清单 300章　合计		人民币	218838627元		

附录6　沥青混合料试验检测方法

一、SMA用纤维密度测定方法

（1）称取洁净、干燥的容量瓶的质量$M_瓶$。

（2）在容量瓶中注入室温（25℃）下的水至标准刻度线，称取$M_{瓶+水}$。

（3）取适量（10g）的纤维$M_{纤维}$，放入容量瓶中，再倒入煤油浸泡16h，然后添加煤油到容量瓶的标准刻度线（当接近标准刻度线时，改用滴管添加。应使液面的凹线与标准刻度线平齐），称取$M_{瓶+纤维+煤油}$；纤维在煤油中应充分晃动，排出里面的空气。

（4）用容量瓶法测定煤油的相对密度。

$$d_{煤油} = \frac{M_{煤油+瓶} - M_瓶}{M_{瓶+水} - M_瓶}$$（附6-1）

式中：$d_{煤油}$——煤油相对密度；

$M_{煤油+瓶}$——煤油和瓶的总质量；

$M_瓶$——瓶的质量；

$M_{瓶+水}$——水和瓶的总质量。

（5）分别按下式计算纤维相对煤油的密度和纤维密度：

$$\rho_{纤维相对煤油的密度} = \frac{M_{纤维}}{M_{瓶+油} + M_{纤维} - M_{瓶+纤维+煤油}}$$（附6-2）

$$\rho_{纤维密度} = \rho_{纤维相对煤油的密度} \times \rho_{煤油的相对密度}$$（附6-3）

式中：$\rho_{纤维相对煤油的密度}$——纤维相对煤油的密度；

$M_{纤维}$——纤维的质量；

$M_{瓶+纤维+煤油}$——纤维、煤油和瓶的总质量。

二、排水性沥青混合料现场渗水试验方法

1.目的
主要用于评价排水性铺装的渗水性能。

2.适用范围
评价排水性铺装的渗水性能所进行的试验，适用于现场操作。

3.试验器具
（1）现场渗水试验仪
同《公路路基路面现场测试规程》（JTG E60—2008）中规定的仪器。
（2）油泥（橡胶黏土）
（3）秒表（精度达0.1s）
（4）水，要求清洁
（5）其他：碎纱

4.试验方法

（1）清除路面的尘埃、杂物。

（2）在现场渗水试验仪底板的底面外同位置粘着直径为1cm左右，如同绳状的油泥（长约50cm），然后将试验仪压着于路面上。确认从油泥处不会出现漏水后，在底板的上方加放环形压重块。如油泥过多，则会往内侧延展，从而使透水面积减小，操作时对这一现象须予以注意。

（3）在渗水仪上距圆筒上端100mL处作记号X_1，在距X_1为400mL处作记号X_2。

（4）关闭水阀，往圆筒内注水，使液面达到0mL处。

（5）将阀迅速置于全开状态，观察圆筒内的水面由X_1下降至X_2位置时，用秒表计量这一过程所需时间（s），并作记录。

（6）按（4）、（5）步骤连续做3次，每次间隔时间约1min。

5.数据整理

（1）算出3次试验的平均时间（以s为单位），此平均时间为400mL水的下流时间。

（2）用平均时间计算出每15s下流水量，此即称为渗水量（mL／15s）。

6.注意事项

（1）在功能低下的排水性路面上进行现场渗水量试验时，存在着从试验仪底板周边漏水的可能。当出现这种漏水情况，在阀全开状态下宜继续进行试验。

（2）使用油泥是以防止由底板周边处发生水漏为目的，但却可能出现油泥钻入排水性铺装的空隙的现象。针对因油泥而污损路面或将空隙堵塞等问题，可考虑在油泥中选用合适规格的橡胶。

（3）在同一位置处以间隔1min连测3次的情况下，由于先次的水在铺装体内有一定的残留，因此会影响下次的试验结果。第二、三次测定时，可将测定位置移动20cm左右，并确保间隔时间短于1min。

（4）该试验是流下去一定量的水所需多少时间的试验，并不是求取严密的透水系数的试验。要求取排水性混合料的透水系数，必须利用在室内制作的试验试件或在现场取芯等而进行"室内渗水试验"。

（5）该试验主要是以评价刚完工排水性路面的透水性能为目的，为避免数据的偏差，以8mm口径的水阀为标准。

三、排水性沥青混合料连通空隙率测定方法

1.目的

测定排水性沥青混合料及透水性沥青混合料的连通空隙率。

2.适用范围

该试验为透水性沥青混合料的评价试验之一，连通空隙率被认为有助于反映混合料的透水性，该试验主要在试验室进行。

3.试验器具

（1）秤

量程5kg以上，精度0.1g以下。

（2）铁丝网笼

网孔5mm，笼径与高度各约20cm。

（3）有溢流装置的容器

能保持一定的水位，可将铁丝网笼浸入所盛水中。

（4）吊具

挂于秤盘中心位置，下吊铁丝网笼，能用于测取水中重量的吊具。

（5）卡尺

4.试验方法

（1）试件准备

试件为直径10cm左右的圆柱状物，在试验室内制作，或从排水性路面中所取芯样进行试验。

（2）计算试件的体积

用卡尺测取试件的直径与厚度（精确至0.1mm），测直径时选取2个位置，测厚度时取4个（交互90°），用各自的平均值进行试件体积（V）的计算。

（3）测定试件的重量

将试件在室温下空气中静置至少1h后，测定其室温下的质量（A）。试件制作或切取时如果接触了水，则应在通风良好的场所使之干燥，至质量不再发生变化后，方可进行重量测定。

（4）测定试件的水中重量

将试件置于常温下的水中约1min后，测定其水中重量（C）。

5.数据整理

依下式进行连通空隙率的计算：

$$连通空隙率（\%）=（V-V'）/V×100$$

式中：V'——集料与独立空隙的体积（cm³），其值为：$V'=（A-C）/\rho$；

　　　ρ——常温下水的密度，为1.0g/cm³。

当测量水中质量时，宜用木槌等轻敲试件，以使残存于空隙中的空气排出。为促使水向空隙中的浸透，也可加入少量界面活性剂。

6.说明

（1）通常在马歇尔试验中，根据密度与理论密度计算试件的空隙率。对于排水性混合料，空隙率为其功能性指标，混合料即使具有相同的空隙率，还会存在其透水系数、吸音率等不同的情况。其原因在于：在空隙中存在着一类不能达到以上功能的封闭空隙。为了更准确地评价混合料的功能性，则应以由有效空隙与半有效空隙构成的连续空隙率作为评价指标。

（2）连通空隙为已有的术语，半有效空隙从严密的角度来说不是连通空隙，关于连通空隙的定义尚有深入讨论的余地。为了使这种空隙的定义明确化，有必要正确地掌握混合物内各个空隙是以怎样的形式存在以及如何对排水性能、降噪效果发生影响。

（3）为评价更严密意义上的连续空隙，可采取对试件用石蜡进行包覆的方法，但试验相当烦琐，主要是由于石蜡浸入空隙，导致空隙率难以得到准确的测量。本附录中所述方法为使用卡尺的一种简便方法。

附录7　高速公路沥青路面沥青膜脱落成因分析

随着高速公路运营年限的不断增长，沥青路面的沥青膜必然呈现出逐年脱落的趋势。在这些沥青路面中，有些沥青膜脱落属正常现象，但有些则属于异常现象。

通过对我国已建成的多条高速公路沥青路面运营情况观察，脱落程度较轻者影响外观，路面发白或发绿，脱落程度较重者影响表面集料的稳定性，进而影响行车舒适性甚至行车安全，有时沥青膜的脱落还影响抗滑性能指标。因此有必要对沥青膜脱落成因进行分析研究。

一、AC沥青膜脱落

AC沥青膜脱落如附图7-1、附图7-2所示。

附图7-1　AC路面的表面沥青膜脱落（通车5年）

附图7-2　AC路面的机制砂沥青膜脱落（通车1年）

二、OGFC-13沥青膜脱落

运营了6年的OGFC-13，如附图7-3所示。

三、OGFC-16沥青膜脱落

运营了6年的OGFC-16，如附图7-4所示。

附图7-3　运营了6年OGFC-13路面

附图7-4　运营6年的OGFC-16

四、SMA沥青膜脱落

运营了2年的SMA表面，如附图7-5所示；运营5年SMA表面，如附图7-6、附图7-7所示。

运营了8年以上的SMA表面部分碎石产生飞散、剥离，如附图7-8、附图7-9所示。

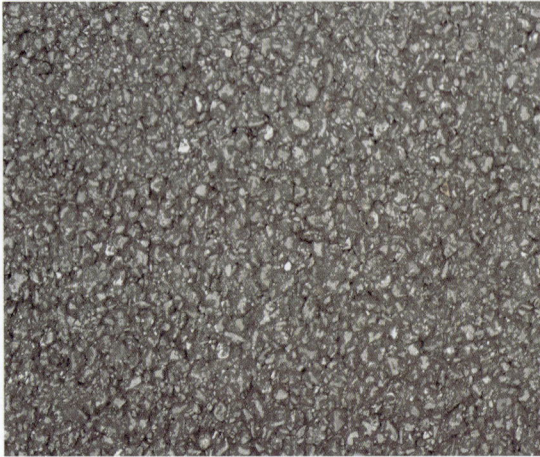

附图7-5　运营2年的SMA表面

附图7-6　运营5年SMA表面

附图7-7　运营5年SMA表面

附图7-8　运营8年以上的SMA表面部分碎石产生飞散、剥离

附图7-9　运营8年以上的SMA表面部分碎石产生飞散、剥离

五、沥青膜脱落原因分析

（1）石料吸油率差，对沥青的黏附性差；

（2）沥青自身黏度较差；

（3）施工期间改善黏附性的措施效果不明显；

（4）水洗后的石料在拌和楼干燥筒内未彻底烘干；

（5）石料被烘干时，表面裹覆了柴油膜；

（6）混合料拌和不均匀，形成了花白料；

（7）摊铺、碾压温度低，压路机把表面的石料压碎，新的破口面上无胶结料；

（8）运营期间，车辆在收费站广场、长大下坡，长期制动；

（9）由于路面渗水，沥青混合料长期受水浸泡，沥青膜脱落；

（10）交通量增长促使沥青膜剥落；

（11）气候条件促使沥青膜自然产生剥落。

六、提高沥青膜耐久性的技术措施

针对上述存在的问题，提高沥青膜耐久性措施的主要有：

（1）确保并提高原材料的质量。沥青、碎石、机制砂、矿粉、改性剂等质量，必须满足更高的要求，禁止使用含有软弱颗粒的石料等。

（2）提高混合料设计质量，增加沥青膜的厚度。

（3）确保沥青路面施工质量。混合料的压实度、空隙率、渗水系数满足要求，尽量避免雨水对路面长时间的侵蚀。

（4）定期进行预防性养护，对表面功能进行适时补给。

附录8　高速公路沥青路面常见石料的性质

通过对集料性能指标检测和沥青混合料路用性能的测试，用于沥青路面集料的岩石主要有：辉绿岩、玄武岩、花岗岩、闪长岩、砂岩、石灰岩等，某种石料能不能用于沥青混合料或特殊的沥青混合料（如SMA、OGFC等），主要应依据岩石自身特性和性能指标检测。

一、火成岩

代表性的火成岩有辉绿岩、玄武岩、安山岩和花岗岩等。

1. 辉绿岩

辉绿岩由基性斜长石与普通辉石组成。辉绿岩多成深灰色，具有针状结构，端面不平齐。辉绿岩的密度为2.85~3.05g/cm³，孔隙率为0.5%~0.8%，吸水率为0.1%~0.4%，极限抗压强度为200~300MPa，磨耗率不超过3%。由于它力学强度高，开采加工比较困难。

辉绿岩为碱性石料，是铺筑沥青路面的优良石料。

2. 玄武岩

玄武岩是一种基性喷出岩，由斜长石与辉石组成，呈暗灰色或黑色。其结构致密，成柱状或球状节理。玄武岩的物理力学性质与辉绿岩相似。其密度为2.95~3.0g/cm³，吸水率小于0.5%，极限抗压强度高达 400MPa。玄武岩开采加工比较困难，故一般价格较高。玄武岩为碱性石料，也是铺筑沥青路面的理想石料。如附图8-1、附图8-2所示。

附图8-1　玄武岩

附图8-2　玄武岩石料

3. 安山岩

安山岩也为基性喷出岩，成分与性质与玄武岩相近，密度为2.65~2.75g/cm³，极限抗压强度为120~200MPa，属于中性岩石。

4. 花岗岩

花岗岩主要由石英、长石、及角闪岩组成。由于所含矿物颗粒粒度的不同，分为细粒花岗岩（粒径小于2mm）；中粒花岗岩（粒径2~5mm）；粗粒花岗岩（粒径大于5mm）。花岗岩密度平均为2.61~2.75g/cm³，结构内部孔隙率为0.4%~1.0%，抗压强度（100~250MPa）。在应用花岗岩时应注意：

一是花岗岩为酸性岩石，与沥青黏附性差；二是花岗岩颗粒对其沥青混合料性能的影响，即花岗岩自身强度高，而颗粒的黏结力较弱，形成的结果是集料压碎值很小，而在沥青路面碾压成型后集料被压碎，如附图8-3、附图8-4所示。

附图8-3　花岗岩（一）

附图8-4　花岗岩（二）

二、沉积岩

代表性的沉积岩有石灰岩、砂岩、白云岩等。

1. 石灰岩

石灰岩由碳酸钙组成。石灰岩的物理性质随其结构、构造及混合物成分与含量变化而变化。其密度为1.5~2.7g/cm³，孔隙率为2%～40%，吸水率为0.1%～0.4%。

石灰岩是典型的碱性石料，与沥青有良好的黏附性，但质地较软，耐磨性差，不适用于路面上面层。

石灰岩如附图8-5、附图8-6所示。

附图8-5　石灰岩

附图8-6　洁净、干燥、表面粗糙的石灰岩碎石

2. 白云岩

白云岩的主要成分为碳酸钙和碳酸镁。白云岩的外观、成分、物理性质与石灰岩相似，密度为2.8~2.9g/cm³，极限抗压强度为100MPa。

3. 砂岩

大部分砂岩主要由石英组成，少数由长石的胶结碎屑组成的砂岩称为长石砂岩。砂岩的颜色和力学性质与它的矿物成分及砂岩的砂粒大小有关。砂岩的密度为$1.8\sim2.7g/cm^3$，孔隙率为$2\%\sim30\%$，吸水率为$0.8\%\sim17\%$，极限抗压强度为$5\sim200MPa$。云母砂岩和铁质砂岩力学强度不高，在水与温度变化作用下，会很快风化破环。

砂质石英砂岩与致密的石英砂岩强度很高，极限强度往往可达200MPa之多，而且它的耐冻性也好，但这种砂岩不易加工和轧碎。

石英质砂岩坚硬而耐磨，可用于沥青路面磨耗层，但它属于酸性石料，与沥青的黏附性很差。

三、变质岩

代表性的变质岩有角闪岩、片麻岩、结晶片岩等。

1. 片麻岩

片麻岩由花岗岩变质而成，矿物成分与花岗岩相近，不同之处是片麻岩为板状结构或条状结构。片麻岩的密度为$2.4\sim2.9g/cm^3$，这种岩石的抗压强度可达$100\sim200MPa$。片麻岩易劈成板形，但加工成碎石时易成扁平状颗粒，因此在应用时应重点考虑其针片状颗粒含量，以确定技术指标是否合格，如附图8-7、附图8-8所示。

附图8-7 片麻岩（一）

附图8-8 片麻岩（二）

2. 石英岩

石英石由石英砂岩变质而成，主要成分为二氧化硅，石质致密而坚硬。石英石的密度为$2.65\sim2.75g/cm^3$，吸水率不超过0.5%，极限抗压强度达300MPa或更高，硬度等级为7级，有良好的抗风化和耐冻性，但石英岩加工破碎困难。

石英岩如附图8-9所示。

附图8-9 石英岩

参考文献

［1］经晓晔.我国高速公路发展的历史和现状［N］.北京：中国交通报，2005.

［2］中华人民共和国行业标准.JTG F40-2004 公路沥青路面施工技术规范［S］.北京：人民交通出版社，2004.

［3］李爱国，郭平，郝培文.SMA路面施工与病害防治技术［M］.北京：人民交通出版社，2012.

［4］李爱国，郑涛.三种摊铺机摊铺的沥青混凝土路面平整度、密实度比较［J］.筑路机械与施工机械化，1996，13（1）.

［5］李爱国，郑涛.高等级公路沥青路面并机摊铺技术［J］.陕西公路，1996（1）.

［6］李爱国.影响沥青混凝土路面平整度的原因分析［J］.筑路机械与施工机械化，1996，13（5）.

［7］李爱国.用摊铺机横坡度仪控制沥青路面施工高程的方法［J］.筑路机械与施工机械化，1998，15（6）.

［8］李爱国.影响高等级沥青路面施工质量的原因分析和措施［J］.西北公路，1999（3）.

［9］李爱国.自动找平摊铺机的基准线高度值计算原理及方法［J］.筑路机械与施工机械化，1999，16（6）.

［10］李爱国.SMA路面矿料加工特性质量控制［J］.公路，2007（7）.

［11］李爱国，杨人凤.橡胶沥青防水封层设计及施工工艺［J］.筑路机械与施工机械化，2009（2）.

［12］李爱国.永咸高速公路SMA-16施工技术与质量控制［J］.公路，2009（5）.

［13］韩定海，党延兵，李爱国."四新"科技在路面工程中的应用与研究［J］.公路，2009（6）.

［14］韩定海，党延兵，李爱国，等.陕西省两条排水性沥青路面综合性能对比分析［J］.公路，2009（6）.

［15］党延兵，李爱国，李红平.排水性沥青混凝土路面（OGFC-13）施工组织与管理［J］.公路，2009（6）.

［16］李爱国，王松雨，胡积兴，等.采用骨架密实型结构防止基层反射裂缝的关键施工技术［J］.公路，2009（6）.

［17］刘俊龙，杨颖，郑贝利.SMA-13混合料配合比设计［J］.公路,2009（6）.

［18］李爱国，吕新成，杨帆，等.SBS改性沥青同步碎石封层施工工艺及质量控制［J］.公路，2009（6）.

［19］党延兵，李爱国.SBS改性乳化沥青双层洒布封水黏结层施工技术［J］.公路，2009（6）.

［20］李爱国，张铭铭，赵亮，等.桥面铺装沥青混合料优化设计研究［J］.公路，2009（6）.

［21］李爱国，张英治，李婷婷.基于不同结构类型的沥青混合料生产能效对比研究［J］.公路，2009（6）.

［22］李爱国.沥青混合料转运车在大粒径沥青路面施工中的应用.公路［J］.2009（6）.

［23］杨人凤，党延兵，李爱国.沥青混合料生产质量控制技术及应用［J］.公路，2009（6）.

［24］党延兵，李爱国，李会娟，等.排水性沥青混合料配合比设计优化研究［J］.公路，（6）.

［25］杨人凤，党延兵，李爱国.橡胶沥青质量评价指标研究［J］.公路，2009（6）.

［26］李爱国，李红平，张中文，等.消石灰粉在排水性沥青混合料中的应用［J］.公路，2009（6）.

［27］邵琪，李爱国，冉孟强.西安咸阳国际机场专用高速公路彩色路面设计及应用［J］.公路，2009（6）

［28］李爱国，刘海鹏，王东峰.西安至商州高速公路工程建设质量管理措施综述［J］.公路交通科技，2012（3）．

［29］李爱国，路杨，马喜才.水泥混凝土桥面沥青铺装层渗水泛白原因分析与防治技术［J］.公路交通科技，2012（3）．

［30］李爱国，马峰，张冬莉，等.50号硬质沥青在AC-20混合料中的应用［J］.公路交通科技，2012（3）．

［31］李爱国，王选仓，尹敏.沥青路面双层一次性摊铺施工组织与关键施工技术［J］.公路交通科技，2012（3）．

［32］屈仆，李爱国，谌凯，等.BRA天然布敦岩沥青混合料在特大桥沥青铺装层施工中的应用［J］.公路交通科技，2012（4）．

［33］米峻，李爱国，王玉臣，等.AC-5沥青砂桥面防水黏结层施工技术［J］.筑路机械与施工机械化，2013（2）．

［34］宋志峰，胡成英，马海卫，等.基于行车安全与舒适性的路面平整度控制技术［J］.公路交通科技，2013（11）．

［35］熊鹰，李爱国，胡成英.高速公路沥青路面早期病害防治技术［J］.公路交通科技，2013（11）．

［36］曹东伟，刘清泉，唐国奇.排水沥青路面［M］.北京：人民交通出版社，2010．

［37］沈金安，李福普.SMA路面设计与铺筑［M］.北京：人民交通出版社，2003．

［38］沈金安.改性沥青与SMA路面［M］.北京：人民交通出版社，1999.7

［39］王旭东，李美江，路凯冀，等.橡胶沥青及混凝土应用成套技术［M］.北京：人民交通出版社，2008．

［40］吕伟民.橡胶沥青路面技术［M］.北京：人民交通出版社，2011．

［41］伍石生.低噪声沥青路面设计与施工养护［M］.北京：人民交通出版社，2005．

［42］郝培文.沥青与沥青混合料［M］.北京：人民交通出版社，2009．

［43］沙庆林.高速公路沥青路面早期破坏现象及预防［M］.北京：人民交通出版社，2001．

［44］谌凯，等.布敦岩沥青在西商高速路面工程的应用［J］.公路交通科技，2012（3）．

［45］交通运输部公路科学研究院.橡胶沥青及混合料设计施工技术指南［M］.北京：人民交通出版社，2008．

［46］戴震.沥青路面结构受力机理分析［D］.南京：东南大学，2004．

［47］冯磊.流亭机场跑道道面沥青混合料性能评价分析［J］.城市道桥与防洪，2011（12）．

［48］湖北沪蓉西高速公路建设指挥部.武汉理工大学，华中科技大学.沪蓉西高速公路宜恩段沥青路面结构和面层材料组成设计［R］.武汉：湖北沪蓉高速公路建设指挥部，武汉理工大学，华中科技大学，2006．

［49］张宜洛.沥青路面施工工艺及质量控制［M］.北京：人民交通出版社，2011．

［50］谢产庭，李军，李国祥.首都机场西跑道改性沥青混凝土施工技术及质量控制［J］.北京建筑工

程学院学报，2001（17）．

［51］中华人民共和国行业标准．MH 5011—1999 民用机场沥青混凝土道面施工技术规范［J］．北京：中华民航出版社，1999．

［52］张晓祺，王卫东．解放军多型战机首次在高速公路起降［N］．解放军报，2014-05-25．

［53］李宝银，于向前，王修山．桥面铺装结构受力特点及早期病害问题分析［J］．交通标准化，2011（12）．

后记

我的路，我的梦

1990年夏天，怀揣梦想和些许迷茫的我，踏出校门，走进了陕西省第一条高速公路建设工地。从此，开始一"路"征程，先后在国内二十多条高等级公路建设中从事沥青路面施工、建设管理和科研工作，见证了我国高速公路"从无到有，从窄到宽，从薄到厚，从密实到透水，从黑色到彩色"的全部过程。

一、青春与汗水织就"黑色玉带"梦

想想那些修过的路，似乎整个青春记忆都围绕着工地。有过汗水，但无怨言。始终在梦想的路上，为别人筑路，为自己筑梦。

在1990年至2003年的13年里，我在一家专业的高速公路施工企业——陕西省路桥工程总公司工作。1990年，参加陕西省第一条高速公路——西安至临潼高速公路路基、路面工程施工，担任测量技术员，负责作业面的水准测量、现场施工管理工作。1991年，参加陕西省第一条汽车二级专用公路——咸阳国际机场汽车二级专用公路的路面工程施工，担任现场技术员，负责施工现场的技术管理工作。1992年，参加了三原至铜川一级公路路面工程施工，担任主管技术员，负责施工现场的技术与施工管理工作。经过这些工地的锻炼，为我从事专业技术工作打下了良好的基础。

1993年初至1994年底，我参加了广东省第一条高速公路——广州至深圳高速公路路面工程施工。在这个工地，让我深深地感受到了什么是"大项目"。总投资10.56亿美元及7.72亿元人民币，全长122.8km，双向6车道，路基宽33.1m，沥青路面半幅宽度为15m的广深高速公路，以沥青路面总厚度32cm的气势，创下了我国沥青路面"厚度最厚"的记录，并保持至今。这一难忘的岁月，始终让我以曾经负责过广深高速公路沥青路面施工技术与管理工作的经历为荣。

1995年初，我参加了西安至宝鸡高速公路路面工程施工，担任项目部施工副队长，负责沥青路面施工现场的技术与施工管理工作。该工程荣获"1999年度交通部公路工程优质工程二等奖"。

1996年春，告别新婚的妻子来到福建省晋江市，参加福建省第一条高速公路——泉州至厦门高速公路路面工程施工，担任项目经理部工程部部长、施工队副队长，负责沥青路面施工现场的技术与施工管理工作。

从福建回到陕西后的1998年，我参加了陕西路桥公司中标的咸阳至乾陵一级公路、绛帐至汤峪汽车二级专用公路、绛帐至法门寺汽车二级专用公路、周至至马召二级改建公路共4条公路的沥青路面工程施工，担任项目经理。

1999年，渭南至潼关高速公路路面工程开始后，我负责沥青路面施工现场管理工作。2000年

至2001年，我参加了西安—阎良高速公路路基、路面工程施工。

2001年，我又赴河南省渑池县，参加了河南省洛阳至三门峡至灵宝高速公路SBS改性沥青路面工程施工，担任项目副经理，负责现场管理工作。

2002年至2003年，我参加了我国第一条沙漠高速公路——榆林至靖边高速公路路面工程施工，担任项目副经理，负责现场管理工作。该工程获2005年度"中国建筑工程鲁班奖（国家优质工程）"。

2003年11月，我的工作经历了一次大转折。在工地一线奔波了13年的我，由施工企业调动到陕西省交通资产经营有限公司（2005年后更名为陕西交通投资有限公司，即陕西省交通建设集团公司组建时的成员单位之一），从事高速公路建设管理工作。在此后的十多年里，我在陕西交通资产经营有限公司省道204杨陈一级公路建设管理处，任工程科副科长。在陕西省交通建设集团公司永咸建设管理处、机场专用高速公路建设管理处、西商高速公路建设管理处担任副处长，负责项目建设的工程技术和质量管理工作。

回顾往事，至今竟然还能记得自己经历了多少工地，搬了多少次家。在多少个深夜里，伴随着摊铺机、压路机的轰鸣声前行。头戴草帽遮风挡雨，沥青粘坏的鞋一双又一双……只为把一条条宽阔、舒适的致富路、幸福路早日铺通。如今，坐在桌前，那些沥青烟熏火烤般的高温难耐和远离城市、家乡、亲人的伤感回忆都一一远去。好想问一声：那些在风餐露宿中与我相伴的良师益友，那些与我一样头戴草帽的工程技术人员，还有那些开着摊铺机、压路机的工人师傅们，你们现在都还好吧？

二、"路"是技术与管理的和谐实践

理论和实践，从来都是复杂的双向互动。理论要在实践中转化为操作性"技术"；而"技术"的成功运用，又往往是在操作中随具体实践融合多种理论，并依赖于符合具体现状的管理来实现。简单讲，光靠理论是管不好项目的，说到天上回过头来还得落到地上。

沥青路面，三分技术，七分管理。

2007年底，随着永寿至咸阳高速公路建成通车，陕西高速公路通车里程突破2000km。此后，陕西省相继建成了凤永、机场专用、柞小、小康、安川、蓝商、商界、青兰、十天、西铜、神府、西商、洛商、榆绥、延志吴等高速公路。到了2013年12月底，陕西省高速公路通车总里程突破4300余公里，通达91个县（市、区），与相邻8省（市、区）的快速干道全部打通。省会当日往返，周边中心城市当日到达的"一日交通圈"已经形成。在此期间，我一直从事国家重点高速公路项目建设管理工作，见证了这一辉煌的历程。

这些实实在在的经历都成为美好而难忘的回忆：

2004年起，参加了陕西省第一条SMA路面——永寿至咸阳高速公路的建设。作为福银高速公路组成部分的永咸高速公路，其建设时间适逢陕西高速公路加快时期，也正处于全国沥青路面设计厚度加厚时期。面对全新的路面结构设计，我带领工程技术人员赴江苏、北京等地考察SMA路面，并邀请国内知名专家来陕指导培训。经过一年多的努力，解决了材料加工、配合比设计、施工工艺优化等难题，成功铺筑了陕西省第一条SMA路面。这条路2007年通车至今已快7年，路面无车辙、无坑槽。另外，值得一提的是，在项目实施中开创的一系列路面施工管理办法、制度，为此后的高速公路建设提供了实践经验。

2007年底，我参加了西安咸阳国际机场专用高速公路建设。这条高速路是陕西省高速公路新规划的"2367网"之外的18条联络线之一，是省政府确定的重点建设项目，也是陕西省乃至西部地区建设的第一条八车道高速公路。路线全长20.58km，主线采用双向八车道高速公路标准建设，设计车速120km/h，路基宽度45m（中央分隔带6m），桥梁宽度42m（中央分隔带3m）。路面总厚度83cm，主线上面层采用5cm排水性沥青路面（OGFC-13）结构，匝道采用5cmSMA-13结构。

由于项目特殊的位置，传统的设计理念和施工工艺受到了严峻挑战。为了选定先进、合理的技术方案，我们的技术团队先后对国内外多条排水路面进行了调研和实体考察，分别对两种不同的日本排水路面技术进行了大量的调查研究和方案比选，完成配合比设计比对试验三十多份，最终通过专家会评审，选定了适合本项目的体现"以人为本，安全出行"理念的排水性路面。同时，在桥面防水要求方面采用了橡胶沥青碎石封层技术，使工程建设走上环保节约之路；在排水沥青混合料中添加聚酯纤维，提高了桥梁铺装层的耐久性；引进先进设备，根治桥面水泥混凝土与沥青的水泥浮浆"夹层"；在两个主线收费站的ETC不停车收费车道以及特殊路段铺筑了彩色路面，起到行车引导和警示作用。整个建设中，始终秉承"科技创新、管理创新"的理念，积极采用新技术、新材料、新工艺、新设备，对各项工程精细化施工，不断提高建设水平，收到了良好效果。

西安咸阳国际机场专用高速公路建成通车后，成为陕西省社会经济发展的一张名牌。在项目中总结出的先进理念、管理模式、新技术被交通运输部和国内同行称道，打造出了典范工程。

2009年10月，我到西安至商州高速公路参加建设。西商高速公路是穿越秦岭、沟通关中和陕南经济区的第一条六车道高速公路大通道，是国家高速沪陕线在陕西境内的重要组成路段，也是连接西部地区与中东部地区的快速通道和交通大动脉。公路主线全长117km为双向八车道外，其余99km均为双向六车道。

西商高速项目的建设非常注重标准化施工和精细化管理，以严格工艺工法控制为基准，深入推进精细化施工。要求进场的沥青拌和设备规格为4000型以上，全部安装沥青混合料动态质量监控仪。为了提高路面工程的整体施工质量，将底基层边部的砂砾填料变更为水泥稳定材料，并全宽铺筑。为提高混凝土桥面与沥青铺装层的黏结力，桥梁、通道及复合式路面水泥混凝土顶面全部采用凿毛处理。为增加中面层的抗裂性能，提高沥青混合料的抗剪力，加强中面层的封水能力，在特大桥梁、长大纵坡处、互通立交匝道桥的中面层AC-20沥青混合料中添加2‰的聚酯纤维。严格按照"精准、细、严"要求，从工程质量、工程进度、监理管理、安全管理多个方面，实行全过程、全方位精细化管理，通过随时检查、强化考核、严格奖惩、严格责任追究等管理手段，确保项目精细化管理措施切实得到落实。

整个项目为了建成"路基坚实、桥隧稳固、边坡稳定、排水畅通、路面平整、设施齐全"的样板工程，始终坚持动态设计理念，经常性开展设计优化质量回头望，严格按照"发展理念人本化、项目管理专业化、工程施工标准化、管理手段信息化、日常管理精细化"的"五化"管理，用安全、舒适、经济、和谐、美观、耐久的新理念指导施工和管理。

针对多年来陕西省内外SMA路面施工控制中存在的主要问题，我总结提出了"SMA路面施工29条强制性标准"，为全省SMA路面施工提供了技术理论指导。对公路上面层碎石推行强制性整型、水洗；在沥青拌和楼安装"黑匣子"，完整记录拌和参数，建立质量追溯体系；在压路机上安装限速器控制碾压速度；实行路面摊铺碾压设备配套标准化，保证路面质量。推行路面"重要原材料盲样评审与准入制"，"路面工程首件认可制"、"路面施工技术咨询制"等，严把中间交验环节，确保施工过程有序可控。

2009年，陕西省公路建设工程质量观摩会曾在机场专用高速公路召开，2012年全省、全国五化建设现场会在西商高速公路项目召开。多年来，我所参与管理的建设项目连年被陕西省交通运输厅评为陕西省公路重点项目考核优秀单位，参与的工程项目取得的建设经验在全省、全国推广应用。

三、在探索公路"新"发展中，肩负使命

2007年以后，我有一种紧迫的使命感，觉得必须花大力气研究、探索公路建设的诸多新课题，在实现路路通畅的同时，还要让路好修、好用、好养。至此，我以大量的路面施工管理实践为基础，结合省内外本专业发展的规划和要求，开始注重项目技术的研究与开发，并做出了一些理论性总结和实践探索。

多年来，项目建设管理处与长安大学、西安公路研究院等，依托重点公路建设项目，开展了一系列科技项目研究。主要有：2007年陕西交通科技项目"长大桥梁排水路面桥面铺装材料与结构研究"，2007年陕西交通科技项目、交通运输部西部课题"排水沥青混合料最佳沥青用量预估模型研究"，2007年陕西交通科技项目"排水性沥青路面防裂结构组合与施工关键技术研究"，2008年陕西交通科技项目"橡胶沥青质量评价体系及应用技术研究"，2009年陕西交通科技项目"沥青路面面层双层一次性铺筑技术研究"，2010年陕西交通科技项目"乳化型温拌混合料添加剂研发及应用研究"，2011年陕西交通科技项目，"高速公路隧道降噪阻燃路面研究"。2011年至2012年，参与中国石油化工股份有限公司上海沥青销售分公司《中国石化"东海牌"50号道路沥青开发及应用研究》。

截至2013年，我参加的陕西省交通科技项目"陕西省高速公路SMA路面材料与结构优化研究"，获陕西省人民政府2009年度陕西省科技进步二等奖；"长大桥梁排水路面桥面铺装材料与结构研究"，获陕西省人民政府2010年度陕西省科技进步三等奖；陕西交通科技项目、交通运输部西部课题"排水沥青混合料最佳沥青用量预估模型研究"，获2012年度中国公路学会科学技术奖三等奖。

这些工程实践和科技项目研究，解决了工程建设中许多操作性问题，同时在"四新"技术的应用上，取得了一系列成果：

在20年前的广深高速公路施工中，便开始运用多台沥青摊铺机并机作业，提高了路面施工质量。

永咸高速公路建设中，在陕西省第一次大面积采用强夯法处理湿陷性黄土路基基底，确保了路基稳定。

在陕西省首次大面积应用ATB-30路面结构的永咸高速公路建设中，成功引进沥青混合料转运车，此后，陕西省交通运输厅要求将此做法在全省推广。

在陕西省第一条SMA路面建设中，对材料加工、混合料配合比设计、混合料拌和、摊铺与碾压等关键环节，积极探索、应用新的结构技术取得成功。目前，陕西省内已有1447km的高速公路使用了该结构。

在解决桥面沥青铺装层与桥面水泥混凝土层间结合能力方面，陕西省第一次成功引进了抛丸技术和橡胶沥青碎石封层技术，提高了桥面铺装层的层间结合能力。

在陕西省第一次系统地应用消石灰粉生产加工、混合料添加技术，制订了材料加工、存储、运输、添加工艺，提出技术质量指标。

通过大量的科学试验，在国内第一次将排水性沥青路面（OGFC-13）成功应用在特大桥桥面铺装层上。

在OGFC排水性沥青路面的施工中，提出、研究、总结了"刻槽法"施工方案和SBS改性乳化沥青"两层洒布法"施工工艺。

在西部地区建设标准最高的8车道西安咸阳国际机场专用高速公路建设中，成功应用彩色沥青路面，目前已4年之久，鲜亮如初。

成功将SBR改性乳化沥青微表处、超薄磨耗层应用在福银高速公路西安咸阳机场段路面大中修设计与施工中，使用效果良好。

成功将温拌沥青混合料技术、BRA岩沥青添加技术、50号硬质沥青技术、隧道降噪阻燃抑烟路面技术，应用在西安至商州高速公路建设中。

这些技术的应用，解决了我国同类工程的实际问题，工程实践效果明显。

在积极参与科技项目研究的同时，我还投身于沥青路面施工技术规范、细则、质量要点、工法和地方标准的编写工作，丰富了和拓展了专业范畴。具体有：参与省内多条高速公路"招标文件路面技术规范"的编写（包括永咸、机场专用、神府、西商、西铜、榆绥、西咸北环线、咸旬、延延等项目的路面技术规范）；参与省内多条高速公路路面施工细则的编写（包括《永咸高速公路SMA路面施工细则》、《西安咸阳机场专用高速公路路面施工细则》、《西安咸阳机场专用高速公路排水性沥青路面（OGFC-13）配合比设计指南》、《西商、洛商高速公路路面施工细则》等）；参与陕西省交通运输厅等组织的施工标准、技术指南编写工作（包括2009年参与审核陕西省高速公路建设集团《高速公路路面施工技术指南》2009版；2009年参与编写陕西省交通运输厅《陕西省高速公路施工标准工艺 排水性沥青路面施工标准工艺》等4项，并受到陕西省公路学会的表彰奖励；2011年参加陕西省交通建设集团公司《高速公路标准化施工技术指南》的编写；2011年参加《陕西省高速公路施工标准化指南（试行）》的审查，2012年组织编写西商高速公路项目《沥青路面标准化施工手册》；主持了"排水性沥青路面施工技术"陕西省地方标准的编写。

这几年，我先后在《公路》、《筑路机械与施工机械化》等核心期刊上发表科技论文41篇；2010年，参与编写的《陕西省沥青路面裂缝处置指南》正式出版。2012年，专著《SMA路面施工与病害防治技术》正式出版，这是我国第一次全面总结SMA路面精细化施工和管理要求的著作。

四、在学习交流中与"路"前行

"金子埋在沙子里，知识藏在混合料中"。

在不断探索、学习沥青路面施工与管理技术的道路上，我在立足于陕西省公路发展研究的基础，本着拓展视野，拓宽思路的目的，与国内外同行认真交流，汲取新的专业养分，让自己与"路"一起前行。

2006年赴韩国SK沥青加工厂考察学习的经历，让我对国外企业质量管理有了最直观的印象和最直接的体验。此后，我就将相关的SBS改性沥青质量管理措施应用在了高速公路建设中。2008年，为了考察高黏度沥青工厂改性生产工艺、质量控制情况，先后到浙江杭州考察由日本东亚道路株式会社技术指导的SBS高黏度沥青OGFC路面实体，山东日照雪佛龙沥青公司考察高黏度沥青工厂改性生产工艺、质量控制情况，撰写了《高黏度改性沥青排水路面在国内应用实例的考察报告》。2008年赴日本大有建设株式会社、东亚道路株式会社道路试验室，学习考察调研排水性沥青路面性能研究与质量控制技术，撰写了《日本排水性路面考察报告》。2008年经过调研，撰写了《西安咸阳机场六车道高速公路排水性路面使用性能调查报告》、《西安咸阳机场专用高速公路排水性沥青路面（OGFC-13）精细化施工调研报告》，基于这三次实地考察和调研，为确保西安咸阳国际机场专用高速公路排水性沥青路面成功实施，奠定了坚实基础。

2009年陕西交通集团邀请长安大学张登良教授等技术专家，举办了中外路面新技术讲座。我基于对颗粒木质素纤维的应用研究，就SMA路面施工技术和颗粒木质素纤维在SMA路面中的应用情况在讲座上进行了介绍。在聆听这些大师名家的讲授中，我也受益匪浅。2012年，我受邀参加了甘肃省交通运输厅组织的甘肃省公路路面技术研讨会。2013年5月，我参加了新疆交通运输厅建设局组织的沥青路面病害分析研讨会。

近年来，我参加了陕西省内外多条高速公路的路面施工技术咨询与培训，先后对陕西省十天线、铜黄线、咸旬、延志吴、西咸北环线等项目的路面施工技术进行了咨询和培训，应邀赴江苏、青海、河北等省进行SMA路面技术与标准化施工培训。

2007年至今，我参加过"HTC-08型透层油推广应用研究""秦巴山区沥青路面修筑关键技术研究""掺加岩沥青改善沥青混合料技术性能研究""沥青路面层间黏结材料与评价体系研究""高温多雨地区长寿命沥青路面结构及长期性能研究""高速公路路面层间技术及标准研究""纤维沥青碎石封层用于陕西省沥青路面预防性养护技术研究""基于红外热成像的沥青混合料成型质量监控技术及标准研究"等陕西省交通运输厅课题的奠定验收。

2012年，我开始担任长安大学公路学院硕士研究生毕业论文答辩委员、主任委员；作为长安大学公路学院兼职教授，多次为长安大学本科生、研究生进行"沥青路面施工技术与组织管理"系列讲座；作为陕西省标准化专家，多次参加陕西省地方标准的评审活动。

投身公路事业二十多年来，伴随陕西省和国家重点公路建设，在学术和科研领域，我承担了十多项陕西省交通科技项目和交通运输部西部课题沥青路面研究，致力于路面结构组合设计、材料质量控制、施工技术与工艺研究，特别是对SMA路面施工技术与质量控制、OGFC（排水性沥青路面）的层间黏结排水与桥面铺装技术、SBS改性乳化沥青施工技术、沥青路面双层一次性铺筑技术等有深入研究；工程实践和科研中，在温拌沥青、橡胶沥青混合料、BRA岩沥青、硬质沥青、彩色沥青路面工艺控制方面取得了多项创新性成果，并得到了广泛推广和应用。

五、我的路，我的梦

"我以为小鸟飞不过沧海，是因为小鸟没有飞过沧海的勇气。十年之后我发现，不是小鸟飞不过沧海，而是沧海的那一头，早已没有了等待"。

这是时下流行一段话，说得蛮有哲理。想想，庆幸自己的梦想没有消失在生活之海的那一头！其实，闻着沥青刺鼻味，伴着设备轰鸣声，修建宽宽窄窄的路时，根本顾不上关注太多，只是踏踏实实修路往前走，努力再努力。一转身，才发现已是二十四年之久。

20世纪90年代初，我国高速公路刚刚起步，我有幸参加建设。时年，我21岁。记得在一间租用的平房内安营扎寨后，便开始了"修路人"生涯。在祖国广袤无垠的天地中，从南粤大地，转战中原，汗撒八闽；从黄土高原、毛乌素沙漠到关中平原、秦岭深处，处处留下自己的足迹。时间在变，地点在变，设备在变，工艺在变，我也从青年变成中年，但那份"高速情结"从未改变。

如果按照每条路、每半幅、每层次计算，在二十四年里，我跟着沥青摊铺机行走的里程超过四千多公里。当然，也正是这四千多公里架通了我的梦想之海，成为了我人生中宝贵的记忆、美好、永恒。

截至2013年年底，我国的国家高速公路网已基本建成。但是，随着国家颁布实施了新的国家高速公路网规划，国家高速公路大建设、大发展的潮流还在继续。

如何建设高速公路，如何建设高质量的高速公路？就像传说中的国外优质高速公路一样，使用多年也不坏，这应该是我国道路工作者的职责所在。

面对诸多需要解决的问题，我觉得应该从以下两方面同时抓起：一是切实提高各类原材料的质量。材料是质量最基本的保证。总体讲，目前的建设项目还没达到理想的状态，尽管有些项目做得不错，但还是不够好，或者说不全好。如沥青指标不稳定、碎石材料单粒级级配范围不符合要求、软弱颗粒含量超标、粉尘含量超标，尽管不足以使路面很快就坏，但至少影响使用寿命。国外高速公路使用的碎石装袋或装箱存储、运输，精心程度超出我们很多。在我国，有些项目的材料混装、混堆、混用现象仍然存在。二是用"五化"理念提高从业者全员质量意识。交通运输部在全国范围内要求"五化"的实施，是高速公路建设质量的新起点。材料、设备、配比、工艺、管理，缺一不可。什么时候能将偷工减料、粗制滥造、返工处罚、强制性的要求，变成从业单位的自觉行为，人人以质量为出发点，才能建成真正意义上的高标准之路。人的意识与境界的提高，是"一切皆有可能"成为实际的前提。

二十多年来，在我国高速公路建设特别是沥青路面铺筑中，全国的同行们积累了丰富的经验，并将大量的科研成果应用其中，推动了我国高速公路又好又快地发展。为了全面总结高速公路沥青路面设计与施工的基本参数，我怀着向前走的信念，对高速公路沥青路面典型结构的施工技术进行了总结。

回顾总结不是为了怀旧，只是希望在不断的研究、总结、提升中更好地前行。基于长期基层一线的经历，本着"摸清底子、搜集信息、提供参考、服务建设"的出发点，以亲身经历的高速公路建设为依托，把我国高速公路沥青路面的冰山一角大致经历草草道来，奢望达到高速公路建设"参考消息"的目的，写下了这本全解。

多年的高速公路情结，促成我将所做、所想、所感呈现于前。在书稿写作和成稿的过程中，我走访了许多前辈、专家、领导和同行，听取了他们的意见和建议，核实了一些技术数据。铭记大家严谨的专业精神和温暖的关怀之情，筑路之梦，我们携手与共。

在本书的撰写过程中，得到了长安大学戴经梁教授的悉心指导和斧正，书稿的基本结构和基本理论得到了长安大学郝培文教授、陈华鑫教授的审阅指点，杨人凤教授对设备工艺参数进行了把关。同时，陕西省交通运输厅科教处伍石生处长对公路建设历程与新技术应用帮助我进行了回顾，陕西省交通规划设计研究院的宁军所长不仅修改了书稿，还送来参考文献。写作期间，一些热心的同行也提出了许多宝贵的意见和建议，在此深表谢意。

《沥青路面施工技术与工艺全解》付梓之时，已是2014年5月。回首历程，本书的写作时间尽管只有两年多，却是24年心血的积累。

李爱国

二〇一四年五月